●

東京女子大学学長時代の
山本信

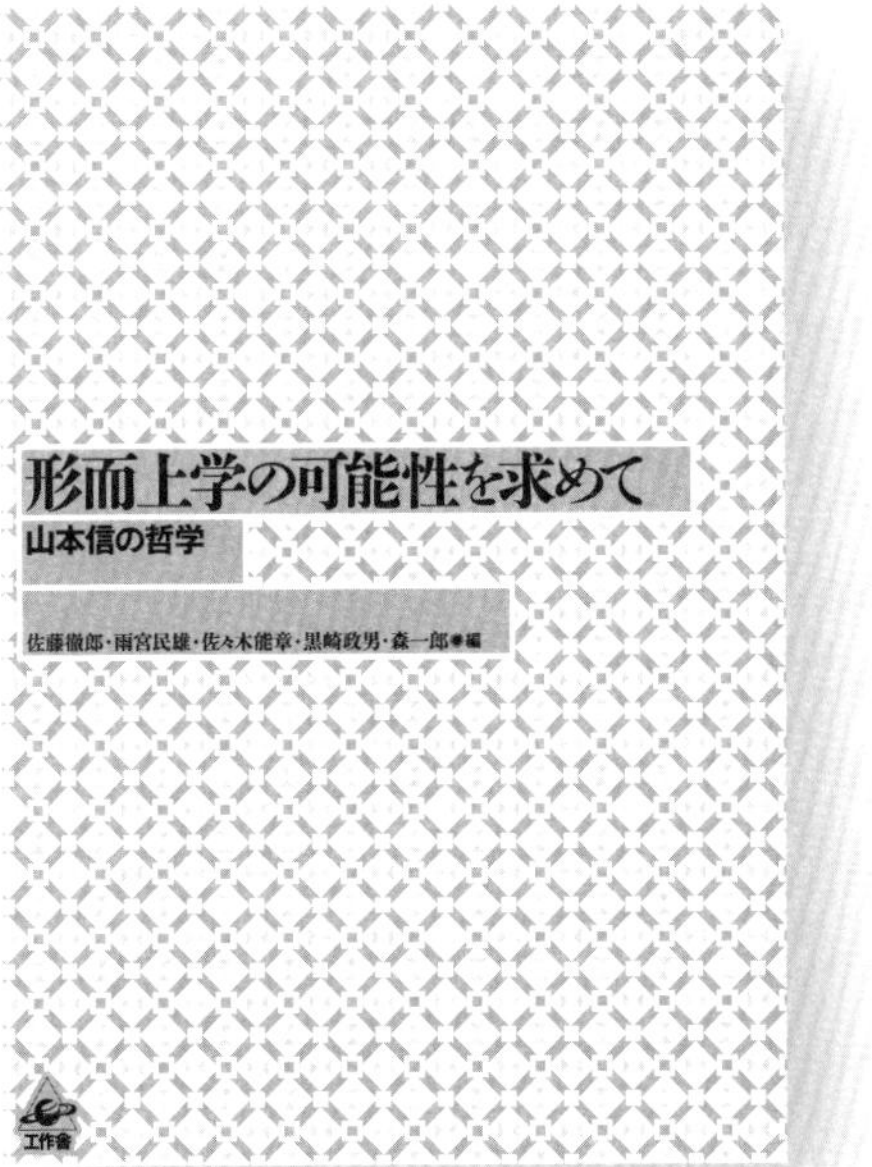
形而上学の可能性を求めて
山本信の哲学
佐藤徹郎・雨宮民雄・佐々木能章・黒崎政男・森一郎◉編
工作舎

序文　ダンディズムの裏側

人が哲学を語るとき、同時にその人自身を語っている。しかしそれはしばしば他人を欺く。意図して欺いているのではなくても相手が勝手に欺かれていることもある。そうして実像だと信じて作られた虚像が他人の数だけ存在することになる。おそらくはこれらの虚像をすべて寄せ集めても実像は再現できないだろう。しかし「実像」と信じて再現しようとする試みは無駄ではない。再現を試みる人もまたそのことを通じて自らの哲学を語ることになるからである。

山本信先生（以下、敬意を表して敬称を略す）は、戦後の日本の哲学界に颯爽と登場するや百戦錬磨の活躍をすると同時に、後進を育て大学や学会の運営・発展に寄与した。没してすでに七年、その果たした役割をしかるべく評価し後世に伝えることは、近くで学んだ者の共通の願いである。それは単に山本を顕彰するためではなく、われわれ自身が哲学し続けるためであり、さらには山本を知らない時代の人々にも彼の精神を継承してほしいからである。本書はそうした思いから編まれることとなった。

山本はしばしばダンディだと評された。服装、身のこなし、語り口、音楽や酒食の好みなど、いずれをとってもダンディと呼ぶにふさわしかった。九鬼周造は「いき」と「ダンディズム」を比較し、両者の共通点を挙げながらも、ダンディズムが有する西洋の英雄主義的なところが日本的な「いき」とは異なると言っている。だとすればやはり、山本は「いき」というよりはダンディズムの方だ。だが英雄主義を貫き通すのは容易ではない。山本は天性としてダンディだったのだろうが、それでもダンディを演じるためには多くの力を費やさねばならなかったようだ。ダンディズムとは痩せ我慢と背中合わせなのである。

講義は鮮やかであった。当時はまだ伝統的な原稿朗読講義《フォアレーズング》が多かったが、山本はメモにはほとんど目を落とさず流暢に講じ、その内容はよく整理されていたため理解しやすかった。講義内容の大枠だけがあって教室ではそれを即興で披露するというライブ感がある。その場の臨機応変の展開や当意即妙の応答は山本の得意とすることであったから、学生からのどんな質問にも即座に答えることができた。だが、今回の企画を進めるにあたって山本が遺したメモ類を見ることができ、意外にもその中に講義ノートが膨大に含まれていた。ノートは年度別に分厚い冊子となって整理され、どの頁にも幾度となく推敲した跡がある。講義は即興ではなく念入りに準備されていたのである。しかしそんな仕込みなどはしてこなかったとでも言わんばかりに「即興」を演じていた。さらにノートには学生から受けた質問や批判が名入りで克明に付記されていた。講義後に再度検討したことが窺われる。こうして陰で血みどろの準備や事後処理が全力投球でなされていたのに、山本のダンディズムはそうした修羅場をさらけ出すことを許さない。あくまでもにこやかに軽妙洒脱に哲学を語る。

全力投球は意外なところにも向けられている。遺されたメモの中に、どんな経緯で頼まれたのか、西日本の地方国立大学の職員組合の学習会での講演原稿があった。内容もその場にふさわしい話題を盛り込みながら、やはり何度も推敲の手を加えたものであった。そこには、いついかなる場所であってもその都度全力投球をしている山本の姿勢が透けて見えてくる。これまたダンディズムのなせる業であろう。

多数の口やかましい学生を相手に議論をすることを山本は好んだ。しかし学生を決して自分の弟子とは呼ばなかったし、呼ばせなかった。それは、教員と学生という立場の違いはあっても、哲学を学ぶ者としては仲間であり競争相手だと考えていたからであろう。大学院の演習の際に猛攻撃をしかける学生たちを評して相撲の前頭に譬えたあと、自分は関脇だと述べたことがあった。親方ではなく現役力士であり、しかも横綱でもない。いつ陥落するかわからない地位で自ら切磋琢磨するライバル同士だという認識から出た言葉なのだろう。表面的には穏やかに紳士的に振る舞っているが、恐らく内心では向きになって学生と対峙しているのだ。自分も全力投球だからこそ偉そうな親方ヅラはできない。したがって「弟子」もいないことになる。英雄主義は孤独でもある。

そんな山本にとって依怙贔屓という言葉は無縁であった。誰に対してでも分け隔てなく接する。自分に自信がなければとれない姿勢だが、これまたダンディズムと言うにふさわしい。指導学生に仕事を回すといった「師弟関係」もない。各種の学術研究関係の審査でも身内を有利に扱うことはない。他大学関係者でもフェアに扱うので、むしろ自分たちが不利に扱われているのではないかと思いたくなるほどであった。しかし他人に無関心なのではない。研究や就職の相談あるいは勤務先の改組にかかわる相談などでは、実に親身になってくれる。その親身さゆえに、依怙贔屓のないはずの山本がどうも自分に対しては格別目をかけてくれているのではないかと錯覚することがある。しかし所詮それは錯覚でしかない。いろいろな人の話では、山本は誰に対してでも同じように親身に接していて、そのため同じ錯覚を抱いていた人が少なくなかった。依怙贔屓をしないというのもダンディズムの表れだとして、その陰では誰に対してでも親身に接する態度が一貫していた。自分の貴重な時間を割いて多くの労力が費やされたはずだ。しかしそんなことは表に出さないのが、山本流ダンディズムであり、簡単に言ってしまえば、かっこいいのだ。

比較的晩年に放送大学で『哲学の基礎』というラジオ講座を担当していた。哲学の基本を説く講座の対象者は実に広い。学問の先端で奮闘してきた山本にとっては新しい世界だったのかもしれない。顔の見えない多数の学生から反響があって好意的に受け止められていることを知った山本は素直に喜んでいたらしい。一般受けする書物を書いたことのない山本だったが、哲学が一部の人間の知的遊戯として独占されることを嫌う姿は、これまたダンディだ。

では、山本の哲学そのものはどこまでダンディと言えるのだろうか。なるほど、英雄主義とは言いがたいように一見思える。壮大な体系を作るタイプではないし、常に一本芯が通っているといった強靭さを誇るわけでもない。だが「相補的二元性」という一見曖昧なキーワードこそが山本流のダンディズムの境地なのだ。一箇所に安定したり安住したりすることを嫌い、常に立脚点を動かし続けることによって変化する風景を楽しむがごとくに思索する。その颯爽とした姿は、やはりダンディであり、「いき」でもある。

構成について述べる。第一部は、山本がこれまで発表した作品から現在一般には入手が困難なものを精選した。山本は寡作の学者と思われているが、実は多くの論稿が散在する。得意とした座談会の記録も数多い。手稿として多数の講義録や講演原稿もある。これらすべてを掲載するわけにもいかないので、山本の哲学の姿を伝えるのに格好と思われる講演や論文を選んだ。自選論文集である『形而上学の可能性』（一九七七年刊）では選外となったとはいえ重要と思われる講演と論文を一つずつ採ったほか、『形而上学の可能性』以後の主要な作品を並べた。自選集に比べて表現形態が多彩であるぶん、山本の哲学に対する姿勢が見えてくる。自己充足して悦に入るような思索ではなく、相手に考えさせ、また共に考えることによって、哲学の深奥へと踏み込んでいく方法である。「相補的二元性」という山本哲学の核心が語られている論文「「物」と「私」」は、著者手沢本の書き込みも今回盛り込むことにした。山本が自分の書いたものをたえず読み返し反省をおこたることがなかったのが手にとるようにわかる。

第二部は、山本の教え子の論稿を集めた。今は各地で哲学の教師となっている元学生が自分の研究テーマに即しながら山本の哲学と直接・間接に向き合った競作で、山本から課せられた宿題に応えようとした結果だと言ってもよい。だから第二部は山本に提出する「遅ればせのレポート」でもある。これによって、山本が学生たちをどう育てたか、その一端は窺えるだろう。そしてまた、この「レポート」を通して、山本が哲学者として教育者としてどんな人物であったかが見えてくる。その意味では、この第二部もまた山本の「作品」ということになろうか。

第三部は、山本信という人物を描写する。まずは山本自身による山本像で、短文ながらいずれも山本の哲学観、教育観、人間観が描かれている。続いては、山本を近くで知った人々による追憶の言葉である。同年代から最後の時代の学生に至るまで、山本の哲学に触れた人々にはそれぞれのとっておきの山本像がある。しかし山本を語ることとは決して懐古談に終ることはない。山本を語ることがそれぞれにとっての哲学の姿でもあるからである。それぞれが山本を通して自分の哲学を語り、山本はその人たちによって山本自身の哲学の可能性を拡げている。

第四部は、山本の年譜と作品目録である。東大時代の授業題目リストも加えた。なるべく多くを記録として残しておこうと心掛けた。

本書は、山本が最後に職に就いていた東京女子大学の現職スタッフ三名に、山本に近しかった二名を加えて編集委員会を組織し、加藤尚武氏からも助言を得て企画した。快く原稿を寄せてくれた方々には心から感謝する。遺稿類の貸与や年譜の確認などでは山本家から格別のお力添えを戴いた。その他にも資料の提供などで多くの方からご協力を得た。出版は近時困難な状況にあるにもかかわらず、山本が監修者の一人となっていた『ライプニッツ著作集』の刊行元である工作舎の十川治江氏が二つ返事で引き受けてくださった。編集の実務は堤靖彦氏に担当していただいた。これも山本の引き合わせだった。あらためて山本信先生に感謝したい。

（編集委員を代表して、佐々木能章）

形而上学の可能性を求めて——山本信の哲学

I 山本信 講演・論文選

II ライプニッツ・形而上学の可能性・山本信

III

哲学者として、教育者として

山本　信

Ⅳ

山本　信　年譜・著作一覧ほか

●口絵――東京女子大学卒業記念アルバム1993より［写真提供：恵雅堂出版］

I

山本 信　講演・論文選

●本書第Ⅳ部の「著作一覧」に挙げられているとおり、山本信が単著以外に公表した哲学論考は、三七篇におよぶ。自選論文集『形而上学の可能性』（一九七七年）以後にかぎっても、一二本ある。その他、未印刷原稿も少なくない。そこで第Ⅰ部には、それらのうち、山本の思考および研究のスタイルをよく表わしていると思われる七作品を精選し、時代を遡るように配列して収めた。

●「**自己への問い**」は、一九八九年四月の東京女子大学文理学部始業講演の原稿。新入生がはじめて接する学問的講話として考えぬかれた内容であり、哲学入門としても秀逸。「**哲学の完結性について**」は、一九八四年度哲学概論最終回の枠で行なわれた東京大学文学部最終講義の未印刷原稿を、テープ音声を踏まえて活字化したもの。「根源的二元性」という山本哲学の到達点を平明に説いている。「**「物」と「私」**」は、大森荘蔵・井上忠・黒田亘・廣松渉との競作集『「心―身」の問題』（一九八〇年）の第一論文。「相補的二元性」を提唱した山本の代表作。手沢本には著者の思い入れの窺える書き込みが多数あり、今回それらも収録することとした。「**主観概念と人間の問題**」は、東京大学文学部哲学研究室編『論集』創刊号（一九八三年）の巻頭を飾った本格的カント論。哲学演習でカントを継続して講読した成果の一端。『理想』への寄稿「**価値のアプリオリ性**」（一九八一年）は、哲学史を自家薬籠中としつつ哲学者名を一切出さずに日本語で哲学する野心的試論。今回収録できなかった姉妹編の重要論文「実在と価値」（『岩波講座 哲学第4巻 意味と世界』一九八五年、所収）も併読されたい。「**カント哲学における無限と有限**」は、一九六六年哲学会カントアーベントの講演原稿。「有限性」を強調する岩崎武雄カント解釈への大胆な挑戦。「**デカルトとライプニッツにおける合理主義**」（一九五〇年）は、『哲学雑誌』に掲載された記念すべき処女論文。若書きの生硬さはみられるものの、山本独特の清冽な文体と根本問題に正面から挑む思考の跡が早くも示され、弱冠二五歳の新鋭の鮮烈なデビューを今日に伝える。（森）

自己への問い

「自己への問い」という堅苦しい表題をかかげましたが、これは何も特別のことがらではなく、日常的に「反省」と言われることにほかなりません。反省ということは世間でも道徳的に大事な心掛けとされていまして、親や教師が子供を躾けるときにそれを求めたりします。どうすることかというと、常識的な理解の仕方では、ちょうど光が鏡にあたって反射するのと同じように、――そして例えば英語ではreflectionという同一の言葉が当てられますが――反省とは、ふだんは自分の外のほうに向けている注意を、自分の内側へと折り曲げること、そうやって自分自身の心に問い、その状態を知り、善悪の判定をする等々のことだ、と一般に考えられています。

これはもう誰でも折にふれてやっている当たり前のことのように思われるでしょうが、実は、事はさほど簡単ではありません。問うとか知るといえば、例えば、不案内な街なかで駅へゆく道を人に問うたり、小鳥を観察してその生態を知ることなどがありますが、それらと同じような具合に、自分自身について問うとか知るということが成り立ちうるのでしょうか。と申しますのも、反省して分かったつもりでいる自分の状態というのが、どこまで本当のことなのか、その知り方が真実であることの保証はどうして得られるのか、というふうに考えていくと、いろいろ疑念や不確かさや困惑が生じてこざるをえないからです。誰でも思いあたるでしょうが、われわれは他人に対してばかりでなく、自分自身に対しても偽善的に自分を美化して考えたり、あるいは逆に過度に悲観的に考えたりしがちです。いや、このことより以前に、そもそも自己に問うというその問いには、一義的にきまった答があるものなのでしょうか。例えば、「私は正直者だ」と人が言うのを聞いた場合、それが本当かどうかよりも、むしろ、そのような言明がなされたこと自体に、どこか胡散くさいところが感じられるものですが、そうならば、自分自身についてそのように思う場合にも、事態は同様であるはずです。

この点をもう少し掘りさげていくための手がかりとして、昔から伝えられてきた一つの問題をとりあげてみます。それは「エピメニデスのパラドックス」といわれているものです。エピメニデスは地中海のクレタ島の人ですが、その彼が「クレタ人の言うことはみんな嘘だ」と言った、という話なのです。問題は、彼がこう言ったその言葉そのものは本当か嘘か、ということにあります。もし彼の言ったことが本当なら、彼自身がクレタ人なのですから、彼の言ったことも嘘であることになります。逆に、もし彼の言ったことが嘘なら、クレタ人は嘘をつかないことになりますから、クレタ人たる彼の言ったことは本当であることになります。彼が言ったことは本当なのか嘘なのか、本当だとすれば嘘になり、嘘だとすれば本当になるという次第なので、パラドックス、つまり逆説、背理、何とも落着きのつかない話であるわけです。

皆さんのなかにはこの話を聞いたことがある人もかなりおられるだろうと思います。ちなみに新約聖書のパウロ書簡の中でも、「クレタ人はいつも嘘つき」という文句が引用として出てきます。それはテトスへの手紙第一章十二節ですが、パウロは別にパラドックスとして言及しているのではなくて、ただクレタ島に残してきた弟子のテトスに、そこには無益な話をしたり人を惑わしたりする輩が多いから気を付けろ、と注意している文脈でのことです。とにかくこうした悪い評判がクレタ島の人々について広まっていたので、さっきのパラドックスが作られることになったのでしょうが、こうなってしまうと、ただ気を付けるだけでは事は片付きません。古代ギリシア末期のある哲学者は、この問題を解決しようと苦心したあげく、絶望して自殺したという言い伝えさえあります。

実はこの有名な「エピメニデスのパラドックス」は、このままの形では、論理的に欠陥があります。その点の説明をしていると長くなりますので省略しますが、もっと正確な、そしてもっと分かりやすい形にするなら、話をうんとひきしめて次のようになります。すなわち、ある人が「私は嘘をついている」とだけ言った。さて彼の言ったことは本当か嘘か、というのです。本当だとすれば、彼の言うとおり嘘をついているのであり、嘘だとすれば、彼はそのとおり本当を言っています。これは一般に「嘘つきのパラドックス」と呼ばれており、また同じことをこれ以外にもいろいろな形で表現することができます。

これは何か怪しげな詭弁、あるいは言葉の上での単なる遊びではないかと思われるかもしれません。しかしそこには大事な問題が含まれているのです。このように話がおかしくなるのはなぜかというと、今あげた例を見ればすぐ分かるように、本当か嘘か、あるいは少し固い言葉づかいにすると、真か偽かということを、一つの言明ないし文章が自分自身について語っているからです。つまり自己言及的、自己関係的であるところが問題なのです。

もっとも、今までの話では、自分自身について嘘あるいは偽であると語ることからパラドックスが生じたのですが、それに対し、自分について本当あるいは真であると語る場合には、こうしたパラドックスが生じることはありません。しかし今度は、いわばパラドックスを裏返しにしたような、一種の無意味さが現われてきます。というのは、他人が言ったことに対して「それは本当だ」と言う場合ならば、その人の言明が本当であることの保証を付け加えるという意味をもっていますけれども、自分で「私が言っていることは本当です」といくら言っても、それが本当であることの保証には全然ならないからです。かえって人は、嘘をついているときほどそう言いたがるものです。ところがこの言い方は、われわれが世間でしょっちゅう出逢うことですし、自分でもつい口走ってしまうことではありませんか。そうであるからには、あの「嘘つきのパラドックス」というのは、さほど突飛な、実際にはありえないような事柄なのではなくて、実はわれわれ自身が、事柄としては同じことをしょっちゅうやっているわけです。政治家なんかがテレビで大写しになりながらこの種の台詞で見得を切っているのに接して、皆さんが滑稽に感じられるとすれば、その滑稽感の論理学的根拠はここにあります。

このようなパラドックスや無意味さに陥らないようにするにはどうしたらよいかというと、さきに指摘しておいた自己関係性ということを避けさえすればよいのです。すなわち、真や偽、本当か嘘かを問題にすることは、自分自身についてやってはならないのであって、自分にとって対象であるものについて語る場合にかぎる、というふうに制限を設け、この規則を守ればよいわけです。そこで論理学的ないし言語論的には、ある言語で語られた文なり言明なりについて、その真偽を問題にして語る場合、後のほうの言語使用は前の言語使用よりもレヴェルが一段上っている、とされます。そしてこのレヴェルが上の言語のことを「メタ言語」と呼びます。英語でいうと〝metalanguage〟です。「メタ」というのはギリシア語からとってきた接頭語ですが、要するに、一つの言語のうしろにあって、その言語で語られることを対象として語るところの言語、という意味合いです。何だかややこしいことのように感じておいでかもしれませんが、実は何でもないことでして、われわれがいつも平気でやっていることを、一つの見地から特にあらためて整理しただけなのです。例えば「今そとでは雨がどしゃ降りだ」とある人Aが言って、別の人Bが「彼が言うのは嘘だ」と言った場合、BはAの言明に対しメタ言語の立場から語ったことになります。また一般に、母国語を使いながら外国語を習うとき、あるいは同じ国語の内部でも文法や語句の意味を問題にするときなどは、考察の対象としている言語表現に対してメタ言語のレヴェルで話しているわけです。とにかく、こうした言語使用のレヴェルの区別をきちんとつければ、たしかに先ほどのようなおかしなことにはなりません。

さて本題に戻ります。問題は自分自身について問うということでした。身長とか体質についてであれば、自分は百何十何センチあるとか、風邪をひきやすいが胃腸は丈夫なほうだとかいうふうに、自分の身体を対象として、それについて語ることができますし、その真偽を客観的に調べることもできます。自分の名前だとか経歴についても同様です。しかし、自己を問うというときには、自分の心そのものの状態や動きを当の自分の心が捉え、それについて判定することと考えられています。これはまさにあの自己関係性にほかならないわけです。だから、そこで見出された事柄が本当にそのとおりであるかということに関し、さきのパラドックスや無意味さと同類の、いわば真と偽とのたわむれに巻きこまれかねません。例えば、自分の不正直さを自覚している人は、正直だからこそそう思うのですし、逆に、自分は正直だと思っていても、そうであることの保証はどこにもありません。

これに対して、いや、自分の心こそ最も直接に、したがって確実に捉えることができるのであって、それがまさに反省ということだ、と考える人がいるかもしれません。しかしそうすると今度は「反省の無限後退」という困難が生じます。というのは、反省して見出された自分は、対象として見られた自分であって、見ている当の主体としての自分ではない。この当の自分を反省して捉えようとしても、それは再び見られた自分でしかなく、さらに云々という具合に、自分そのものが無限に後退していって、どこまでいっても捉ええないことになります。これはちょうど、鏡を二つ向かい合わせにすると、互いに映しあうだけでなく、他方に映っている自分の像をも映しあって、際限なく続くことになるのと似たようなことです。

ではこうした事態をどう受けとめたらよいでしょうか。矛盾や無限後退に陥っては困るからといって、自己を問うてはならぬとか、反省すべからずといった規則を立てるわけにはいきません。もっとも、動物のようにその場その場の衝動で無邪気に生きていくほうがいいのだというのなら別ですが、まともな人間でそうやって済むような人がいるとは思えません。あるいはまた、さきほどの伝でいって、ものを考えるときの言語的表現にレヴェルの区別をつけることで切り抜けるわけにもいきません。言語論的考察においてはその都度の方便としてそれで処理できるかもしれませんが、われわれが現に使っている生きた言語は、それらあらゆるレヴェルを一挙に含みこんでおり、無限に錯綜したその全体のなかをわれわれは縦横無尽に動きまわって考えているのです。

そこで私としては、これらの矛盾やパラドックス、無意味さや際限のなさなどを、ただ避けようとばかりするのではなく、むしろ逆に、そうした事態そのものを人間たるものの本来のあり方として自分に引き受ける、という方向に考えるべきではないかと思います。自己意識を持ち、言語を用いて生きているわれわれ人間は、考えたり行動したりしている自分自身に対し、常に同時にその背後から、あるいは前にあげた用語法でいう「メタ」の見地から、関係しているのです。だからこそわれわれは、自分のあり方そのものを気にせざるをえませんし、合理的には決着がつかず、整合的に処理しきれない諸問題に、いつもつきまとわれます。そしてそれらの問題に出逢ってどう対応するかは、当人が功罪ともに自分自身のこととして担ってゆくしかありません。

人間として存在することのこのような事情に関して、昔から哲学者や宗教家がいろいろに語ってきました。ほんの一例ですが、十七世紀フランスの思想家パスカルによれば、人間は「中間者」だと言われます。それも何かきまった二つのものの間に位置するというのではないのです。もし天使と動物との中間とでもいうのなら、ちょうど赤と黄の中間色が橙色であるように、それなりに人間の性質を規定した言い方になるのですが、そうではなくて、「無と全体」という両極限の中間だというのです。いわば、どこの岸にも繋ぎとめられることなく漂っている存在、無限の深淵の上で宙づりになっているような存在だということです。そうなると、われわれには一定のあり方がきまっているわけではなくて、自分がどのようにあるかを自分が決めていく以外にないことになります。現代の実存哲学者の一人サルトルは、このことを彼独特の言いまわしで「人間においては存在が本質に先立つ」と表現しました。すぐには分かりづらい言葉づかいですが、ほぼ次のような意味です。例えばこの机の場合ならば、机とはかくかくのものだという本質が先にあり、それに合わせて作られて今ここに存在している。しかし人間の場合にはその逆であって、すでに世の中で存在している自分ではあるが、この自分が何であるかはこれから自分で作り出すことだというのです。

もちろん、犬や猫がそれぞれ生物種としての一定の形質をもっているように、われわれ人間も、生物学的にはヒトとしての一定の形態や機能が初めからそなわっていることは事実です。しかしわれわれにとっては、ただ生物として生存していることだけが問題なのではなくて、どのようなあり方をし、どのように自分を形成していくかということこそ、生きていること自体の意味にかかわる問題です。しかもこれは各人それぞれに固有の、他の人に代わってもらえない仕事なのです。そしてこの問題に何か一つの正しい答がきまっているわけではありません。あるいは、むしろ、完全な答が得られたと思いこむようなときには、かえって自分を見失ってしまうかもしれません。

抽象的な話をしてきましたが、これは皆さんの大学生活の現実に直接に関係したことでもあるのです。大学という所は、ただきまった知識を覚えこみ、特定の技能を身につけるためだけの場所ではありません。高校まで「生徒」というのに対し大学では特に「学生」と呼ばれますが、この区別は、単に学習する知識の程度がより高度のものになったということでなくて、次の二つのきびしい条件に基づいています。一つは、知識を受け入れると同時に、自分のほうからすすんで問いを立て、自分で探求してゆく姿勢です。もう一つの条件は、そしてこれが何より大事なのですが、そうやって学んでいる自分自身を問いなおす心構えです。さりとて自分の内側にとじこもって自閉的な空まわりになってはいけません。いわば学問を反射板として反省して自己を問うというreflectionの絶えざる運動、これが大学生活の構造です。大学においては皆さんはただ教えられるのではありません。皆さんの一人一人が問われているのです。

このことは皆さんが何学科におられようと同様です。われわれの学部の諸学科に即して少しばかり考えておきましょう。哲学科の場合は、もともと「汝自身を知れ」というソクラテス以来の伝統に根ざすからには、もはや付け加えることもありません。文学関係の学科で言えば、日本のにせよ英米のにせよ、文学作品を、ただ楽しむことより以上に出て、特に学問的に研究するということは、ひたすら好きだからということもありましょうが、真面目なところ、自分自身の生き方の彫りを深めていくためではないでしょうか。また歴史学は、過ぎ去った時代についての好奇心に終始するわけでなく、今現在の世界の動きに自分がいかなる知見をたずさえてどう対応していくかという問いに帰着するでしょうし、その途中では、他文化の理解と自分自身の意味基準との間の、いわゆる解釈学的循環の問題にぶつかったりもしましょう。社会学科においても、高みから世の動きを眺めていてすむわけでなく、身近な社会問題に対する自分の態度が問われますし、また、自分がその中で生きている当の社会を客観的に認識することは可能かといった、方法論上の難問に巻きこまれるかもしれません。心理学となればなおさらのこと、いかに当世ふうな実証主義の立場を守って堅実な研究を積み重ねていかねばならないとしても、最後はやはり、自分がそれである人間としてのあり方を考えることに連なっているはずです。そして数学科に関しては、数学とは人間精神の最も純粋な創作のわざにほかなりませんが、それを心得ていることが入門の条件であったプラトンのアカデメイアでは、各自の「魂の気遣い」ということが基本的な関心事であったことを申しておきます。これらどの学科における学問のいとなみも、知性における華やかな屈折を経て、自己への問いに収斂していきます。そしてこの問いを耕しつづけてゆけば、おそらく各人それぞれの仕方で、この大学の根源をなしている宗教の次元に行きつくにちがいありません。

話をパラドックスのことから始めましたが、大学という知識と人生とが交差する地点で、皆さんはしばしばしば道に迷ったり、矛盾にぶつかったり、それこそ動きのとれぬパラドックスに陥ったりすることがあるでしょう。それが生易しい経験ではないことを覚悟しておいてください。そしてその経験をとおして、自分のあり方の真偽を、本当か嘘かを問いすすめながら、この大学での生活を充実させていかれることを願って、今日の話を終えることにします。

（初出：東京女子大学紀要『論集』第四〇巻一号、一九八九年）

哲学の完結性について

今日は私にとって東大での最後の講義[★01]になります。私自身としましては、老兵は死にはしないとしても、黙って消えるのみと思っていたのですが、「最終講義」ということになっているので、ある方々が計らって下さってこういう催しのようなことになりました。OBの人たちでたくさん来ていただいた方々、お礼を申します。ありがとうございました。

そういうことで、私としては感激すると同時に、実は戸惑っております。と申しますのは、普通の場合ですと、今までの講義を続けて、最後にまとめをつければそれで済むのですけれども、こういうことになってしまいますと、それではいけないので、もう少し本格的なものにしないといけないのですが、どうも今のところ準備不足でございまして、今日もたいしたことは申せません。

ただ、この講義が「哲学概論」ということになりますので、それに合わせて、今日は何の新味もありませんけれども、哲学、あるいは哲学するということについて、現在私が考えていることを申し上げて、責めをふさぎたいと、そう思っております。

哲学、ないし哲学するということですが、それにはその人のやり方がいろいろあると思うのです。例えば、一つの理論体系の構築を目指す、Mein System★02を打ち出そうとする、そういうやり方があると思いますし、それから、個別的な問題ごとに焦点を絞っていくというやり方があります。あるいはまた歴史上の学説と取り組むという、そういう行き方もある。つまり体系志向型であるとか、問題集中型であるとか、あるいは歴史帰趨型と申しますか、そういういろんな型があると思います。

しかし、そのどれをとるかということは、突きつめて言えば、私は人それぞれの性格によることだと思いますし、少し語弊があるかもしれませんが、極限すれば好みの問題だと思います。そのうちのどれがよいとか、あるいはどれでなければならないとかいうことはない。当たり前のことですが、肝心なことは何であるかと言えば、自分で哲学的にものを考えて、そしてできるだけ仕事を出すということになるかと思います。

もっとも、最近の一般的な傾向としては、大きな体系的な本を書くよりは、個別的な問題をめぐって議論を積み上げていく論文とか、哲学史的に問題を絞って考察する論文とか、そういうほうが主となっているということが言われます。

それも、ただ比較的短い論文のほうが手軽に出せるという理由ばかりでなく、学問のスタイルとして、それが支配的になってきているのではないかと思うのです。文化史的に大きく眺めましても、Summa Theologiae★03といった形のものしか書物として公表されなかった段階から、印刷術の発達に伴って学術雑誌（journal）というものがだんだん普及してきた、そしてそれに伴って、知的形態そのものが言葉のもとの意味で、ジャーナリスティック（journalistic）なことになったと言えるかもしれないのです。ジャーナリスティックといっても、悪い意味、非難を込めたような意味ではなくて、そういうことが言えるかと思うのです。

それはともかく、体系的な本を出して勝負していくか、あるいは研究論文を積み重ねていくかという、この二つの点、どちらを取るかという点で二つの類型的な考え方があると思います。

一つは、例えばアメリカのモートン・ホワイト(Morton White)の場合、彼がまだ戦後すぐの時代でしたけれども、初めて日本に来たときに、このようなことを言っていました。「今や、われわれ(というのはこの場合アメリカやイギリスの分析哲学をやっている人たちのことですが)の間では、分厚い本を出して、自分の思想を表明するというのではなくて、むしろ物理学や生物学などの諸科学においてそうであるように、アップ・ツー・デートな問題について、お互いに他をチェックしながら短い論文で応酬し合って、そして協働と競争によって仕事を進めるというふうになっていて、それだけサイエンティフィックなやり方をしているのだ」と言って胸を張っていました。

これと逆の極端は、近い例で申しますと、亡くなった岩崎武雄先生の場合です。岩崎先生は、あれほどたくさん本や論文を出しておられましたけれども、口癖のように「哲学体系を書かなければ哲学をやった甲斐がない」とそうおっしゃっていました。日本の大学教師というのは、学問のこと以外にいろいろ忙しいものですから、現役が終わってからそれを始めるのだとおっしゃって、ここを退官なさるやいなや、この仕事に専念されて、惜しくも業半ばにして倒れられたのです。

このどちらの考え方、つまり、モートン・ホワイトのように、細かな論文で問題集中的に、お互いに切磋琢磨してやるというのがいいというのと、体系でなければならないというのと、どちらの考え方が本当かということです。

真理は、しかし、平凡なことですが中間にある、——"media aurea"★04ということです。そのどちらかでなければならないというものではない。それと申しますのも、哲学においては、どんなに個別的なテーマであっても、あるいは歴史的な研究の場合において、過去の思想の一部分であっても、それを哲学的に問題にするからには、その問題と潜在的につながっている諸問題の全体に関して責任をとらなければならないという事情があるからです。

例えば、いわゆる「他我認識」、あるいは「他人の心」と言ってもいいですが、そういう問題を取り扱う場合のことを考えても、それは「知る」ということ、あるいは「知識」というものの一般的な構造と条件についての問題と不可分な関係にあるわけです。

つまり、他我あるいは他人の心について、それを知ることができるかどうか、知るとすればどういう意味か云々ということは、その背景として「知る」ということ、「知識」ということがいったいどのようにして成り立ち、どのような構造をもつか、そういう問題と関係しています。

それればかりではなくて、これは他人との関係ですから、他人というものをどう捉えるかという問題は直ちに道徳的判断の意味ということにも関係してきます。他人の行為についての道徳的判断というのはどういう資格で、そして、どういう考え方なのかが問題になってくるのです。

さらに、そこから引き延ばしていけば、社会や歴史、これは結局、他の人々によって構成され、会うこともない昔の人々によってつくりあげられてきたその歴史ですから、そういうもの、社会や歴史に関するその理解という問題にも関係してくる。そして、さらに基本的なこととして、人間とは何かという問い、そこにもつながってくると思います。

こういう諸問題に対して、自分でどういう立場をとるかということ。それははっきりとそこで問題にするのは、到底不可能ですけれども、しかし、そのことが、今あげた他我認識の問題の捌き方、答えの出し方、そこに潜在的に含意されているのです。

あるいは、別の例で、歴史的な研究の場合、カントのtranszendental[★05]、「超越論的」という概念について問題にする場合を考えましても、哲学的な問題としては、カントがこの言葉を使った事情を、ただ事実として明らかにするというだけではなくて、哲学史のなかでこの概念の位置づけをしなければなりませんし、それから現代のわれわれにとって、この概念で表現される問題設定がどういう意義を持っているのかというふうなことから始まって、哲学上のあらゆる問題に波及する一つの立場をとるのです。このように、哲学においては、個別的な問題を取り扱っていても、いつでもそれと潜在的につながっている諸問題の体系全体に対する責任というものがあると思うのです。

これと対照的なことが科学に見られると思います。つまり、個別的な問題がほかの諸問題から切り離されて、当の問題だけでおしまいにされるというのは、科学におけることだと思うのです。

なぜかといえば、科学というのは、文字どおり「分科された学問」だからです。科学的という言葉は大変いい意味で、普通、日本語で使っていますけれども、実は、その科学という言葉は、ある一部のみに関する、ある領域に限定された学問という、そういう意味しか持たないのですね。言葉そのものとしては。そういう分科、専門化と言ってもいい。これは、それぞれの科学の諸学科の内部にまで浸透していることだと思います。

例えば、生物学でDNAの構造や仕組みというものを研究する場合、同じ生物学、あるいは生理学の内部であっても、ほかの諸問題、例えば大脳のいろんな部分の間にどういう関係があるかというような大脳生理学の問題であるとか、あるいは植物の生態学というようなものとは全く無関係におこなわれる。

もちろん、そう言えば直ちに異論が出てくると思うので、科学的な諸問題の間にも、至るところに密接な総合連関があります。むしろ、科学におけるいろんな問題の間の結びつきは哲学におけるより、あるいは一般に人文系の学問におけるより非常に緊密で一義的であるということは事実です。

しかし、私が言いたいのはそのこととは別のことです。すなわち、科学的な研究においては、それぞれの個別的、専門的な問題について、「その解決がついた」と見なされる、そういう方法と次元がそれぞれに決まっているということです。

なぜそのように成りうるか、それぞれの問題について、その問題はそこで解決がついたのだと見なされる、そういう方法と次元が決まっているということが成り立ちうるのはどうしてかと申しますと、それらの研究がある共通の概念枠、あるいは、当今はやりの言葉でパラダイムと言ってもよろしいですけれども、共通の概念枠組みを前提としていて、その枠組みの内部で自分の問題対象を特定のものに絞って位置づけることができているからです。言い換えれば、問題を解く仕方に一定のベースがあるのです。土台となるベースがある。共通の概念枠組みによって、それぞれの問題にそのベースが敷かれていると言っていいかと思います。

それと違って、いつも思考の概念枠組みそのものが問題にされるのが、哲学にほかならない。ですから、ここでは、共有している概念枠組みから決められるような、そういったベースというものができなくて、一つの問題はこれで完全に解決されたということを決めることができる準拠枠がないと言っていいと思います。ですから、哲学においては、問題を解くための一定のベースは存在しない。いわば底が抜けているわけです。

かつて次のような言い方がされました。問いが有意味であるためには、答え方が分かっていなければならないと。つまり、どのようなことを言えばそれが答えに成りうるかということがはっきりしていないと、それは有意味ではないのだとか、あるいは、検証の仕方が決まっていない命題は無意味であるとか、そういうことが哲学に対する悪口であるかのごとくに言われたものです。

しかし、このような台詞は、確かに科学的知識に対しては妥当かもしれませんけれども、哲学に対しては当てはまらない。そして、それが当てはまらないのは、哲学の欠陥ではなくて、哲学の本来の特徴であり、そういってよければ、まさにそれこそが哲学の存在理由だと言えるのではないか。

それから、また、哲学上の何らかの問題に関して、よく使われる言い回しとして、次のようなことがあります。「その問題は、実は哲学的に考察されるべき問題ではなくて、科学的に解明されるべき経験的な問題だ」とそう言われることがあります。そういうことで問題をつぶしてしまおうとするのですね。これは当たる場合も確かにあるのです。当たる場合も確かにあるのですが、多くの場合には、今、私が申したこととと関係がある。つまり、今のように経験的に決定されるべき問題だということはどういうことかといえば、その当の問題をほかから切り離して、孤立化した形で取り扱う限り科学上の問題になるということ以外のことではないと思うのです。ですから、事は、当の問題そのものよりも、その問い方にかかわるものです。しかも注意すべきことは、今申したように、そういう台詞、そういう考え方、そういう主張というのは、それ自身が科学的な命題ではなくて、一つの別の哲学的立場を述べていることにほかならないということです。

ですから、哲学ではどのような個別的な問題にも、体系としての全体が宿っていると、そう言っていいと思います。このことは、「あのライプニッツのモナドがそれぞれの視点から宇宙全体を映しているものであったように」と言ってもよろしいですし、あるいは、最近一部ではやりのホログラフィーのように、と言ってもいいかと思います。

われわれが哲学することにおいて、実際に扱っているのは、事実上、あれこれの個々の問題なわけですけれども、それが哲学の問題である限り、いつも体系全体にかかわっているということです。ところが、そうなりますと、理論の完結性ということに関して困ったことが生じてきます。なぜなら、先ほど申しましたように、哲学は底が抜けているからです。それが顕著に見えてくるのが真理論においてです。

この点は、実は部分的には二十年以上も前に、この講義で出したことのある論点なのですけれども、次のことです。真理論と申しますと、対応説とか整合説、あるいはプラグマティズムの考え方とか、あるいは説明の成功ということを基準にする考え方とか、あるいはその言語行為というものを突き詰める考え方とか、いろいろあることはご承知のとおりです。今、ここで私が問題にしようとするのは、そういうものと少し次元の違った話です。今、仮に真理の問題に関して、全面的に解答を与えている二つの哲学的理論、AとBがあるとします。そして、この二つの真理論は互いに反対し合う立場になっているとします。その場合には、このAとBのどちらが真であるかに決着を付けることができないことになるのです。

なぜなら、何かを真とするための基準を、この理論Aも理論Bも、それぞれ自分の内部に持っているわけですから、それに基づいて、お互いに相手の説を偽とするだけだからです。このAとBとの間を裁定するために、第三の理論ないし立場Cを持ってきたとしても、事情は変わりません。となりますと、「真理・

論は、自分を真・理論として示しえない」ということになるわけです。もっと端的に申しますと、「真・理論は真理・論であり得ない」あるいは、「真・理論でない真理・論がある」という逆説めいた事態が生じます。このことから、まず次のことが考えられます。

真理論というものは、その都度、取り扱っている問題場面、すなわち、対象となっている知識形態、それを特定した上で、それとの関係においてのみ、一つのまとまった理論として成り立つということがまず言えるかと思います。

よく知られていますように、これはかつてタルスキーやカルナップの意味論がとった方式でもあったのです。これはもうご承知のとおりですが、例の「嘘つきのパラドックス」という問題をきちんと形式化した上で、それを免れるためにメタ言語を設定する。そして、そのメタ言語の立場から、特定の対象言語Lについて「Lにおける真」ということが定義されるわけです。その定義式も、この場合には概念的な定義、いわゆる構造的定義というものになるのですけれども。とにかく、ある一つの問題が、問題場面、対象言語、それを特定した上で、それについてその真理を問題にすると、そういった形をとらなければいけないということがはっきりさせられたわけです。

その点から考えますと、ここで思い出されるのが、新約聖書のヨハネ伝の18章38節に出てくる「ピラトの問い」なのです。「真理とは何ぞや」というあの箇所が思い出されます。この「ピラトの問い」に対してイエスは答えなかったのです。それと同様に、うつろで投げやりな姿勢で、真実は何かと漠然と問われても、その問いにはもともと答えがあり得ないのかもしれない。

そうかといって、タルスキー流の方式でもって、真理論それ自体を理論的に完結させようとすれば、そのためには、真理論はメタ言語で語られるわけですから、そのメタ言語で語られた理論の真理性を確定しようとすれば、「メタ」から「メタ・メタ」へと不定に遡っていかなければいけないわけです。それだけですと、どこまで行ってもきりがないので、それこそ「滅茶々々」なことになってしまうというところがあります。そうならないためには、結局、その真理論というのは、その都度、対象を限定して、議論をどこかで打ち切ってしまわなければいけないのです。

先ほど、科学的な問題があるパラダイムの内部において解決される場合においては、ベースが決まっていると申したような、そういう意味ではっきりしたベースがその仕方で得られるかどうか問題ですけどね。しかし、とにかく、この真理論をまっとうに成り立たせようとすれば、そういった手続きが必要になるわけです。

ところが哲学としては、そのことだけで話を済ますわけにいかない。哲学はいつでも、事柄の全体と自己の在り方について問い進めることが課せられるわけです。ですから、哲学にとっては、先ほども真理論に関して申しましたような、そういう逆説的な事態という重みを十分に引き受けざるをえない。そして、その真理性ということに関しても、自己関係という、その禁を犯さざるをえない。セルフ・レファレント[★06]にならざるを得ない。

このことは何を意味するかと申しますと、哲学はできあがった理論として、それ自体で完結することが原理的にあり得ないということではないかと思います。つまり、いつも底が破れているのです。そして、この底が破れているということはどういうことかといえば、あらゆる理論の外にある思考主体に向けて開かれていることにほかならない。

だからこそ、哲学するものは、これは皆さんがご自分で経験なさっていることではないかと思いますけれども、哲学するものは、自分がやっている哲学というものの存在と意味とを自分で担わなければならない。自分が考えていることの真理性と、リアリティを各人が自分で支えていく、そういう事態になっている。それと同時に、ちょっとお説教じみますが、まさにそうであるが故に、哲学する者は、特定の学説の内部にひきこもることなく、自分の説が全面的に否定される可能性に対して、いつでも理論の外に出て身を開いている姿勢が必要だと思います。

今まで述べてきたような事態、哲学にとっての運命みたいなものですが、もしかすると、それを「根源的二元性」と呼んでもいいかもしれません。こんなところに、いきなり二元性を出してくるのは、おかしな言葉づかいだと思われるかもしれませんが、これはシモーヌ・ペトルマン(Simone Pétrement)という人が、その先生のアランについて語ったものから示唆を受けています。ペトルマンというのは、日本ではあまり知られていないと思いますが、フランスの、今では非常に老齢になっている女の哲学者です。そして「プラトンとグノーシス派とマニ教における二元論」という本を書いております。この本を神谷幹夫氏が翻訳して、その日本語版序文としてこのペトルマン女史が書簡の形で、ごく最近書いてきたものがあるのですが、それをたまたま私は読む機会がありました。

この人の著作を貫く一つの基本的なテーゼは、次のようにまとめることができるのではないかと思います。まだちゃんと、本格的に読んでいませんから、間違っているかもしれませんが、私として面白い論点だと思ったのは次のところです。それは、「二元論こそ哲学の原初的な形態であって一元論的理論は、それから派生してきた思考形態にほかならない」というものです。

これを私なりの言い方にして申しますと、二元論的にものを考える姿勢というのは、自分を含んだ物事の全体を一つの平面に塗り込めて、そこに終始するような、そういう生き方に対する拒否だと思います。そして、これが哲学的探求の根なのだということがここに語られているのではないかと思うのです。そのように私は理解しています。

ですから、二元論という言葉、これを我々は昔覚えて、おそらく皆さんも何度も使っていらしたでしょうけれども、二元論というのは、単に表面的にそう見えるように二つの原理を立てて物事を説明していこうという体系と、そういう形でだけ理解されてはならない。その二元論というときには、実は理論的に安定した体系ができあがっているわけではないと考えることができると思います。むしろ、そこでは体系としての完結性が破られているのではないかと思います。あるいは言い換えれば、物事の全体を一つの仕方だけで整合的に説明しきってはならないという、そういう思考態度の表明であると言えると思います。

それに対して、この二元論というのが出てきたからには、多元論もあるのではないかと言われるかもしれません。多元論となりますと、都合のいいだけ、たくさん原理を持っていればいいのですね。ですから、かえって理論としての完結性、あるいは安定性を装うことがしやすいと思います。

再びペトルマン女史に戻りますと、彼女はアランの考え方を紹介して、アランがそう言ったという形で語っております。哲学史上での二元論の典型的な例として、プラトンとデカルトとカントを挙げています。そして、それぞれの弟子たち、つまり、今の場合で申しますと、アリストテレスとライプニッツとヘーゲルと、そういう人たちは、師の哲学説のなかに欠陥を見出して、そしてその破れを繕って、一元論的な体系的完結性を求めた。しかし、そのことによって思想は極めて異質なものになってしまっていると、そういうふうなことを言っています。

今あげた哲学者たちの名前と対応付け、これは形の上ではべつに新しいものではなくて、哲学史的な系統づけの一つの定石にも合っているということです。ですから、それだけに割り切りすぎている感がなきにしもあらずと言えるかと思います。

しかし、とにかく、その組み合わせに沿って、例えばデカルトの場合についてちょっと考えてみます。デカルトの場合で申しますと、精神と物体との二元論の哲学説は、あまりにも周知のことになっています。あまりにもと申しましたのは、このデカルトの哲学説が学説史的に定型化され、そして固定された形でしか理解されていないことが多いからです。

このデカルトの、いわゆる二元論というものが、いかに力動的でかつ不安定な性格を持っているかということにつきましては、この講義で去年の夏休み前に述べてきました。そのように、デカルトのいわゆる二元論というものは、極めて力動的でかつ不安定なのですけれども、このそれ自体動的な二元論の根底には、再び二元性が口を開いているという点に注目したいと思います。すなわち、これが、これもご承知のことと思いますが、心身合一体としての人間の生活と、そして、物心二元論的な理論と、その間の二元性。

つまり、単にこの原理に関して2という、二つあるという、そういう規定を立てておしまいにしたのではなくて、1と2の間の二元性ということがその根底にあると思います。そして、この人間と理論との間の破れが哲学する者に向かって開かれたままになっている、そういう構造がデカルトに見られると思います。

そしてパスカルの場合は、これでもまだ満足しなかったようです。だからこそ、パスカルの場合、デカルトを非難した。そして、彼においては、人間というものが中間者(un milieu)[★07]と呼ばれたことはご承知のとおりです。

この中間者という言い方は、人間というものは二つの者、例えば天使と動物とのその中間に位置するのだという意味ではないわけです。そういう意味に考えたら、まったくの誤解になります。そうではなくて、この中間者という規定は、例の有名な二つの無限という議論の文脈に出てくることでありまして、人間というものは、無と全体との（rien et tout★08という言葉を使っていますが）、無と全体との二つの深淵の中間に浮遊していて自己をつなぎ止める場所をどこにも見いだせないような、そのような存在だと、そういう意味なのです。つまりここに絶対的な破れというものが確かにあり、人間の根底に見いだしています。

このような二元論に対して、先ほどの図式でいきますと、例えばスピノザの場合で言えば、神的実体の中に全て収めこもうとしたのです。全てに理由と存在を与えようとした。それからライプニッツの場合で言えば、無限のモナドでもって、その空隙を埋め尽くそうとした。そう言っていいと思います。

この見地から見ますと、先ほどあげられましたアリストテレス、ライプニッツ、ヘーゲルといった、ああいう包括的で完結的な体系のいずれにおいても、哲学の歴史の流れが一つの頓挫、頓挫というと少し強すぎるかもしれませんが、少なくとも大きな曲がり角を見せていることが分かるのではないかと思います。

これは哲学史を眺めたときに、そういうことが言えるのではないかと思いますが、今は詳しくは触れません。これは、いったい何を意味しているか。おそらく、これは次のことだと思います。それは、二元論が露呈しているところの破れや、いわゆる欠陥、あるいは欠点というのは、むしろ哲学するエネルギーの源泉となっている、むしろ、それがこの真理の所在を示す指標なのであるということです。

急いで付け加えておかなければなりませんが、そのエネルギーをくみ上げて体系的な完結を図った学説、先ほどあげたアリストテレスやライプニッツやヘーゲル、そういったような人たちの場合も、それが本物の哲学である限りは、破れを繕おうとした、まさにそこのところで問題を噴出させています。そして、その新たな破れを通して、人をして、自ら哲学することへと誘う、そういう理解になると思います。

これは大変おこがましいし、いろいろご異論もあるし、問題があると思いますけれども、あえてそこのところで、どういうことを考えてきたかと申しますと、例えば、アリストテレスでは、その実体概念の二義性。これはいろいろ問題にされているところですけれども、単に概念が多義的であるということだけで話が済む問題でないわけです。

それから、ライプニッツの場合には、無限の内在化ということがあると思います。つまり、異質のものをつなごうとしたときに、彼が無限を内在化し、記号的に処理するという、そういう構造、立場から話を完結させようとしたこと。

それから、ヘーゲルの場合。これは非常に難しいと思いますが、私として思いつくのは、歴史を停止させたということです。ついでに、先ほど名前があがったスピノザについて言いますと、無限様態としての知性ですね。哲学者自身の知性が、あの体系の中でどこに位置付けられたか、そういったところです。

ところで、私自身、これまでいくつかの問題に関して、例えば心身問題であるとか、自由論であるとか、そういったような問題に関して、相補的二元性ということを持ち出してまいりました。そのことも今申してきたように、そういう背景のもとに理解していただきたい。

私がここで相補的と言っているのは、これはある席で、中村君が質問したことがありますが、もとはと申しますと、量子力学の、コペンハーゲン派の解釈の、あの言葉づかいからヒントを得て使い始めました。

ここで言う相補的というのは、ただ二つのものが相補って物事を構成し、それでめでたし、めでたしという、そういう意味での相補性ではない。そうではなくて、むしろその逆です。つまり、二つの原理が相矛盾し合いながら、そして、互いに他を呑み込む形で対峙している、そういう両面です。一つの例が、デカルトの実体と精神の話なのですけれども、そのような相矛盾する二つの原理が、互いに他を呑み込む形で対峙している、その両面をわれわれ各人がいつも自分で支え、そして自分の責任でバランスをとっていかなければいけない、そのことを意味しています。そして、そのことが、この身体、この体として生きていることになりますし、そして哲学することなのだと、そういう理解です。

哲学と人間ということについて、私なりの考え方を述べてきましたけれども、これはまた実践的な意味も含んでいます。といいますのは、観念論的にせよ、唯物論的にせよ、あらゆる理論をもってしても、理詰めえない深み、それが個人としての人間の尊厳ということにほかならない。

また、そのことが、カント的に言えば、人を手段としてばかりでなく、目的そのものとして考えなければならないということでもあると思います。そうでないと、その各人の目的、そのものとしてというような、そういうものの言い方は、何かわけが分からなくなってしまいますね。

実際、哲学が理論的に完結しうるならば、われわれは人間であることを廃業したほうがいい。あるいはそれよりももっと大切なことは、今申したことの対偶命題です。つまり、人間であることを廃業しない限りは、われわれは哲学し続けなければならないわけです。そして、この憧れを知っているものこそが、哲学する者同士の形なきコミュニティを形づくっていくことができるのです。

実存(Existenz)★09というのは、そういうことを意味するのかもしれません。人間の実存についてですが、これはご承知のとおり、一つの理論たりうることなのです。しかし、哲学の実存は、これは理論の外に立つ、つまりek-sistereする、[★10] 理論の外に立つ自己自身を知れということだと思います。

それが真実にこの自分として存在することであり、自分が存在することのリアリティなのです。このことを人々に知らせること、あるいは特に知らせるのではなくても、社会の片隅で実行していること、それが知識と教養のこの現代的状況のなかで、哲学する者が果たすべき「地の塩」としての役割だと思います。

以上、私の考えでは、哲学は原理的に完結することはありませんし、完結しえなくてこそ、その活力が、その地の塩としての味があるわけですが、東大での私の講義はこれで完結いたします。

★01――本稿は一九八五年一月二九日、東京大学文学部で行われた山本先生の最終講義の記録である。この講義については、事前に準備した自筆のメモ書きの原稿と、講義を録音した録音テープが存在する。内容はほとんど一致しているが、言葉遣いにはかなりの違いがある。実際に行われた講義の内容をなるべく忠実に再現するために、録音テープをベースとして、繰り返しや言い間違い、聞き取れない箇所などについては原稿に基づいて修正するという方針をとった。ただし、原稿にない言葉で聞き取れない箇所が若干あり、それらについては省略せざるをえなかった。講義の論旨はきわめて明快であり、解説は必要でないと思われる。ただし、外国語の表現（ラテン語、ドイツ語、フランス語、英語）が多数使われているため、これらの言語に不案内な読者への配慮から、それらの言葉の読み方を示すとともに、最小限の説明を付けた。（編者）

★02――（独）マイン・ジュステーム＝自分自身の哲学体系。
★03――（羅）スンマ・テオロギアエ＝『神学大全』。トマス・アクィナスを始めとする多くの中世の神学者が、こうした名前の書物を著している。
★04――（羅）メディア・アウレア＝「黄金の中間」。
★05――（独）トランスツェンデンタール＝「超越論的」。カントは『純粋理性批判』の中で、「対象に関する認識ではなく、我々が対象を認識する仕方に関する認識」を「超越論的」と呼ぶことにする、と述べている。
★06――self referent（英）＝自己言及的。
★07――アン・ミリユ（仏）。
★08――リヤン・エ・トゥ（仏）。
★09――エクシステンツ（独）。
★10――エクーシステーレ＝ハイデガーが、人間の存在のあり方を表すために用いた言葉。ラテン語のex-sistere（文字通りの意味では「外に-立つ」）という語の変形。

「物」と「私」——相補的二元性について——

心身問題がこの討論会全体の主題とされています。こころとからだということ、これがどのような場面において、そしていかなる意味で問題になるかは単純には済まないことがらです。その事情を古今東西にわたり、また現在のわれわれ自身の関心にひきつけて整理してみるだけで、一つの立派な仕事になるでしょう。今そうした整理もなしにやみくもに論じはじめるのは心もとない次第ですが、さしあたり、もっとも表面的であると同時におそらく理論的にもっとも基本的である場面、日常的な知覚と行為の場面をとりあげて、われわれが心身問題を考えるときの一般的な枠組といったことがらに関し私の考えるところを述べてみたいと思います。

そのための話の出発点を、これ以上素朴でありえないような、「物」と「私」という言葉づかいにとります。こう申せば、ただちに異議が出されるかもしれません。すなわち、心身問題の「心」も「身」も各人の私のものなのだから、初めからその「私」をまるごと持ち出すのでは問題に応ずることにならないと言われるかもしれません。しかしまさにそ

【編者補注】

われわれは、この論文において、山本哲学の核心をなす「相補的二元性」の凜とした姿とその射程距離の長さを知ることができる。

身心問題を巡る五人の論者（山本信、井上忠、黒田亘、廣松渉、大森荘蔵）の議論を収めた『「心—身」の問題』の第一章がこの論文である。

山本の手沢本にはかなり多数の書き込みがある。他の論文へのコメントもあるが、大部分は自身の論文へのコメントであり、記述や指示も整っている。自分のための覚書というより、読まれることを想定した補筆であろう。そこで本文の下に欄を設け、それらの書き込みを記すことにする。

書き込みには次の六種類がある。（1）本の欄外に鉛筆や万年筆で書かれた補足説明（旧仮名遣い）。（2）本の欄外に鉛筆で書かれた他の箇所への参照指

こが味噌なのです。というのは、まさに「私において心と身体との関係はどうなっているか」という形で問題が立てられるがゆえにこそ、心身問題をめぐる古来のあらゆる困難と混乱が生ずるのだ、と私は言いたいのです。そのことはおいおい論ずるといたしまして、とにかく、心については各人が自分のこととしてしか経験できないのですから、それを「私」のなかに含め、（だからこのかぎりまだ心身間の関係は不問にしておいたままで）、その私が物を見たり聞いたり扱ったりするとはどのようなことなのか、を、つまり「物」についての「私」の経験のなりたちを、ありのままに考察することから始めます。

その考察にあたっての方法とか立場といったことは特にありません。ただ、知覚や行為に関するさまざまな哲学説や心理学的知見があることをいちおう承知した上で、意図的に、それらの理論や方法がなりたつ以前の段階に焦点を合わせて記述してゆくことにします。

一　知覚の場合

1 「このもの」

まずきわめて身近な例として、私がこの花、ここにあるこの花ですが、これを見ている場合について考えます。念のため申し添えますが、何かが私に見えていること一般というのではなくて、このものを花として、ほかならぬ私が見ているという事態です。★01

さて私がこの机の上の花を見ながら「ここに花がある」「この花は赤い」「これはバラの

示（他の論文への指示は割愛した）。（3）本文中に鉛筆の斜線で示された改行。（4）本文中に鉛筆で示された圏点。（5）本文の語句への鉛筆による加筆。ただし、書き直しはなく、説明的語句の補足のみ。（6）二つ折りの紙一枚に万年筆で書かれた補足的論述（旧仮名遣い）。『「心―身」の問題』成立の事情が山本の手になる「はしがき」に述べられている。当時の溌剌とした息吹が伝わってくるので、以下にその部分を引用する。

「ある機会に五人の者が話し合い、身心問題についてひとつ集中的に検討を重ねてみようではないかということになりました。（中略）ところが実際にやり始めると論議はたちまち紛糾をきわめ、四方から難問が生じて論点は八方に散り、一隅を押さえようとすれば全版図が揺らぐありさま、一同途方にくれる始末でありました。そこで今度花だ」等々と言うとき、その言表(いわゆる内語もふくめてですが、とにかくそう言ったり思ったりすること)には同時に、同じものが他の人々にも認知されるはずだということが含まれています。実はこの事態に関してすでにいろんな問題があり、例えば、私と他人との間であるものの同定がなりたつ条件、それを確認する基準、そのものが自己同一性を保って持続するということの意味、また個体に対するわれわれのかかわり方の次元の種々相、といったことが論じられえますし、それはそれなりに興味ある内容をもっていますが、今はさしあたって無視します。私がとりあげたい論点は次のことです。一般に「この……」(「……」のところに入るのは物の名前、性質や関係の記述など)あるいは「このもの」「これ」(上の「……」の部分がすでに理解されているものと前提して省略した言い方)という表現を使って話すときには、そのものが他の人々によっても同定され指示されうるのでなければならないということが、語用論的に必要条件となっています。だから、「この……」系統の言葉が使われて、それが何を指しているのか分からないとき、人はいつでも聞きただす権利をもっており、分からないままだとそれこそ話にならないわけです。また、話し合っている人々の間で指示されているものの同定が必ずしも一致するとはかぎらないことは経験的な事実ですが、そのことが問題になるということは、まさに、同定の成立がその言表の意味をなりたたせる条件であることを示しています。

　ところで、このようにある一つのもの、例えばこの花が、私と他人との間で同定されるということは、そのものは私だけが知覚しうるものなのではなくて、私にも他人にも

は腰をすえてやりなおすことにし、月に一度くらいの割合で一人ずつ、話題の範囲は多少ずれてもいいから、自分が現に考えていることを披瀝し、それを皆でたっぷり時間をかけて吟味しあう、という会合をくりかえしました。ときには客を加えることもありました。速記された資料は厖大な量にのぼります。こうしてその時の各自の話をもとにし、その場の論議を考慮にいれて、あらためて書き上げられたのが、この五篇の論文です。」
(『「心—身」の問題』一頁)

相補的二元性を引っ提げて、手ごわい面々とやりあう山本の姿が目に浮かぶ。哲学はもともと論争を活力の源泉とする学問であることをあらためて教えられる。

共通に知覚され指示されうるものだということです。したがってまた——そしてこの一歩が大事なのですが——そのものは、それを知覚し指示する私とも他人とも別の何ものかでなければなりません。私にはこのことが「実体」という言葉のいちばん原初的な意味だと思われるのですが、それはさておき、以上から結論されうるのは次のこと、すなわち、私が「この……」あるいは「このもの」について有意味に語りうるからには、私はそのものから区別されるのでなければならない、ということです。

これはもっと普通の言葉づかいで言ってみればまことに他愛もないことなのでして、この花と、それを見ている私とは別のものだということにすぎません。▼01 しかし、理屈好みの技巧的な議論に慣れておられる皆様にはそれだけ厳重に注意していただきたいのですが、ここでただちに、例えば、この花の表面で反射した光が私の眼に達して網膜に像をむすび、そこから視神経をつうじて電気的パルスが大脳皮質の視覚領に伝わり、云々という物理的・生理的な過程のことを持ち出し、その過程のどこで私の視覚が生ずるのかとか、また、花が見えているという私の意識内容と、花そのものの存在との関係はどうか、などというふうに問題を構えると、話はたちまちおかしな方向にすっとんでいってしまいます。そして挙句のはては、この花と、それを見ている私とを区別すること自体があやしくなりかねません。なぜならこの議論の世界では「私」が行方不明になるからです。まさにこの種の議論におちいらないようにするために、私はかくも他愛のない事柄を丁寧にとりあつかっているのです。そこで少なくともしばらくの間は、話を日常的

▼01——フッサールのいはゆるnatürliche Einstellungをとるのか？と言はれるならば、その通りと答へよう。「超越論的」でなければ、「哲学的」ではないといふことはなからう。「不自然的」でないことのほうが大切である。
cf.p.052.ff.（同頁「そこで…」の横に縦線が引かれている。…編者）

な場面にとどめておく理論的禁欲を保っていただきたい。そのかぎりではおそらく誰も異論のないところだと思いますが、例えば「ここに花があり、ほかのかたがたも見ていらっしゃるはずだが、この私もそれを見ている」と、こう言って、花をさしていた指を転じて自分の胸のあたりに手をあてる場合、この動作は、この花と私とが区別されることを示しています。その際、「この私もそれを見ている」と言いながら自分の眼を指さす人は、よほど変な癖がある人でもないかぎり、ほとんどいないと思われます。自分の眼をさすのでなくて、漠然と自分の身体をさすのが正常な動作であること、これは後で大事な論点になりますので注意しておいて下さい。★02

問題は、右に述べた事態、日常茶飯のことにすぎないこの事態の構造を、正しく捉えることにあります。すなわち、このものを見ているときの「物」と「私」との区別と関係、特にまずその区別のほうのあり方、それを正確に見てとることです。▼02ところで、知覚ないし一般に意識の問題について考えるのに視覚をもって範例とする従来ふつうのやり方に対しては、近頃いろいろな方面からその理論上の偏向と危険についてしきりに警告が発せられ、▼03むしろ触覚に即して考察をすすめるべきだという提案がなされたりしていますが、私としては、だからこそ敢えて視覚の例でやってゆきたいと思うのです。視覚について正しく見てとることができないなら、触覚について真相に触れることもできないだろうからです。

そこで次に「私」の側を考えてみます。もちろん先にも断っておきましたように「物」の

▼02——改行

▼03——例へば、中村雄二郎、廣松渉といった諸氏。（大森氏は、自分の議論に都合のよい所でスイッチを入れ替へる）。

側に多くの問題がひそんでいることは承知しておりますが、われわれの当面の問題には直接の関係がありませんし、また実は、それらの問題はすべて、「私」の側をどう捉えるかということと根本において連動しており、後者の考察を抜きにして充分な解決はありえないのではないか、と私は考えています。

2 「私」

「私」とか「自我」「自己」などという言葉を使うとき、日常的には、当然のことながら心と身体の両面をふくめ、いわば渾然たる相で理解されています。しかしそれでも、自分のあり方を特に問題にするような場合など、どちらかといえば心あるいは意識のほうに引きつけて考えられることが少なくありません。ふつうの言いまわしでも、心による統制を失い、無意識的な状態になることを「我を忘れる」とか「自失」という言葉で表現し、そして「我にかえる」と語られます。また、霊魂が自己意識をもったまま身体から離脱したり、さらには一つの身体から他の身体へと輪廻するといった類の表象のしかたは、昔からいろんなところで見られます。

哲学的な議論においてはどうかというに、周知のように、特にデカルトが「エゴ・コギタンス」(「考える我」)という概念を提出して以来、「私」あるいは「自我」なるものは、各自の意識の内部において反省をとおして「対自的に」見出される、という筋道で考えられるのが普通になりました。もう少し詳しく申しますと、まず、私が何かを知覚したり欲したり感じたりするということはすべて、私がそれらの意識をもっていることだというふうに考えます。そして、自分の身体についての知覚もふくめ、それらあらゆる意識状態の全体を反省的に定立し、それに「心」という名を与えるとともに、こうした心的現象をなりたたせている主体として「自我」を位置づける、という考え方です。

　こうした意識概念ないしその変種に立脚する哲学的思考を、おおざっぱに「観念論的」と名づけてよいと思います。そしてこの系統の哲学者たちの努力が、近世をつうじ、知識に関する問題領域を新たに開拓するとともに、人間や社会や歴史に関するわれわれの思想を著しく豊かにしてきた功績を称揚することにかけては、私はいささかもためらいません。しかしこの立場は、知覚の場面ですでに決定的な困難をかかえています。というのは、御承知のように、意識の内容をなすものとして「観念」あるいは「表象」なるものが設定され、それがわれわれ各人の自我にとって直接の対象だとすると、われわれは、それこそ観念の世界に終始することになり、物そのものとのかかわりが原理的に遮断されてしまうからです。その結果、現実の知覚と想像や夢との区別は曖昧にされ、他人の存在さえ二次的に推測されるにすぎないようなことになります。

　他方「唯物論的」と呼ばれる立場は、こうした意識なるものがそれ自体で存在すること、ましてやそのあり方を原理の位置にすえて考えてゆくことを拒否しますが、しかし注意されるべきことは、その唯物論者たちも実は観念論者と同じ筋道で意識や心を考え、そしてその上でその実在を否定しているのだということです。だから例えば知覚に関して同じ困難におちいります。というのは、もし彼らの言うように、われわれの知覚的意識が、ある発展段階にある物質的過程の結果として生じた特殊な現象にすぎないのならば、われわれ自身はやはり当の意識現象のなかでしかものを考えることができないわけで、実在の真の姿は知りえないことになりかねないからです。

話をそう簡単に片付けてはいけないでしょうが、とにかく右に素描したような困難との格闘が長くつづいてきた末に、心や意識と身体や物質的対象とを区別し対置する構図そのものを払拭しようとするところの、いわゆる「中性的一元論▼04」や「立ち現れ一元論▼05」が立ち現れることにもなります。しかし、この種の議論が実はふたたび観念論の性格を帯び、それと同じ無理押しを伴うものではないかという疑問があることは別としても、概して、ある区別の仕方がいけないからといって、区別そのものを撤廃してしまえばよいわけではありません。

そこで私が提案したいのは、意識や自我といった諸概念を醸し出してきたところの反省ということがらについて、あらためて検討しなおしてみることです。ふつう「反省《レフレクシオン》」とは、文字どおり「そとを見ていたまなざしを反転して自分の心のなかを省ること」と解されますし、また「統覚《アペルセプシオン》」という言葉で術語的に表現される自己意識も、「内なる知覚ないし表象そのものに向かい、それらを総合統一して自分のものとすること」というふうに解されてきました。しかし、われわれが、というより正確には、われわれ各人がそれぞれに、「私」を見出すのは、本当に意識のなかでのことなのでしょうか。言いかえれば、

▼04——Mach, Bergson, W. James, Russell（一時期）etc

▼05——大森氏流の言葉づかひ

私が自分を反省するとき、その「私」ないし「自分」は心的なものとして意識されるのでしょうか。

事実はこうではないでしょうか。反省においてわれわれは、意識主体としての「私そのもの」を、それだけが他から切り離された相において（すなわち絶対的《アブソルート》なあり方において）直接に見出すわけではありません。さりとて、意識状態あるいは心的現象といわれるものだけが立ち現われて、「私」なるものはどこにも見出されはしないというわけでもありません。私が反省において見出すのは、「何かを意識している私」という一つのまとまった事態であり、その相でのみ私は自分自身を捉えることができます。▼06こう申せば、それはフッサールが「志向性」という言葉であらわした周知のことがらにほかならないではないか、と言われるかもしれません。しかし私が強調したいのは次の点です。▼07すなわちその際、あるものを意識しているその内容が、おしなべて「純粋現象」として、かつ全面的に「私の」という刻印を帯びて浮かび上ってくるというわけではない、という点です。フッサールの場合は、意識されている対象もひとまず「志向的に」意識のなかへ内在化されると同時に、「自我」がその意識野全体にかかわる「極」をなす、というふうに考えることが出発点になっていました。これではその後の段階で「自我」とその経験内容が（「モナド」や「相互主観性」という形で）いかに具体化されていこうとも、話の整合性が保たれねばならぬかぎり、広い意味でのデカルト的な枠組のなかに終始することにならざるをえないと思われます。

▼06——改行

▼07——cf.p.048補筆

では反省において現われる「私」はどのようなものかといえば、それは私の身体であり、さしあたってそれに尽きます。だから、先ほどの言い方を少し修正して、自分を反省して見出されるのは「あるものを意識している私の身体」だと言わなければなりません。例えばこの花を見ている私を反省することによって見出されるのは、「この花に目を向けてここにいる私」ですが、この「目を向ける」ということは私の身体にかかわることであり、「ここにいる」とは私の身体の場所にほかなりません。

　ところで右の事態に関して私が特に指摘したいのは以下のことであり、それが今日の私の話の中心になります。反省において自分の身体が見出される場合、それは、自分の身体を主題的に知覚する場合とは事情が本質的に違います。後者の場合には、この花やあの灰皿などに対しての場合と同じく、私は対象としての自分の身体を意識しています。そしてこの場合には自分の身体の姿が①くっきりと判明な形で、見られたり触れられたり想像されたりし、かつ②自分に現われるその姿は、そのつど部分的であり、一面にしかすぎません。それに反して、何かを意識している私が反省において見出す自分の身体というのは、①いつも原理的に漠然としており、かつ、②私の身体全体を一挙に含んでいます。すなわちこの場合の、何らかの物を意識している私自身というのは、けっして私の眼や耳でもなければ脳でもなくて、私の身体の全体、あるいはこの身体全体としての私です。▼08 そしてこのことこそ、先に自分をさすときに漠然と胸のあたりに手をあてた、あの動作が示していたことなのです。

▼08——私の眼が見るのではなく、私は眼で見るのである。

では、自分の身体を主題的に、したがって対象的に意識しながら、そうしている自分を反省する、という場合にはどうなるかと問われるでしょう。たしかにその場合は右にあげた身体の二つの相が重なってしまいます。同じ場所で重なっているのですが、しかし、だからといって右に指摘した区別が失われるわけではありません。いかに自分の身体を対象化してみても、それを見たり考えたりしている当の私は、純粋な意識そのものになっているわけではなく、この身体として存在しているのです。★03

3 脳と知覚

同じ自分の身体に関してこのような区別立てをするのは無用のことに思われるかもしれません。しかしこの区別をつけないで考えてゆくとどうなるかというと、そのときには、身体も一つの物なのですから、知覚における物と私との関係の問題が、そのままの形で私の身体の内部に持ち込まれることになるのです。そして初めに示唆しておいたように、「私において身体と心との関係はどうなっているか」という形で問題が立てられます。そこで一方では、分析の対象となった私の身体の神経生理学的機構が、光学機械や電気回路などのモデルを使って説明され、他方ではしかし、「知覚したり考えたりする主体そのもの」は何かと問われ、この両方が競合する結果、何か非物質的な「心」なるものが身体のなかのどこかに存在するということになるか、あるいはそうでなければ、「意識内容」がそっくり物の世界から燻し出されて宙に浮き、心身並行説、随伴現象説、心脳同一説などにゆきつくことになります。これらの諸「理論」は、外見が多少ちがっていますが、実は同じ穴のむじなであり、問題の解決であるよりは回避にすぎません。

この種の同工異曲の議論が昔も今も手をかえ品をかえて倦むことなくくりかえされてきました。その根は、自分の身体を他の事物と同列に並べて対象的にしか考えないことにあります。ために、(初めのほうで指摘したところの)見られている物と見ている私とが区別される事態を、正しく捉えようとするかわりに、知覚の成立を説明する物理的・生理的過程をたどって、話は一挙に、あらゆる感覚の元締と見なされた脳にもってゆかれます。しかもいったんそこまでゆけば、好きなように思考実験をやることができ、われわれの身体はひどい目に会わされることになります。これはここに御同席の大森氏の所説などを念頭においてのことですが、例えば自分の脳をとりだし、知覚や思考におうじてそれがどうなるかを自分で眺めるとか、脳に細工をして知覚内容をいろいろ与えたり変えたりしてみるとか、あるいは今度は視神経をひきのばして眼を頭のはるか上にあげ、三六〇度全方位の視野をもたせるとかいった具合です。今これらの魅力的な論議に立入っている暇はありませんが、総じて、いくら思考実験だとはいっても、その仮定がはたしてわれわれの経験にとって有意味なものなのかを検討する必要があろうとだけ申しておきます。ではその検討の規準は何かということになりましょうが、何といっても思想の自由をいきなり規制することはよくありませんので、モットーの形で呼びかけるしかありません。それは「身体を大切にしましょう」ということです。仮定というものは健全でなければなりません★04。

たしかに、私が視神経や脳に特殊な仕方で損傷を蒙ったなら、ものが見えなくなるということは事実です。しかし注意しなければならないのは次の点です。ものが見えなくなったのは、私にとってであって、私の脳にとってではありません。くりかえしますが、私が知覚するのであって、私の脳が知覚するわけではありません。ではその「私」とは何でしょうか。それは、眼や脳を部分として含む全体として生きているこの身体にほかなりません。

こうした分かりきったようなことをわざわざ言い立てるのは、一つの根深い方法論的誤謬を掘り出すためなのです。と申しますのは、われわれがもっているさまざまな感覚器官を個々別々にとりあげ、その一つ一つが独立にそれぞれの知覚をもたらすとした上で、それらを比較したり結びつけたりしてわれわれの経験内容を分析してみせようとする考え方、これが根っから間違っているのです。これはほとんど伝統的といってよいような、理論構成上の一手法になっているものです▼09。▼10しかし、例えば視覚でいえば、眼球から大脳にいたる神経系によって、あたかもテレビの装置に画面が現われることのように、いわば「純粋視覚」がなりたつのでしょうか。それは誰がどうやって見るのでしょうか。またそれは他の、それぞれに「純粋な」諸知覚とどうやって結びつくのでしょうか。われわれの具体的に意味のある視覚は、はじめから他の諸知覚、特に運動感覚をふくむ広い意味での触覚との協働によって、経験的に形成されてきたものであり、いわば全身

▼09——歴史上、例へばバークリや、コンディアク。
▼10——改行

的なものです。[11] したがってまたその主体、見ている当のものは、聴覚や触覚その他のあらゆる知覚の主体と一にして同じもの、すなわち身体全体として生きている「私」なのです。それに対し、「個々の感覚器官によってもたらされる知覚」という古くからある観念は、抽象の産物ということでは済まないのでして、事を根本的に誤って考えさせてきた元凶なのです。[12]

4　物に対する「私」のかかわり方の二つの側面

以上に述べてきた理由により、物を知覚している「私」はこの身体であるとしか言えません。しかしそれは対象的に見られた私の身体ではないということは、もうくりかえす必要がないと思います。対象的に見られるかぎり、私の身体といっても、いかなる特権もなく他の諸事物と並んで存在するだけのものです。ここでいうのは、私が内側から一つの単位として経験している身体、それが五体完全であろうとなかろうと、とにかく私がそれであるところの、一つの生きた全体としての身体です。そしてそれが自分の周囲のさまざまの事物にかかわりをもつことが、見る、聞く、触れる等々、要するに知覚するということです。[13] ですから例えば視覚におけるパースペクティヴに関しても、その視点はけっして幾何学的に正確な点なのではなく、そのときどきの対象と身体の状態によって異なり、いつも原理的に漠然としたところを含んでいます。

ところで他方、右のことと矛盾するようですが、次のことも同様に根源的な事実とし

▼11――中村（雄）氏の「共通感覚」論は、この事の真相を垣間見てゐるやうである。しかし個々の知覚器官のほかに、もう一つ「感覚」を設ける必要はあるまい。（cf.p.082注03補筆）

▼12――驚きであると同時に心強いこととして、トマス・アクィナスの感覚理論の解釈によれば、「事物からの働きかけ」と「精神の、外への拡がり」との交錯において、「感覚するのは身体だ」といふことになる、といふ。――稲垣良典「トマス哲学における存在と意識」（『科学と存在論』一九八〇年七月所載）p.96（cf.pp.94-99）。

▼13――しかもこれらの諸パースペクティヴは、原型とその射影として幾何学的・理論的に統一されうるやうなものではない。既に空間構成としてもさうだが、ましてやその内容にお

て認めざるをえません。物を知覚しているのはこの身体としての私にほかならないのですが、しかし私は、写真機が物の像をうつしとるような具合に物を知覚しているわけではありません。写真機はその場所にあって、物から来る反射光を受けとり、自分の中でその像を結ぶだけであるのに対し、われわれは物に対して、自分の身体からはみ出た仕方でかかわりをもっています。▼14 このことは何より、われわれが言語▼15を用いることに示されています。というのは、物を自分とは区別される一つの何ものかとして位置づけ、それに向かって身体的に反応行動をとることとは別のこととして、他の人々と共通の場においてそれを名指し、それについて何ごとかを問題にするということ、これがわれわれの言語行為がなりたつ場の基本体制なのだからです。この体制は、われわれが用いる言葉の意味そのもののなかに入っており、その理解を支えています。ですからこの事態を「意味論的に世界にひろがっている」と表現してよかろうと思います。そしてこの体制、物に対するわれわれの（ふつう非難の調子がこめられている表現を敢えて使って言えば）「上空飛翔的な」かかわり方、は、個々の知覚の積み重ねから徐々に編み出されるようなものではないのでありまして、その逆、われわれの知覚経験をなりたたせる条件となっているものであり、「アプリオリ」なのです。▼16

こうした言い方は独断的だと難じられるかもしれませんが、次のような事情を考えてみて下さい。たしかにわれわれは自分の身体の位置からしか物を見ることはできません。しかし当の自分のパースペクティヴについて語りうるということは、自分の身体の周囲

いては、一般的関係には原理的に還元不可能な「個性」をもってゐる。（写真と絵画との違ひ）。——知覚とは既に、その意味で、世界に対する代替不可能で修正不可能な身体関与なのである。

▼14——改行

▼15——言語

▼16——その一つの表現がカントにおける「形式」としての空間。

における諸事物や他の人々の空間的配置をすでに知っているからこそなりたつことです。もしわれわれの意識が本来パースペクティヴの見え方のなかに閉じこめられていたならば、その見え方がいかに連続的かつ規則的に変転をかさねようとも、それらがパースペクティヴであるということ自体▼17をも知りえないでしょう。▼18別の例で言えば、われわれは物の幾何学的形態をけっして見ることはないのに、部屋の隅にせよ鉄道のレールにせよ、直角とか平行として語りますし、また実際には空から見たこともない街の地図を描きうるのです。（これにはまた生物学的な考察ないし解釈を対応させることもできると私は考えていますが、今は省略します。▼19）

　このようにわれわれは自分の身体の外にひろがった仕方で、世界とそのなかの諸事物にかかわっています。言語、および言語にもとづくわれわれのあらゆるいとなみは、このことに存立と妥当性の根源をもっています。そして逆に、世界にひらかれた場を満たし、その構造を規定しているのは、われわれの言語なのです。▼20ただし世界にひろがっているといっても、何かエーテルみたいに物理的空間に一面に瀰漫して存在しているというわけではなく、その都度の私の関心によって、そのかかわる範囲が、ここでも原理的に漠然とした仕方で限られ、そして周辺に不定のぼかしを常に伴っています。しかし、この「世界へのひろがり」をなりたたせている場そのものは、自分と他人の別なく、それ自体として公共的な場と考えられるべきです。▼21いわゆる「超越論的哲学」▼22が開拓しようとしたのはまさにこの場にほかならなかったのですが、その問題設定の歪みのゆえに一方

▼17——そもそもそれらがパースペクティヴであるということ自体

▼18——改行

▼19——また、「物とその射映」ということについても同様。（cf. Kant のいはゆる Beharrliches としての Substanz のカテゴリー）

▼20——改行

▼21——改行

▼22——根本的には、身体ぬ

的に「自我」の側にひきつけて考えられたのだ、と私は解釈しています。
なおこの「ひろがり」というのは、空間に関してばかりでなく、時間に関しても同様な事情にあり、想起や予想として経験されるのですが、これも今は省略することにします。

きの意識といふ場面にいっさいを引き入れて考へたこと。

5　相補的二元性

物に対する「私」のかかわり方における右の二つの側面、すなわちAこの身体として物を知覚する側面とB意味論的に世界にひろがっている側面とですが、この両側面をもつあり方が、われわれ人間の「意識」とか「心」ということにほかならないのです。そして、これが肝腎な点ですが、この二つの側面はいずれも還元不可能なのであって、その一方が他方から、発生的にせよ論理的にせよ導出できるかのような関係で考えられてはなりません。両者は「等根源的」であり、そのかぎり二元論的といえます。

しかしそれと同時に、そして同じく本質的なこととして注意すべきことは、この二元性は、それぞれの側面がきっぱり両極に分かれて完結しているものではないということです。つまりわれわれが人間的なものごとを捉えようとするとき、この二元性を理解の枠組として考えなければならないのですが、具体的にはいつも両側面が混り合った相で現われます。その混合のあらゆる度合いの間を揺れ動いているのが、われわれの経験の具体的な姿です。だから、どちらか一方の側面だけで人間的なものごとを説明してゆこうとすると、どうしても不充分な結果に終るばかりでなく、無理押しをすれば当の説明自体がなりたたなくなってしまうということが見られます。

右にあげたBを抜きにしてAの面だけでやってゆこうとすると、われわれの意識は身体に埋めこまれてしまい、すべての行動が、基本的には、そのときどきの信号刺戟に対する条件づけられた反応としてより以上の意味をもたないことになりましょう。これでわれわれの知識や道徳性が基礎づけられるとは思えません。いや、そもそも自分をそのようなものとして考える当の理論が生じえないはずです。他方、Aは無視してBの面を徹底させてゆけば、われわれは自分の身体をも対象的に規定しつくし、極限的には一つの光学機械と同様に見なすことになりましょう。[▼23]そしてそのかぎり、世界のなかで生活している個人としての自己の存在は影のようなものでしかありえず、そもそも物を知覚するということ自体がほとんど意味を失うでしょう。

このようなわけで私は、先にあげたところの矛盾し合った二つの側面、が、あくまで二元的に共在し、しかも根底においてはどこかで漠然と融合している事態を、そのまま事実として受けいれることを提案したいのです。そしてこれを「相補的二元性」とよびたいと思います。[▼24]ここで相補的というのは、単に「二つの異種のものが補い合う」ということよりも強い意味で考えています。すなわち「相矛盾していながら一つになっている」[▼25]、あるいは「一にして同じものが矛盾し合った事柄を同時に含んでいる」といった意味合いです。

こうした考え方は折衷にすぎず、矛盾をそのまま呑みこんだ不整合で中途半端なもの

▼23——いはば"ghost in the machine"(G. Ryle)ならぬ「機械のかたはらにさまよふ幽霊」になる。

▼24——勇み足になることを覚悟の上で言へば、量子論の（コペンハーゲン派的）解釈における「相補性」の原理は、観測（ないし測定）のためには（知覚的にも行為的にも）身体が関与せざるをえない、といふことに由来する。確率関数の形をとる波動方程式は、「客観的世界」の可能性しか表現してゐない。他方、相対性理論は、我々の観測行為をも数学的に「客観化」

だと言われるかもしれません。しかしわれわれ人間にとっては事柄の具体的全体をこのようにしか捉ええないのではないかと私は思います。そしてその根源は、われわれが現にそうであるところの、この心身的存在ということにあります。実際、まさに右のような形の矛盾と不安定さを担いながら絶えずバランスをとってやっているのが、われわれの生のいとなみであり、「常識」の健全さなのではないでしょうか。そしてそのバランスを失うとき、われわれの精神は、そして哲学的理論も、病理的になるのではないでしょうか。

し、時空連続体へと「一元化」する結果、具体的な表象可能性を失はざるをえない。

▼25――相矛盾し互に排除し合っていながら補完的に一つになっている

二　行為の場合

6　行為と因果的決定性

これまでは知覚の場面について考察してきました。次に行為の場面において、右の相補的二元性ということがどのような形をとって現われるかを少し立入って見てゆきたいと思います。

この討論会の主題である心身問題が行為に関してもっとも露骨に前面へ出てくるのは、因果的決定論と意志の自由という問題においてでしょう。因果的決定論については、まず「因果性」ということの意味から吟味してかかるのが本来ですし、御承知のようにそれには歴史的にもいろいろ経緯がありますが、時間の関係上それは他の機会にゆずります。ここでは「すべての出来事にはその原因があり、原因となる出来事は、一定の自然法則にしたがってその結果たる出来事を必然的に生ぜしめるのであって、この関係は原因の方向にも結果の方向にも連鎖をなしてどこまでもつながっている」という考え方があることを前提することとして、ただちに問題に入ります。

われわれの身体のあらゆる運動と変化は、その個々の過程をとりだしてみれば、それを生理学の対象として物理的・化学的な過程にひきなおし、一定の因果関係と法則性によって記述し説明することができます。例えば私が腕をあげる場合についても、その腕があがるという運動が生ずる原因を求めて、肩や腕の筋肉の収縮、遠心神経の末端部における特定の物質の分泌、遠心神経繊維をつうじシナプスを経ての電気的パルスの伝達、大脳皮質の運動領の一定部位の興奮状態、というふうに因果系列をさかのぼることができましょう。そしてさらに進んで、大脳のニューロンがそうした状態になったのにはその原因があり、また、この身体全体が環境と絶えず相互に作用し合っているのだし、それが現にあるような構成と機能をもっているのは過去の経歴の結果にほかならない、と、このように考えてゆきますと、結局、私が自由の意識をもって意図的におこなった行動もすべて、私の内外にわたって張りめぐらされた因果連関の網のなかで決定されている、ということになりそうにみえます。かくては私のあらゆる行為は、もちろん非実際的でしかも幼稚な言い方ですが、原理的には、機械仕掛の人形が手足を動かすのと同じことになるのでしょうか。

実は大脳皮質までできたところで話はすでにおかしいのです。私はたしかに、自分が意図的に腕をあげるときの、その腕があがる運動をもたらした因果連鎖の機構と過程を、ある程度までは辿ってゆけるでしょうし、やろうと思えば計器でも使って自分で確かめることもできるでしょう。しかし脳までできたとき、そこでの物理的・生理的状態を、私が腕をあげようと意図したことに関係づけて記述することは、できないのです。それも技術的に困難だから事実上不可能というのでなく、原理的に不可能なのです。なぜなら、腕をあげようと意志する「私」は、そのときもうどこにも見出せないからです。

しかしこうした言い方では納得していただけないかもしれません。そこでこの際、「身体を大切にしましょう」というわが哲学的モットーにそむき、不本意ながらグロテスクな仮定をしてみます。すなわち、自分の大脳皮質に電極を突っこんだり頭蓋骨を開いたりして適当な仕掛をすると、私が腕をあげようと思ったときに大脳の特定部位のニューロンがある状態になるということを確かめることができるかもしれません。いや、そうできると想定してみましょう。ところがそこで見出されるのは、腕があがるように遠心神経の細胞繊維に電気的パルスを送り出す、という状態でしかないわけです。腕をあげようと思った私の意志は、この大脳の状態のどこにも見出せません。いや――と反論されるかもしれません――そのような大脳の状態にあることがすなわち「私が意志する」ということなのだ、と。おそらくそのとおりなのでしょう。しかしこのことで言われているのは、「私が腕をあげようと意志するときは、大脳皮質がいつもその状態になる」ということであり、これに尽きます。要するに、私が腕をあげたときの、その腕の運動の原因として求められた大脳の状態については、「それは私が腕をあげようと意志するときの状態になっている」としか言えないのです。これは同語反復であって、説明にはなっていません。★05

それと同時に、右に述べた事情は、腕をあげるという行為をするところの、身体全体として生きている私がこの場面での主役だ、ということを意味します。たしかに私は自分の身体運動の生理的な機構や過程を問題にすることができますが、そのときいつも、そこで対象となっている身体▼26と二重になって、自分の意志で自由に行為する身体としての私▼27が根底に存するのであり、これ抜きでは、そもそも生理的な因果連関について問題にすること自体がなりたたないのです。

これは、前に知覚の場面であらわれていた身体の二つの側面のこと▼28に対応した事態、というより同一の事態です。すなわち行為においても、われわれの身体ははっきりと二元的に区別される仕方で経験され、その一方を他方から導出できないばかりでなく、むしろ両者は矛盾し合ったところがあるのですが、しかし、一方だけではなりたたないのであって、常に他方を前提しており、そうした関係において一つのものである、という事態です。そしてその際、一方では、自分の身体が対象として明確に知覚され、因果的に説明されますが、それはいつも部分的にであり、他方では、身体全体としての私が、知覚し行為する主体なのですが、それは原理的に漠然としているのです。

以上に述べたのは、実はこの事態の半面にすぎません。つまり身体運動の生理的機構

▼26——そこで対象となっている身体

▼27——自分の意志で自由に行為する身体としての私

▼28——cf. p. 054. f.（同頁「ところで…」の横に縦線が引かれている。…編者）

のほうから始め、自由な行為主体にいたる方向でのことでした。次にその逆の方向のことを考察してみます。

7 「私」と道具

われわれが何かあることを意図し、そのように行動できるのは、われわれの身体が因果的に連関し合った機構をそなえており、それが一定の仕方で作動するからです。どんなに腕をあげようと思っても、神経が麻痺していたり筋肉が切れていたりすると、自由に腕を動かせません。この意味では、われわれの自由な意志的行為は身体組織の因果性に依存しているわけです。身体の自由がきかないときは、その因果的なつながりを修復するか補うかしなければなりません。

このことは自分の身体の外に出ても同様です。ごく単純な道具、例えばかなづちや鋏でも、その物理的性質を知っていないと、うまく、すなわち自由に使いこなせません。もっと複雑な機械、例えば自動車や起重機となるとますますそうです。機械を思うように操作するためには、その仕組の隅々まで知ってはいなくとも、とにかくその諸部分の間の作動連関を心得ていなければなりません。ベーコン流に言えば、われわれは道具や機械の因果的メカニズムに従うことによって、それを支配するのです。そしてその扱い方を「身につける」ならば「手足のように」動かせるということにもなりましょう。★06

要するに、われわれが生きていて自由に行為するということは、すべて身体や道具や機械の因果的機構の上に乗っていてこそ成り立つことなのです。▼29しかし同時に次の点に注意を促したいと思います。それは、道具や機械を操作し、その因果連関をして作動せしめるものは、いつもその起点においてわれわれ自身の身体だという点です。そして道具や機械を使う主体としてのこの私の身体、これはもはや私が操作する道具ないし機械なのではありません。道具や機械を直接に操作するのは私の身体の一部分、手や指先や足の裏などですが、私が手でボタンを押しレヴァーを動かすとき、その手を動かすために私は神経系統や筋肉組織を操作するわけではなく、私は端的に手を動かしているのです。手を動かしているその身体全体、それが「私」なのです。

　だからわれわれが、かなづちからジェット機まで、あるいは箸からパイプオルガンまで、すべて道具や機械を自由に使えるようになるためには、まず自分の身体の動きをそのものに順応させる必要があり、それが練習といわれることにほかなりません。練習するときわれわれは、自分の身体の諸部分に対して、あたかも機械の諸部分を調整したり配線しなおしたりするようなことをやっているわけでなく、端的に当の道具や機械に対し自分の指や手を動かしているのであり、そうやっているその主体は、それら身体諸部分をふくんだ全体としての各人の「私」です。

　要するに、道具や機械は、それをうまく使うためにはまずその仕組を知らなければならないのですが、それを操作する身体のほうは、その仕組を問題にするに先立って、まず自由に使うことができるのでなければならない、という事情にあります。そして行為

▼29——改行

の主体としての私がそれであるところの身体は、因果的に分節された機構としてあるのではなく、一つの生きた全体として存在します。そのかぎりでは、その半分なるものはないのです。

8 行為の意味と責任

これで行為の場面での心身問題にむけて見通しがえられるかと思われます。昔からの主要な問題点の一つは、心なるものがどのようにして身体を動かしうるかということにありました。その困難の根は、よく言い立てられるように心が「実体化」して考えられたことにあるよりも、実はもっと基本的なこととして、身体が道具や機械と同列に考えられたことにあると見るべきです。その結果、知覚の場面でも指摘したように、▼30「物」と「私」との区別が私の身体の中に持ち込まれ、「私の身体」とそれを操作する「私」の関係が不可解になり、身体よりももっと「私的な」ものとしての「心」なるものが設定されることになったわけです。

この点についての考察の手がかりは行為の意味▼31ということに求められます。われわれがある人の行為の意味を、すなわちその行為が「何であるか」を問題にするとき、その人の身体の動きを時空座標に関して記述するだけでは答になりません。そこに周囲の事物のことを詳しく書き加えてもまだ不充分です。なぜならば、時間的・空間的な動きとしては全く同じ身体運動も、行為としては別のものでありうるからです。例えば梨の樹の

▼30——cf. p. 055. f（同頁「同じ自分の…」の所から。…編者）

▼31——意、味、

下を通っている人の腕があがった場合、彼は梨の実を取ろうとしたのか、冠を正そうとしたのか、あるいは飛んできた虫を払ったのか、それともただ肩のこりをほぐす体操をしただけか。こうした多義性は何も特殊な場合についてばかりでなく、たいていの場合について言えます。そして一つの行為がなされつつある途中ならば、すべての場合にあてはまることです。それというのも行為の意味は、その行為をする当人の意図にあるのだからです。一つの行為についての記述は、その動機や目的が語られることによって初めて一義的に完結したものとなりえます。★07（その記述の真偽、あるいは当人が語る場合なら嘘かまことかは、また別の問題です。）

この意図ということによってわれわれは、知覚におけると同じく▼32行為においても、自分の身体からはみ出た仕方で事物にかかわっています。このことでは特に次の二つの点が顕著です。一つは言語表現▼33による未来へのひろがりです。例えば庭先に椿の花を咲かせたいと思う。そのため土地に穴を掘り、そこへ肥料を仕込み、次に苗木を植えつけ、その後も毎日水をやり、ときどき雑草をとり、場合によっては害虫を駆除したりします。これら時をへだてた別々の諸行為はすべて、庭先に椿が咲くという未来のことがらへの意図によって統一され、意味を与えられているのです。そしてこうした意図は、言葉あるいはそれに準ずるもの（手真似や画など）によってのみ表現されうることです。だから逆に、意図を語りえないような行動は無意味とされることになるわけです。

もう一つの点は、道具使用▼34による他の事物へのひろがりです。例えば絵をかけるため

▼32――cf. p. 058. ff.（同頁「ところで他方…」の横に縦線が引かれている。…編者）

▼33――言語表現

▼34――道具使用

に、壁にかなづちで釘を打ちこんだり、額縁に紐をつけたりします。つまり目的と手段との連関です。▼35この連関は、それ自体が因果の連鎖をなしていることが少なくありません。よく出される例は鉄砲です。A氏が銃を発射して弾がB氏にあたった場合、A自身の身体の動きは人さし指を曲げただけです。それ以後の過程は、Aの意志いかんとは関係なく、それ自体の因果的必然性によって生じたのです。しかしAの行為の意味、すなわち「彼が何をしたのか」は、この因果連関の上での彼の意図によってきまります。もちろん、鉄砲という特定の道具を扱っていたからには、ただ指を曲げようとしたということはありえません。しかし彼は必ずしもBを殺そうとは思っていなかったかもしれないのです。弾が入っているのを知らず、撃鉄の調子を見ようとしただけかもしれませんし、自分で弾をこめはしたが、ただ銃がうまく発射するかどうか試すつもりだったのかもしれません。あるいはまた、事実Bのほうを狙ってうったのだが、それはBが殺そうとしているCを救うための威嚇だったかもしれません、等々。▼36このように道具を介して行為の意味は当人の身体の外にひろがり、それがどこまで及ぶかは、最初の身体行動をした人が何を意図していたかによることです。

　右に述べましたように、言語表現としてのみ明らかにされうる意図と、広い意味での道具ないし手段としての事物の間の連関とを介して、行為の意味は時間的にも空間的にも身体の外にはみ出しています。知覚の場面で使った言い方をもう一度使うならば、行為においてもわれわれは意味論的に世界にひろがっているのです。★08

▼35——改行

▼36——改行

行為の意図が当人の身体の外に及び、それによって行為が意味づけられることから、行為の責任が問われることになります。ということは、ある人の行動によって生じた出来事のうち、意図されていた範囲のことがらに関してはその人が原因だということです。よく言われるように「原因」という概念そのものが「責任」という観念から来たと考えられます。[▼37]ところで、因果性の問題そのものに関する考察は省略してきましたし、もうそれに立入っている余裕はありませんが、われわれが因果関係について内容的に、かつ有意味に語りうるためには、われわれは、その原因とされる前件に対して自由な立場、すなわちそれを任意に他のようにもなしうる立場、ないしそれが他のようでもありえたと考えうる立場、にあるのでなければならないということがあります。まさにこのことの原型が、行為の責任が問われる場面に見出されるわけです。[▼38]そして、ある人の行為が他人や社会に害をもたらしたとき、その人の責任が問われて罰せられるのと正確に対応して、困った事が生じたとき、われわれはその原因を見つけ出して除こうとするのであり、これが一般に原因探究の努力がなされる大きな動機の一つです。同様に、よい仕事をした人を賞讃するのと対応して、望ましい結果を生ずる原因となるような仕掛を作り出そうとすることが、技術の推進力であると言ってもよいでしょう。[★09]

▼37——改行

▼38——改行

9　因果の方向性

以上に見てきましたように、行為における意図ということが、当の行為から生じたことがらに関してその人を原因たらしめます。ところが一口に意図といっても、それはさまざまの動機、目的、計画、配慮、等々が織りなす思いめぐらしを伴っているものです。こうした思いめぐらしや意図は、物理学や化学や生理学の言葉で表現することができません。そこで、われわれが思いめぐらしたり意図をもったりすることに関して「心」が語られることになります。これは当然のなりゆきであり、この語り方は完全に正しいのです。なぜなら、それなくして人間は記述されえないからです。

われわれが何かあることを実現したいと思う、そのやり方を考える、費用や労力を見積もる、ほかの仕事との時間的なかねあいもある、他人の反応も勘定に入れねばならぬ、等々、これらはすべて心の中でのことです。その過程はごく単純で短時間のものから、複雑で長くかかるものまで種々様々でありましょうが、いずれにせよ、言葉で伝えられないかぎり他人にはわかりません。こうして自分の心のなかで考えを決め、その上で実行にうつるという、このことはわれわれが日常生活で経験する事実そのものです。

しかし、だからといって、心が行為の原因であるとは言えません。もっともその種の言いまわしも、特殊な文脈、例えば(「この行為の原因は彼の嫉妬心にある」といったような)特定の性癖や情念を主題的に語る場合などには充分なりたちます。しかし行為の原因についての本来の記述としては正確ではないのです。なぜなら、すでに述べましたように、行為とは無意味な身体運動そのもののことではなく、何らかの意味をもった事態をもたらすことなのでありますが、ある事態をもたらした行為の原因は、すなわち行為したのは、その人(例えば私)であって、その人の心的状態ではないからです。そしてその人は、自分の意図にもとづいて自由に動かしうる五体をもった一つの生きた全体として、そこにあるもの(「現存在」)以外の何ものでもありません。だからこそ、悪しき意図でなされた行為に対する刑罰も、さしあたって当人の身体に加えられます。★10

ではその人(例えば私)において、思いめぐらしや意図という心的な過程と、物理的に記述されうる身体運動とは、どう関係しているのかということになりましょう。まさにこの場面で正確に理解されることがもっとも必要になるのが、すでに幾度も論及したところの、▼39身体の二元的なあり方とその相補性なのです。そのため次のことに注目したいと思います。それは、行為においてわれわれの身体はいつも原因であると同時に結果である、という事態です。

直接的な例は、自分の身体の一部分を動かすこと自体を意図する行為の場合です。例えば、意図的に右腕をあげるとします。それも、本を棚からとりだそうとか人をなぐろうとしてでなく、そのこと自体を目的としてです(例えば徒手体操)。その際私は、右腕をあげるという行為をしたのであり、その原因ですが、その反面、私の右腕があがったのはその行為の結果です。「右腕をあげる」という文章形式がこの二面性をあらわしています。「あげる」という他動詞の主語は、当の腕をふくめた身体全体としての私です。同時に、「本を(棚に)あげる」という場合と同じく、私の腕が行為の対象として目的語になっています。すなわち本の場所的移動と同じく、私の腕の移動も行為の結果といえるわけ

▼39 —— cf. p. 054. f. (同頁「ところで…」の横に縦線が引かれている。…編者)
p. 061. f,
p. 066. (同頁「これは…」からはじまる段落の上に横線が引かれている。…編者)

です。（ただし本と自分の腕との違いは、前者については「もちあげる」と言えるが後者については言えないことなどにあらわれます）。要するに、私が原因としてこの行為を遂行するのも、私がその結果としての出来事を蒙るのも、共に同じ自分の右腕においてなのです。ことがらとしては対立的な二面が、ここでは一つに融合して現われています。

　また、われわれが自分の身体の一部分に対して何かをしようとする場合にもそのことが見られます。例えば右手で左手の爪をつむ場合、これは、身体のどこかがかゆいのを反射的に掻くような場合とちがって、一つの意図的行為です。左手の爪が切り落されることの直接の原因となっているのは爪切りの刃の運動ですが、この行為の原因すなわち行為者というのは、爪切りを動かしている右手の指から腕にのび、それから肩へかけてのどこまでということはなく、この身体全体としての私でしかありません。他方この行為の結果が生ずるのは左手の指先であり、これもほかならぬ私の身体に属します。つまり、一にして同じ私の身体が右手で行為の原因となり、左手でその結果を受けているのであって、この両部分の間の境界線はどこにも引くことができません。

　同様の、しかし趣きが少しちがう例は、手で脚の筋肉をもむ、鏡を見ながら顔の傷の手当をする、のどに指を差しこんで嘔吐する、等々いろいろあります。さらに、結果が自分の全身にかかわる行為の例としては、睡眠薬をのむといったことがあります。▼40 そして極限的な場合が自殺です。すでに手足や指先を動かすといった個々の行動もそうなのですが、そもそも私がものを感じ、考え、意図し、行為する等々のことができるのは、

▼40——改行

私が、自分ではほとんど自由に処理することができない[▼41]身体諸器官の機能によって、すなわち血液循環や消化吸収やホルモン分泌やその他無数の生理過程によって、維持され養われているからです。つまり私がこの身体として生きているからです。ところが私は意図的にこの自分の身体に手を加えて、あるいは身体そのものをある状況に投げ入れて、その生命を絶つこともできるのです。ということは、私は、自分が意図的に行為できなくなるように自分で意図的に行為することができる、ということです。言いかえれば、自分に対して意図的に行為して意図的に行為できなくすることができます。この相矛盾した原因と結果を媒介するもの、というより両者を一度に担っているもの[▼42]、それが私の身体なのです。

こうして自分の身体にかかわる行為の場合に特に明らかになるように、われわれの身体というものは、原因として意図的行為を遂行する主体であると同時に、その行為の結果たる変化を蒙る、という事態にあります。そしてこの両面の境界線は原理的に漠然としています。[▼43]ところで他方、われわれが自分以外の物にかかわる意図的行為の場合はどうかというと、すでに見たように、われわれがある事柄を意図しておこなった身体運動が、その事柄をひきおこす原因なのでした。そして行為者の身体と、はたらきかけられた物との区別は明瞭なのでした。この後のほうの場合における事態は前のほうの事態から切り離されたものではなく、この両方をつうじての全体が、一つのまとまりをもって具体的な意図的行為を構成しているのです。したがって、行為者の身体運動と外部の出

▼41——cf. G. Marcel "indisponibilité"(「不随意性」)(*Être et Avoir*)

▼42——自己と自然、自発性と自明性、「みづから」と「おのづから」(共に「自ら」)——両面は、相反するところがあると同時に、根源において相補的。(一方なしには他方はなりたたない)。

▼43——改行

来事の系列との間の、原因と結果という方向づけは、行為者の身体そのものの中にすでに存するのであり、その方向づけに沿って行為者自身が、原理的に境界線は漠然としたままで、二極化されているわけです。心と身体という対概念は、この方向づけを意味するものにほかなりません。そして一つの具体的行為の意味は、そこに含まれるすべての要因をこの方向に秩序づけて語ることにより、理解されうるものとなるのです。▼44

翻って観ずるに、こうした心と身体との方向性は、意図的行為におけるのとは逆方向にもなりたつのであり、それが前に考察した知覚ないし感覚の場面にほかなりません。そこでは「私」は受けとるほうの側にあります。こう申せば、事はさほど単純に済ましえないと反論されるかもしれません。たしかにそのとおりです。多くの人々によってさまざまな方面から指摘され究明されてきているように、われわれが物を知覚するということは、ただ物をそのまま写しとるだけでなりたっているのではありません。それは記憶や想像のはたらきと全面的に連携した構造をもっており、知覚する当人の関心や情動の影響のもとにあると同時に、特に言語を介して歴史的・社会的に規定されていることは周知のとおりです。また、知覚するために眼を向けるとか、あるいは顕微鏡を使うといったことは、それ自体まぎれもなく意図的な行為にほかなりません。さらに根本的なこととして、物に対する行動的反応の潜在的な構えということが知覚の動機づけになっており、これはわれわれの生活の仕方そのものに根ざしています。しかしこれらのことがらを充分考慮した上で、なお、知覚の基本的様態はやはり受けること、与えられることに

▼44――だから、「この身体全体としての私が、その身体と並んで存在するかくかくの物を見てゐる」といふのが、終極的な記述である。物が見える原因は見出しえない。

あると言ってしかるべきだと思います。そしてそのかぎり、知覚される物の側に「原因」があると言ってよいわけです。

10 心身関係

かくて「心と身体の間の相互関係」というのは、「物」と「私」との間に見出される因果の方向性のことにほかならない、という結論に達したわけですが、この結論そのものは言ってしまえば何のことはないのでして、古来「能動と受動」という言葉で語られてきたことです。しかしこれまでの議論の途次いろいろの問題点を経めぐってきたところから、次の二つのことを主張としてあげておきます。

I　因果の方向性と言いましたが、自分の身体がふくまれた場面においては、原因と結果とが、二つの別々の物ないし事としてあって、それらが外的に関係するというわけではありません。（a）知覚において原因項とされる対象や光線その他の物は、それがどのようなものであるかという規定を、私の知覚内容から得ています。ですから、私の知覚内容そのものが結果項なのではありません。もし知覚内容が結果だとすれば、原因が前もって結果によって規定されているという奇妙なことになるからです。「結果」の方向に見出されるのは、当の物を見ている私の身体、原理的に漠然としたところがある一つの生きた全体としての身体であり、そこでおしまいです。

他方、（b）行為における私の意図がどのような形で語られるかというと、それは、その行為によって生じたところの、ないし生ずべきところの、結果である出来事を記述するということによってしか語られえません。ですから、もし私の意識内容である意図そのものが行為の原因なのだとすれば、ここでも、原因が前もって結果によって規定されているという奇妙なことになります。「原因」の方向に見出されるのは、当の出来事を意図しつつ動作した私の身体、原理的に漠然としたところがある一つの生きた全体としての身体であり、そこでおしまいです。

それゆえ知覚と行為のいずれの場面においても、われわれが物理的・生理的な因果連関として辿りうるのは、常に（ということは、すでにあまりにも頻繁に使いすぎた憾のある言葉を最後にもう一度使ってよければ、「原理的に」ということですが）、中間的であり部分的であるにとどまるのです。ところが、おしまいとされるべきところで満足せず、因果連関をそのまままひきのばして極限にまでもってゆき、知覚や行為に関することがらの全部をその中に取り込んでしまおうとすると、話の全部がおかしくなるのです。▼45 話がおかしくなるというのは、説明されるべき当のものが行方不明になり、説明そのものが空振りになるということです。こうした事情を見きわめた上で、問題の立て方そのものを変換することが必要です。

II　「心の中で」とか「意識内容」「思考そのもの」といった表現を用いて語られることがらは、いくらでもそれ自体としてとりあげて問題にすることができます。われわれはそうせざるをえませんし、そうしないと人間のことは片手落ちになる、というより言葉ど

▼**45**——ここでWittgensteinの「権威」を引合に出してもよいならば、晩年の遺稿"*Zettel*"§314にて彼が哲学的考察の特異性について語ってゐるところと一致する。「困難なのは、解決を見出すことではなく、解決の前段階にすぎぬやうに見えるものを解決として承認することである。我々は既に、いふべきことはすべて言った。そこから導かれる何かではなく、それがまさに解決なのだ。ここで困難なのは、立ち止まるといふことである。」

おり芯が抜けてしまいます。ただ、そうした「心的な」内容や作用の主体は何かというと、それは、他の人々や諸々の事物と相共に、身体として存在する「私」なのです。心とか精神といえば何か「実体化」した形でしか理解しないことにしておいた上で、それを否定する議論をやりたがる人々は、自分で作り出した機械仕掛の幽霊と格闘し、それが物質にすぎないことを確認して満足しているようなものです。

要するに、心と身体とは、もちろん二つの独立した物ではありませんが、さりとて同一物の二つの現象面とか、一方が他方の随伴物ないし所産というわけでもありません。両者はわれわれの経験において明確に二元的に、すなわち相互に還元不可能なものとして区別されますが、しかし、両者を切り離したかたちにして人間や世界のことを考えると、われわれの生活と経験を満たしている意味の具体性が見失われてしまいます。そこでこうした状況を包括的に捉えるための枠組あるいは原理として私が提案してきたのが、相補的二元性ということなのです。

ここでは問題を知覚と行為の主体のあり方にしぼって論じてきました。私はさらにこの観点から哲学上のほかの諸問題についても、あらためて検討してみることを考えています。しかしこの席ではもうこの辺りで終えることにします。▼46

（初出：『「心―身」の問題』産業図書、一九八〇年）

▼46――（「「心―身」の問題」の最後の所へ。）因果性は、現象の規則性の問題ではなく、文字通り「する―される」即ち「能動―受動」の問題である。

それが規則性の問題に移して取扱はれるやうになったのは、ヒューム以来。つまり、「作用の主体」とか、「一」が他をひきおこす力」とかを、我には見出し得ないからといふ論拠。――だがこれは、事物の世界を、知覚像の平面にひきなほして、出来事の起り方を記述するといふ形にしたからであって、その限りではさうとしか云へぬ。

しかし、私がこの身体として生きてゐて、他の事物との間に経験する「能動―受動」の関係をもとにして考へるべき。

「心」が原因でもなければ、作用を蒙るのでもなく、この身体が主体なのである。

ただ、自分がしたこととその結果との間に、また、事物の状態と自分が蒙ったこととの間に、

★01——一つの特定のものに注目することに先立って、ある風景が見えているという端的な事実があり、これはもはやそれ以上に説明も分析もすることが不可能な原初的なことがらだ、という考え方がある。たしかに、ものが見えるのでなければ、特定のものをそれとして認知することもなかろう。しかし、このような話のもってゆき方自体が、実は一つの理論の産物、ないし一つの理論を構成するための伏線にほかならないと思われる。つまり、ものを認知する心の作用とか個人の意識内容といったものをなしにして、いわば全部を外へ出して▼47しまおうという考え方である。▼48しかしながら、何ものをもそれとして認知することなしに「風景」が見えているとは、どういうことであろうか。われわれは、気絶していたAが再び目を開いたとき、顔なり手なり特定のものを目の前にかざし、それを彼が認めるかどうかによって、彼にものが見えるかどうかということ一般をためす。また、自分が何一つ特定のものをそれとして認知することができないような状態のとき、われわれは「何も見えない」と言う。

★02——日常的な言いまわしとして「この目で見た」とか「目の前にあるこの花」といった表現もある。しかしその場合の「目」というのは、私の身体の一部分としての目であって、対象から大脳視覚領にいたる物理的・生理的な過程の一中間段階としての眼球ではない。こうした言い方をするわけもやがて明らかになろう。

★03——この区別を、一方は視覚的、他方は広義での触覚的というふうに、あるいは外部知覚と内部知覚というふうに、感覚の種類の別に帰するのは、正確でないばかりでなく、肝腎の問題点を見誤らせる。たしかに自分の身体はもっとも直接的には痛覚や温覚や筋肉感覚をつうじて意識されるが、視覚もそこに加わるのが常である。他方、自分とは別の物を見る場合でも、まなざしで輪郭をたどるとか手にとってまわすなどすることにおいて、あるいはもっと基本的には、どの方向にどれくらい離れてあるかを見てとることにおいて、運動感覚が参与している。問題は、いかなる感覚で意識されるかではなくて、いかなる様相で意識されるかである。▼49

★04——これらの思考実験における根本仮定は、知覚にせよ思考にせよわれわれがある意識をもつことは、自分の脳が特定の状態になることだ、ということにある。しかしそうだとすると、私が見ている世界のなかに、それを見させている当の脳自体は見出されえないことになる。仮に私が自分の頭をひらいて脳を見ることができたとしても、そこで見られた脳の姿は、そのような知覚をもたらしている脳自体ではないからである。かくて、「それが存在するとしなければならないが、原理的に認識不可能である」という点で、この「脳自体」は、カントの認識論における「物自体」と同様の運命にある。このことは単なるアナロジーでも偶然でもなく、知覚ということに対する同一の思考操作の両面なのである。

規則性が見出されないと、それを自分がしたとも云へないし、自分がかくかくなのはそれから蒙ったことだとも云へない。だから、規則性といふことは必要条件となる。（ヒュームはその点だけを見たから、作用や力は知覚しえぬとした）。だが、その際同時に、自分がした（された）といふことが条件となってをり、これは因果性の充分条件をなす。

そして、自分の行為や蒙りばかりでなく、事物間の因果性を見出すためにも、その前件に対して自分が自由に変へることができる（単なる想定も含めて）といふことがなければ、因果性は見出せない。つまり、自分が自由に変へることができる、といふことによって初めて、規則性も見出されるのである。

▼47——全部を外へ出して心ぬきにしてしまおうという

▼48——改行

★05——右の件に関してはおそらく多くの議論が出されうるだろう。▼50 例えば、大脳生理学が極度に発達したとすれば、私の大脳皮質の特定部位を特定の仕方で刺戟して、私が意図的に腕をあげるのと同じ腕の運動をひきおこすことができるだろう、と論じられよう。しかしその場合には、私の腕の運動は私にとって無意味なのであり、筋肉が痙攣してぴくんと動く場合以上の何ものでもない。——その他いろんな思考実験的な議論がありうるが省略する。

★06——このことは物理的メカニズムに関してばかりでなく、規約的なシステムに関しても同様である。例えば楽譜の読み方を知り、正確にそれに従って手を動かすことができてこそ自由に曲が弾ける。また将棋や野球のようなゲームでも、皆が規則を守ってやっていることを前提として、各自の創意と工夫を発揮することができる。そして、われわれにとって何より基本的なこととして言語がそうである。一つの言語体系の音韻、文字、語彙、文法、等のきまりを知っており、それに従うのでなければ、およそ話すということも書くということもなりたたない。——これらの例をつうじて、規則や因果関係を知っているということは、それに従って手足や口を動かしうることなのであり、しかも自由に行為しているときほどその知り方は意識的でなくなる。

★07——わざわざ当人の意図をもちださなくても、その行為のなりゆきを追っていってどんな結果に達したかを記述すれば、たいていの場合その行為の意味が明らかになるではないか、と言われるかもしれない。しかしそれは、その結果をもって当人の意図だったとする、という了解にもとづいてのことにほかならない。また、その結果は実はさらにほかのことを意図していたためのものだ、という場合もありうる。

★08——なお、この「ひろがり」を担う事物間の連関は、先にも別の文脈で指摘したように、▼51 物理的・因果的なものとはかぎらない。ゲームにおいては、ある身体的運動がそのゲームの規則によって意味づけられる(例えば一塁手にボールを投げることが、相手打者を「アウト」にすることを意味する)。また命令系統(例えば部下の行為の結果は、それを命じた上役の責任になる)、あるいは社会的規範(例えば店にある品物を持ち出すことが「盗み」となる)といった、一般に規約的といわれうるような規則や制度によっても行為の意味が担われる。▼52 他方また、自然因果的にも規約的にも一定の連関があるわけではないのに特定の結果を伴う場合、例えば言葉や身振りによって意図的に人を楽しませるとか侮辱するなどの行為の場合、その意味のなりたち方はどうなのか、ということも問題にし始めれば興味ある展開が予想されるが、論点が拡散しすぎるので今は措く。

★09——意図と責任との関係についていろんな事情をたぐってゆけば、話はいくらでも複雑になる。行為の結果として生じたことがらのうち、当人が意図していなかったものについてまで責任が問われることが少なくないか

▼49——例へば、中村雄二郎氏の議論などに対して。

▼50——議論の一例：「私が意志するときの大脳の状態を因果的に決定するところの、それに先立つ大脳の状態やプロセスがあったはずだ」。しかし、私の意志は種々の動機や目的などにかかはる思ひめぐらし(cfpp.72-3)によるものであるが、この思ひめぐらしと大脳の先行状態とは、関係のつけようがない。

▼51——注06

▼52——改行

らである。意図しなかったばかりでなく、思ってもみなかった結果についてさえ「彼がしたのだ」と語られ、彼の行為の「意味」として記述されることがある。▼53歴史叙述における類似の形の問題のことは別として、日常生活でのこのような場合における責任の発生については、ふつう無知や不注意ということがあげられるのが常である。しかしそうした消極的な表現をもっと積極的に言いかえれば、「そのことがらが生じないように意図し、そのように行為することもできた」ということにほかならない。これはいわゆる過失責任であるが、さらに無過失の場合でも補償や遺憾表明といった何らかの責任を負うべきことがある。これらすべての場合をつうじ、実際上では責任の所在と程度の判定が困難なことが多いし、絶対的な正確さは期しえないことから、便宜上、当人の意図とは別に社会的とりきめがなされるわけであるが、この先は法律学の問題である。

★10——日常的には「心を入れかえろ」などとも言われ、これ自体は全く健全な表現である。しかしここから、もし悪事をはたらく人間に対してその心そのものを外からどうにかしようということになれば、「きつね憑き」や「悪魔の乗りうつり」といった考え方と同類になる。▼54ところでこれとは逆に、行為の生理学的原因は大脳にありというので、有害な行動をくりかえす者に対してはその脳に手を加えればよいとする考え方がありうる。事実、精神病に対するある種の治療法などはそれに近いと言えよう。▼55この二つの一見正反対の考え方は奇妙に対応しあうところがあるが、それというのも両者は、心身問題についての共通の思考法、すなわちわれわれの身体を、心的なものとは別にそれ自体で完結した存在とする見方、に根ざしているからである。そして両者共に「人格」の問題に抵触するということに注意を促しておきたい。

▼53——改行

▼54——改行

▼55——改行

なおこの「ひろがり」というのは、空間に関してばかりでなく、時間に関しても同様な事情にあり、想起や予想として経験されるのですが、これも今は省略することにします。

5　相補的二元性

物に対する「私」のかかわり方における右の二つの側面、すなわちⒶこの身体として物を知覚する側面とⒷ意味論的に世界にひろがっている側面とですが、この両側面をもつあり方が、われわれ人間の「意識」とか「心」ということにほかならないのです。そして、これが肝腎な点ですが、この二つの側面はいずれも還元不可能なのであって、その一方が他方から、発生的にせよ論理的にせよ導出できるかのような関係で考えられてはなりません。両者は「等根源的」であり、そのかぎり二元論的といえます。

しかしそれと同時に、そして同じく本質的なこととして注意すべきことは、この二元性は、それぞれの側面がきっぱり両極に分かれて完結しているものではないということです。つまりわれわれが人間的なものごとを捉えようとするとき、この二元性を理解の枠組として考えなければならないのですが、具体的にはいつも両側面が混り合った相で現われます。その混合のあらゆる度合いの間を揺れ動いているのが、われわれの経験の具体的な姿です。だから、どちらか一方の側面だけで人間的なものごとを説明してゆこうとすると、どうしても不充分な結果に終るばかりでなく、無理押しをすれば当の説明自体がなりたたなくなってしまうということが見られます。

右にあげたⒷを抜きにしてⒶの面だけでやってゆこうとすると、われわれの意識は身体に埋めこまれてしまい、すべての行動が、基本的には、そのときどきの信号刺戟に対する条件づけられた反応としてより以上の意味

この二つの側面は、広松流に言へば、「第一肢的与件」(射映的現相)と「第二肢的所知」(指向的相関項)といいのにほぼ対応する。cf. p.142, ff, 177. etc.

山本の書き込みがある『「心―身」の問題』手沢本

をもたないことになりましょう。これでわれわれの知識や道徳性が基礎づけられるとは思えません。いや、そもそも自分をそのようなものとして考える当の理論が生じえないはずです。他方、Ⓐは無視してⒷの面を徹底させてゆけば、われわれは自分の身体をも対象的に規定しつくし、極限的には一つの光学機械と同様に見なすことになりましょう。そしてそのかぎり、世界のなかで生活している個人としての自己の存在は影のようなものでしかありえず、そもそも物を知覚するということ自体がほとんど意味を失うでしょう。

いはば "ghost in the machine" (G. Ryle) の「機械のかたはらにさまよ
幽霊」になる。

このようなわけで私は、先にあげたところの矛盾し合った二つの側面が、あくまで二元的に共在し、しかも根底においてはどこかで漠然と融合している事態を、そのまま事実として受けいれることを提案したいのです。そしてこれを「相補的二元性」とよびたいと思います。ここで相補的というのは、単に「二つの異種のものが補い合う」ということよりも強い意味で考えています。すなわち「相矛盾して（互に排除し合って）いながら（構造的に）一つになっている」、あるいは「一にして同じものが矛盾し合った事柄を同時に含んでいる」といった意味合いです。

こうした考え方は折衷にすぎず、矛盾をそのまま呑みこんだ不整合で中途半端なものだと言われるかもしれません。しかしわれわれ人間にとっては事柄の具体的全体をこのようにしか捉ええないのではないかと私は思います。そしてその根源は、われわれが現にそうであるところの、この心身的存在ということにあります。実際、まさに右のような形の矛盾と不安定さを担いながら絶えずバランスをとってやっているのが、われわれの生のいとなみであり、「常識」の健全さなのではないでしょうか。そしてそのバランスを失うとき、われわれの精神は、そして哲学的理論も、病理的になるのではないでしょうか。

蛇足になることを覚悟の上で言へば、量子論の（コペンハーゲン派的）解釈における「相補性」の原理は観測（ないし測定）のためには（知覚的にも行為的にも）身体が関与せざるをえない、ということに由来する。確率関数の形をとる波動方程式は、「客観的世界」の可能性しか表現してゐない。他方、相対性理論は、我々の観測行為をも数学的に「客観化」し、時空連続体へと「一元化」する結果、具体的な表象可能性を失はざるをえない。

主観概念と人間の問題——カントの認識論の場合——

序

ラテン語の〝subjectum〟が文法上の「主語」という意味から始まって、存在論的には性質や作用や関係の「基体」として理解され、そこから認識ということに関してその基体、すなわち「ものごとを認識する当の主体」へと転じ、近世的な「主観」を表現するにいたったこと、またこうした語義の推移の背後に基本的な思考枠組の転換があったことは、哲学史の常識に属する。そしてこの転換がはじめて明確に打ち出されたのはデカルト哲学においてであり、この意味での主観概念が用語として定着したのはカントに負う、とするのが現行の定石である。

その際、古来の「心」ないし「霊魂」という言葉で考えられてきたものと、この「主観」概念とが、自我（私）の意識（「統覚」）を介して重ね合わされることから、思考の歪みが生じてくる。その歪みを、当時の霊魂論、いわゆる「合理的心理学」に対する批判という形で是正しようと企てたのが、『純粋理性批判』の「弁証論」における「誤謬推理論」、すなわちまさしくSubjekt概念の多義性のたわむれをめぐる議論である。この部分は、表面上の主題が地味である上、論述が錯綜し、しばしば晦渋でさえあるため目立たないけれども、カント哲学を支える基本概念の彫琢と検証がおこなわれた場所なのであり、したがってまた「批判全体をくつがえす大きな、いや、それこそ唯一の躓きの石」がひそんでもいる（B 409）。自分で本気に考えたこともない「心の形而上学」が否定されていることしかそこに見ない者も、躓かぬよう心すべきであろう。

特に「第四誤謬推理」では、それまでの霊魂論では現われなかった問題、デカルト以来の特殊近世的な問題が正面に出てくる。すなわち、その前の三つの誤謬推理では心なるものを考察の対象にしてその実体性、単純性、自己同一性などが問題とされたのに対し、ここでは、心としての自分の意識にとっての「外界」の存在が問われる。つまり「観念論」の問題である。そしてこのなかで、カント自身にはあまり使われなかったが、後になって彼の立場を特徴づける表現として好んで用いられるようになった「超越論的観念論」という言葉も出てくる。カントはここで、同じく主観性を原理とする近代の哲学者たちに伍しつつ、その思考枠組の整備を目ざしたのであり、このことを重視したがゆえに第二版でこの部分を「観念論論駁」としてあらためて書き出したのだと言えよう。したがってここに彼の立場そのものが、ということはまた近代哲学の地平そのものが対自的に開示され、そしておそらくは同時にその限界も内側から垣間見えてくることになろう。以下この点に狙いをしぼりながらテクストの分析と解釈を試み、批判的私見を付け加える。★01

一

「（外的関係の）観念性に関する第四誤謬推理」は次のように定式化されている。「与えられた知覚に対する原因としてのみその存在（Dasein）が推論されうるものは、疑わしい存在（Existenz）しかもたない。／ところですべての外的現象は、その存在が直接には知覚されえず、与えられた知覚の原因として推論されうるだけであるようなものである。／ゆえに外的感覚のあらゆる対象の存在は疑わしい」（A 366 f.）。

この定式化では、カントがあばこうとする推論形式上の誤謬、すなわち「比喩的な語り方の詭弁（sophisma figurae dictionis 言葉の綾のすりかえ）」（A 402）、つまり媒概念多義性の、あるいは四箇概念の誤謬の所在が、他の三つの「誤謬推理」の場合よりも見てとりにくい。実際カントはただちに観念論そのものの検討と批判にとりかかっており、それからすればもっぱら小前提の内容上の誤りが論じられているようにも見えよう。また、これがカテゴリー表の「様相」の項に対応させられることはよいとしても、なぜ特に「心の属性」としての存在の問題なのか（cf. A 344 Anm.=S.373 Anm. Z.3-4）も、このままでは不透明である。これらの点については、観念論問題は別の所へ移し、四つの誤謬推理を一まとめにして論述した第二版の文脈のほうが明瞭であるが、これは後に述べる。

第一版の叙述では「私の外」（ausser mir）あるいは「われわれの外」（ausser uns）という表現の二義性に注意が促される（A 373）。誤謬の根はこの言葉づかいの適用のしかたにあるというわけである。「われわれの外」ということで、物がわれわれの感覚器官による知覚から切り離されてそれ自体で存在することが考えられるならば、そのような「物自体」を知るすべは定義上まったくありえず、したがってその存在は単なる推論にのみもとづくことになり、観念論に陥らざるをえない。例えば私が机を見る場合、机の表象は私の内にあって、私はそれを直接に知覚するが、机そのものは私の外にあるのだから、その存在は私の知覚から推論されるだけであり、夢や幻覚の場合のことを考え合わせれば、この机が現実に存在するということを疑うことができ、少なくとも絶対的確実性をもって証明することは不可能である、というふうになる。このかぎりでの主張を、周知のように、カントは「問題的」あるいは「懐疑的観念論」とよび、さらに物の存在を否定してしまう主張は「独断的観念論」とよんで区別しているが、いずれにせよ、われわれが経験的に見出しているがままの物の存在に関しての議論であることから「経験的観念論」と名づけている。

これに対し、ふつうわれわれが知覚している対象について、それが「われわれの外に」あるという表現で理解されているのは、われわれの知覚経験そのものをなりたたせる原因としてその背後にあるような何かを考えてのことではなくて、ただ、その物が空間において見出されるということであり、この表現の経験的に有意味な用法はそれに尽きる(A 373=S.402a, Z.1-8; cf. A 370=S.399a, Z.1-5, A 373=S.401a, Z.19-22)。例えばこの机は私の前方五十センチメートルの所にあるというふうにである。そしてこの机の存在、すなわちそれが現に、そこにあること(da-sein)は、推論などに関係なく直接に知覚されている。

「われわれの外」ということの右の二つの意味をすりかえて、前の意味を後の意味での知覚対象にあてはめたのがあの誤謬推理であり、その結果として観念論の主張が生じ、またデカルト以来の心身問題のあらゆる紛糾もそれに由来する、というのがカントの診断である(cf. A 384 ff.)。

そこで問題は、経験的な意味で「われわれの外に」見出される物は現実的にその物として存在し、そのことをわれわれは直接に知っているという実在論のほうの主張が、いかにして正当化されるかにある。そのためにカントは、観念論が大前提としている論拠をそのまま採用した上で逆手をとる。それによれば、物が空間において時間をとおして知覚されるということは、われわれが知覚している物は「物自体」ではなく、われわれにとっての「現象」であり、われわれの「表象」にほかならないということである。そして一般に表象はわれわれの内にあって、その存在をわれわれは直接的に知っており、このことこそ観念論が出発点とする「思考する自我（ものを意識している当の私）」の存在にほかならない。その表象ないし現象が外的といわれるのは、ただそれが空間に関係づけられていることなのであり、そしてこの空間とは（「超越論的感性論」で究明されたように）われわれの感性的直観の形式であって、その意味においてそれ自身われわれの内にある。それゆえ空間の中に見出される物、例えばこの机は、それを知覚している私自身とまったく同じ資格で現に存在しており、まったく同じしかたで直接的かつ確実にその物として捉えられている、云々（A370f, 372, etc.）。

右の議論運びの切札になっているのは、（もはやあらためて持ち出すのが憚られるほど哲学者の間で知れわたっており、ためにかえって呪文が乱用されるような弊も招きかねないところの）「超越論的」と「経験的」という二つの見地の区別である。すなわち、われわれの経験の対象は物自体ではなくて現象ないし表象だということは超越論的見地からすることであって、そのかぎり観念論の立場にあるが、それは同時に、経験的な見地からすればその対象はわれわれの外に客観的に存在するという実在論なのだ、という。裏から言いかえれば、世にまかりとおっている脆弁めいた観念論をくつがえし、知覚対象がわれわれとは別にそれとして存在しているという健全な経験的実在論を正当になりたたせるものこそ、自分の超越論的観念論だというわけである。

しかし以上のかぎりではその所説は実はバークレイの場合とかわらない。物がわれわれの外に、すなわち空間の中に表象されるにせよ、それが直接的に知覚されることをもって直ちにそれが存在することだとするのは、まさにEsse is percipiということ以外の何ものでもないからである。カント自身の叙述のなかにもこれと似たような、例えば、「空間の中には、その中で表象されるもの以外は何もない」とか、「ものはそれについての表象においてのみ存在しうる」という言いまわしが、「逆説的だが、しかし正しい命題」、

「たしかに奇妙にひびくにちがいない命題だが」と断りをつけて出てくる（A374Anm.）。ところでバークレイといえば、当時（そして今でも大抵）極端な主観的観念論の代表者とみなされていた。つまりカントのいわゆる「独断的観念論者」の最たるものということになる。カント自身が右の議論で念頭に置いていたのはデカルトであり、そして史家によれば彼はそのときにはおそらく、バークレイのことは知らず、独断的観念論者としてはアーサー・コリアーのことを考えていたらしいが、第一版に対する批評に接して第二版では今度はまっさきにバークレイの名をあげ（B274）、それとの違いをはっきりさせるため自分の論の立て方を変えることになる。

しかしこうした外的な事情とは別に、以上のようなカントの所説には弱味、ないし少なくとも不充分なところがある。というのは、外的現象と内的現象とにまったく同等の存在性格が帰され、すべてがひとしく表象としてわれわれの内にあるということになると、外界に客観的に存在する対象と、われわれの主観的な心的状態との区別がつかなくなるからである。言うなれば、「われわれの外」の二義性から脱しようとして、「われわれの内」の二義性に陥るわけである。この点についてカントは、一方は空間の中に表象され、他方はもっぱら時間関係の中に表象される（A 373=S.401a, Z.19-23）というのであるが、それだけでは事は片付かない。なぜなら、対象の認識は、一挙にその全部が与えられるのではなく、いったん継起する表象の系列にひきなおされ、それが時間に関して規定されることによって初めて成り立つということは、ほかならぬカント自身の認識理論が説くところであって、その点ではすべての表象が基本的には時間関係の中で与えられることになっているからである。それに夢や幻覚もまた空間的形象として現われる。だから、われわれの内にあるというのは超越論的にであって、経験的にはわれわれの外に見出されるのだといって

•

も、この台詞だけではもはや役に立たない。何より、経験的な意味での「われわれの内」、すなわち経験的な「私」ということの正体が不明であり、したがって具体的にものを知覚しているその当の私にとっては、これではまだ内と外との区別のつけようがないのである。そしてまさにこの点こそ観念論の問題だったはずである。

二

第二版では観念論をめぐる議論は、心に関する「誤謬推理論」とは別に、「観念論論駁」と題してまとめられ、経験的認識一般に関する「現実性」(Wirklichkeit)の問題の所に置かれた。同時に論旨に顕著な変更が加えられた。すなわち、第一版では、空間の中に知覚される外的対象も表象としてわれわれの内にあり、それゆえに内的対象とまったく同じ資格でわれわれにとって直接的な存在だというのであった。ところが今や、外的な物は「私のあらゆる表象とは区別された持続的なもの」として現実的に存在するのであって、これが「時間における私自身の存在の意識」に先立つという。デカルトの「懐疑」から抜け出ようとしてかえってバークレイの「独断」と選ぶところがなくなったかに見えた第一版の論旨よりも、このほうが観念論に対しはるかに強い反論となっていることは明らかであり、一見内容的に別の主張になっているかのようにみえる。これらのテクストをとりあつかった論者の大多数はそのように受けとった。しかし私はそう考えないほうがよいと思う。そのわけは次の第三節にいたって明らかになるであろう。

この新しい論述では「超越論的観念論」という表現の使用が控えられるとともに、さきには正体不明のままであった経験的な「私」ということが初めから持ち出される。カントの議論はこうである。われわれが自分自身をひとつの存在者として意識するためには、自分が時間の中で経験的に規定された相において捉えなければならない。ところで一般に、時間的規定がなされる場合には、何らかの持続的なもの（etwas Beharrliches）が前提となっている。ところが私が自分の内に見出すのは諸表象の絶えざる継起流動のみであって、持続的なものはそのどこにも見出せない。持続的なものの知覚は、私の外なる物によってのみ可能であり、私の外なる物の単なる表象によってなのではない。それゆえ、私が自分の存在を規定することは、私の外に知覚する現実的事物の存在を介して間接的にのみなりたちうる。かくて私の外にある他の諸事物の存在は、観念論者が主張するようにわれわれの内的経験から推論されるようなものではなく、それ自体が直接的に知覚されるのであり、むしろ、われわれが自分の経験的存在を語るとき、それと必然的に結びついた前提条件となっているのである、云々（B 275-277）。そしてカントは、このわれわれの外なる持続的なもの、すなわち「実体」（Substanz）概念が適用されるべきものは、結局のところ物質（Materie）でしかないと言い添えている（B 278=S.275, Z.21; cf. B 291=S.285, Z.7）。

しかしながら、このように内的経験に対しわれわれの外なる物の存在が前提とし条件として先行するとなると、この物とわれわれ自身との関係が問題になる。実際、「私の諸表象とは区別された持続的なもの」を介して初めてわれわれの内的経験が規定されうるということは、その外的対象が原因となってわれわれの内に経験的表象が生ぜしめられるという考え方を誘う。だがそうなれば話の全体が一番初めの所に逆戻りしてしまう。というのは、第一節冒頭の引用文に見られるように、もともと「第四誤謬推理」の議論は、外的対象とわれわれの知覚との間に因果関係を考えることから始まったのだからである。これでは元の木阿弥である。

それだからであろう、カントは第二版の「序文」にわざわざ後から長い注を挿入し、そこでは右の「観念論論駁」において目立っていた外的経験の一方的優位を、やや緩和するような言い方がされている。すなわち、私の存在の規定と私の外に存在する物との両者が、相互に不可分に結びついて「一つになって」おり (identisch verbunden, BXL Anm.=S.34 Anm. Z.6-7)、両者合して「唯一つの経験」(eine einzige Erfahrung, BXL I Anm.=S.35 Anm. Z.20-21; cf. ibid. Z.1-2) をなしているというのである。のみならず部分的にはふたたび話が逆転するかのごとき言いまわしさえある。「外的感覚の実在性 (Realität) は、想像の場合とはちがって、それが内的経験そのものと……不可分に結びつけられるという、このことにのみ基づく」(BXL Anm.=S.34 Anm. Z.11-14)。ただしこの引用のしかたはやや欺瞞的なのであって、右の点線箇所は「当の内的経験の可能性の条件として」となっており、また「実在性」という語の意味のとり方の問題もからんでくる。が、とにかくここでは外的現象と内的現象とは、第一版の「第四誤謬推理論」におけるようにまったく同等の資格をもつ諸表象の全体がただ二つの部分集合に分けられることだというのでもなければ、「観念論論駁」におけるように前者のほうが一方的に優位に立つというのでもなくて、両者が相互に支え合う形でわれわれの具体的経験を構成するとされている。

この間の事情についての解明はもう少し後にまわすとして、とにかく第二版の叙述ではこのように観念論に対する処理が「弁証論」以前の段階でいちおう済まされたため、「第四誤謬推理」の扱いは簡単になり、しかも心―主観に関する「超越論的仮象」の問題系としてはより自然な形をとっている。すなわち、自我、あるいは私ということについて、意識の論理的統一機能としての超越論的統覚と経験的な意識のあり方とを区別するため、第一版の誤謬推理論の最後の所で用いられた「規定する自己」と「規定される自己」(das bestimmende und das bestimmbare Selbst, A 402）という表現が、第二版では、すでに「演繹論」などにも適用された（B 157 Anm.）のをふまえて、誤謬推理論の最初の所に登場し（B 407）、この区別に照らして四つの基本テーゼが順次簡潔に捌かれた後、それらに共通の「媒概念多義性の誤謬」が暴露される。そして、この区別を弁えずに心―主観を実体とするところの、「関係」カテゴリーを用いたテーゼから出発して「総合的」な道筋で考えてゆくと、当の心的実体の存在にとって不必要な外的事物に関し観念論に立ち至らざるをえない（B 416-418）が、それに対し、自己意識（Ich denke=cogito）が自己の存在（Ich bin=sum）を含むという「様相」カテゴリーのテーゼから出発して「分析的手続き」をとれば（B 418 ff）、心―主観の「存在」の二つの意味のすりかえによる「合理的心理学」の仮象性を見透すことができ、観念論ないし唯心論とともに、その敵である唯物論も虚妄にすぎぬことがわかる、と論じ進められる。その後は重点は、どちらかといえば、経験的に知られる自我が現象にすぎないという側面よりも、超越論的主観としての自我が、内容的には規定されえないかわりに、内外すべての対象の経験に先立ってそれを成り立たせる「自発的な作用」であり、「叡知的な」性格をもつ、という側面に置かれ、そこではフィヒテ以後のドイツ観念論の展開をも連想させるようなところさえ出てくる。この後者の側面については従来のカント研究において盛んに論じられてきたことであり、私もそこに哲学史上のカントの重要な功績があることを積極的に認めるのであるが、今は立入らない。

ここで問題にしたいのはその逆、前者の側面である。すなわち経験的に意識されるこの「私」、それがカントの場合「私の外なる」物との対比においてどういうことになるのかである。ところが第一版におけると同様、第二版の叙述でもそれが不明なままなのである。のみならず実は、そのことと相関的なこととして、観念論をめぐる議論の内容も実は両版において見かけほど違ってはいないのであり、節を改めてこの点を考察しなおしてみよう。

三

前節で見たように、第二版の論述では「持続的なもの」として、「単なる表象とは区別された」対象の存在が「私の外に」位置づけられた。しかしその対象にしても、経験的な「私」にとっては表象として与えられることには変わりがない。ただし「表象」といっても、それは対象と私との間に介在する第三の物というわけではない。対象そのものの全部が私に一挙に直観されるのでなく、そのつど特定の方向からの側面的部分的な一連の諸知覚の継起として経験されるという事態、このことが表象の多様といわれることである。例えばこの机を私はさまざまな見え方や使い方をとおして経験してきた。そして私はそれら雑多な諸表象、すなわちさまざまな経験のしかたをつうじ、この机が一にして同じものとして持続してきたし、これからもそうだと考えている。カントが「実体」のカテゴリーと称したのはわれわれの経験のこの形のこと以外の何ものでもない。しかしこのことだけから直ちに、この机がこれら私の諸表象とは別のものとして存在するとは言えないであろう。なぜなら、私に与えられた諸表象に関してただ私がそう考えただけだからである。もし経験の場で私がもつ諸表象から切り離された存在を対象に帰するとすれば、それは第一版ですでに原理的に斥けられた悪い意味での「私の外」にあるもの、すなわちそこでの言い方によれば「感覚それ自身から区別された何ものか」(A 371=S.400a, Z.12-13)であることになろう。したがって、ただ「持続的なもの」として考えられただけでは、それが、夢や幻覚や空想といった単に主観的な表象にすぎないのではなくて現実的なものだ、ということにはならない。つまり観念論の論駁にならないのである。

この問題に関連してカントが次のような論点を提示したのは、かえって解釈者を惑わせる結果になった。「経験と思われているあれこれのものが実は空想にすぎないのではないかということに関しては、当の経験それぞれの規定に即し、すべての現実的経験の標識に照らしてつきとめられなければならない」(B 279=S.276, Z.8-11)。「与えられた直観のどれに現実的に私の外なる対象が対応しているか……ということについては、経験一般(内的経験も含めて)が空想から区別される所以の諸規則にしたがって、個々の場合それぞれに決着がつけられねばならない」(BXLI Anm.=S.35 Anm. Z.5-10)。これは対象の存在を経験の連関のあり方ということに帰着させる考え方だと解されるかもしれない。そしてたしかにカントの認識論はわれわれの経験がなりたちうるための条件を、その経験の連関を構成する「形式」に関して画定しようとしたのであり、また、その条件が同時に対象がなりたつ条件でもあることをもって、アプリオリな「形式」の客観的妥当性の証明としたのであった。したがって、事物の存在を経験の脈絡の整合性に還元することは、いかにもカントにふさわしい考え方であるかのように思われるかもしれない。そこで例えばこの机は、他の諸事物と並んで唯一の空間と時間の中に位置づけられており、私がそれにさまざまのカテゴリーを適用しながら経験する事柄は、同じものについての過去の経験や他の諸事物についての経験と矛盾なく合致しており、そして私が、それら長年の経験から日常的習慣や科学的知識として身につけている予想にしたがって将来もやっていって、ほぼ間違いないと確信しているということ、これが、この机が存在しているということだ、となる。要するに、物の存在に関する、あるいは経験的命題の真理性に関する、整合説の主張である。そして論者は、「第四誤謬推理」での外的対象の存在に関する議論が第二版で「観念論論駁」として書き直されたのは、超越論的観念論の立場をこの方向へと純化するためであったというふうに解したくなろう。

だがそれは誤解である。それは、ちょうどデカルト派の人々がデカルト説に対してそうであったと同様に、カント説を首尾一貫させようとして、カント自身の折角の苦心を無にすることにもなる。

第一に注意すべきなのは、さきの二つの引用文は「あれこれの」「個々の場合」についてであること、第二に、それらはそこで当面している問題の主要な論点に対する副次的な断り書にすぎないことである。もし対象の存在が、そのときどきに経験的に与えられる諸表象の間の整合的連関ということに帰着するとなれば、これはまさにカントが論駁しようとしていた「経験的観念論」そのものである。それに反対してカントが主張したのが、われわれは知覚において対象の存在を直接的に経験しているのだ、ということだったのであり、その知覚との連関によって初めて個々の場合の表象についても、真実の経験であるか夢や空想にすぎぬかがきまる、ということを指摘したのがさきの引用文なのである。

実は第一版の「第四誤謬推理論」においてすでにまったく同じ論旨の断り書が挿入されており、しかもそちらのほうが丹念に書かれている(A 376=S.405a, Z.4-17)。さきの「経験一般(内的経験も含めて)が空想から区別される所以の諸規則」というのは、基本的には、「ある知覚と、経験的法則にしたがって連関しているものは、現実的であるという規則」(ibid. Z.12-14)なのであって、これは、「現実性」の様相に関する原則、すなわち「経験的思考一般の公準」において、感覚(Empfindung)ということをあげながら論じられたこと(A 218=B 266, A 255=B 272)と正確に一致する。そしてカントは同時に、夢や空想の場合に対する「経験の形式」ということだけならば、観念論の立場にとっても自分の立場「二元論」にとっても等しくあてはまることなのだから、観念論を論駁するための論点はそのことではなくて、「外的知覚が空間における現実性を直接的に証明する」ということにあり、これだけで充分だという(A 376-377=S.405a, Z.14-21)。重点が置かれているのは、経験の形式や法則的連関ではなくて、知覚ないし感覚そのものである。

　この論点は第二版の「観念論論駁」でも「序文」の注でもそのまま正確に維持されているのであって、ただ議論運びが変えられたため多少見えにくくなっただけである。逆に、第二版で強調された「持続的なもの」という論点も、第一版の論述の中ですでに「現象における実体」という表現で出てきている(A379=S.408a, Z.4-7)。しかもそこで、「外的ならびに内的知覚が一つの経験となるべき連関の中に実体のカテゴリーによって導入される諸規則にしたがって、両側面の諸現象が相互に結び合わされなければならない」(ibid. Z.7-11)とある。つまりあの「唯一つの経験」という論点である(cf. A 386=S.415a, Z.9-15)。

　以上のように、心―主観の存在性格をめぐる誤謬推理に関しても、また経験的な意味での観念論に対する論駁に関しても、『純粋理性批判』の第一版と第二版との間に議論の内容的な相違はいささかもない。後者の問題に関して新しくされたのは、カント自身が明言しているとおり「証明のしかたにおいてのみ」(BXXXIX Anm.=S.33 Anm.Z.1)であって、核心は一貫して知覚における物の現実的存在の直接性という点にある。これが一見バークレイ説に酷似した形をとることは前に見たとおりであり、カント自身も同一視されるのを避けて書き改めた。しかし、事柄そのものに促されてわれわれは、今やあえて元来のその論点に立返って検討し直さざるをえない。当時の批評家も現代の解釈者もよく見てとれなかったようだが、カントの真の狙いはどこにあるのか。

　彼の表現はきわめて直截である。「すべての外的知覚は、空間の中の現実的な何か(etwas Wirkliches)を直接的に証明している。あるいはむしろ、現実的なものそれ自身である(ist das Wirkliche selbst)」(A 375=S. 404a, Z.6-7)。ここでも空間そのものは「ただ私の内にのみ」あると言われはする。「だがそれにもかかわらず」とカントは続ける、「この空間においては、実在的なもの（das Reale）が、すなわち外的直観のすべての対象の素材（der Stoff）が現実的に、いかなる仮構とも関係なく、与えられている」（ibid. Z.11-14）。この「実在的なもの」「素材」ないし「質料的なもの」（das Materielle）というのは、知覚に必ず含まれているところの感覚のことであり（A 373f=S.402a, Z.13-20）、これは「原則論」の章における「知覚の予料」の論述（A 166, B207）に対応したことであるが、ここでは、その感覚の実在性が、「私の外」にあり「空間の中に」存在する物の現実性と重ね合わされている。カントのいわゆる「経験的観念論」が「質料的観念論」（B 274=S.272, Z.29; B 519 Anm.）とも言いかえられるのは、それが「質料的なもの」としての感覚をも「私の内」にとりこもうとするからだと解してよかろう。となれば、物に対して私は、その作用の結果を感覚内容として「私の内」に受けとっているだけなのではない、と考えられなければならない。感覚をつうじて物を知覚するということは、空間の中でわれわれが物と出逢うこととなのである。そして空間の中で物と出逢うということがなりたつためには、当の私自身が物と並んで空間の中に存在するのでなければならない。経験的な「私」にとっては、空間が自分の内にあるのでなく、自分が空間の内にある。――しかしこうした言い方はもはやカントには見出されえない。それゆえこれ以上にすすんでカントの問題を考えるためにはカントから逸脱せざるをえない。

四

カントは認識の論理的機能としてのSubjekt概念、すなわち彼のいわゆる超越論的統覚については多くの箇所で念入りに論じ、同時に、それから区別するために、内的直観の対象としての内的経験のSubjekt、すなわち経験的な「私」は「現象」にすぎないということをしきりに強調した。しかしその「現象としての私」とは何であり、いかなる存在性格をもつのかについては、ほとんど説明していない。ところが観念論問題の当事者はこちらのほうである。この「私」にとってこそ対象は「私の外に」知覚されるのであり、この「私の」表象から外的対象は「区別される」のである。

その際カントは、おそらく漠然と、「内的感覚」によって時々刻々に意識される「表象」の集合ないし流れのようなものを考えていたのだと思われる。すなわち、ロックやヒュームによって取り出された「観念」の領域である。カントはこの場面との関連において、われわれの知識の客観的妥当性の条件、真理性の成立根拠を問う。認識論の問題設定としては一応これでよかったのである。しかしながら、こと「存在」を問題にするとなるとこれだけでは済まない。なぜなら、知覚ということも表象の内部にとりこんだ上で、「私」がそれら諸表象の集合であるということになれば、われわれは理論上もはやその外に出られないからであり、物を空間的に表象することはできても、空間の中に存在する物と出逢うことはできないからである。ここで「表象」や「観念」というのが「意識内容」「現象野」「立ち現われ」等々どう呼びかえられようが、事は同じである。

さきに見たように、カントによれば「時間の中での私の存在」は、「私の外に」「持続的なもの」として経験される物を介して「間接的に」のみ成り立つというのであった。これは、われわれが外的事物を知覚してゆくときの諸表象の経過を、時間的な規定のもとで意識することだけのようにもみえる。しかしカントはまた、「内的経験によって時間における私の存在を意識するということは、単に私の表象を意識していることより以上のことである」とも言う（B XXXIX f. Anm.=S.33 Anm. Z.27-S.34 Anm. Z.1）。物の知覚風景を時間的に区切るだけで、どうしてそれが私の表象の意識より以上のことになろうか。時間における私の存在が「私の外の何かとの関係」(ibid. Z.6)において意識されるためには、その「私」自身が単なる表象「より以上の」何かとして捉えられねばならないのではないか。

テクストのある箇所では、外的感覚に与えられる「物質」と、内的感覚に与えられる「思考する私」とが、両方とも等しく「現象における実体」だと書かれている(A 379=S.408a, Z.4-7)。ここでいう「実体」とは、表象の変化交替がそれとの関係においてのみ語られうるところの「持続的なもの」にほかならないのであった。では「私」がそれであるとはいかなることか。私の内なる表象の間には持続的なものが原理的に見出されえないのであったし、この「実体」が超越論的統覚でないことはもはや言うまでもない。ところで他方、カントはまた一般論として、われわれが物をカテゴリーに即して規定するためには「単に直観というのでなくて、ほかならぬ外的な直観をいつも必要とする」のであって、例えば実体の概念に対応して何か持続的なものを捉えるためには「空間における直観(すなわち物質の直観)を必要とする」と言う(B 291=S.284, Z.25-S.285, Z.9)。これらを総括して一度に考えてよいとすれば、現象における実体として持続するところの「私」は、外的直観により物質的な相で捉えられるものでなければならないことになる。すでに明らかであろう、それは身体をおいてない。

こうして、経験的な「私」というのは、この身体として生きている私のことだとしか言えない。まさにこの存在様態をカントは「人間」と呼ぶ(cf. A 384=S.413a, Z.14-20)。だから、われわれが「自分の外なる他の物のうちに自分の身体をも含めて」それらの物なしに私自身という意識がなりたつというふうに考えることは、自分が「人間であることなしに」もっぱら意識の主体として存在しうると考えることであり(B 409=S.384b, Z.5-S.385b, Z.3)、そしてこれが「合理的心理学」の主張であり、「観念論」の立場だというのである。これを裏から言いかえれば、対象が私の外に客観的に存在する世界では、私は「人間」として身体において存在しているということ、言ってしまえば当たりまえのことである。われわれが身体として生まれる以前および死んでから以後の心の存在をめぐる古今の霊魂論の教説に対しても、次のような言い方がされている。「単なる内的感覚の対象としてのかぎりでは、心の持続性(Beharrlichkeit)はいまだ証明されてもいないし、証明可能ですらない。ただし、思考するものが(人間として)同時に外的感覚の対象であるところの生活においては、心の持続性はおのずから明らかである」(B 415=S.399 f.)。

これらの点をふまえて極言すれば、カントが合理的心理学を批判し観念論を論駁しようとしたことの基本的な志向は、われわれの自己意識が世界における物の存在から、したがって自分の身体から離れてなりたつものではないこと、すなわち物の世界のなかでの人間としてのみ自己がありうることを示すことにあった、と言えよう。さらに強めて言えば、観念論を脱却しうるのは、身体として生きている「私」を意識の主体に据えることによってのみ可能だということになる。さきに第二節で引用したカントの命題、「外的感覚の実在性は、想像の場合とはちがって、それが内的経験そのものと……不可分に結びつけられるという、このことにのみ基づく」ということの真実性も、この「内的経験」が「身体」と読みかえられるときにこそ充分なものになるのではないか。そして同じ箇所での「唯一つの経験」というのは、物の間に身体として生き、物および他人と同じ世界に属しているかぎりでの「私」こそ、真に経験の主体たりうるということではないのか。そこまでゆくと、しかし、テクストを歪曲するものだと非難されるであろうか。

たしかに以上のようなカント解釈（あるいはむしろ改釈）に対しては直ちに重大な疑問が生じうる。身体として生きている「私」がそのまま意識の主体だとすれば、身体は物体間の因果関係のもとにあるのだから、物についての知覚はその物が身体に作用を及ぼした結果として生ずることになり、またまた議論の振出しに戻るだけではないか。他方、われわれの認識の妥当性と真理性の条件を求めてカントが探り当てた「超越論的主観」ということの意義はどうなるのか。（あるいは人あって嘲るやもしれぬ、「誤謬推理」に誰より甚だしく躓けるは汝ならずや、と。）

　さて、物を知覚するとき、身体の感覚器官が外部から因果的に規定されていることは、われわれが日常的に経験しているところであり、そのメカニズムはいろいろの角度から科学的に説明されている。しかし物についてのわれわれの認識が、身体に対するその物からの物理的作用の結果として初めて生ずるわけではない。なぜなら、その物と私の身体との間に因果的な関係を認識するとき、そのことに先立って私はすでに当の物をそれとして知覚し、それが存在する場所に、すなわち私の外に見出しているのだからである。――この事態には、困難というより矛盾が含まれており、説明しようとすると自家撞着に陥りかねない。それというのも、説明とは、ふつう、われわれが対象として知っている物ないしそれらの間の関係についてなされることであるが、いま問題になっているのは、対象とそれを知るわれわれ自身との間の関係そのものだからである。そこで、現象の記述や説明としては失格となることも覚悟の上で、われわれと物とのかかわり方をひとつの根源的な事実として提示してみるほかない。ここではやはりカントを種にしてである。

　カントは、心の単純性ということを論拠にして可分的な物体ないし身体から独立的な意識主体を立てようとする議論に対し、逆に、その物体ないし身体のほうもわれわれに知られる相では実は現象にすぎぬということを論拠にして、次のように応じている。「こうして（それだけが別種の実体をなすものとしての）心だけが思考するといった表現はなりたたないことになり、むしろ、人間が思考するのだという通俗的な言い方のとおりであることになろう。すなわち外的現象としてはひろがりをもつところの、まさにその同じものが、内的には（それ自身にあっては）、合成されたものでなく単純なものとして思考するところの主体である、ということになろう」（A 359 f.=S.388a, Z.7-12）。この引用文が出てくるのは、相手の論法を無効にする目的で応酬している文脈の中であり、全体が接続法過去形で書かれており、しかもカント自身は「このような仮説なしに」（ibid. Z.13）議論の「批判的」決着をつけようとするのであるが、しかし、具体的な人間のあり方におけるこの二面性の素朴な指摘は注目に値する。この二面性を当の主体たる「私」自身にも当てはめて考えてゆくと以下のようになる。

私の身体が物と直接的にかかわり合っているかぎりにおける知覚、これがカントにおいて「単なる表象」といわれたものである。そのさい彼自身は、認識論の常套的な手法にしたがい主として視覚のことを考えており、かつもっぱら自分の意識にとっての感覚の受容性の面だけをとりあげた。しかし事柄そのものとしては、そこで「私の外なる」物に出逢っているのであるからには、それらの表象は自分の身体の意識（すなわち運動感覚その他）と「一つに結びついて」（S.34 Anm. Z.6-7）おり、そのことにおいて知覚はそれ自体すでに身体としての「私」の外に達している。ところがこの場面でのかぎりにおける物の知覚は、現代流の言葉づかいを用いるなら、「条件づけられた反応行動」以上には出ることがない。すなわち知覚された物についての客観的な認識とはならないのであり、同じことだが、その表象（言いかえれば「刺激」）の真偽は問われることがない。われわれの物の知り方はこれではない、とカントは言うのである。われわれは経験的な事実の地平に身体として存在すると同時に、物と自分の身体との直接的関係を越えて、その関係そのものを問題にし、認識としての真偽を問う。このしかたで物とかかわることこそ「意識」という語の本来の意味にほかならない。「意識というのは、それ自体としては、何ら特別の客体を（内容的に他から）区別する表象なのではなく、表象が一般に認識とよばれるべきかぎりでのその形式である」（A 346=B 404=S.374, Z.24-27）。すなわち意識とは、何か特定のものをさすのでもなければ、表象あるいは観念という形でとりだされた内的領域のことでもなくて、われわれがそれぞれ自分の身体との関係において与えられた表象を介し、「われわれの外」に出て物の客観的認識を求めるという、人間のあり方の構造のことなのである。その構造を開示する地平がカントによって「超越論的」と表現され、その人間のあり方が「超越論的統覚」として刻み出されたのである。

われわれが「表象」ということをそれとして取りあげ、それについて語りうるのは、こうした意味での超越論的な見地からのことである。この見地からしてのみわれわれは、物と身体との因果関係によって表象が与えられるという事態について、それを問題にし説明することができる。しかし同時に、その説明は原理的に限界をもつということを忘れてはならない。なぜならその説明は、われわれが物を知覚し認識するということとそれ自体にまで及ぶことがないからである。意識の主体としてのわれわれの存在性格は、身体を含めた経験的事実の地平での、因果連関の一項として規定されえない。それがそのように規定されうるはずだと考えることは、「合理的心理学」が心を独立の実体と考えたのとまったく同様の、ただし方向は逆にしての「超越論的仮象」にほかならない。だからこそこのことをカントは、経験的に認識されうるのは現象としての自我にすぎず、超越論的自我はそのかぎり「X」たるにとどまり、それ自身は「叡知的な」（intelligibel）性格をもつ、というふうに表現した。これは「可想体（Noumenon）と現象」という名称のもとに二つの領域を並置したことではなく、Subjektの存在そのものと対象的事物の記述や説明との区別である（cf.B 157 ff, 423 Anm.）。

カントのいわゆる「超越論的自由」ということもここから理解されるべきであろう。われわれが物との直接的相互関係において生きているかぎりでは、全面的に決定されているとも言えるし、まったくの自由自在だとも言える。というより正確には、自由について語ることがそのかぎりでは意味をなさない。それとはちがって「意識」というあり方をすることにおいて、われわれは自分の被決定性と自分の自由とを同時に問題にするようになるし、問題にせざるをえない。そしてその際、自然因果性による説明は無制限な妥当性をもちえないのである。少なくとも自分の身体とその行動へ適用する場合に、その説明は必ずどこかで止まらざるをえないか、あるいはそうしなければ説明体系の全体が宙に浮いてしまうであろう。よりカントに即した言い方をすれば、「現象」の世界もその全体がすでにして汎通的に因果連関によって規定されているのではなく、因果連関の探究は、いつも「課されて」はいるが、いつも部分的にとどまるのである。そうであって初めて、カントが何より大事にした道徳的自由の概念も、いわゆる二世界論の空疎さに陥ることなく、身体の行為によって「出来事の系列を自分で始める」という実在性をもちうるであろう。

しかし、意識の内部から出発し、その場面を全体化してゆく形で認識論的な問題が設定されるかぎりでは、身体として生きている人間の存在性格はその思考枠組にとって異質なものにとどまらざるをえない。そこにカントの理論の限界があったが、しかし彼はその限界の所でこの事態と遭遇し格闘していた。そのことの記録が「誤謬推理論」とその書き直しである。（初出：東京大学文学部哲学研究室編『論集Ⅰ』、一九八三年）

★01――「第四誤謬推理」を主題的にとりあつかった最近の身近な公刊資料としては、私の目にふれた次の二つの論文をあげておく。
久保元彦「内的経験」、『理想』第五六〇号、一九八〇。「内的経験(二)――「観念論論駁」をめぐって」、『理想』第五八一号、一九八一。

牧野英二「『純粋理性批判』における第四誤謬推論の意義」、日本哲学会編『哲学』第三〇号、一九八〇。

この両者およびその他内外のカント研究者たちとのテクスト解釈上の対質は、それ自体やりがいのある仕事なのだが、紙数の都合上割愛せざるをえなかった。

本稿全体をつうじ引用その他の参照箇所をあげたのは『純粋理性批判』だけであるが、その際、慣行の第一版「A」、第二版「B」によるページ数の指示のほかに、話が細かくなる場合にはR. Schmidtによる版(Philosophische Bibliothek Band 37a, Felix Meiner)のページ[s]と行「z」を付加した。

価値のアプリオリ性

「価」といい「値」といい、もとは経済的商業的な意味であった字が組み合わされて「価値」という言葉になると、道徳的行為や審美的体験にも適用され、さらには文化現象一般にまで拡大される。これは、おそらく、十九世紀後半のドイツの哲学者たちに発する一連の問題系と用語法が日本へ導入されたとき、そこにこの訳語が当てられたことに由来するのであろう。これに対し、金銭上の値段と善や美にかかわる事柄とを同じ概念に含ませることを潔しとしないで、後者のほうについては、例えば「よさ」といった言葉を基にしてやっていこうとしても、必ずしもうまくゆかない。なぜなら今度は逆に、「彼の経済状態はよい」とか「よい暮し」といった表現が正当になりたつからであり、西欧語でも〝goods, Güter, biens〟といえば「財」のことである。そこで言葉づかいのうえで初めから区別立てをするのはあきらめ、さしあたり漠然とした意味合いのまま「価値」という言葉を使うほかない。★01 そしてこの小論の意図は、価値なるものが多様化する必然性とその構造について考えてみることにある。

価値と存在という問題に関しては、一方では「ある（存在）からべし（当為）は出てこない」、「事実判断と価値判断とは成立の次元を異にする」等というふうに論じられることが多い。他方では逆に、価値判断の基準を事実的な条件に、すなわち何らかの生理的心理的要因に求めようとする議論があり、また価値意識そのものが対象とされて統計的に処理されたりすることもある。この二つの観点は対立しあっている。しかしそれらに共通なのは、世界を構成する事物がまずそれ自体で存在し、次にそのうちの一部のものに対してわれわれは価値的なかかわり方をする、というふうに考えられていることである。こう考えたうえで、一方は後者に特別の領域を設け、他方はそれを前者に帰着させようとする。だが、この前提そのものを考えなおすことができないだろうか。

一　価値は存在に先立つ

そのため存在と価値との間に「意味」ということを置いて考えてみよう。

交通信号の赤はわれわれにとって特定の意味をもっている。この意味がなりたつ根拠は、赤と黄と青からなる体系のなかでそれが他の項から区別されうること、そしてこれらの色の体系は道路の使い方を規制する機能をもったものとして理解されていること、の二点にある。後者の機能をはたらかせうるためには、前者における区別づけが条件となっていることに注意しておこう。(だから色盲の場合のことを考慮して、例えば運転免許の試験では信号機における点灯部分の位置の区別づけまで要求される)。

これはわれわれの社会での規約にもとづくことがらであるが、この事情を自然界にひろげて考えることができる。こう言えば、一つの事例から一挙に、しかも次元の異なった領域全体へと話をもっていくのは乱暴だと非難されるかもしれない。しかしすべての規約や制度はわれわれの自然的条件を前提にして作られている。右の例でいえば、われわれが赤と青を区別できなければ、それらは信号としての役割を果たせないわけである。このことは、道具や技術がすべて自然法則に従い、それを利用して作られているのと類比的である。そしてまた、交通信号がわれわれにとってある一つの機能をもっているのと同様に、自然全体は、われわれの生活環境としての、いわば一つのまとまった機能をもっていると言ってよかろう。

さて生物一般の次元において見るならば、あるものが他から区別されて認知されるということは、当の生物の生活にとってそのものが意味をもつことである。それは物が鏡にただ映るだけのようなこととはちがって、その物に対する一定の行動や態度や感情をうながす信号なのである。このことを、生物学から借りた言葉で「有意義性」といってもよい。そこでは事物は、さまざまな生物種の生き方に応じて、食えるものと食えないもの、避けるべき敵と近づいてよい仲間、等々の軸に沿って位置づけられている。そしてこうした意味をもたないものは、当の生物にとって存在もしないのである。

われわれの生活形態は、もちろん、生物一般の自然的生とは異なる。それも単に種としての相違ばかりでなく、後に述べるように、事物に対するかかわり方の体制そのものにおいて本質的な相違がある。しかしながら、われわれが何かある物をそれとして認知するとき、日常的にまず経験するのは自分の生活におけるその物の意味である、という点は同じである。ただその際の意味の理解が、われわれにあっては単に自然的な素質のみによって、いわば自働的に習得されたわけではない。むしろ大部分は社会的強制による教育を介して身につけられ、したがって内容的には人為的規約的なものである。しかし、そのようにして形成された意味の体系、すなわち現にそのなかでわれわれが生きている生活連関の形式は、そのときどきのわれわれの経験をなりたたせるアプリオリな条件となっており、事物はその体系の分節に位置づけられることによって、特定の意味をもったものとして経験される。

生活において直接的に経験される事物の意味、これは価値的といえるような性格を帯びている。なぜならそれは、われわれの行動的感情的な反応と一体をなして、よいかわるいか、好ましいか否か、どう対処すべきか、何のためか、等々の問いとその解の示唆を初めから含んでいるからである。日常の言いまわしでも「意味がない」と「価値がない」はしばしば同義的である。

こうした観点からすると、ものの「何であるか」ということ、すなわち事物の「本質」は、元来そのものに対するわれわれの価値的なかかわり方を含んでいることになる。われわれの経験の秩序においては、ものがまずそれ自体は価値的に無記なものとして存在し、しかる後にわれわれにとって価値があったりなかったりするのではなく、その逆である。食物や家屋といった生活必需品、机や鉛筆といった道具、あるいは人々や店といった身近な交渉相手などはもとより、自然の草木や小石にいたるまで、すべてのものは常に既にして、それにむけてわれわれが価値的に一定の態度をとるべきものとして生活連関のなかに位置づけられており、そのかぎりにおいて他のものから区別されたそのものとして、つまり「これこれであるもの」として存在する。机がそれを使うわれわれと関係なしに机として存在するわけはなく、うまそうだという（あるいは他の何らかの）評価を抜きにしてリンゴを見ることはできない。価値的なかかわりに先立つ「純粋な」事物存在というのは、次節で述べるように、価値的性格をわざわざ括弧に入れてものを記述する知的操作の産物にほかならない。[★02]

右のことは物についてばかりでなく、性質についても当てはまる。リンゴの知覚は形や色や匂いや手ざわり等々の価値中性的な感覚所与から合成されるのではなくて、その赤さそのものが初めから〈うまそうなリンゴの・色〉なのである。それが停止信号の色と同じであるのは、「赤」という言葉で記述されることになってからの話である。そしてこうした価値中性的な言葉をいかに組み合わせて物を記述し説明しようとも、そのことと、当の物が何であるかという「本質」を理解することとは、別のことである。なぜならこの理解は、記述や説明に先立ってその物に対する価値的なかかわりにおいて成り立つのだからである。それ故に、「本質」をあらわす言葉の意味は、記述のための言葉によって置きかえられることはできないのであり、それとは別の「カテゴリー」をなす。もし記述されるかぎりの事実を「存在」（「である」）と呼ぶとすれば、「存在から価値は出てこない」とはこのことにほかならない。

ここで用いてきた言葉づかいで言えば、われわれがそのなかで生きている生活連関において諸事物がたがいに他から区別され、それぞれ何かあるものとして存在するためには、われわれの価値的なかかわり方がその条件となっており、価値は事物の存在に先立つ。そしてわれわれがいかなる価値を生きるかによって、存在する世界はその様相と規模と意味を異にする。――ただ、しかし、われわれが事物の存在そのもの（「がある」）を生み出すわけではない。ここに人間における価値の重層性が生ずる所以がある。

二　価値は存在より広し

われわれは事物と直接的にかかわって知覚し行動しているだけでなく、自分がそうしていることを知っている。すなわち意識というあり方をしている。★03 したがって生活連関を満たしている価値的なものをその場その場で無邪気に生きることでは済まない。価値志向の充実を求める自分と、その志向がむけられる対象とが区別され、そして、実際に充実されるとはかぎらない自分の価値志向の内容は、存在者として見出される対象から切り離されることになる。かくして価値と存在との分離が生ずる。

その際、もともとは価値的な志向に動機づけられて事物に見出された意味、ものの「何であるか」、すなわち「本質」は、両義的な境遇に置かれる。一方ではそれは、生活に即して価値を生きる当の主体の側にひきよせられ、「主観的な」分類図式にすぎぬとされる。しかし他方では、それをまったく抜きにすれば事物はもはや何ものでもないことになってしまうので、対象の側でわれわれから独立の存在を担うべき特権をもった規定が截り出されてくる。これが古典的には「実体」という概念によって表現されてきたものである。

この場面で日常的に価値の基準として通用している主なものは、快感と実用性である。快不快を直接に感ずるのは各個人の自分なのであるが、一般に人々に快感ないし欲求の充足をもたらす平均的可能性に応じて事物に価値が帰される。また、ある事物の消費や使用がわれわれの生活にとって必要ないし有利と見なされる度合いに応じて、その事物は価値あるものとされる。われわれの日常的世界の大部分はこの種類の価値づけによって織りなされている。そしてわれわれはたがいに相等しいわけではないので、補い合って生活をいとなみ、自分が所有する事物をたがいに交換する必要がある。そこでその過程を円滑にし秩序づけるために貨幣が導入され、その額によって事物の価値が表示されることになる。その際、それらの事物を生産したり流通させたりする労働も事物化され、貨幣価値に換算される。

他方、日常さしあたってわれわれに快も苦も与えないし、生活にとって特に役に立ちもせず障害にもならないような事物は、価値のないもの、あるいは価値的にどうでもよいものと見なされる。しかしこの境界線は一定していない。人により場合によって、何を価値あるものとするか、価値の上下大小をどう判定するかは、まったく多様であり、流動的である。例えば動物を飼うことに大きな楽しみを見出す人もいれば、まったく無関心な人もおり、ある人は古道具をあさり、ある人は自家用車に金をつぎこむ。また捨てて顧られなかった物質が、一転して高価な資源となることもあろう。このように個人的にも社会的にも定めなき故に、価値は相対的なものにすぎないとされる。

日常性につきもののこうした曖昧さはある仕方で整理することができる。それは、価値的な性格を一応すべて括弧に入れてしまい、純粋に「客観的な」認識を求めるというやり方である。それを方法的に整備して遂行してみせるのが科学である。そこでは、操作的に定義された一定数の要因がとりあげられ、それらの間の数量的ないし図式的関係によって事象が記述される。そしてこのやり方で記述されることがらこそ客観的に存在する事実そのものだと考えられるならば、それ以外のものはすべて主観的で相対的なものとして除外され、価値に関する問題から「純化」された存在の領域が確保されうるかにみえよう。

しかしこの観点からするとき、われわれが事物にかかわる手がかりであるところの感覚的諸性質そのものも、厳密にいえば主観的なもののなかに入れられるということに注意されなければならない。そうなると事物は、われわれにとっては色や形によって認知されるけれども、客観的には、すなわちそれ自体においては無色透明無味無臭の何ものか、われわれの経験とは無縁の何ものか、でしかないわけである。それが「物質」と名づけられるのならば、物質とは「それ自体において」は経験的に空虚な概念であり、理論的仮構にほかならない。そしてもしこの見方が徹底されるとすると、科学的に認識している自分は、どこか知らぬが世界の外で時空座標を見はるかす「純粋な眺め」になっていると同時に、「主観的なもの」を無際限に呑みこんで世界の一隅でうごめいているという、おかしなことになろう。

だから、科学的認識がわれわれにとって経験的具体的な意味をもつためには、それはどこかでわれわれの生活連関と接合し、日常性の脈絡に支えられていなければならない。科学的な方法によって記述され説明されうるのは、価値的なものに彩られた生活連関のなかの一部分についてであり、原理的にそうなのである。実は認識の客観性ということ自体が一つの価値にほかならない。それは価値の領域とは別に成立するものではなく、諸価値のうちの一つなのである。

なお、科学的理論においても「値」という言葉が用いられる。例えば、ある変項が特定の場合にとる量がそう呼ばれ、「数値」や「測定値」といわれる。また論理学では「真理値」ということが問題とされ、言語意味論において語の「示差的な価値」について語られたりする。これらは経済的な場面での商品と代価との対応関係に類比的であるとともに、その根柢には、前節の冒頭に指摘しておいた事情があると思われる。すなわち、全体として一つの機能をもった体系のなかで、他と区別された特定の位置を占めることが、そのものの意味であり、当の体系のはたらきにとって価値をもつ、ということである。今の場合、科学理論にせよ言語にせよ、それだけが孤立して存立しているわけでなく、それらの体系の機能は結局のところわれわれの生活連関に根ざし、それに支えられて働いているのである。

要するに、価値的なものから切り離された客観的事実や存在する事物そのものというのは、われわれの生活連関の内部で特殊な知的操作を介して構成される概念である。いっさいを包含し価値的には無記な物質的宇宙全体といった観念は、ひどく重々しくみえて、実は多分に素朴な外挿法や類推の産物にほかならない。むしろそれよりも広い地平へと、価値の問題はわれわれを導く。

三　価値は存在の超出をさそう

われわれは自分が事物にむけて既に価値的にかかわっている状況を反省し、自分の思想と対象との関係そのものを問題にすることができる。できるというよりも、そうせざるをえない。これが意識というわれわれのあり方の sui generis な、すなわち他のいかなる道具立てによっても代行されえない根本機制である。

知識と真理をめぐる問題系もここから生まれてくる。今はさしあたり価値の問題に関してのみ言えば、ここで価値的なものについての評定と選択と決断がわれわれにとって避けることのできない課題となる。その際、価値的なかかわりの第一次的な場面そのものが擬似対象化され、事実の様相にひきなおして見られる。ただし全面的にではない。なぜなら、それを見ている自分が、事物にむけて価値的にかかわっている当の主体でもあるのだからである。このように根柢に共通の根をもちながら自分を二重化するという形態において、事物にむかうさまざまな価値的かかわりを実現すべき可能的な諸行動が比較され、そのうちの一つが選びとられる。したがってこの比較と選択はもはや対象にではなく、諸価値の間の関係にかかわるのであり、与えられた事物の性質によってでなく、価値間を秩序づける自分のほうの原理によって規定される。そしてここに至って価値は熟し始める。

前節までに見たような、直接的なかかわりの場面における事物の価値的性格のなりたち自体が、今や事実の地平での出来事にすぎない。リンゴは空腹をやわらげ舌に快ければよく、机は物をのせて使うのに適当ならよく、社会状態は楽な暮しのできるようなのがよい。それらが価値的によいのは、それらが事実上われわれに快感や有用性をもたらすからであり、世間でそのようなものとして通用しているからである。しかし、このリンゴを自分で食べるか病床の隣人に贈るか、自分の書斎にどの机を入れるか、いかなる政治体制を自分は支持するか、となると、自分が為しうるいくつかの可能性のなかから自分で選んで決定しなければならない。これが価値判断である。そして自分がこの決定ないし判断の主体であるという資格において、ここでは事物についてでなく、われわれ自身の行為や趣味について価値が問われる。

この点に関し次のような議論がありうる。すなわち、価値判断にしてもそれなりにやはり事実の場面での出来事にほかならず、したがって判断する当人の生理的心理的状態によって、あるいは社会的存在によって規定されていることだ、というのである。たしかに他人、特に集団については、その動向を価値判断も含めて全面的に対象化して考察し、そうする自分は「価値から自由に」「客観的に」認識することが可能であるともみえよう。例えば価値意識の社会学的調査や心理分析的説明などの場合である。しかし、それらの知識の有効性や妥当範囲がどうであるにせよ、自分が現に価値判断をくだす立場にあるとき、この種の議論からは何も出てこない。それというのも、他の人々からどう判定され説明されるかに関係なく、判断するのは自分自身の責任でしかないからである。そしてこのことは、そこで対象化されている他の人々にとっても同様である。

自分にとって可能ないくつかの価値的なかかわり方のなかから一つを選ぶこと、すなわち価値判断をくだすことは、自分を未来にむけて縛ることである。それは、もし自分と事物とのかかわりから織りなされている現在の事実的状況を存在と呼ぶならば、存在を超え出ることにほかならない。というのも、それは世間に通用しているものを受容し享受することではなくて、まだ存在しないものに自分を賭けることであり、そのかぎりにおいて創造的であることだからである。価値的なものはわれわれの生活連関を満たしつつ既に事物の存在の手前にあったが、われわれが選ぶ価値の原理は自分の存在の彼方にある。前者は常に相対的であり流動的であった。その只中で何を、守るべき価値としてつなぎとめるか、が後者の問題である。

しかし、存在のかなたにある価値原理に動機づけられ、その実現をめざして行為したその結果は、ふたたび存在の場面での出来事であり、一つの事実にほかならない。為された仕事がかくかくであるという事実は、その状況における他の諸事物との外的な関係から規定され、かつ諸事物のなりゆきにゆだねられる。この偶然性と惰性は、実現さるべき価値の完全性を損なわざるをえない。そればかりではない。一つの出来事となった行為が、当の主体のめざしたとおりの意味でもって他の人々に理解される保証は、どこにもない。価値を生きる主体は常に不満につきまとわれるのがわれわれの運命である。

四　価値を求めつ存在せむ

以上、われわれが経験する価値の諸相に関して三つの段階をあげてきた。すなわち、生活連関のなかで直接に生きられている価値的なもの、意識の場において分別される価値の基準、選択と決断をうながす価値原理、の三つである。これらの段階のいずれにおいても、事実としての様相で出会われる存在に対して価値的志向が先立つ。そしてどの段階も、より高次の段階から動機づけられて初めて価値の名に値しうるのであり、この動機づけを欠けばすべてはたちまち単なる事実性の地平に分散する。価値は常にアプリオリにはたらき、そのようなものとしてしか経験されない。価値はわれわれの生活のいたる所に現前しているが、それを物とし事として捉えようとすればどこにも見出せない。世界の内には価値は存在しないのである。

しかし、だからといって価値が主観的恣意的なものであることにはならない。事物にむけてわれわれを価値的に志向せしめるものは、自分の存在を超えてその背後にある。そのものによってわれわれは背後から動かされており、そのことはもはや自由にならない。咲く花を醜いものとして眺めることはできないし、身の危険をおかして人を救う行為は否応なしに善である。自分が価値的に動機づけられているこの生き方全体の背後にまわり、この全体を対象化して見透すことは、われわれには許されていない。

だが、価値に動機づけられて生きつつわれわれは、事実の世界において不満から遁れえぬ運命にある。このような自分の存在そのものについてその意味を問うことはどうであろうか。これはいわゆる「人生観」の問題であり、各人の勝手である。しかし、ここで新たにもう一つの価値性格の次元、個体性の次元がひらける。いま存在している自分とは、この身体としてこの境遇のなかを生きてきた「私」以外の何ものでもない。この「私」の一回きりの歴史としてのあり方に共鳴をよびおこすもの、それは、他の何ものによっても代置されえぬかけがえのなさという意味をもつ。これは快感や有用性とも、善や美とも別のことがらである。特に人間に対する場合、ある人の性質や能力や仕事のいかんとは関係なしに、その人が生きてきたことと自分が生きてきたこととのかかわり合いが、そしてそれだけのことが、この特異な価値性格を生み出す。それについて語ろうとして「愛」や「縁」といった言葉が使われても、いつも舌足らずであろう。なぜならそれはもともと言語よりも底の深い事柄だからである。そしてそれだけに、すべての価値的経験につきまとうところの誤解と不満と、それから無意味な事実性の地平への転落の危険も、いっそう深刻である。

われわれはこのような仕方で出会う他の人々と共に生き、事物を介して交渉し合っている。この場面においてこそ価値は熟成を遂げる。といっても、もちろん、他人からどう評価されるかを気にするといったことではない。われわれは価値そのものを事物のように対象として捉えたり語ったりすることはできないけれども、他の人々と同一の価値原理を分有しているということを前提として、初めて、事物について自分の価値判断を示しあい検討しあうことができる。これは偶然ではない。対象という形ではなく現前しているということにおいて、他人はまさに価値と合致しているのである。他人そのものをわれわれは原理的に経験しえないけれども、自分と他人とを共通に背後から動機づけている価値を介して理解しあう。そして他人の行為や作品の価値（あるいは意味）を知るということは、それを事実の地平で記述し説明することではなくして、他人がそれを実現し創造した過程にみずから参与し共感することにほかならない。

ここからさらに、他の人々と自分との生活を載せた世界の歴史全体について、その意味を問うことができるであろうか。できるとしても、おそらくわれわれはそこで価値を絶した境位に接することになろう。それは同時に哲学することの限界である。信に場所を備えるためには、哲学の知がすべてを見透すことができると考えてはならない。

（初出：『理想』五八〇号、理想社、一九八一年）

★01――周知のように「存在」という言葉に関しても同様の、あるいはもっと奥行きの深い事情がある。

★02――このことは言語における「純粋な」平叙文に関する事情に似ている。文そのものがまずあって、それに命令や疑問といった機能が付け加えられるというのは、語学上の説明にすぎない。われわれの言語はもともと命令や疑問、あるいは伝達や主張という行為として、生活のなかではたらいているのである。

★03――事物を知覚し反応的に行動していること自体をただちに「意識」とよぶのは、議論の混乱を招く結果になりやすい。ここでは「自己意識」でありうるものだけを考える。

カント哲学における無限と有限

今日のカント・アーベントの講演に私はこういう題をかかげましたが、その理由はまず次のことにあります。日本の哲学界における最近の注目すべき出来事の一つとして、昨年秋、岩崎武雄教授の大きなカント書が出版されました。岩崎教授のカント解釈といえば、例の「有限者の立場」というのが出てくること、ここにおいでの方々は大抵よく御承知であろうと思います。その本が出たところへ、たまたま私がカント・アーベントで話をすることになったもので、いわば連想がはたらき、一つ向うを張ってやろうというわけでもありませんが、やはりそれに刺激されてこうしたテーマをえらんだ、と一応こう言えます。

しかし、こうした偶然の心理的理由のほかに、あるいはその根柢に、もっと本質的な理由があります。と言いますのは、「無限と有限」についてどう考えるかは、哲学にとって基本的な問題であり、しかも哲学においてのみ本来的な意味で問題にされうるものだからです。言いかえれば、「無限と有限」という問題は、哲学が避けえず、かつ哲学を避けえぬ問題であると思われます。そこでカント・アーベントの機会に、カント哲学に托してこの問題を考えてみて、皆様にこの場の話題を提供するとともに、お教えをうけたいと思ったのであります。

この場で聞いて下さる方々は、すでに哲学における歴史的知識も思索の経験も充分お持ちの方々なのですから、こまかに典拠や文献をあげたり解説を加えたりすることは省略してやってゆきます。ですから、きわめて大雑把なものの言い方になるでしょうが、晩餐会という場所柄に免じてお許し下さい。あるいは話し方というより、思想そのものがあまり噛みくだいてないので、食後の皆様に消化不良をおこすかもしれませんが、何とぞ御勘弁願います。

一

カントの著作において「無限」が出てくる所は、字面の上では少いのです。哲学上の主要著作に話を限ると、それは主として次の三箇所につきるようです。

(1) 第一批判の「判断の表」における「無限判断」。
(2) 同書の「二律背反」の所。
(3) 第三批判の「崇高なもの」の所。

手はじめに、これらの箇所で無限ということがどんな取扱いをうけているかを、簡単に見ます。

(1) まず「無限判断」と名づけられたのは、「Aは非Bである」という形のものです。カントのあげた例では〈Die Seele ist nichtsterblich〉です。(小さなことですが、〈unsterblich〉という、それなりに積極的な意味をもたされる言葉ではない点に、御注意おき下さい)。カントによれば、これは、従来の論理学では形式の上から肯定判断のなかに入れられていた。しかし超越論的論理学では、判断機能の上からして普通の肯定とは区別されるべきである。また「AはBでない」という形の否定判断になると、AをBだと考える誤りを取除こうとするものであって、それとも違う。当面の形の判断は、Aを、非Bというそれ自体無限の領域に関係づけるものだ、というのです。ねらいは、言うまでもなく、「制限」のカテゴリーをとりだすことにあります。すなわち、無限判断は、主語Aに関し、積極的に概念を拡大するのでもなければ、特定の概念との分離を示すのでもなく、ただ、Aのかかわる範囲からBの分だけ差し引かれることを表わし、認識内容に関して制限的なのだというわけです。この「制限」のカテゴリーは、後の「内包量」に関する原則の所などで重要な役割をはたし、新カント派のコーヘンなどでは、思考のはたらきにとって根源的な位置がこれに与えられたりすることになります。しかし、この判断表の所で使われる「無限的」という言葉そのものは、特に積極的な意味をもたされているわけではありません。それは単に、可能的なものの全範囲からBを取除いても残りは相変らず無限だ、というだけの意味です。因みに、ヘーゲルが「無限判断」という言葉を使うときには、全く消極的な、というよりも始めから悪い意味で使っています。つまり、主語と述語とが相互に内的な関係のないままに、両者を無媒介的に結びつけようとするもの、といった意味です。たとえば、『精神現象学』の「観察する理性」の終りに出てくる、「精神は頭蓋骨である」。

(2)次に二律背反の所ですが、ここで「無限」が表面に出てくるのは、第一および第二の二律背反です。すなわち、空間と時間に関し世界は有限であるかどうかというのと、事物の分割は無限におよびうるかどうかというのとです。ところがこの二つは、第三(自由と必然についてのもの)および第四(事物の偶然性と必然的存在者についてのもの)が「力学的」と性格づけられるのに対し、「数学的」といわれる二律背反であり、定立も反定立もともに誤りだとされます。カントによれば、我々の認識の対象となるのは現象にほかならないのだから、そこでは物自体に関する場合と事情が異なる。すなわち、条件が次々と重なって系列をなす、その絶対的総体性は、系列の第一項という形でも、系列そのものの全体という形でも、我々にとって与えられているのでなく、課せられているにすぎない。一般に、これら宇宙論的な完全性の理念は、我々が認識を進めてゆく際の規則、すなわち、現象において一定の仕方で条件を求めて進んでゆかねばならぬということを要求する規則、なのである。だから、認識に関し構成的にはたらくのではなく、統制的な原理にほかならない、というわけです。こうなると、この箇所、第一批判のなかで無限が一番真正面から取扱われている箇所でも、それが積極的な意味合いで論ぜられたわけでなく、むしろ無限について語ることが禁ぜられたようにみえます。

(3)さきほどあげた三つ目の箇所、第三批判の「崇高」の感情が考察される所では、無限はやや面目を回復します。ここでは、「無限なもの」とは、比較的にでなく端的に大なるものであり、しかも、きりのない進行という形においてでなく、全体として総括された形で考えられなければならない。それとの関連において崇高さが成立する、というのです。しかしこの場合にも、当の崇高なものを成り立たせる「美的判断力」は、対象に関し規定的にではなく反省的にのみはたらくのであり、しかも、「目的論」の場合と違って「主観的合目的性」の問題だ、とされるのでして、無限なものがそれ自体として定立されるわけではありません。

このように見てきますと、カント哲学においては、「無限」の問題が取扱われることが少いばかりでなく、その幾つかの箇所でも、無限ということに積極的な意味が帰されることはないように見えます。無限なものの存在をはっきり否定するところまではゆかなくとも、とにかくその問題に対して消極的な態度がとられ、むしろ不問に附すべきだとされているようにさえ見えます。しかし果してこう理解することで済ませてよいものでしょうか。私にはどうもそうでないように思われるのです。

二律背反の所についてもう少し考えてみます。カントによれば、「無限」に関係する理念は、現象の系列において条件を求めて進んでゆくことを要求すると同時に、どこかで停止することを許さないのでした。ということは、しかし、無限なものを定立してはならないということなのではありません。そうではなくて、正確には次のこと、すなわち、あれこれの事物の系列に関しては有限だとも無限だとも言ってはならないということであり、無限はこうした仕方ではとらえられぬということにほかならないのです。これをもう一歩進んで裏から言えば、無限の所在はほかにあるということにならないでしょうか。

今の議論の最後の運びには論理的に飛躍がありますが、しかし、もし事柄としてこう解することができるとすれば、これは、無限の問題に対し、問題そのものを否定したとか、あるいは当世風に言えば無意味としたとかいったことではなくて、その逆、一つの積極的な答えです。すなわち、無限なものは、我々が対象的に見出し科学的に規定するかぎりでの世界とは、別の所に求められねばならぬというわけです。ところで、二律背反の問題が第一批判の成立にとって基本的な動因となっていたことは、カント自身が明言しています。となれば、カント哲学はまさに「無限」の探求にほかならなかった、と、あるいは有名な句をもじって言えば、真の無限に場所をそなえるために、仮象の無限にあきらめをつけようとするものであった、と言ってよいことにならないでしょうか。勿論、四つある二律背反のうち、カントにとって最も切実な問題であり、第一批判の成立に最も直接に関係していたのは、人間の自由と自然必然性に関するものであり、そこでは無限の問題は表面的には出てきません。しかし、二律背反の問題は元来いかなる事態に発するものかというと、ある事柄が成り立つための条件の系列をさかのぼってゆくと無限にいたる、という事態において生じてきたのでありまして、その点、自由と因果系列とのあいだのことにしても同様です。のみならず、この第三の二律背反においてこそ、第一と第二では消極的にしか示されなかった無限の所在が、より積極的に、まさに「力学的」に方向づけられた、と解しえます。

しかしながら、このように言うだけでは、カント哲学に「無限」という言葉を無理矢理くっつけようとしているだけのように思われるでしょうから、こうした見方がカントを理解する上でどんな意味をもつかを明らかにするため、少し歴史的な連関において考えてみたいと思います。

二

哲学史的に、カントに近い時代で、「無限」の問題を比較的詳しく取扱った人を求めますと、前と後とにそれぞれロックとヘーゲルが見出されます。そしてこの二人の態度は全く対照的でありました。

ロックは『人間悟性論』のなかに「無限について」という一章を設けています。彼の問いの立て方は、例によって、「観念」を観察することです。我々は無限ということを、一番直接的には何に帰して考えるか、そして、どんな仕方で無限の観念を形づくるか、というのです。第一の点に関し彼は次のように言います。有限と無限ということが第一義的に語られるのはどんなものについてかというと、部分をもっており、附け加えたり差し引いたりすることによって増減しうるものについてであり、それにかぎる。つまり空間や持続や数についてである。したがって有限とか無限というのは、もともと「量」の様相にほかならない。我々が神について無限の観念を適用するときも、その時間上での持続や空間的な遍在性に関してそうするのであって、力や智慧や善意といった属性に関しての場合は、無限といっても比喩的に語られるにすぎない、というのです。そこで第二の問題点の答えも出てきます。我々が無限の観念をうる仕方は、有限量の観念をくりかえし加えていって、どこまでいっても止まるべき理由を見出さないということにある。したがって無限という観念は、常に「成長しつつある観念」としてのみありうる。そうしたものとして我々は「無量無辺」とか「永遠」の観念をうるが、それに対応するものが現実的なものとして実際に存在するかどうかは、全く別の問題である。また、観念そのものとしても、我々はたとえば空間について、「空間の無限性」の観念をもっているけれども、「無限の空間」の観念はもたない。この両者の混同が思考の大きな混乱をうむ。要するに、空間や持続や数について我々がもちうる積極的な観念は有限なものだけであって、無限の方については、観念の倍加をくりかえしてゆくことに限りがないと仮定するという、消極的な仕方でのみ考えられる、というのです。こうしてロックの無限論は全く否定的です。もっとも他の箇所では、神の存在の永遠性だけは必然的なこととして証明できると言ったりしています。しかしとにかく彼は、無限の観念は消極的にしか成り立たないということを、近世においてきわめて明確に、かつ有効な仕方で主張した最初の一人であることに違いありません。

これにひきかえ、他方ヘーゲルの方を見ますと、御承知のとおり、今度は無限ということが非常に重大な事柄として到る所で持ち上げられ、割引なしに積極的な原理として立てられます。ロック的な無限概念はまさに「悪い無限」であり、規定と区別のみを事とする「悟性」の立場において、有限と無限とを別々のものとして考えるところからくる。「真実の無限」は、相異なり対立しあう有限なものを契機として内にふくむものでなければならない。こうした無限性をとらえる「理性」の立場が哲学的思考の本質であり、それが世界を構成し歴史を動かす基本原理となっている、というのです。

この対照的な二人の哲学者のあいだにカントをもってきますと、彼の無限概念は表面上は全くロック的であるようにみえます。何故ならカントも、無限というものを、さしあたっては「量」のカテゴリーにおいてとりあげ、量的規定の系列をどこまでも辿りうることに基づけていますし、その観念を「構成的に」、すなわち対象に関して積極的に、用いることを禁じたのだからです。このことは、第一批判の「感性論」で空間と時間について論述されている所を見ても同様です。しかし次のことに注意しなければならないと思います。それは、カントにあっては、ロックにおけるように無限の観念の経験的発生が問題になっているのではなく、無限は「理念」として考えられているということです。すなわち、理性に内在的であり本質的であるところの原理とされていることとです。(因みに、ドイツ語の〈Idee〉に対する「理念」という訳語は、「理性概念」を約めて作られたということを、かつて出隆先生から聞きました)。

この、理性自身の内部の問題が、カントの二律背反なのです。そしてこのことに彼の特色と意義があるのです。カント以前においては、認識における矛盾とか二律背反といえば、普通、理性と感覚とのあいだ、あるいは理性と想像とのあいだの対立や撞着として考えられていました。たとえば、太陽の見かけ上の大きさと真の大きさとのことだとか、原因についての無知を自由や偶然や、あるいは神霊の作為と思うこと、などの場合です。ところがカントの場合どうかというと、彼は二律背反の事実を、——といってもそのすべてではありませんが、基本的であって重大な意味をもつ二律背反を、——理性の自分自身との争いとしてとらえ、しかも、理性の本性に根ざしているが故に理性にとって必然的なものと考えたのです。言いかえれば、見かけや思いこみといったことに基づく経験的な仮象ではなく、人間の理性として避けえぬもの、我々の思考が理性の次元にあるかぎり自分自身の問題として必ず取組まねばならぬもの、すなわちいわゆる「超越論的仮象」、これが問題なのです。

こうした場面で登場するのが「無限」の問題なのでした。そして、さきにも申しましたように、無限ということが、言葉としては直接出てこなくても問題としては、四つの二律背反すべてにかかわっているのです。のみならず、もっと拡大して考えてもよいのでして、「自我」に関する「誤謬推理」の所も、「神の存在」に関する「理想」の所も、無限性の問題と関連してくるのであり、したがって「ディアレクティク」全体がそうなのだと解しえます。こう考えてきますと、表面的にはロック的と見えたカントの無限論が、実は深くヘーゲル的なものに連なっていることがわかります。

なお、さきにあげた第三批判の箇所でも、カントは、我々が無限なものを、きりのない進行としてでなく一つの全体として思考しうることは、心のなかの「超感性的」な能力の存在を示すものだと言っています。さらに付け加えて申せば、さきには大した意味はないと思われた「無限判断」ということについても、違った風に考えられてきます。すなわち、それは単に一定の主語Aを一定の述語Bとの関係において肯定したり否定したりすること以上に出て、主語を可能的なものの無限の全体に関係づけるものなのだ、という風にです。そしてこの言葉を悪い意味にしか使わなかったヘーゲルにしても、無限判断を全くの誤りとして捨ててしまうのではなく、弁証法的な思考の展開におけるきわめて重要な転機になるものとして取扱っているのです。

実はあのロックも、無限の観念の源泉として、自分のもっている観念を限りなくくりかえす力を、我々は自分自身のなかに見出す、と述べて、精神にそなわっている「力」といったことを考えているのですが、彼自身ではそれ以上この点が問題にされません。彼の問題は、あくまで、無限の観念が我々に生じてくる経験的過程だけです。しかし、次々と観念を拡大していって「以下同様」とする「限りのなさ」それ自体は、経験からくるわけではありません。ロックが言う「どこまでいっても止まるべきreason（理由）がない」という事態は、くりかえしうるための同一のreasonがいつでもあるということであり、そのreasonは経験的事実によって規定されないということになれば、結局それは、reason（理性）自身のもつ無限性にほかならないわけです。あるいは、同じことをカント的用語で言えば、ある系列において条件を求めてゆく進行が無限に可能であるという事態は、無限の可能性をもつものの存在を示しています。

三

無限の問題に関し、消極的なロックと積極的なヘーゲルを前と後にして、カントは以上に見てきたような位置を占めているのですが、さらにこのことの歴史的な見通しをつけるため、哲学史の視野をもっとひろげてみます。するとカントの前の方では、普通「中世」に対する「近世」として区切られる時代の始めに、無限を真正面に持ち出し、積極的な原理として主張した幾人かの哲学者の姿が見えてきます。すなわち、ニコラウス・クザーヌス、ヤコプ・ベーメ、ジオルダーノ・ブルーノ、ルネ・デカルトといった人々です。そして、この人々ほど荒削りでなく理論的に洗練され、しかしそれだけ迫力は失われましたが、この系統をついでやはり無限を原理とし、有限に先立てて考えた人々に、スピノザやライプニッツがいます。

たとえばライプニッツをとってみますと、彼はロックの無限論に対抗して次のように論じます。部分をもつものについては、たしかに無際限の進行ということしかなく、真実の無限は存しない。しかし「絶対的なもの」というのは、部分をもたず、すべての合成に先立つところの存在である。この絶対的なものにおいて我々は、無限性の積極的観念、まさにロックが否定したところの、その観念をもつ。しかも、有限なものの諸規定はそれの制限によって生ずるのであるから、有限の観念に先立っている、というのです。この型の議論は、今あげた何人かの哲学者たちに共通のものです。

他方、今度は逆に時代をくだって、ヘーゲル以後について考えてみます。まず後期シェリングの、いわゆる「積極哲学」の立場において、次のような注目すべき考え方がみられます。(この点は渡辺二郎君の教示に負っています)。それは、かつての彼自身の思想もふくめての従来の哲学説、特にヘーゲル哲学に対してのことですが、一切をふくみこむ無限者を「理性」という形で立て、そこから有限なものの存在と意味とを導き出してこようとするような哲学、つまり理性知の体系としての哲学は、有限者としての具体的事物を、実存そのものの充分な重みと深さにおいてとらえることができず、結局「消極哲学」にほかならない、というのです。この後期シェリングから現代のいわゆる実存哲学の系譜が発していること、そして、たとえばハイデガーなどで人間存在の有限性ということが重要な論点となり、我々が哲学するときに立脚すべき場面そのものとされていること、などを考え合わせますと、一般に実存哲学の考え方においては、従来の哲学で登場してきたような無限概念に反対する態度がとられると言えましょう。もっともヤスパースやマルセルのような人たちもいますし、後期のハイデガーが言うところの「存在」についても解釈の問題がありましょうが、少くとも、かつての時代の哲学体系におけるような役割を無限者に演じさせることに対して、批判的であることは確かです。

またマルクス主義においては、宗教的な「神」が否認されるのは勿論ですし、政治も芸術も思想も、一切の事物がそれぞれ、社会の「物質的」発展における一定の段階の産物とされるわけですから、何か永遠で普遍的な無限者的原理が立てられるはずがありません。その「ヒューマニズム」といわれる側面に関しても、それは、我々人間が有限な存在であり、不死なのではない以上、我々が生きているこの現実の世界をよりよくし、「感性的」な生活そのもののなかに人間性の実現を求めようとすることであり、要するに有限性の積極化と言えましょう。さらに、また、実証主義的あるいは科学主義的な立場においても、集合論での「実無限」の概念を別にすれば、存在に関しても認識の問題に関しても、無限が積極的な意味で認められることは、まず、ないと思われます。知識が「実証的」でなければならぬということは、我々に与えられた有限なものに止まらねばならぬということです。

こう考えてきますと、現代の重立った思想傾向においては、無限の問題に関し一般に否定的な、あるいは少くとも批判的な態度がみられると言ってよいでしょう。

こうして思想の歴史を通じ、無限の問題に関して積極的な主張と消極的否定的な態度とが交錯しあっていますが、この動きは一体何を意味するのでしょうか。現代の一般の傾向からして単純に、無限なものを原理として言い立てるのは旧い考え方であって、だんだんとそれなしで済ますようになってきたのだ、といった風に解釈することでよいのでしょうか。また、無限者といわれると直ちに神のことだと考え、宗教的な、特にキリスト教的な立場が前提されているからそうした原理が持ち出されるのだというように理解することは、正しいと思えません。あるいは、また、西洋の哲学史に関する俗説、すなわち古代は有限なものを優位におき、無限なものはむしろ価値の低いものと考えたが、中世では逆になった、という説も、皮相的にすぎると思われます。

無限ということは、それ自体として、哲学の固有の問題であり、ただその顕著な一形態であるのがキリスト教の神概念なのです。そして古代ギリシアの思想においても、アナクシマンドロスの「ト・アペイロン」だとか、プラトンが諸々のイデアの彼方に求めた「善のイデア」のことを考えれば、究極の原理として無限なものがいかに重要な役割をもっていたかわかります。タレスの「水」がすでにそうしたものだったのでしょう。パルメニデスの「ト・エオン」がやがてエレアの徒によって「球」と表象されたことが、この関係でよく引合いに出されますが、これも、球という自己完結的な形において無限性をあらわそうとされたのだと解しえます。かえって西洋中世のキリスト教的思想においてこそ、「受肉」ということを通して、有限なものの意義づけが重大問題となり、そこから歴史哲学が生れもしたのです。一口で言えば、有限なものに着目するとき無限を求めざるをえず、無限なものが与えられたとき有限のとらえ方が問題になる、という事情にあります。ですから、いつ無限なものが無しで済まされたとか、どこで有限なものが無視されたとか言うのは、おかしいと思います。むしろ、各時代はそれぞれ自分の「無限なもの」をもつ、と私は考えます。

とにかく、さきほどから見てきたような哲学史の動き全体が、直接間接、カント哲学と無縁でないとすれば、そして我々もその歴史に棹さす者であるとすれば、この動きのなかでカント哲学は何を意味し、我々はそこから何を学ぶべきでしょうか。

四

思想の歴史における時代の転換期には、いつも無限ということについて考えなおされます。そしてその思想的努力は、いつも、あるいは多くの場合、何らかの意味で主意主義的な形をとって現われます。なぜそうなるかといえば、認識に関しても行為に関しても、それまで合理的な秩序として承認され、支配的であったものに対し、それを打破るためです。すなわち、知的に固定した有限の秩序に対し、それをもう一度意志の無限性のなかに投げこんで解消させ、そこから新たな秩序、新たな合理性を、ふたたび産み出そうとするのです。いま「産み出す」という言葉を使いましたが、もともと無限というものは、『シンポシオン』のソクラテスがエロスについて語ったように、獲得さるべきものではなくて、それ自身がものを産み出す源泉となるべきものです。それを我々が手持ちの手段で獲得しようとすると、無限後退に、すなわちヘーゲルのいわゆる「悪無限」におちいるだけです。そこにおいて創造のはたらきが起るということが、「真実の無限」ということであり、「有限に先立つ」と言われる意味なのです。

この事柄、すなわち新たに合理性を産み出す意志的な無限ということが、近世の始めにおいては、ベーメやデカルトの哲学で特に典型的に現われています。彼らにあっては、そのことが多くは「神」に托して語られたのですが、ここから近世的なSubjektivitätの原理が打立てられてゆきました。その「時代」のたそがれに飛び立った梟、ヘーゲルにおいて、無限性とSubjektivitätとが概念的に整備され、自覚的に同一化されたことは、御承知の通りです。

そこで最後にカントに戻りますが、彼の哲学において近世的な合理性の秩序が、「感性と悟性のア・プリオリの形式」として、見事に定立されました。しかしこの有限的秩序の妥当性は、当の理性の自己批判によって制限されねばならなかったのです。そして、この秩序を超越して無限なものであるところの、いわゆる「ヌーメノン」としての「物自体」にかかわる実践の問題においては、原理は、理性あるいは意志の「自律」ということに置かれました。彼の道徳説は「形式主義」とよばれ、ために何か抽象的な一定の枠を設定する考え方のようでもありますが、カントにおける形式性ということは、実は、あれこれの事実として与えられる内容的規定を原理としないということ、その意味で、有限性を原理としないということであり、理性が、自己を規定し価値を産み出してゆく積極的な無限性をもつ、ということにほかならないのです。それが彼の「自由」ということの意味でもありました。

ですから、カントの哲学説が我々の認識能力を制限するものだったからといって、それを有限の立場だとしてしまう解釈に対して、私は疑念を抱かざるをえないのです。カント哲学において、たしかに、無限ということが原理として正面に据えられたわけではありません。しかし、さきに二律背反の問題に関して申しておきましたように、カントは、哲学的思考が無限なものにかかわることを禁じたのでは決してありません。ただ、科学的思考の延長上において、事柄を無限と規定してしまうことも、有限と規定してしまうことも斥けたのです。そして、むしろ、無限と有限とをともに問題にする地平に立って考えること、これが「超越論的《トランスツェンデンタル》」ということであり、「批判《クリティク》」ということだったのです。

我々がおかれている現代。ここでは、最大の主意主義者によって、「神は死んだ」と宣言されました。新たな未来を産み出さんとする人々によって、すべては過渡期の所産と見られます。時代に支配的な知能形態の擁護者たちによって、あらゆる知識は実証的でなければならぬと主張されています。こうして現代において無限は意識的に拒否されているかのようです。このことには、おそらく、それなりの積極的な歴史的意味があるのでしょう。しかし、それと同時に、まさに「真実の無限」の不在、ということはすなわち、時代を産み出し推進してゆくべき積極的な原理の欠如ということですが、この意味での無限の不在こそ、現代の悩みなのではないでしょうか。そして哲学という学問をすることは、それが真に哲学することであるかぎり、各人が時代をにない、クリシスに生きることを意味します。現代において哲学する者は、あらためて無限と有限の境位を問いなおすべく、超越論的な、そして批判的《クリティシュ》な思考の場面に身をおくことが、要求され義務づけられているのではないでしょうか。

どうも問題は無限に出てくるのですが、この辺で話に有限性をつけまして、あとは皆様のクリティクにお委せすることにいたします。

このあと席上および二次会において、多くの質疑や批判や教示が加えられた。私にとって当夜の哲学的経験はそちらの方が充実していたし、それを参考にして書き改めるべき箇所も少なくないが、今はひとまず原形のまま提出する——筆者

（初出：哲学会編『哲学雑誌』第八一巻七五三号、有斐閣、一九六六年）

デカルトとライプニッツにおける合理主義

1

デカルト哲学の主要な契機に合理主義を数へ、またデカルトが近世哲学の祖である所以の一つをその点に求めることは、確かに妥当であると思はれる。ところでこのデカルトにおける合理主義は一体如何なるものであり、体系的に、また歴史的に、如何なる位置を占めてゐるのであらうか。この問題は一見簡単なやうでありながら、実は甚だ大きな射程をもつた問題であり、その解決は現代に及ぶ近世哲学の歴史全体に課せられてゐると言つても過言ではないであらう。以下の小論文が試みようとするのは、かかるデカルト合理主義に対する或る限られた観点よりの一考察である。

近世初頭の合理主義の主な特徴は、我々の認識の対象たるものに関する実証的な近世自然科学の成果を内容とすること、及び、認識の主体たる我々自身の自然的且つ自律的な認識の仕方に対する反省を伴つてゐること、に存する。この両者は相関的である。そしてそのことが、文化史全般における長い準備と漸進的な発展の後、デカルトにおいて見事な哲学的表現を得たのである。物体の本性を延長にのみ求め、霊魂的なものは一切これから排除する物体概念を以て、「世界」のあらゆる現象を統一的に説明せんとするのがデカルトの自然学であり、これによつて純粋に機械論的な自然像が与へられる。これに対応してデカルトの方法論が立てられる。それは、数学的認識を典型としつつ、分析と綜合、直観と演繹によつて確実な認識をもたらすべき「智能指導のための規則」であり、感覚から峻別された理性の認識能力に対する信頼である。更にかかる物体的世界を対象化する認識主観、かかる方法を運営する機能的主体として「思惟する故に在る」我が自覚的に取出され、思惟のみを本性とする精神的実体として定着せしめられる。これら認識せられる対象と認識の方法と認識する我との三者の確立においてデカルトの合理主義が成立してゐるのであり、これらを哲学的に基礎づけるのが彼の形而上学の仕事であつた。

かくの如きデカルトの合理主義において常に主役を演じてゐるのは、周知の標語、「明晰且つ判明な認識」である。物体概念について言へば、物体が延長のみを本性とするのは、我々はかかるものとしてのみ自然界の明晰判明な認識を得られるからである。方法論について言へば、分析は与へられた問題を明晰判明な直観にもたらさんが為の手続であり、綜合に関する諸規則は演繹と枚挙によつてこの明証性を複雑な場合にまで保持し拡張する為の配慮に外ならない。我の存在について言へば、それは明晰判明知の規則の絶対的使用において認められ得る唯一のものであり、且つその規則の原型をなすのである。デカルトによれば、明晰な認識とは、注意してゐる精神にそれが現前し且つあらはなる場合であり、判明な認識とは、明晰であつて他のすべてのものから区別され、もはや明晰なもの以外に何ものをもその中に含まぬ場合である(Principia, I.45)。あらゆる認識に対してかかる徴表を要求し、この要求を満たすもののみを真として採り入れてゆく知的態度、この「一般的規則」の下に一歩一歩論定を進めてゆく哲学的思索、この点にデカルト合理主義の本質的特徴的なものが存し、ここから近世合理主義の発展が始まるのである。

ところが、哲学史上周知の事柄であるが、ライプニッツはこの明晰判明の規則に対して真向から反対した。当時の哲学者達が好んでなしたやうに、ライプニッツも屡々観念や認識の問題を取扱ったが、彼の規定によれば、明晰な認識とは、表現されてゐるものを他のものから区別して認知できる場合であり、更にこれが判明な認識となるのは、そのものを他のものから識別するに充分な徴表をあげることのできる場合である。デカルトにおけるとやや趣きを異にするこの規定の背後には、結合法的記号法的普遍学の構想を孕むライプニッツの理想論が存する。判明な認識は、その中に入つてゐるすべてのものが「原始的概念」に至るまで判明に認識されるときには、充全な認識となる。かかる究極的な原始的概念にまで分析が行はれ、ここから記号を用ひつつ構成される概念体系、それが一切の真理をなすのである。これに対して明晰判明知の規則は真理の規準となり得ない、少くとも不充分である。何ごとでも或る事物について明晰且つ判明に表象することは真であると云ふが、軽々しく判断する人々には、不明且つ混雑なものが明晰且つ判明なものに見えることがよくある。従つてこの喧伝されて原理とか公理として濫用されてゐる規則も、右に示した如き明晰及び判明といふこと自体の徴表が与へられない限り無用なものである。それは結局主観的心理的なものを拠り所とするものであるから、曖昧な、用ひやうによっては甚だ危険なものである。客観的真理に至る完全な方法は、専ら正確な概念的論理的操作による真の分析と綜合に拠るべきである、と云ふのがライプニッツの批評である（Meditationes de cognitione, veritate et ideis. Gerh.IV 422 ff）。彼の非難はときには甚だ手厳しく、現在流行の観念の途は嘗ての「隠れたる性質」と同様往々にして無知の避難所であり（Gerh.IV 403）、理性に耳を貸さぬ Enthousiastes と相去ること遠くない（Gerh.III 257-8）などとまで言つてゐる。★01

この批判が少くともデカルトに対しての限り決して正鵠を得たものでないことは言ふまでもない。単純性質或は絶対的なものへの分析はデカルトの方法の第一の手続であり、そこより数学的論理的厳密さを以て進む綜合の系列はおよそ我々が秩序に従つて認識し得る限りのすべての事物に達すべきものであり、ただこれらの認識の究極的な確証とし又その内容を供給する源泉として精神自身の明証性が説かれたのである。他方ライプニッツにおいても、原始的概念そのものの認識は「直観的」と言はれ、原始的概念の間の結合関係についても同様に解し得る、また真理の論証の基礎をなすところの矛盾律そのものは直観的に認識されるのである。★02 ライプニッツ自身も特にデカルトに対して非難を浴せてゐるのではなく、その学派の亜流の徒における明晰判明知の規則の「濫用」を戒めてゐるのである。これらの点を考へ合はすと、結局は重点の置き所の相違にすぎないといふことにもならう。しかし何れにしても、デカルト哲学とライプニッツ哲学とが等しく近世合理主義の圏内に属しながら、根本的な点において対称的な性格を示してゐることには変りがない。デカルトが合理的認識の究極の基礎に理性自身の直証的経験をおくのに対して、ライプニッツはそれより先にかかる経験に至る仕方を他人にも明らかにしなければ何の役にも立たないと評し、ライプニッツが真理の客観的存立を概念の論理的関係に求めるのに対して、デカルトはかかる合理性を我々の認識に媒介すべき意識の明証性に優位を帰するのである。この種類の対立的立場は現在の我々にとつてはもはや珍らしいことではなく、種々なる形において現はれるかかる対立項のいづれかを取ることよりも、問題はむしろこの両者を如何に関係づけるかといふ点に存する。しかしここでは、近世哲学の初頭に現はれた右の如き対立は、単なる方法論の問題から出て如何なる意味をもつものであつたか、といふ点に少しく検討を加へたいと思ふ。

•

さて観念の明晰判明性はデカルトにおいても単なる主観的な意識状態の問題であつたのではなく、観念の内容そのものの性質に属するものとして、同時に客観的な価値を担つてゐたのである。明晰判明知の規則の充実した意味は、客観的な認識価値が究極の根源においては最も主観的なものによつて担はれ、真理の確証における主観的なものは直ちに客観的妥当性をもつといふことに存する。より正しく言へば、真理の客観的存立といふことが改めて強調さるべきことだつたのではなく、デカルトの功績は、真理と認識とを分離した上でその一致を求める立場を一歩進めて、認識内容の質そのものによつてその認識の真理性を確保し、客観的真理を主観に媒介すべき内在的原理を求めた点に存するのである。デカルトの合理主義はこの点ではライプニッツにおけるよりもむしろすぐれて近世的であり、更に展開して認識論的問題設定の立場や近世的観念論の系譜に連なるのである。

従つてデカルトの明晰判明知の規則に対してライプニッツの如き批評を加へることは無理解の結果に外ならないのであるが、しかしデカルト自身にその責がなかつたわけではない。といふのは、解釈としては右のやうに弁護し得ても、デカルト自身においては明晰判明知のもつべき客観的性格が充分に確立されてゐなかつたことも否み得ないからである。先にあげた定義からしても知られるやうに、デカルトによつては明晰判明といふことが極めて主観的心理的に理解されてゐる。その為、認識の真理性を完全に確保し得る明証性は専ら個々の直観における直接的瞬間的な場合にのみ限られることになる。尤もこのやうにのみ解することは甚だ偏頗な見方であつて、(論理的認識論的解釈や人間学的見方等種々の論点は別としても)、必然的な演繹が直観と並んで確実な知識を獲得する方法であることは『規則論』等で繰返し言はれてゐるところである。しかしこの演繹の過程は絶えず直観によつて確かめられねばならないのみならず、演繹的連鎖の全体をもできるだけ直観的把捉にもたらすべきことが要求される。即ち演繹のもつ必然性はむしろ直観の明証性に帰せられるのであり、それに盛り切れぬところは枚挙の確実性に、従つて記憶による保持に依存することとなる。そして遂には理性の自律が破られて、超越的な「神の誠実」にその真理性の保証が求められるに至るのである。そこでは演繹を構成する論理的なもの自体に充分の権利が与へられてゐない。これは合理主義にとつて不利な事態でなくて何であらうか。

この事態はデカルト哲学の主意主義的傾向と相通ずるものである。デカルト哲学の出発点をなしてゐるところの謂はゆる方法的懐疑は、よく言はれるやうに極めて意志的な性格に貫かれてゐる。絶対に確実な真理を得べく、嘗て心の中に入つて来た一切のものについて疑ひ、少しでも疑はしいものはむしろ全くの虚偽としてこれを斥けようと云ふ。真理の究極的規準を専ら自己の意識の直接的明証性に求めしめたのは、かかる方法的懐疑を遂行せしめた意志的な態度であつた。そしてそれに適はしく、絶対に疑ひ得ない第一の真理として先づ取出されたのは主観的な自我の存在であつた。明晰判明知の原型はこの自我の意志的主体的な懐疑の遂行の真只中において得られる。Je doute, donc je suis. デカルト合理主義の特色はまさにこの、意志的主体的な自我の自覚から出発するところに存する。飽くことなき合理的精神の光に満たされたデカルトの知性は、意志的なものによつて徹底的に研ぎ澄まされた知性である。が、この知性の認識を支へる意志は同時に絶えざる懐疑として現はれるのである。デカルトの合理主義は、「誇張せる懐疑」によつて数学的真理をも疑ひ得る合理主義であり、有限な理性の判断は意志の無限の自由によつて絶えず脅かされてゐる合理主義である。同時に、方法的懐疑から合理主義的形而上学へ転回する発条となり、その後明晰判明知の原則を建設的に遂行する能力となつたのも、やはりこの同じ意志的なものであつた。しかし、我々は注意しなければならない、それは既に「神の誠実」の保証の下においてである。それではデカルトの合理主義を保証する神は如何なるものであつたか。

神の概念において我々は再びデカルトの主意主義に逢着する。著名なメルセンヌ宛書簡において明瞭に語られてゐるやうに、デカルトによれば、自然の諸法則は勿論、永遠的なものと呼ばれる数学的真理も悉く神によつて定められ、すべての被造物と等しく神に依存してゐる。何らかの真理が神の有する認識に先行してゐると考へてはならない。無限にして絶対なる神の意志は何ものによつても制約されることがない。神は或るものを欲すること自体によつてそのものを認識し、神が欲したといふことによつてのみそのものは真なのである。丁度国王がその国に法律を布くやうに、神は世界の中に真理を定め自然の中に法則を立てたのである。しかしかく一切の真理を神の単なる意志に依存せしめることは、合理主義にとつて破綻を招かないであらうか。神にとつては、中心から円周に引かれるすべての直線は相等しいといふことが真でないやうにすることは、世界を創造しないことと同様に自由であつたと云ふ。かくては如何なる真理も法則も無制約的な妥当性と規範的性質を失ひ、世界の合理性は常に無と混乱にさらされてゐることにならざるを得ないのではなからうか。国王がその法律を変へるやうに、神はそれらの真理や法則を変へ得るであらうからである。神の意志が変り得るものならその通りであるが、とデカルトの合理主義は懸命の抵抗を試みる、自分はそれらの真理を永遠不変のものと解し、神についても同様と判断する。しかし、と主意主義は止めをさす、神の意志は自由である。然り、しかし神の力は理解できない、デカルトは結局一種の不可知論に逃げをうつのである、一般に我々は、神は我々の理解し得る一切を為し得ると充分主張することはできるが、我々の理解し得ないことは神も為し得ないとは主張できない[★03] (Lettres à Mersenne, 15 avril, 6 mai, 27 mai,

1630)。ここまで来れば我々は、デカルトが「邪まなる守護神」の想定の下に数学的真理さへも疑ひ得た事情、むしろ疑はねばならなかつた事情、を充分理解できるのである。そしてそれを疑はしめたところの疑ふ我の意志的なものが、神の完全性特に誠実性によつて、我において否定されると共に、神の中へ持揚げられ、そして再び神において保存されてゐるのを見出し得るのである。かかる神によつて保証されてゐるのがデカルトの合理主義であつた。

これと同じやうな経緯が生得観念の説についても認められる。神の存在証明等に関しデカルト哲学で重要な役割を果してゐる生得観念の説は彼の合理主義と密接な関係をもつてゐる。確かに観念——認識の基本的公理的命題をも含めての観念——の生得性は、理性の普遍的認識の先天性必然性実在性を確保すべきものであつた。しかしそれは結局のところ事実問題としてに止まり、絶対的に言へば全く偶然的なもので、ただ事実上神がこれらの観念を我々に植込んだからといふにすぎない。国王がその国に法律を布くやうに神は自然の中に法則を立て、そしてその概念を我々の心に刻みつけたのである (Lettre à Mersenne, 15 avril, 1630; Discours, V.)。従つて永久的真理の妥当性と同様、我々の合理的認識の必然性も神の絶対的意志の事実問題の一事例にすぎないことになる。尤も神の本性も意志も不変不易であり、従つて神によつて立てられた数学的真理も自然法則も価値の規準もすべて永遠不変のものではあらう。しかしそれらは自己の真理性の根拠を自己の内には有しないのである。

一体神なるものを最高の実在として立てる形而上学においては、世界を支配する法則的秩序がこの神と関係づけられるのは当然のことである。その場合その形而上学の有する合理主義的性格は、当の法則的秩序の内容及びそれを認識する人間の認識能力に関する説明によつても表明せられるのであるが、体系上原理的位置を占めるところの神とこの合理性とを如何に関係づけるかによつて体系としての最も端的な表現を得る。これは十七世紀の形而上学者の思弁的努力が向けられた問題の一つであつた。この種の問題は旧い歴史をもつ。しかし近世哲学は改めてこれを問ひ直さねばならなかつた。何故ならば近世初頭の合理主義は、当時勃興しつつあつた数学的且つ実証的な自然科学の輝かしい成果により著しく厳密且つ豊富な内容を新たに与へられてゐたからであり、他方人文主義や宗教改革によつて自由に対する新しい感覚と個性的人格的価値の再検討とを促されてゐたからである。この問題に対しデカルトの提出した解答は右の如きものであつた。そしてこの見解は、彼の主体的な自我の自覚、また意識の明証性に真理の基準を求めたこと、等と相互に連関してゐるものであることは既に見たところである。しかしそこではデカルトの合理主義を成立せしめた所以の主意主義が同時に合理主義そのものを危くしてゐたのであつた。十七世紀の形而上学者はここから出発せねばならなかつたのである。（我々は例へばマールブランシュの体系において、デカルト哲学の影響下に近世的合理主義的立場と伝統的宗教的立場とを調和綜合せしめんとする巧みな且つ偉大な努力を見出すのであるが、論点を余り散らさぬやうにする為、ここではそれらの諸体系にまで論及することを避ける）。

2

デカルト派哲学が進むべくして徹底し得なかつた方向を推し進め、数学的機械論的合理主義に一つの結論を与へたのはスピノザの体系であつた。それは徹底した決定論によつてである。この異端者の体系によれば、唯一にして無限の実体たる神は専ら自己自身の本性の必然性によつてのみ存在し且つ働く。一切のものはこの神の中にあり、無限に多くのものがそこから無限に多くの仕方で必然的に、三角形の本質からその三つの角が二直角に等しいといふことが出て来るのと同一の必然性を以て、出て来る。そして一切の事柄は必然的か不可能かのどちらかである。人間はこの必然性を認識し、普遍的見地に立つて「永遠の相の下に」一切を観ずることにより、理性を以て自己の情念を支配し、真の自由と「神の愛」とを得る、と云ふ。「幾何学的秩序によつて論証せられたる」この周知の体系の合理主義的性格については改めて述べ立てるまでもないであらう。我々の理性は自己自身の論理的必然性によつて世界の一切の事物を認識し得る、何故ならば世界の一切の事物が既に論理的必然性を以て一義的に決定されてゐるのであるから。★04 そこではかかる真理や法則についてそれらの創造を語り神の意志を問ふことはもはや全くの無意味である。何故ならばそれらはすべて永遠なる神的実体の本性の必然性そのものに外ならないからである。かかる必然性以外に神の自由意志なるものはあり得ない。人間の意志なるものも思惟の一つの様相として必然的に決定されてをり、悟性よりも広い自由意志とは抽象的な一般概念にすぎない。Voluntas et intellectus unum et idem sunt.

なほ『知性改善論』について少しく見よう。詳しいことは措くが、我々の当面の興味からして先づ気付く事は、認識の真理性乃至確実性は他の何ものによつても媒介されずに直接その認識自身の中に求められるべきことが極めて明白に述べられてゐることである。観念は観念されたもの即ち対象と区別される。しかしこの観念が真なることを知る為に更に第二第三の観念を求めて無限後退をすべきではない。真理は何の標識をも必要としないのであつて、一切の疑惑を除くには事物の観念をもつことで充分である。Certitudo nihil sit praeter ipsam essentiam objectivam. 即ち確実性と観念内容とは同一なのである。従つて「方法」の問題は、観念の獲得後に真理の標識を求めることにあるのではなく、事物の観念をしかるべき秩序で求めてゆくその途を示すことにある (Gebh.=Opera hrsg. v. C. Gebhardt, II.14-15; cf. Ethica, II.prop.43 et schol.)。かかる真なる観念は、生得の道具として我々の中に存する単純観念とそこから導き出され構成されたものとである。そこで前者を他から区別して誤りなく見出し、後者を正しく導くのがスピノザの「方法」の任務となるのであるが、これらの点はデカルトにおけると大差がない。しかし「方法」の周辺乃至背景に関してはやや異つた気配が見えるのである。スピノザによれば真なる観念はそれ自身の中に絶対の確実性をもつてゐるのであるから、仮構といふことは、我々が事物について何らの不可能性をも必然性をも見ない限りにおいてのみ、そのことは即ち、明晰判明な観念をもたない限りにおいてのみ、なされ得る。従つて単純なものや永久的真理（例へば数学的真理や、その本質が必然的に存在を含むもの即ち神の存在、等）に関しては全然仮構の生ずる余地がない。複合的なものもこれらのものに分解すれば明晰判明となり、それについて仮構することはあり得なくなる。のみならず通常可能的とか偶然的と呼ばれてゐるもの、即ちそれ自身の内に存在の必然性を含まず、外的原因に依存して存在するもの、についてもその外的原因に依存する必然性或は不可能性が知られるならば、我々はもはや何も仮構することができない（ibid. 20）。精神は理解することが少く知覚することが多いほど大なる仮構能力をもち、理解することが多いほどその能力は減少せしめられる。例へば、我々は物体の本性を知つた以上は無限なる蝿を仮構し得ず、また心の本性を知つた以上はそれが四角であると仮構することはできない。しかし人は自然を知ることが少いほどそれだけ容易に多くのことを仮構し得る。例へば樹木が語る、人間が一瞬にして石に変へられる、無から何ものかが生ずる、等々といふ具合にである（ibid. 22）。それではかかる仮構から真なる観念を区別するにはどうするのかと云へば、仮構されたものに留意してそれを熟慮し理解し、且つ正しい秩序を以てそれから演繹さるべきことを演繹してみればよい。そのものが真であればこの演繹は何ら中絶することなく都合よく進むであらうし、虚偽のものであれば直ちに不合理が露はになるであらう。何故ならば、とスピノザは「論証」する、自然においてはその法則に背くやうなものは何ものもあり得ず、一切のものはその一定の法則に従つて生起し、一定の法則によつて一定の結果をば不可抗の連鎖をなして産出するやうになつてゐるのである以上、心が事物を真実に把捉する場合には objective にも同一の結果を形作つてゆくものであるからである（ibid. 23-24）。虚偽の観念についてもこれと同様である。単純なものや永久的真理については誤ることがあり得ない。従つて複合的なものは単純なものに分解してそこから演繹構成すれば、自ら明晰判明な観念が得られて虚偽を免れる。またその存在が外的原因に依存してゐるものについては、自然の秩序に留意しつつ推論をしてみれば真偽が明らかになる。更にこれらのことは疑はしい観念についても同様であつて、明晰判明な観念については懐疑は生じ得ず、逆に我々を懐疑に陥れる観念は明晰判明でないのである（ibid. 29-30）。ここでスピノザはデカルトの「欺瞞者なる神」（aliquis Deus deceptor）に言及する。彼によれば、我々は真なる観念をもつてゐる限りこれを疑ひ得ない。それ故、最も確実なことにおいてさへ我々を欺くやうな或る欺瞞者なる神が万一存在してゐるとしても、それで以て真なる観念を懐疑に引入れることはできない。即ちここでは認識の真理性は完全に自律的である。尤も未だスピノザもやはり次のやうに断つてはゐる、但し神の明晰判明な観念をもつてゐない場合は別であるが、と。しかしながらこの「誇張せる懐疑」もここではデカルトにおけると全く違つた事情にある。スピノザにおいてはもはやこれは「懐疑」ではないのである。我々は三角形の性質を考察してその三つの角が二直角に等しいことを見出すが、我々が事物の起源に関して有する認識を考察しても、右のと同じ認識によつて神が欺瞞者でないことを我々に教へるやうなものを見出さないのならば、その場合には疑ひは残ることになる、といふのである。これは欺瞞者なる神を想定してゐるのではなくして、ただ未だ神の観念をもつてゐないといふことを意味するにすぎない。しかもスピノザによれば、我々は三角形について有するやうな認識を、実に同じ仕方で、神についても有し得る。彼の言葉を引けば次のやうである。「そして我々は或る最高の欺瞞者が我々を欺いてゐるか否かを確かに知らなくてもかやうな三角形の認識に達し得るやうに、それと同様にしてまた、何か最高の欺瞞者があるか否かを確かに知らなくてもかやうな神の認識に達し得る」(ibid.30)。この点は『幾何学的様式にて論証せるデカルトの哲学原理』において、謂はゆる「デカルトの循環」にかかはる問題に対しスピノザの与へた説明乃至解釈について見ても同様である。スピノザは言ふ、我々が如何なる事物についても確実であり得ないといふのは、我々が神の存在を知らない限りにおいてではなく、神の明晰判明な観念を有しない限りにおいてなのである。そして三角形についての認識と同じ必然性を以て我々の形成し得るその神の観念は、直ちに我々をして、神が欺瞞者であると考へることもないと考へることも等しく容易であるといふやうなことがなくあらしめるのである(Gebh.I 146-9)。スピノザにおいては最初から認識そのものによつて一切の懐疑が克服されるのである。そこでは方法の地盤を獲得せんが為の懐疑ではなくして、懐疑は方法の欠如なのであり、形而上学を展開せんが為の方法ではなくして、方法は既に形而上学の上にある。その形而上学は一切の事物の必然的連鎖を説く。認識の秩序はこれとの「比例において」進み、従つて真なる学問は原因から結果へと進まねばならない(Gebh.II 32)。それ故にその体系は自然の究極原因たる神から出発するのである。

このやうにスピノザにおいては、単純観念と推論乃至演繹とを含む真なる観念はそれ自身において確実性をもち、これが明晰判明といふことであつた。従つて明晰判明といふ概念において論理的な意味が極めて優勢になつて来てゐることは明らかであり、主観性は云はば非人格的に客観性の中に解消してゐるのである。そこでスピノザは明晰判明な認識を得る為の要件として事物の正しい定義を求め、「方法」の第二部はこれをよき定義の条件を見出すことに充てる（Gebh. II 34）。それによると完全な定義は事物の内奥の本質を明らかにするものなのであつて、その事物の何らかの特徴を以てこれに代へてはならない。そこで被造事物に対する定義の条件として、その事物の具体的な最近原因を含むこと、その定義からその事物のすべての特徴が結論され得ること、従つてすべて肯定的なものであること、等があげられる。例へば円は中心から円周に引かれた線が等しいやうな或る図形であると定義されるならば、かかる定義は少しも円の本質を明らかにするものでなく、ただその特徴の一つを云ふにすぎない。これに対して円とは任意の線分の一端を固定し他端を動かして描かれる図形であると定義されるとき、この定義は明らかに右の諸条件を満たし得る。かかる完全な定義が円の如き entia rationis についてばかりでなく、個別的具体的な entia physica et realia についても要求されるのである。ここからしてスピノザの「唯名論」が如何なるものであるかが分る。実際彼は屢々「唯名論的」見解を示してゐるのである。例へば、我々が事物を一般的なものによつて考へるときその観念は得てして混乱を来し、それら一般的に考へられたものを雑然と組合はすことから仮構も生ずるが、これに対しその事物に即して特殊的に考へるほど我々の観念は明晰判明に即ち真になる（Gebh. II 20-21, 24, 28）。我々は事物の探究にたづさはつてゐる限り、抽象的なものから結論したり、知性の中にのみ存するものを事物の中に存するものと混同したりしてはならない。単なる普遍的公理から個別者に下つてゆくことは不可能である。しからずして我々は我々の観念を物理的実在的事物から導き出すべく、因果系列に従つて一つの実在的なものから他の実在的なものへと進み、抽象的普遍的なものへは移つてゆかないやうにせねばならない。抽象的普遍的なものから実在的なものを結論することも、その逆も、共に知性の正しい進行を阻止するものである（Gebh. II 34, 36）。しかしスピノザがこのことによつて言はうとしてゐるのは、かかるが故に事物に関する最善の結論はその事物の特殊的で肯定的な本質即ち真にして合法的な定義から引出されるべきであるといふことであり、それが定義は最近原因を含まねばならないといふことなのである。従つて知性の中にのみある普遍概念は漠然たるもので個物を完全に限定し能はぬといふことは、個物自身が特殊的肯定的な完全な定義をもつてゐるといふことの謂ひであり、その「唯名論」は云はば全き概念実在論の裏返しなのである。あらゆる事物に対してその本質を表はす定義が求められ、その定義からその事物のすべての特徴が、丁度円の定義から円のすべての性質が演繹されるのと同じ必然性を以て、演繹されねばならない。そしてかかる定義によつて我々は、自然の連鎖の reference たる知性の連鎖を獲得することができる、と云ふ（Gebh. II 35）。かくしてスピノザ哲学においては、世界の一切の事物は一定の法則によつて一義的に決定されてをり、我々はこれを概念を以て完全に認識し得る。逆に我々が定義と演繹によつて論理的に構成する体系は直ちに自然の秩序である、といふことになる。合理主義の鮮かな結論である。

しかし我々は見逃してはならない。スピノザが事物に対して完全な定義とそれによる演繹的認識とを求めたとき、実は個物の存在はこれから逸脱してゐたのである。蓋し定義は事物の本質を表はすものであるが、神以外の個々の被造物の存在はそれ自身の本質には含まれず、自己以外の外的原因に依存してゐるからである。従つて、我々の認識は因果の系列に従つて実在的なものから実在的なものへと進んで行かねばならないとか、定義は最近原因を含まねばならないといふ場合、この原因の系列とか実在的なものの系列といふのは変化的な個別的事物の系列ではなく、ただ不変にして永遠なる事物の系列を意味する。変化的な個別的事物の系列に追随することは　人間の力弱さには不可能であらう。何故ならばそれらは一切の数を越えるほど多数であるからであり、また一個の事物においてさへ、いづれもその事物の存在非存在の原因たり得るところの無限の状況が存するからである。それに、変化的な個別的事物についてはそれらの本質はそれらの存在の系列乃至秩序から引出されるべきでない以上、それらの系列を知る必要もない。しからずして事物の内奥の本質は専ら、不変にして永遠なる事物及びかかる事物の中なる法則から求められるべきである。変化的な個別者はこれら不変にして永遠なるものに内的且つ本質的に依存し、これなくしては存在することも理解されることもできない。それ故この不変にして永遠なるものは、それ自身個別的でありながら普遍的であり、これこそ一切の事物の最近原因である（Gebh. II 36-37）。理性はこれらを永遠の相の下において認識する。しかしかかる理性の認識において用ひられる共通概念は決して個物の本質を構成することはない（Ethica, II prop.37; prop.44. corol.2. demonst.）。理性によつて得られる明晰判明な観念或は事物の本性を表はす定義においては事物の数は顧みられない（Gebh. II 39; Ethica, I.prop.8.schol. 2.）。かくしてスピノザにおいては個別者に対する認識は理性の手から逸脱して、結局経験乃至感覚に委ねられるのである（Gebh. II 37）。彼の体系においても、個物は常に他の個物により論理的必然性を以て決定されてゐるのであるが、この有限な個物の無限の系列と神との関係が一つの難点になつてゐるのは周知の通りである。それは例へば類比的に、ユークリッド空間と個々の図形との関係等々としても説明され得やうが、ここでは立入らないで次に進まなければならない。

あらゆる事物に対して完全な定義を求めることは合理主義の一つの強力な表現である。その事物のすべての性質がそこから分析的演繹的に導き出され得るやうな定義、それはあらゆる真理がそれ自身で論理的に完結してゐることを意味する。スピノザはこの方向を極めて明瞭に指示したのであつた。しかし右に見たやうに、彼においては個物そのものはこの埒外にあつた。無論彼の決定論的体系の示すやうに、これらの個物はすべて一義的必然的に決定されてゐるのであるから、一つの段階はその前の段階から演繹的に認識され得ることになる。にも拘らず、かかる個物の存在系列と理性の認識との間の関係は、少くとも余り明確ではなかつた。換言すればスピノザにおいては合理的認識の云はば特殊化が満たされてゐなかつたのである。彼には次のやうな言葉が見出される、「変化的な個別的事物の存在系列が我々に提示するものは外的規定や関係、或はたかだか状況にすぎない。これらはすべて事物の内奥の本質とは遥かに懸け離れたものである」(De int. emend.=Gebh. II 36)。

まさにこれに対して、内的規定が対応しないところの外的規定は存しないと言ふのがライプニッツであつた。従つてライプニッツによれば、個物に対する定義も、それが完全なものである限り、その個物のあらゆる状況を含んでゐなければならない。否むしろ、かかる無数のものを含むところに、個体の完全概念は種や偶有性の概念と区別せられて、すぐれて存在にかかはる所以が存するのである。例へば球一般の概念は不完全乃至抽象的であり、人はこの概念によつて球の本質を一般的に考へるだけで個々の状況は度外視し、従つてこの概念は或る一定の球の存在に必要なものを少しも含んでいない。これに対して、アルキメデスが自分の墓の上に置かせた球の概念は完全であつて、この形の主体に属するすべてのものを含んでゐる筈である。それ故、個別的なものに関する個体的考察の中には、例へば球の形ばかりでなく、その球をなす物質や場所や時間やその他の状況が入つてゐて、これらの概念の含むすべてのものを辿つてゆくことができるとすれば、それは連続的な連鎖によつて遂に宇宙系列全般を包含するやうになるわけである(Remarques sur la lettre de Arnauld=Gerh. II 39)。またアレクサンデル大王の個体的概念と王といふ偶有性の概念とについても同様である(Discours de métaphysique §VIII.=Gerh. IV 433)。そして多くの述語が同一の主語に属し、この主語はもはや他の如何なる主語にも属さないとき、この主語を個体的実体と云ふ。従つて右の如き完全な概念を内的規定として有する個体的実体は、過去を宿し未来を孕んで、それぞれの見地に従ひ宇宙全体を表出してゐるのである。

無論ライプニッツもかかる個体的概念は我々人間には経験や歴史によつて部分的に知られる外ないことを認めてゐたがしかしとにかくかかる概念関係が客観的に存立してゐるのでなければならないことを主張したのであつた。そしてこの主張を理論づけたのが彼の「充分なる理由の原理」である。例へばカエサルがルビコン河を渡つたとかファルサールスの戦に勝つたとか、その他これに類するあらゆる命題、通常偶然的と呼ばれてゐる命題も、それが他のやうにでなくそのやうにあるといふ理由を必ずもつてゐる、即ちそれが真であるといふア・プリオリの証明をもつてゐる筈である(ibid. §13=Gerh. IV 438)。ところでライプニッツは謂はゆる「内属論理」の考へ方をとるのである。それによると、すべての真なる命題においては述語が主語に内在するのでなければならない。この原理の系が理由律である(Lettre à Arnarld. 14 juillet 1686=Gerh. II 56)。即ち何ごとも理由なしには起らないとか、何ごともそれが他のやうでなくそのやうにあるべき充分な理由をもつてゐるといふことは、論理学的には、その事象を表はす命題の主語は述語を含んでゐるといふことを意味するのである。★05 従つて、常に主語の位置に来る個体的実体は、それについて真に述定され得べきであらゆる述語を含むところの完全な概念をもつてゐるといふことになるのである。

それぞれの哲学における合理主義の本質的特徴的な性格が、デカルトにおいては充実した意味での明晰判明知の規則に求められ、スピノザにおいては徹底した決定論的体系に求められたやうにライプニッツにおいては理由律の思想に求められる。この理由律はライプニッツ哲学のあらゆる場面において種々なる形をとり豊かな内容を示すのである。先づその論理学的意味は、右に述べたやうに「真なる命題の述語は主語に内在する」といふテーゼを以て表はされる。ところが等しく真なる命題であつても、述語が主語に内在してゐることの直ちに明らかな場合とさうでない場合とがある。しかし後の場合でも、理由律の妥当する限り、主語はimpliciteに述語を含んでをり、従つて前者を定義によつて分解すれば後者が分析的に導き出されて来る筈である。この操作が論証である。即ち或る命題について論証するとは、名辞を定義によつて等価者と置換し、述語が主語の一部と等しいことを明らかにすること、即ち自同的命題に還元することである (De synthesi et analysi universali=Gerh. VII 295-6)。ライプニッツは通常基本的でもはや論証できないとされてゐる公理の如きものに対しても敢てこれを論証しようと試み、このことによつてこれらの真理の基礎は「明晰判明な観念」にではなくして、定義と矛盾律にのみ存することを示さうとしたのである (Gerh. VII 300-1)。この考へ方を推し広げてゆくと、一切の真理は概念の分析と綜合によつて論理的に処理され得ることになる。何故ならばすべて真なる命題は分析的であり、個体や事実に関する場合もその例外ではないからである。如何なる場合にも完全な主語概念はすべての述語概念を含み、主語を完全に定義することによつて述語が分析的に導き出されて来る、と云ふ。それではライプニッツの論理学において概念や定義は如何なるものであつたか。

一切の概念は一定の秩序と法則に従つて原始的概念より構成されるといふのは結合法の根本原理である。先にも触れたやうにライプニッツによれば、認識が明晰判明であるためには、それを構成してゐる個々の徴表に分析されてゐなければならないのであり、この分析が究極まで行はれて原始的概念にまで至るときは充全な認識となるのであつた。彼の定義論もこれと共通の考へ方の上に立つてゐる。そこでは名目的定義と実在的定義とが区別される。前者即ち定義が一つの事物を他から区別するだけの徴表しか含まないときは、定義されたものが果して可能であるか否かを示さない。従つてそれだけでは完全な学にとつて不充分である。何故ならば矛盾を含んだ概念からは同時に相反する結論が出て来るからである。一体真なる観念と虚偽の観念との区別もここに存する。その概念が可能な場合には真であり、矛盾を含む場合には虚偽である。そのやうに定義も、事物の可能性を示す定義にして初めて実在的たり得る。我々はこれをア・ポステリオリには経験によつて知る。しかし因果的定義、例へば一端を固定した線分の運動による円の定義は、ア・プリオリな実在的定義の一つである。特に充全な認識が得られるときは同時に可能性のア・プリオリな認識が得られる。蓋し分析を最後まで行つて何ら矛盾が生じなければ、その概念はもとより可能だからである。かかる定義こそ完全な定義である。(De cognitione, veritate et ideis.=Gerh. IV 424-5)。

一切の述語を含む個体的概念、すべての真理が分析的であることを要求する理由律、概念の分析と綜合によつて対象の可能性を示すべき実在的定義、原始的概念よりする学問体系の構成を目指す結合法的記号法的普遍学の理念、かくして世界全体を一つの統一的な概念的秩序の下におき、論理的操作によつてこれを処理せんとする汎論理主義——一七世紀の合理主義はかかる汎論理主義においてはほぼその頂点に達

•

する。それはあらゆる偶然性を合理化し、あらゆる事実を論理化するものであつた。

しかしながら他方、必然的真理と偶然的真理或は事実の真理との区別を強調し、絶対的宿命論といふ非難の論駁に腐心したのもライプニッツであつた。確かにライプニッツにおいては、彼の微積分法が無限の数学的処理を可能ならしめたやうに、スピノザにおいては理性の権限外に属したところの個物の存在に伴ふ無限の事情も、論理学の圏内において取扱はれ説明される。しかしこのことは、必然的真理と偶然的真理との相違が単なる連続的移行に解消せしめられたことを意味しない。むしろその逆に、両者の間の本質的相違を論理学的に説明し得たことがライプニッツの誇るところであつた（Gerh. VII 200）。真理である限り等しく述語が主語に内在してゐても、必然的真理は原始的概念と自同的命題とへの分析即ち論証が常に可能であるのに対して、偶然的真理は無限の要素を含むが故にその分析は無限に及んで決して終ることなく、従つて必然的真理と違つて論証不可能なのである。理由律の要求するところに従へば、偶然的真理も真であるべき理由即ちア・プリオリの証明をもつてゐる。しかるにこれを論証すること、即ち名辞の分析によつて自同的命題に還元することは、単に人間の能力にとつてばかりでなく、原理的に不可能なのである。この事態は如何なることであらうか。ここに我々は論理学の外に出て、理由律の意味を形而上学の領域に求めねばならないことになる。★06

必然的真理と偶然的真理との区別が最も明瞭なのは神との関係において説明されるときである。ライプニッツによれば——と言つてもかかる規定が彼に始まつたものでないのは勿論であるが——、一切の真理を識る神の悟性は「観念の領域」或は「本質の源泉」であり、世界の創造において働く神の意志は「存在の起源」である（Théodicée §7=Gerh. VI 106-7）。必然的真理は専ら本質自身の可能性不可能性に即ち矛盾律にのみ基づくものとして、神の悟性の中に、神の意志とは関係なく存立してゐる。これに対して、事物の存在にかかはる偶然的真理は神の自由な意志決定に依存する。即ちそれは矛盾律のみからは出て来ないのであつて、「存在の原理」に基づいて初めて成立するのである。(Disc. de mét. §13=Gerh. IV 438-9)。この「存在の原理」が理由律である。★07

このことが何を意味するかは、デカルト及びスピノザの場合と比較することによつて一層明らかになる。デカルトの方法的懐疑において問はれてゐるのは総じて存在——真理の客観的妥当といふことをも含めての広義における存在——であつたと言へよう。やや無理なところを含む数学的真理に対する誇張せる懐疑も、演繹的必然性をもつた真理内容そのものからは問題を外して、存在問題として通過されてゐる。そして我の存在が確立し、神の存在が証明され、その後初めてこの種の真理にも妥当性が許されるのである。世界を支配するratioは、瞬間的明証性しか確保し得ぬ我によつては常に疑はれ得るものであり、神の誠実によつて保証されはするが、神の自由意志に依存するもの、即ち神のexistentiaとFiatとに依存するものなのである。これに対してスピノザの体系においては存在はratioに吸収される。一切の事物は三角形の内角の和が二直角に等しいことが証明されるのと同じ必然性を以て決定されてゐる。それ以外のものは不可能なものであり、存在しないものである。世界を支配するratio sive causaの連鎖は神の本性の必然性そのものである。そしてこの神自身はcausa suiであり、そのexistentiaとessentiaは一にして同じなのである。——ここにおいてratioの意味を問ひ直し、右の二つの立場に修正を加へたのがライプニッツのpincipium rationisであり、彼のRationalismusであつた。彼は合理性そのものを存在問題に附するには余りに合理主義者であり、しかし個物の存在を合理性に解消し去るには余りに存在の重みと個性の深みを識つてゐた。或は換言すれば、スピノザの合理主義がその特殊化を満たさぬままに一律に数学的演繹的因果必然的な合理性を以て律し去らうとしたのに対して、ライプニッツの合理主義が個物の存在をも掬ひ上げようとしたとき、合理性そのものの意味の変革が、道徳的乃至目的論的な内容をも含んだ合理性が、要求されたのである。彼の哲学における旧い人格的な神概念――まさにスピノザの厳しく斥けたところ――にはかかる背景があつたのである。

一方においてはライプニッツは主意主義的な神概念に反対した。もし神の業には善や完全性の規則が存せず、事物が善いといふのも善の法則によつて善いのでなく、神の単なる意志によつてのみ善いのであるならば、従つてもし神が全く反対のことを為したとしてもその価値は同じだとすれば、神が現に為したところを以てどうして神を賞讃し得ようか。もし意志が理性にとつて代り、残るものはただ何か或る専制的権力だけならば、そして暴君の定義に従ひ、強い者の気に入ることがまさにその故に正しいのならば、神の正義も神の知恵も何処にあらう。しからずして、形而上学や数学の永久的真理、また善や正義や完全性の規則等は神の意志に依存することなく神の悟性の中に存立してゐるのである（Disc. de mét. §2=Gerh. IV 427-8）。そしてこの神の悟性はその完全さにおいて我々人間の悟性と無限に隔つてゐるにせよ、根本的には両者は同じ原理と秩序から成つてゐるのである（Lettre à Masham, 30 Juin 1704=Gerh. III 353; Théod. Disc. prélim. §61=Gerh. VI 84）。永久的真理はそれ自体において必然的であり、その反対は矛盾を含むのであつて、神もこれに背くことは不可能である。また善や完全性の法則は神の行為の規範としてこれに先行する。蓋しすべて意志といふものは何か意志の理由を前提し、この理由は自ら意志よりも前にあるものである（Disc de mét §2=Gerh. IV 428）。神ですらその選択の理由なくして選ぶことはできない（Gerh. VII 279）。神の悟性の中にあるこの理由が世界の合理性の根源である。それでは神の意志はかかる理由によつて必然的に決定されてゐるのであらうか。しかしライプニッツは他方、神の意志の働きを宿命的必然の中に閉ぢこめることに反対するのである。如何なる理由も存しない絶対の均衡無差別の状態といふものは実際上決してあり得ない。そして完全な者ほど自己の意志の理由を判明に認識するのであつて、最高の理由に従つて完全に働くことが最高の自由である。しかしながら、この意志の理由は「傾かせるが強ひない」。自由意志そのものは根本においては無差別であり決して強ひられることはないのである（Théod. §§43-46 = Gerh. VI 126-8; Lettre à Clarke, V. 8= Gerh. VII 390）。神の意志決定は常に神の悟性の中なる永遠の真理と法則によつて規定されてをり、しかも神は最完全なものなのであるから、神はその本性上常に最高の理由に従つて働かざるを得ない。その意味で神の一切の行為は必然的に決定されてゐる。しかしその必然性は「道徳的必然性」であつて、これは絶対的な形而上学的必然性や、反対は不可能であるところの幾何学的必然性と区別されなければならない[★08]（Théod. §180= Gerh. VI 221; §201=VI 236; Lettre à Clarke, V. 4= Gerh. VII 389）。これを要するに、無限の知恵と善意をもつ神は、等しく可能な無数の可能的世界のうちから、自由意志によつて最善の世界を一つ選んで創造した、といふのである。それは悟性の認識する規範に従つて合理性を実現すべく、無限の可能性において存在を産み出す意志の決定である。ライプニッツの合理主義の形而上学的基礎はかかる神概念によつて与へられ、かかる神の行為によつて実現せられるのが理由律であり、それが偶然的真理を成立せしめるところの「存在の原理」なのであつた。

なほこの存在の原理、即ち幾何学的必然性を以て強ひることのない理由律の内容は、可能性の領域における『形而上学的メカニズム』によつて次のやうに極めて合理的に説明される。あらゆる可能的なものは常に存在することを要求する。従つてすべて可能的なものは、その本質の量即ち完全性の度に応じて、同等の権利を以て存在に向ふ。しかし可能的なものの全部が同一の世界系列において「共可能的」であるわけではない。ここに存在を要求するすべての可能的なものの争ひが生ずる。その結果、無限に多くの可能的な結合及び系列のうちで、最も多くの本質を存在にもたらすやうなものが、存在するやうになる。その場合に常に働くのは最大最小による決定の原理であつて、最小の費用を以て最大の効果がもたらされるやうになつてゐる。二点間にひかれる線のうちで最も短い直線が最も決定されたものであり、図形のうちでは最も包括的な正方形か円がそれである。それで光は最も容易な途を通つて進み、異質の液体の中に入れられた液体は自ら球形をとるやうになつてゐる。かかる最も決定された秩序をもつた世界、それが最も完全な世界であり、存在すべき最大の理由をもつ。事物の起源においてはかく「一種の神的数学或は形而上学的メカニズム」が行はれるのである（De rerum originatione radicali=Gerh. VII 302-4; Gerh. VII 194-5, 289-290）。かかる世界を作る神は「完全な幾何学者」に擬へられる（Gerh. III 52, VII 310）。これから知られるやうに、ライプニッツの最良観も目的観も単に漠然とした主張に止るものでなく、少くともその反面には極めて知性的なそして計量的な性格を有することが明らかである。ときにはライプニッツは恰も神の意志も選択も不要であるかの如き説き方をする。重量に比例して同等の権利を以て落下に向つてゐる多くの物体が同一体系内において制約し合ふとき、そこから全体としての落下が最大となるやうな運動が生じて平衡に達するやうに、同じく、本質の量に比例して同等の権利を以て存在に向つてゐるすべての可能的なものの争ひから、可能的なものの生産が最大となるやうな世界が生ずる、と云ふのである（Gerh. VII 304）。しかしとにかくライプニッツとしては、かかる世界を可能性から存在にもたらすのは神の自由なる意志であり、この神の選択は決して幾何学的必然ではなく、また存在に至らなかつた他の無数の世界も依然として等しく可能であると説く（cf. loc.

cit.)。やがて揶揄さるべき運命にあるライプニッツの最良観において、我々は合理性の圧力と存在の重みとを釣り合はせようとする調和の哲学者の努力を見出すのである。

更に附言するならばライプニッツのモナドの体系においてはこの合理性が現実の世界において実現されるのは個体の自由な活動に担はれてゐるのである。ライプニッツ哲学の合理主義も最良観も決して既成の固定的静止的秩序を説くものではなかつた。右に見たやうに、スピノザの神概念に反対して神及びその行為の人格性が主張されたのと対応して、被造物の側に関しても汎神論的体系から個体的実体が取り戻される。そしてその実体の本性は専ら働くこと或は力に存するのである。もし被造物から作用が取り除かれたならばスピノザ主義は免れ得ず、一切のものは単なる様相と化して必然的連鎖の中に閉ぢこめられることになるであらう。しかし我々が自己自身の内に自覚するやうに、我々は自発的独立的に働くのであり、かく作用の主体たることによつてのみ実体の名に値するのである(cf. De ipsa natura=Gerh. IV 509-510; Théod. §393=Gerh. VI 350-1)。さきの偶然的真理は幾何学的必然性をもたず神の自由意志に依存し理由律に基づくといふのも、力学の問題等と関係すると共に、この被造実体の作用の自発性特に人間の行為の自由の問題とも絡まつてゐるのである。尤も偶然的真理においても述語は主語に内在する即ち個体の完全概念はその個体に起る一切のことを既に含んでゐるといふのであるから、その個体の行為はすべて決定されてゐることになる。しかし偶然的真理を成立せしめる理由律は「傾かせるが強ひない」のであり、またそれは一時に全部が実現されてしまふのではなくて、時間と共に実現されてゆくのである。従つて偶然的真理の内容は、たとへそれが神の世界支配といふ形で考へられたとしても、個体的実体自身の自発的作用によつて遂行されるのである(スピノザ説並びに機会原因説に対する問題)。そして個体が完全な概念をもつてゐるといふことの意味するところもむしろ、その個体がそれぞれの見地に従つて宇宙全体を映してゐるといふこと、即ち普遍性を内に宿してゐるといふことである。言ふまでもなくこれがライプニッツの動的発展的宇宙観であり、予定調和説である。これらは重要な且つ興味ある問題であるが、ここでは割愛せねばならない。ただ指摘しておきたいことは、右に述べた存在の問題はライプニッツ哲学においては個体の問題と相関的なものであつたといふことである。

4

以上我々は近世初頭の哲学における合理主義の主流を簡単に跡づけて見た。右に述べたところを要約すると次のやうである。

近世合理主義はデカルトにおいて初めてその体系系的表現を得た。即ち明晰判明知の規則を核心として、自然科学に裏づけられた機械論的自然観と数学を範型とする方法論と認識の主体としての自我とが体系的な整理と基礎づけを得たのである。しかしながらデカルト哲学においてすぐれて近世的な方向を指向してゐたまさにその点が、同時に存在論的には合理主義そのものを危くしてゐたのであつた。それは一言で言へば主観性への収斂及びこれと表裏をなす主意主義である(第一節)。この局面を介して拓かれた近世合理主義は、スピノザにおいてはこの局面を切捨てることによつて鮮かな結論を得た。即ち存在者の概念規定によつて構成された徹底的な決定論的体系においてである。そこでは世界は演繹的秩序によつて隈なく浸透され、その光によつて完全に透明である(第二節)。ライプニッツの汎論理主義はこれに一層明確な表現をもたらすものであつた。それは、一切の真理を分析的関係に還元し、定義自身の内的可能性によつて対象の実在性を示すべき概念の普遍的体系として現はれた。しかしながらライプニッツの論理学がスピノザの合理主義より更に歩を進めたその所において、ライプニッツの形而上学はスピノザの体系に対立したのである。理由律はあらゆる事象に対し全く隙間のない合理性を要求する。しかしそれの実現は、宿命的な幾何学的必然性ではなくして、人格的な神の自由な行為及び被造物自身の自発的作用といふ形をとるのである。そしてしかる所以のものは存在と個体の問題であつた（第三節）。

これらのことと連関して哲学史的にも体系的にも種々幾多の問題が存し、それらはいづれも充分な広さにおいてとられた合理主義の問題の射程内に属するのであるが、今は次の如く論を運んでこの稿を閉ぢたいと思ふ。

デカルトの合理主義は体系的に見て二重性をもつてゐた。即ち一方においては主観主義的方向をとり、他方においては飽くまで存在論の圏内にあつた。前者においては自我意識に原理的根源的な位置が与へられ、明晰判明な認識は対象の本性を決定すべき権能を有してゐた。しかし後者においては自我は相並んで存する実体のうちの一つにすぎず、認識の真理性は自我の主観に対して超越的な存在者に担はれてゐた。この両側面はデカルト哲学において決して無関係に或は相矛盾して並存してゐたのではなく、相互に他を俟つて成立し得たのである。しかしかかる二重性においてすぐれて近世的な性格をもつのは前者即ち主観主義的方向である。既に見たやうに、それは認識の客観性を主観性に媒介すべき内在的原理を求めることによつて始められたのであつた。ここからデカルトの方法論を解して「観念論的」とする見方も、その限りでは確かに間違つてゐない。のみならずデカルト以後の合理主義も方法論としてはやはりかかる解釈を施され得る可能性と理由をもつてゐたのである。しかし合理的認識を遂行する主観が、云はば恰もアルキメデスの点の如く、形而上学体系の外部に存する間は、或は換言すれば、そこで、取り出された主観性が客観の合理性を支へるに充分でない間は、合理主義はむしろ客観主義的な色彩を濃厚ならしめることによつて発展し得たのであり、ライプニッツがデカルトの規則に反対した所以もここに存するのである。

かくの如くデカルト哲学の存在論的側面に沿つて展開して来た合理主義は謂はゆるライプニッツ・ヴォルフの哲学に至つてその頂点に達すると共に、悪い意味での独断的形而上学としての欠点を生ぜざるを得なかつた。これに対して立場の根本的転回を果し、合理主義を担ひ得るところの主観性の発見によつて合理主義を新しい軌道に導いたのがカントである。このことの為されたのは、実に十七世紀の合理主義的形而上学が切り捨てたデカルトの他の側面、そしてそれは経験論的認識説を経て一種の懐疑主義に至つた系譜、と結びつくことによつてである。従つてこれは独断的形而上学に対する批判の形をとつたのであるが、それは決して合理主義の否定を意味するものではなく、むしろ合理主義の新たな展開への端緒であつた。即ち合理主義における本質対存在の問題が特に主観対客観の場面に移され、主観概念を推進力にして展開されてゆくのである。しかしながらこの「主観主義的」方向は、それが如何に充実した意味で解せられやうとも、またその権利と意義とは充分に認められるべきではあるけれども、それが宿命的に見失はざるを得ないものもまた存するのではないであらうか。

――これ以上に歩を進めることは私は未だ躊躇するのである。それにそれは本稿の範囲外のことである。今はただ我々が近世哲学を根本的に反省する際に存在の問題及び個体の問題は重要な手掛りとなるものではなからうかといふこと、そしてその場合にカント以前の形而上学たるデカルトやライプニッツの哲学において合理主義が如何なる形をとつてゐたかは、歴史的・体系的な連関において考察されるとしても一つの範例として見られるとしても、或る指標と示唆とを与へるものであらうといふこと、これらのことを微かに暗示するに止めたいと思ふ。また我々は合理主義なるものを定義せずに始めたが、一体この合理主義とは何であるかと問ひ直すことも必要となつて来るであらう。

（初出：哲学会編『哲学雑誌』第六五巻七〇五号、有斐閣、一九五〇年）

〔なお、原文の漢字の旧字体は新字体に改めたが、旧かなづかいはそのままとした――編者〕

★01――Gerh. = Die philosophischen Schriften von G.W.Leibniz, hrsg. v. C.I.Gerhardt, 7Bde.

★02――これらの点に対してはライプニッツ解釈としての疑義が出やうから、立ち入つて論ずる暇はないが若干補足しておかう。第一の点に関しては、元来「直観的」認識といふのは、合成的概念の中に入つてゐるすべての原始的概念を同時に判明に認識してゐる場合のことで、それらを記号におきかへてなされる「記号的」或は「仮定的」認識に対するものとされてゐるのであるが、その場合原始的概念そのものについては直観的認識しかないと言はれ、また合成的概念も直観的認識においては必ず個々の原始的概念に分解されてゐなければならないといふ点に注意すべきである（cf. Gerh. IV 423, 449）。第二の点についてはかなり問題が存するが、ライプニッツが原始的概念乃至単純性質の間はすべてcompatibilisであるとしたこと（Gerh. VII 261）、従つてその間のincompossibilitasについては説明を断念したこと（Gerh.VII 195）、他方彼によれば宇宙全体を一目で見渡す神が宇宙における原始的概念を創造の際に決定したと言はれてゐること（Gerh.II 41）等からして、真理の根源たる「観念の領域」としての神の悟性における原始的概念間の結合関係は直観的乃至「綜合判断的」に定められることになる。後にも触れるやうに、クーテュラ（L.Couturat, La logique de Leibniz, 1901）以来理由律と関係して強調されるライプニッツ論理学の根本思想、「すべての真なる命題において述語は主語に内在する」、によれば、すべての真理における概念関係は「分析的」であることになるが、これは差当り右のことと撞着しない。ここでは主語と述語との関係の問題ではなく、主語そのものの成立の問題だからである。因みに言及すれば、この点はライプニッツ論理学の弱点乃至不整合としてよく指摘されるところである。第三の点は大して問題でもない。ア・プリオリの第一真理たる自同的命題乃至矛盾律は、Cogito ergo sum. と同様（!・）、直接的に直観によつて認識され、それ故に絶対的に確実である（cf. Gerh. V 342 ff.）。

★03——我々はここで興味深い現象に出逢ふ。デカルトはまさにこの、神の力は無限にして我々の理解を絶してゐるといふことから、我々が神の意志を勝手に忖度することを禁じ、自然の説明における目的論的見解を斥けてゐるのである(Meditationes, IV; Principia, I 28, III 1-2)。この註には後に言及する。

★04——尤もこの場合にも認識の究極の段階は「第三種の認識」即ち scientia intuitiva に委ねられる。しかし事物をそれ自体であるがままに即ち必然的なものとして把捉することは ratio の本性に属する(Ethica, II, prop.44)。それが「第二種の認識」と名付けられることも決してそれが第二次的なものであることを意味するのではなく、むしろ「第三種の認識」を得る為の必要条件である(V.poro.28)。より適切に言へば、一切の事物を「永遠の相の下に」観ることをその本性とする第二種の認識は、「神」との関係において事物の本質の完全な認識を得べき第三種の認識と、云はば表裏をなしてゐるのである。

★05——言ふまでもなく、クーチュラの指摘し強調したところ。

★06——この辺りもライプニッツ解釈において重要な問題の存する所であるが、ここでは詳細に論じてゐる暇がない。

★07——力学や光学における命題も偶然的真理に属する。デカルト派自然学との関係において言へば、必然的真理と区別される点において幾何学的運動論に反対し、理由律の思想によつて一種の「目的論」が導入されるのである。(一)における註を参照。

★08——これらの神の諸作用はすべて同時的に行はれ、時間的な前後があるわけでない、とライプニッツは言ふ(Théod. §225= Gerh. VI 252)。この点から見れば、ここで彼が言ひ立てる神も結局はデカルトやスピノザのと全く同じことになる。無限とか一とかの性質を具へた神の概念は実に曲者である。何れにせよ問題は、「本性上の秩序と前後関係」である(ibid.)。

●——愛用の万年筆

II

ライプニッツ・形而上学の可能性・山本 信

●本書第Ⅳ部の「年譜」の示すように、山本は、一九五六年一二月から八五年三月まで、二八年有余の長きにわたって東京大学文学部で哲学を教え、数多くの研究者を育てた。その指導を受けた者たち――初期の顔ぶれには、廣松渉（一九三三―九四）、坂井秀寿（一九三四―九四）、坂部恵（一九三六―二〇〇九）、加藤尚武（一九三七―）らがいた――が、次世代を担うことになる。これは、前の世代の池上鎌三（一九〇〇―一九五六）が、山本（一九二四―二〇〇五）や、大森荘蔵（一九二一―九七）、今道友信（一九二二―）、黒田亘（一九二八―八九）、渡邊二郎（一九三一―二〇〇八）らを育てたのと似ている。

●第Ⅱ部には、山本の薫陶を受けた者たちが、山本の哲学をどのように受けとめ、自分が今日どのような思考を切りひらいているか、を示す論考を収録した。総論的な加藤論文を最初に置き、続く十二篇は、主として扱っている哲学史の題材の年代順に並べ、最後に山本哲学論を三篇まとめた。山本の好んだ「競作」の形をとっている。

●若き日に『ライプニッツ哲学研究』（一九五三年）で戦後日本の哲学界をアッと言わせ、後年には『ライプニッツ著作集』の翻訳事業（一九九九年完結）を牽引した山本らしく、ライプニッツ関連が目立つが、デカルト論やカント論も複数ある。ヘーゲルとヴィトゲンシュタインに関しても、山本の感化力は大きかった（それほど目立たないものの、山本は、パスカル、マルセル、サルトルなど、フランス・モラリストの系譜に連なる哲学者にも通じていた）。日本語で哲学することの可能性を後進に身をもって示した哲学者は、専門分野に偏ることなく西洋思想の精髄をバランスよく引き出した哲学史家でもあった。（森）

加藤尚武

ヘーゲルの屋台骨にヴィトゲンシュタインの扉をつける

1、全体と自己への問い

山本信の哲学観は、哲学の定義を枚挙した『哲学の基礎』（放送大学教育振興会、一九八五年）の中から見て取れる。

①「今まで当然知っているつもりでいたことについて、実は自分は本当に知ってはいないのだということを知り、真実の知をめざして探求すること。」

②「さまざまの学問において前提されている原理や原因からさらに遡り、最も根源的な究極の原理原因にかかわる理論であって、諸学問に対し、ちょうど大工職人のうちでの棟梁にあたるような学問。」

③「諸学問はそれぞれすでに何か特定のあるものとして理解された事物（存在者）を研究するのに対して、存在そのものの意味を問うこと。」

④「諸科学の仕事は個別的な対象領域のなかに限定されているのに対し、現実の全体像を捉えようとする考察。」

⑤「何かを主張するに先立って、世界に関するわれわれの認識そのものの成立根拠を究明すること。」

⑥「あらゆる断定に対して批判的な見地に立ち、いかなる教条にも囚われずに、精神の自由を保つこと。」

⑦「対象として見いだされるあれこれの事物を知ろうとするのでなく、自己自身の存在について問いなおし、その本来的なあり方をつきとめること。」
⑧「われわれがいかに生き、いかに行為すべきかという基本原理を求めること。」
⑨「世界をさまざまな仕方で解釈してみせるのでなく、世界をいかに変革すべきかを問題にすること。」
⑩「日常の話し方、物理学や生物学における説明の仕方、宗教上の表現様式など、違ったレヴェルでのものの言い方の問の関係を、言語の論理的分析によって整理すること。」
⑪「全体と自己とへの問いを、実証的知識と論理的連関をとおして推進してゆくこと。」（同12頁）

このように枚挙しておいて、複数の定義がそれなりに正しいということは、「哲学には一つの定まった定義がない」という意味だと述べているのだが、この中の⑪が山本哲学であることは、『形而上学の可能性』（東京大学出版会、一九七七年）の巻頭論文「全体と自己への問い」によって明らかである。そこには「われわれは世のなかの事物について、日常的にも学問的にもさまざまの知識をもっているが、そこからさらに進んで、それらの知識を成り立たせている基本的な原理を問い、そのことが同時に、世界の構造と人生の意味をとらえようとすることであるとき、その知的努力が形而上学である」（『形而上学の可能性』223頁）という「形而上学の定義」が与えられている。ここでは「形而上学」と「哲学」は、ほとんど同義である。問われるべき対象は「日常的知識と学問的知識の基本原理」である。これが「全体」とよばれるものとほぼ重なり合う。「哲学は、日常的行動や科学的知識のあらゆる脈絡が錯綜し、ときには矛盾しながら絡みあっているところの、その全体を見わたす視野において問題を立てようとする」（『形而上学の可能性』4頁）という。

論文「形而上学の可能性」には、「全体と自己」という小節がある。その前半部分は、科学が仕切られたもの、分割された領域の集まりであるという主張となっている。後半部分は、科学自身には自己の全体像を映し出すことができないという主張になっている。

「世界の全体性は、科学的知識をよせあつめることによっては得られない。なぜなら、科学が科学であるかぎり、それぞれの分野は何らかの程度において方法的に閉じられており、それら自身ではたがいに結びつきえないからである。そこに連関と統一をもたらすべきものは、科学以外のところに求められざるをえない。それは、われわれ自身がそれであるところの人間においてである。というのも人間は、世界についてのあらゆる科学的研究がそこから発する原点であり、そのあらゆる対象領域がふたたび収斂する焦点であって、それ自身が一個の全体、ミクロコスモスだからである。」（『形而上学の可能性』250頁）

ここに描き出されたイメージは鮮明であるが、「連関と統一をもたらすべきものは、科学以外のところに求められざるをえない」理由は示されていない。自然学がどうして細分化された特定領域の学でしかあり得ないのか。日本語でたまたま「知ること」を「科学」（個別領域の知）と訳してしまった事情に内在的な理由があったのか。この種の「科学論は、山崎正一にもある。

しかし「医学と生物学の関係を述べよ」という課題に、医学者も生物学者も答案が書けないが、哲学者なら書けるというのは、哲学者への過大評価である。「医療行為と法律学の関係を述べよ」という課題にたいして、生命倫理学を立ち上げて対処したのは、確かに哲学者だった。すべての二領域関係に哲学が決定的な発言権をもつとは言えない。

分子生物学という新しい専門分野が成立したとき、それによって科学がさらに細分化され、その全体的な統合が失われたとは言えない。生物学と化学の中間領域が分子生物学という独立の分野に成長したことによって、科学全体の連続性、統合性は高まったという方が正しいだろう。　科学は限りなく細分化し哲学のみが統合できるという見方は、必ずしも正しくはない。

2、多様な世界を統合する「一」

全体と部分の好ましくないあり方をどのようなモデルでとらえるかという点では、プラトンからヘーゲルまで続く「病因論」モデルがある。国家の一部の身分、人体の一部の臓器など、部分が自己を全体であると誤認して、単独で自己増殖する結果、全体のバランスが失われて、人体なら病気、国家なら内乱になるという説明である。

山本信の描いた「全体と自己」という哲学の構図は、プラトンからヘーゲルまで続く全体と部分の統合という構図の変奏である。ここには「多様な個別分野とそれを統合する単一の主体」という「一と多」の構図も組み込まれている。

統合の中心となる「一」については、山本のデカルト論が参考になる。デカルトの懐疑を、彼は日常性からの脱却、自然的態度のエポケー、超越論的主体の確立として解釈する。

「われわれ各人は日常的には、第1図のように、世界の内部において他の諸事物の間に存在し、さまざまな知識をもっていると信じ、周囲の状況と世間の慣習に規定されながら生活している。ところが方法的懐疑は、第2図のように、自分の外部からの規定関係をすべて自分のほうから打ち切ってしまい、その結果、自分の身体も含めての世界全体の存在が、疑いのなかに引き込まれ、いわば否定性の括弧に入れられる。ところが当の「思考する我」は、世界にはまったく何も存在しないと考えるという、まさにそのことにおいて「存在する」ことが見いだされるのであるから、それはもはや世界の内部にある一存在者ではなく、世界の外に立っていることになる。」（『哲学の基礎』49頁）

このとき山本が「ノイラートの舟」（一九三二、坂本百大編『現代哲学基本論文集Ⅰ』勁草書房、一九八六所収、ノイラート「プロ

第1図

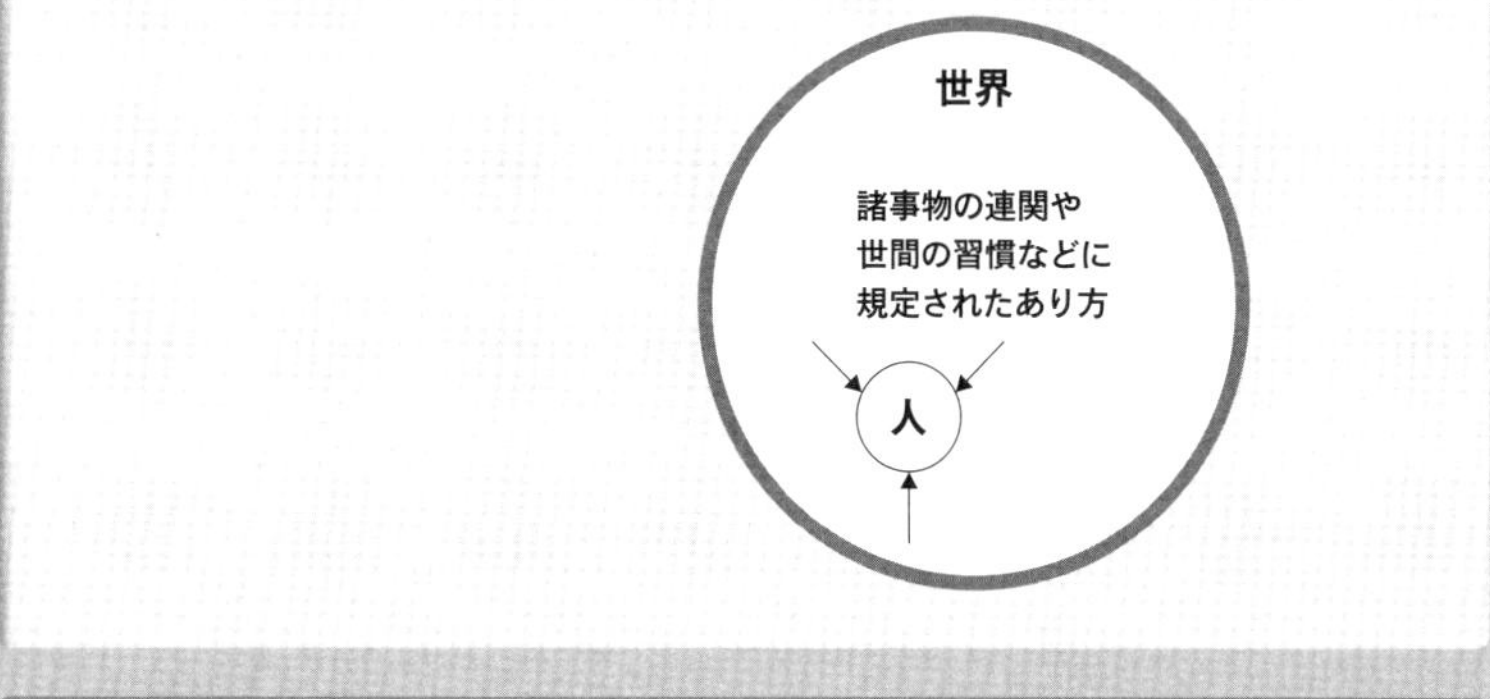
世界
諸事物の連関や
世間の習慣などに
規定されたあり方
人

第2図

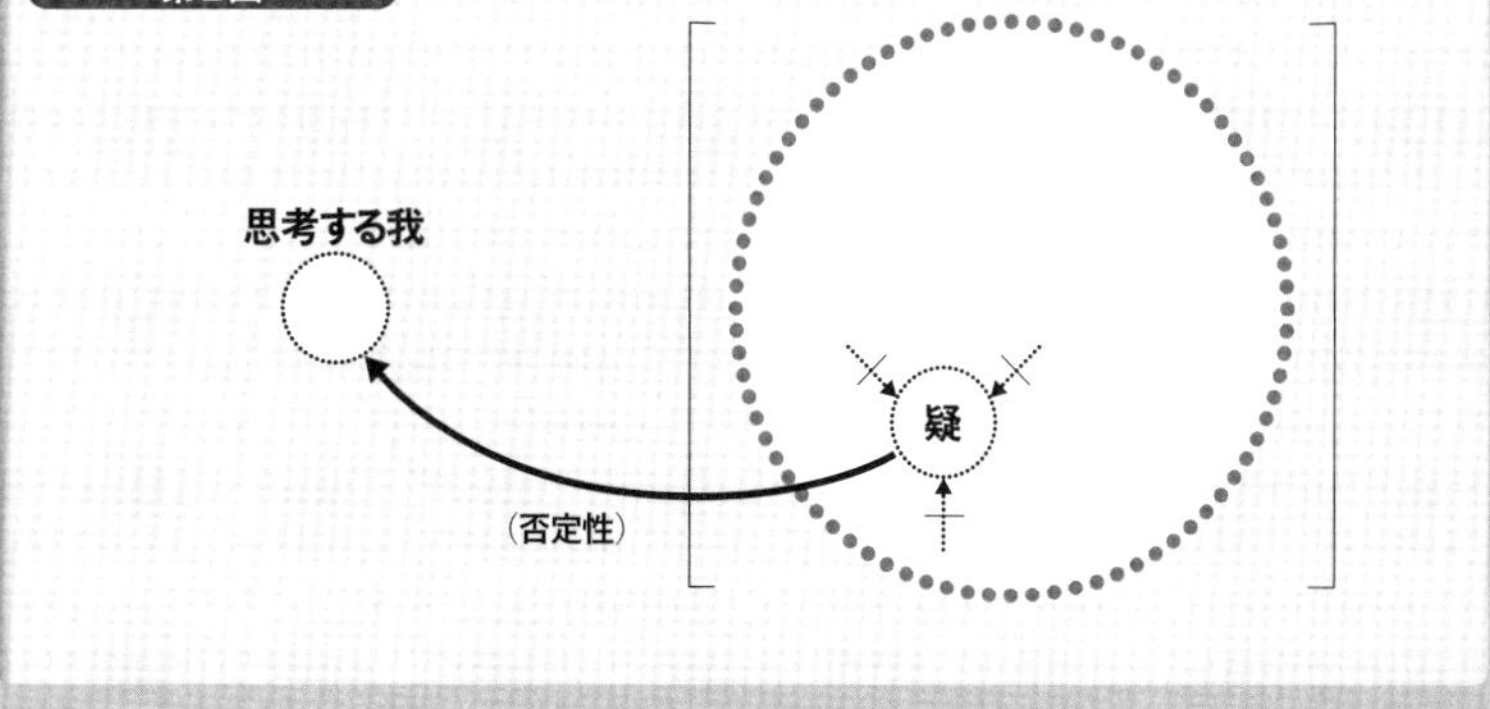
思考する我
疑
（否定性）

第3図

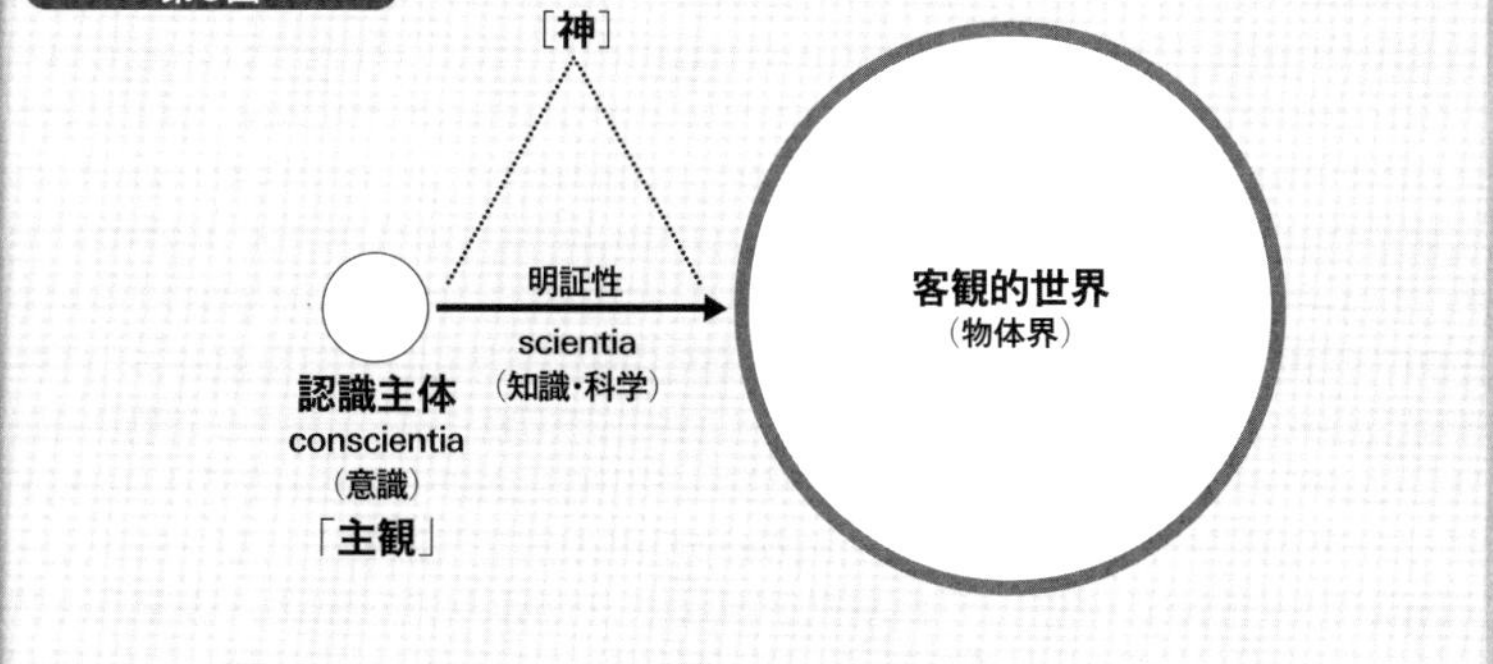
［神］
明証性
scientia
（知識・科学）
認識主体
conscientia
（意識）
「主観」
客観的世界
（物体界）

トコル言明」竹尾治一郎訳169頁)を念頭に置いていたかどうかは、確かめられない。この文章は、タテマエ上は山本哲学を語っているのではなく、デカルトの解釈をしているのだから、「ノイラートの舟」という概念を知っていたとしても、ここで参照する責任はない。しかし、これを山本哲学の記述と考えれば、ここで山本はノイラートと決別していることになる。しかし論文「真理の意味論的理論の真の意味」では、どちらかというとノイラートに近いことを言う。

「一般に意味論的理論の叙述においてメタ言語として日本語や英語が、すなわち日常的言語が用いられることが多いが、このことは、完全に形式化して示すことは省略して仮にそうするのだといった便宜上の理由ばかりでなく、ことがらの本質に根ざした理由をもっているのではなかろうか。すなわち、意味論的な考察は必ずどこかで「日常的な」真理概念の了解に訴えざるをえないのではなかろうか。」(『形而上学の可能性』185頁)

この疑問符を外せば、「われわれは日常言語という舟から下りることはできない」と言わなくてはならない。日常言語こそが哲学の普遍的な場であるという思想を、山本が述べている言葉がある。

「自然的言語には固有の領域というものがない。数学の言語と法律学の言語とは別々の領域をもち、物理学と神学とはそれぞれ独立の用語法をもって理論体系を構成する。自然的言語はそれらと並んで一つの分野をなすわけではない。」(『形而上学の可能性』21頁)

精神と物体についてなら、「われわれは現象野という舟から外にでられない」という言説が立てられるだろう。しかし、哲学する主体はその対象となる全体から絶対的に自立していると山本は、ほとんどがむしゃらに信じている。

山本が付した「ここでの精神と物体とは、世界のなかで並んで存在している異質な二つのものというふうに考えられてはならない」(『哲学の基礎』55頁)というコメントは、ダマシオ『デカルトの誤り』(田中三彦訳、ちくま学芸文庫、二〇一〇年)や、鈴木大拙や井筒俊彦の西洋哲学二元論批判を検討するときに不可欠の参照事項となっている。

人間精神の自由と自立を語るとき、山本は対象となる世界から、否定によって切断され、あえて世界の外にたつ自我を、デカルト、ライプニッツ、カント、ゲーレンを引き合いに出して、主張する。

「ライプニッツは、他面においてはスピノザ以上に論証的な知識体系の建設に努力したにかかわらず、論理的演繹的秩序と具体的世界の構造とのあいだには本質的な相違が存すると考え、そこからスピノザ流の宿命論を斥けて、自由なはたらきの主体としての個体的実体、モナドの哲学を立てえたのである。」(『形而上学の可能性』179頁)

「カント哲学がめざしたのは、一元論的な思考から原理的に溢れでるものとして人間の存在をとらえることであった。」(『形而上学の可能性』95頁)

「理性とは自発性を意味する。一定の完結した環境世界に適応し、その内部にはまりこんで生活してゆくのではなく、無限定的に開かれた世界において、自発的にはたらいて自己と対象とを形成してゆくこと、ここに人間を他のすべての動物から本質的に区別する特性が存する。」(『形而上学の可能性』153頁)

自然言語は連続している。しかし、自我は世界から溢れでる。

3、哲学史はヘーゲルにおいて頂点に達し完結した

伝統的な哲学の概念や論点を「現代風に仕立てあげられた議論」を用いて、平然と無視したり否定したりする態度に対して、山本は憤然として闘っていた。その闘争相手に対して、もっとも有効な哲学的な打撃を与えるものはヘーゲル的な全体性であるという主張が論文「科学的思想とヘーゲル哲学」の基本テーゼである。ここでいう「科学的思考」というのは、「科学的研究の当面の対象としてとりあげられた系を、それが客観的に知られたものであるがゆえ

に実在そのものだと信じ、それを法則の普遍妥当性にのせて世界の全体におしひろげて考えてしまうこと」(『形而上学の可能性』49頁)である。部分的な科学的真理の全体化という誤りのことを指している。

その第一が生物機械論である。「生物とは一種の機械、非常に複雑ではあるが物質の組み合わせにすぎない」という主張である。「これを認めればヘーゲル哲学の三分の一は崩壊する」(『形而上学の可能性』50頁)「生物は機械ではない」と、ヘーゲルは無条件に認めるだろう。しかし「生物は物質ではない」とヘーゲルは、認めないだろう。「物質でありながら、目的として、概念を自己自身に含むもの」と言うだろう。しかし、ヘーゲルが「生物は機械ではない」と考えた理由は、部分として生きられないということが、もっとも有力な根拠となっていた。現代では、この意味でのヘーゲル主義で、生物機械論をくつがえすことはできない。

科学主義の第二の形は、還元論的な行動主義である。「心の状態や能力や作用をあらわす言葉は、行動のしかたを記述することばに翻訳されうるかぎりにおいてのみ有意義である」という主張である。「これを認めればヘーゲル哲学の次の三分の一が崩壊する。」(『形而上学の可能性』53頁)

還元論的な行動主義にヘーゲルの行為論・意識論を対置しているが、ここではヘーゲルを持ち出す必然性はなく、行為の動機となる内面性に関しては自己意識的な認識が可能であるという立場一般を「ヘーゲル」で代表させている。

英米の哲学圏では還元論的な行動主義への批判としては、アンスコム『インテンション』(一九五七、菅豊彦訳、産業図書、一九八四)が代表的なものであるが、山本はアンスコムの影響が拡大するとは思っていなかった。行動主義的な方向付けが、そのまま勢力を強めると予測していたのだろうが、フッサールの現象学がその流れを遮るとは期待していなかった。山本の毎年行っていたヘーゲル『精神現象学』のゼミナールの参加者から「来年はフッサールの現象学のゼミにしてください」という要望の声が上がったとき、山本は「フッサールにのめり込んで、変なところにはまり込んでしまう人が出てくると困るんです」という答えをした。おそらく池上鎌三を批判したのではなく、池上の弟子の誰かを念頭に置いて、そう語ったのだろう。『哲学の基礎』には、こう書かれている。「こうした「超越論的主観性」としての純粋意識の場に「事象そのもの」の根源を求めるということは、そのこと自体が検討されるべきところであり、また他我認識や時間概念などに関していろいろ多くの問題を招く。」（『哲学の基礎』139頁）フッサールへの山本の評価は低かった。

第三の科学主義は「人間をひとつの情報処理システムとしてとらえる」人間＝情報論である。「これを認めればヘーゲル哲学の最後の三分の一も崩壊する。」（『形而上学の可能性』55頁）

人間＝情報論の核心は、次のように表現される。

「機械や生物一般について見いだされる機構と法則性のほうが原型とされ、それを人間の場合に逆用して考えられるようになったわけである。その結果、情報というものがまずそれだけで独立して存在するかのように扱われ、人間はその網の目のあいだに配置された存在にすぎないことになる。ある社会の情報体系の支配力のもとに、人間とその文化を合理的かつ有効に管理してゆこうという考え方が、すぐそこにある。」（『形而上学の可能性』56頁）

これは単純な機械モデルの人間＝情報論をもとにして、人間と文化を合理的に管理するというイデオロギーの支配である。「これは、われわれがそのなかに包まれている自然と歴史が、われわれの知性を原理的に超越したものだとする態度の、正反対である。」（56頁）これに対して人間存在の本来的非合理性を楯にとって抵抗する仕方がある。山本は、サルトルの「存在と無」も、機械モデルの人間＝情報論に対する抵抗ではあるが、それ自体が合理性の提示にはなっていないと批判していた。

悟性の支配に対して、非合理主義的な抵抗をするのではなく、悟性には非合理性に見えるものの合理性をしめす理性によって、悟性の支配を克服しなくてはならないというのが、山本の理性主義である。
「これに対し、科学的に設定された可知性あるいは合理性の枠のなかで我慢し悩んでいるだけでなく、さりとて不可知の彼岸に身をゆだねてしまうのでもなくて、その枠を超え出たところに真の合理性の所在を求めようとするとき、そこにヘーゲル哲学が立ち現われる。」(『形而上学の可能性』56頁)
哲学の全体的な構図は、ヘーゲル哲学のようでなければならばならない。その全体的な構図には哲学史もふくまれる。「哲学史はヘーゲルにおいて頂点に達し完結したということは、その逆説的な外観のまま、割引なしに認められねばならない。」(『形而上学の可能性』43頁)
これは驚くべき発言である。おそらく「ヘーゲルは哲学史の頂点である」という観念への歴史的に最後の支持声明ではないだろうか。
これを裏付けるためには、「歴史における理性」、「国家理性」などのヘーゲルによる理性概念の拡張が成功していなくてはならない。「歴史が永遠にふれる地点において哲学が始まる。哲学はつねに歴史の全体について意識的に語るべき境位にあり、その意味ですでに永遠に属し、無限性の立場にある。しかしその哲学自身がふたたび歴史において現われ、有限な諸形態として継起せざるをえない。この哲学の歴史をもう一度「想起」し、純粋な思想として生起せしめることが、ヘーゲルの哲学的思考なのである。」(『形而上学の可能性』41頁)
こうして、ヘーゲルはすべての人間存在の真実を理性的に展開した。ゆえにヘーゲルで哲学は完成している。
山本はあるべき哲学の屋台骨を、ヘーゲル哲学そのものと重ね合わせた。しかし、その屋台骨に、有機的に分節された知の全体を運び込む通路は、ヴィトゲンシュタインの許す範囲の狭い扉でしかない。
カントの立場は、次のように要約できる。――「ア・プリオリの総合判断」は、永久不変のカテゴリーを拠り所に形相に関しては必然的な論証をもたらす。倫理は質料的情感によってではなく、形相的な理性的判断によって成り立つ。

ヘーゲルの立場は、次のように要約できる。――「ア・プリオリの総合判断」は、カテゴリーを拠り所に必然的な論証をもたらす。すべてのカテゴリーは、もっとも単純な原理を出発点にして、内在的・自律的・動的に導出される。それによってカントが考えた悟性的な合理性よりは、広くダイナミックな合理性、たとえば「歴史における理性」が可能になる。

ヘーゲルによる理性概念の拡張を認めるなら、カント以上に「ア・プリオリの総合判断」の範囲を拡張しなくてはならない。

ヴィトゲンシュタインの立場は、次のように要約できる。――「ア・プリオリの総合判断」は、不可能である。哲学にとって可能な論証とは、トートロジーと経験のみである。ゆえに「ア・プリオリの総合判断」の領域とされる限りでは、倫理学は語り得ない。

アーペル-ハバーマスの立場は、次のように要約できる。――「ア・プリオリの総合判断」は、不可能である。しかし「ア・プリオリの分析判断」は可能である。討議によって、原理を確立し、それにもとづく必然的な論証の体系を樹立することができる。

山本信の立場は、次のように要約できる。――「ア・プリオリの総合判断」は、不可能である。哲学にとって可能な論理的証明は、トートロジーと経験のみである。ゆえに倫理学、歴史哲学など「語り得ないもの」を語る方法を開発しなくてはならない。

方法の開発の方法について、山本は沈黙した。哲学には、生命の技術化を防ぎ、工業による環境破壊を防ぐ使命がある。「なすべき故になし能う」と山本は言いたかったのだろうか。「人間が人間であるかぎり、形而上学は可能であり、いつまでも可能的である。」（『形而上学の可能性』265頁）

その形而上学＝哲学の敵は、英米系の哲学論文というアカデミックな形で登場してくる生物機械論、還元論的な行動主義、人間＝情報論だけではない。

「鉱物および生物資源の過剰採取、農業や家畜飼育における薬物の使用、ことに大気と河川と海洋の汚染、これらのもたらす災害が、地球そのものをおかすという形で人類の危機になってきた。……自然はふたたび、それ自体の内的秩序と、人間が乗り超えることのできない価値をもった全体として、われわれの前にあらわれてきた。」（『形而上学の可能性』67頁）

ヘーゲル哲学をよりどころにして、この人類の危機に立ち向かうことが、山本信がわれわれに告げた哲学的メッセージであった。

（京都大学名誉教授）

近世スコラ哲学における形而上学

山内志朗

　形而上学といえば、哲学の中でも、最も茫漠たる分野と見なされがちである。そこに、事実にくさびを打ち込むような激しい流れを見出すことは現代では困難だろう。しかしながら、近世初頭においては、激流が残っていたように思う。形而上学（metaphysica）が自然学を越える（meta）であることは、哲学が事実と事実を越える次元との落差に定位することと相即する。そういった落差・差異を探求するために近世の形而上学に参入することは今も考えられる方途である。

　私自身はライプニッツ哲学から入って、近世スコラ形而上学、中世のドゥンス・スコトゥス、そしてさらにイスラーム形而上学に入り込んでしまったが、それも激流に翻弄されながら抗いがたく流されてしまった結果と言えなくもない。

　通常の哲学史では、近世の哲学は大陸合理主義とイギリス経験論という対比的図式で捉えることが今でも多い。しかしながら、それでは覆い隠されてしまうところが多い。ライプニッツが若い頃に依拠していたスコラ哲学がどのようなものであったかを知ることは、ライプニッツの個体主義の位置づけにとって重要であるが、当時のスコラ哲学に関する思想史的地図がないと理解しにくいと思われる。

こういった近世スコラ哲学に関する研究は二〇世紀の前半においては、ヴント(M. Wundt)やペテルゼン(P. Petersen)の研究があるとしても、その後途絶えてしまった。ただ、最近初期刊行本の電子テキスト化が進み、その分野に研究は飛躍的に進み、最近はイタリアやドイツで急速に多くの蓄積が重ねられている。

ここでは、ライプニッツが当時のスコラ哲学の中でどのような位置を占めるかを見るために、近世スコラ哲学の立場を見ておきたい。

一 近世の形而上学

イギリス経験論と大陸合理論という対立の構図では、それ以外のスコラ哲学はまったく等閑視されることになるが、ライプニッツの最初の論文『個体原理論』(1666)を見ると、その背後に多様な流れがあったことが分かる。スコラ哲学がスアレスに輻輳すると考えられることは多いが、実際とは異なる。スアレスのライプニッツへの影響は際立って大きいわけではない。

十七世紀のドイツの形而上学においては、プロテスタンティズムの影響が強かった。その哲学とは、反アリストテレスの流れの急先鋒ラムスとそれに追随する流れである。しかしながら、純正ラミストは少なかった。重要なのは、論理学改革、特にギムナジウムでの教育改革、論理学教育の改革に重心を置いたセミラミストの流れである。その潮流はマールブルクなどドイツの西部とオランダで盛んになった。また、セミラミストとは流れを異にするアリストテレス的ルター主義は、ルター派正統主義とも言われるが、ヴィッテンベルクのメランヒトンが始祖であることを見ても分かるように、護教的な色彩が強い。ヴィッテンベルクで盛んに討究された認識論(gnostologia)は認識対象一般(cognoscibile in se)を扱うもので、後にケーニヒスベルクでも講じられ、カントに直接流れ込んでいるし、枠組みにおいても直結する。しかし、この認識論は十七世紀においてはヴィッテンベルクに止まる思想運動に過ぎなかった。テキストを紐解けば分かるように、認識論でありながら、ルター派の宗教色が強すぎ、カルダーノの精妙さ(subtilitas)という不可解なものを残存させていたためであろう。

ルター派正統主義では、認識論や知性論が盛んに講じられていた。セミラミストの流れでは、形而上学も講じられたのだが、方法立った(methodicum)なものであって、『命題集』や教父やアリストテレスの著作からの引用よりも、内実の理解に重点が置かれ、簡潔で理解しやすい叙述になっていたことは強調しておきたい。

煩瑣な図式であり、無名の学者ばかりが並んでいるようだが、実は当時の大学者ばかりである。精度の高い地図が必要なのだが、まだ書かれていないというのが実情であり、粗い俯瞰図でしかないことをお詫びするしかない。

大きくプロテスタント哲学とカトリック哲学に分けよう。

I. プロテスタント

1. **【ラムス派】**

Ramus, Petrus (1515-1572), Johannes Thomas Freigius (1518-1600), Ames, William (1576-1633)

2. **【セミラミスト】なお、●を付したものは、セミラミストと分類することはできないが大きな影響を受けた思想家である。**

Goeckel, Rudolf (1547-1628), Keckermann, Baltholomaeus (1571-1609), Maccovius, Johannes (1560-1644), Timpler, Clemens (c.1567-?), ●Jacchaeus, Gilbert (1578-1628), Alsted, Heinrich (1588-1638), Combachius, Johannes (1585-1657), ●Jungius,

Joachimus (1587-1657), Burgersdijk, Franco (1590-1635), Heereboord, Adrian (1614-1661), ●Spinoza, Baruch de (1632-1677), ●Leibniz, Gottfried Wilhelm (1646-1716)

3.【ルター派正統主義】

Melanchton, Philip (1497-1560), Martini, Jakob (1570-1649), Scheibler, Christoph (1589-1653), Gutke, Georg (1589-1653), Stahl, Daniel (1585-1654), Scharf, Johannes (1595-1660), Fromm, Valentin (1601-1679), Calov, Abraham (1612-1686), Scherzer, Johann Adam (1628-1683)

プロテスタント哲学では、カトリックの典拠からの独立、内面的経験重視、カリキュラム改革などの傾向が目立つ。ラムスによるアリストテレス批判は、教育カリキュラムの改革を伴うものであり、プロテスタント哲学にとっては重要であった。そこにアリストテレスの受容と、ルター派的神学が加味されるときに、ルター派正統主義が現れるわけである。ザバレラの論理学書が広く読まれたことも、方法論、学習論が重視されていたことの表れと見ることができる。

他方、カトリック神学としては、イエズス会の活躍を中心に置かなければならない。大学より前のギムナジウムにおける哲学教育改革を主眼とし、大人数教育によって、プロテスタントに対抗できるスキルをもった成人を多数生み出そうとしていたようである。ローマもサラマンカのコインブラもすべてイエズス会の優勢な場所であった。パリ大学では、トミストやフランシスコ会士も存在していたが、ギムナジウムの教育を席巻していたイエズス会の前では目立たないものとなっている。

II. カトリック

1. 【ローマ学院】

Toletus, Francisco (1536-1596), Pererius, Benedictus (1535-1610), Vasquez, Gabriel (1549-1604)

2. 【近世トミスト】

Versor, Johannes (-c.1485), Johannes a St. Thoma (1589-1644)

3. 【サラマンカ学派】

Vittoria, Francisco de (1483/6-1546), Cano, Melchior (1509-1560), Soto, Domingo de (1494-1560), Banez, Dominicus (1528-1604), Suarez, Francisco (1548-1617)

4. 【コインブラ学派】

Fonseca, Petrus (1528-1599), Goes, Emanuel de (1560-1597), Couto, Sebastiao do (c.1567-1639)

5. 【スコトゥス派】

Poncius, Johannes (1599/1603-1661), Mastrius de Meldula, Bartholomaeus (1602-1673)

カトリック形而上学の流れで注意しておきたいのは、スペインのイエズス会の力を適切に評価しなければならないことである。イエズス会の中でもスアレスは、中世スコラ哲学の集大成、近世カトリック形而上学の中心であるかのように語られてきてしまったが、必ずしも言えないということである。概念の理解としてはフォンセカの方が標準的であり、スアレスは、フォンセカの影響を強く受けながら、思想的にはスアレスは意識的にフォンセカと異なる主張を述べようとするところが数多く見つかる。フォンセカの立場を標準的なものとした方が適切であると思われる。当時の典拠としてはフォンセカが標準的であったことは付け加えてよい。フォンセカとスアレスは個々の概念の理解においてかなり異なっており、その差異を跡づけることは課題として残っている。

ともかくも、イエズス会がギムナジウムにおける中等教育に重点を置いたことは重要である。大学に入る以前に、基本方針を浸透させておくことは重要である。そこでの教育方針は、プロテスタントのセミラミズムと同じように、膨大なる典拠の羅列ではなく、内容を秩序だって分かりやすく並べることだった。方法だった(methodicum)という用語は用いられなかったが、教程(cursus, institutio)などとして、初歩的なものから順序立てて、全体をカリキュラムに沿って網羅的に教えることを目指したのである。

これまでの哲学史は、純粋哲学を過去に遡る傾向が強かったが、制度、権力関係、メディア、経済、科学技術、交通といった現実からの拘束に着目することが重要であると思う。

ともかくも、こういった俯瞰的状況から何を導き出すのか、様々な道筋が考えられるが、私としては、超越概念(transcendentia)の扱いに関する方向性を示しておきたい。

二 超越概念の系譜学

超越概念の歴史をたどると、そこにはいくつかの発展段階を辿ることができる。超越概念については、カントの超越論的観念論に至る道筋を求めて、ヒンスケやホンエフェルダーを筆頭として、陸続と研究が出されている。しかしまだ未解明の点が多く、その発展についての標準的図式が完成しているわけではない。ただ少なくとも、四層には分けられるであろう。

1）第一期――大学総長フィリップ、ヘールズのアレクサンダー
2）第二期――アヴィセンナ、アルベルトゥス・マグヌス、トマス・アクィナス
3）第三期――ガンのヘンリクス、ドゥンス・スコトゥス
4）第四期――近世スコラ哲学

第一期というのは、アリストテレスのカテゴリーを越える分類概念を超越概念として定式化した時代である。これはフィリップをもって嚆矢とするのが定説である。その際、存在（ens）、一（unum）、真（verum）、善（bonum）の四つがあげられる。それらは互換的であるというのが大きな特徴である。

第二期になると、超越概念は、上記の四つに加えてあるもの（aliquid）ともの（res）が付加され、六つになる。四つとするか、六つとするか、それほど大きな違いはないようにもみえる。しかしこの六つに超越概念が増加したのは、アヴィセンナの影響によるのである。アヴィセンナは『形而上学』の最初のところで（第一巻第二章）、存在ばかりでなく、〈もの〉や〈あるもの〉も精神に最初に刻みつけられるとし、カテゴリーを超越し、存在と互換的な分類概念としたのである。

ここで実は大きな存在論の変革がなされているのだが、そのことは西洋中世においては簡単に気づかれたことではなかった。実はここでは範型論的な枠組みが導入されていたのであるが、それを自覚的に受容したのが、ヘンリクスだったのである。

このアヴィセンナの影響を自覚的に踏まえた時期が第三期であると私は考える。分類の仕方としては、ドゥンス・

スコトゥスにおいて、超越概念の数は圧倒的に増加して、その変化は見えやすいが、その数の多さだけに注目すると、スコトゥスが行った改革は見えにくくなってしまう。超越概念については、Marco Sgarbi, Francesco Valerio Tommasi, Piero di Vona などイタリアの学者の近世スコラ哲学のマイナーな文献に沈潜しての研究が注目に値する。そういった研究から示されることは数多くあるが、一つの中心的問題となるのは、〈もの〉概念だと思われる。

アヴィセンナは〈もの〉を拡張し、七角形の家やフェニックスといった存在しないものも〈もの〉と見なした。これは、イスラーム世界の中でも独自の存在論を提出することだったし、西洋中世にとっても理解しにくいことだった。理解しにくいとしても取り込むしかなかった。先人の思想が理解できないのは自分たちの理解力の不足と捉えたのだろう。その結果、ens rationis や res a reor- reris といった概念が作られていった。こういった煩瑣な概念の詳細について論じる場所ではないが、独断的に結論を予想すれば、ここには、スコトゥスの提出した形相的区別が、近世スコラの中で定着した ens rationis ratiocinatae（根拠のある仮想的存在者）と通底していることが見えてくるのである。

ここでリアルなものは、物理的なものを越えて、言語的で仮想的な存在者を含むものとなっていて、そこに問題の中心があったことは確認しておいてよい。「〈もの〉の非物象化」とでも呼べば感じが少しは出てくる。

三 ライプニッツと近世形而上学

ライプニッツがスコラ形而上学から大きな影響を受けていることはよく指摘されてきたことだが、丹念に研究されることはなかった。スアレスが丁寧に研究されるようになったのは、最近のことであるし、ライプニッツの第一論文『個体原理論』を当時のスコラ哲学との対比において研究するようになったのも最近である。

そういった研究から明らかになってきたことは、ライプニッツは必ずしもスアレスの影響をそれほど強く受けていないということである。近世スコラといえば、スアレスという紋切り型の整理が続いてきたが、スアレスは実際にテキストを読んでみれば分かるように、近世スコラの中心に位置する標準的な哲学者ではない。

ライプニッツへの影響関係では、フォンセカ、ザバレラ、ガブリエル・ビールを挙げた方がよいだろう。フォンセカとスアレスは、ともにコインブラで活躍したが、スアレスはフォンセカから直接習ったのではなく、対抗心を持っていたように思われる。スアレスのテキストにはフォンセカの見解を批判する言辞が(名前は出さず、暗黙にだが)しばしば見出される。ライプニッツにおける引用を見ても、当時のドイツの教科書類でもフォンセカへの言及が目立ち、スアレスよりもよく引用されている。ゴクレニウスでは、フォンセカ、ザバレラ、ビールの名前が目立ち、スアレスは少ない方である。

フォンセカとスアレスが個々の概念の理解においてどのように対比があるのか、対比的なレキシコンができればかなり便利なことだろう。

またビールも重要である。中世の唯名論がドイツのプロテスタント哲学にどのように入り込んだかを知るためには、ビールを欠かすことはできない。そういったドイツの正統的唯名論の系譜が分かってきて、スピノザへの大きな影響を与えたセミラムス主義との対比が見えてくる。オランダのセミラムス主義と、ドイツのルター派正統主義、アリストテレス主義はかなり大きな異なりを持っている。そういった全体的な流れを知らずに、ライプニッツのテキストに沈潜し、当時のスコラの教科書を読み取る作業を続けてきたが、ずいぶん遠回りをしたと思う。

超越概念について触れておけば、超越概念は超越性と関わりを持つのではなく、むしろ単純概念へと変容していった。超越概念はカントの超越論的問題設定よりは、論理学の改革に組み込まれていったのである。ラムス主義が形而上学を排除していった姿を見ることができる。近世における形而上学の探究はラムス主義との対決ともなる。

四 形而上学の可能性

近世スコラの形而上学を研究する環境は格段によくなった。二〇年前には現地でしか読めなかった稀覯書が、webで簡単に読める時代になった。読みにくい初期刊行本をラテン語で毎日数百頁読めるラテン語読解力がないと、ラテン語の海で遭難するのは確実だが、頼もしいことに最近はそういう海を泳ぎわたれる力を持った若者が現れつつある。

山本信先生は、『形而上学の可能性』をまとめられたが、そこには形而上学への熱いまなざしがあったと思う。謦咳に接しながら、個々の思想というよりも、哲学の身構え(ハビトゥス)を教えていただいた。

先生の『ライプニッツ哲学研究』には近世スコラ哲学のことはあまり記されていないが、ライプニッツのテキストの読みの大きさと深さに恐れをなして、裏側から入ろうとしたのが本当のところである。ともかくもスコラ哲学の海を渡るには、ラテン語力と哲学的分析力がいかに大事かを山本先生は身をもって示されたと感じる。

後記：私が最初に就職したのは新潟大学の人文学部で、山本信先生が東京女子大に移るのと入れ違いであり、しかも山本先生が研究室として使っていた部屋に私は入った。日本哲学会が新潟で開かれた折(一九九〇年)、私の研究室を訪れ、窓から見える越後の山々を見ながら「この景色、なつかしいなあ」と嬉しそうに話していたことを思い出す。

(慶應義塾大学教授)

形而上学と超越

村上勝三

形而上学の在るところ

哲学は成長しない。哲学は発展しない。哲学に進歩はない。それは知識に進歩がないのと同じである。一〇年前の知識と比べて今の知識はどこが進歩しているのか。否、二千数百年前のプラトンの知識に比べて私たちの知識のどこが進歩しているのか。アトランティスを巡る神話よりも大陸移動説の方が進歩した知識であるとするならば、その進歩の証となっているのは何か。進歩とは或る段階で実現できなかったことが後の段階で実現できるようになることである。もっと簡潔に言えば、目標を定めそれにいっそう近づいているというのが進歩したということである。鳥のように飛んで、場所の移動をしたいという目標に対して、飛行機の発明は進歩である。これに対していっそう早くという目標を付け加えれば、その目標に向かっての技術開発が進歩になる。技術ではなくとも目標を掲げてそれにいっそう近づきやすい方法を見いだせば、それは一つの進歩になる。たとえば、早く確実に計算をするという目標を立てれば、暗算するよりも算盤を使うこと、算盤をつかうことよりも電子計算機を使うこと、というように進歩すると言える。このときに機械製作に関する技術の進歩もあるが、いっそう早く確実に計算をする方法として道具を利用することから、機械を利用することへの考え方の移行も進歩と言えるかもしれない。目標、もっと大きく考えて目的を設定し、その目的への到達を基準にして進歩は計られる。目的や目標が変われば、何をもって進歩したのかということも変わる。健康を目的に設定した場合に、日々の通勤のための最寄り駅までの移行を、自転車移動から歩行へと変更して自らの進歩を喜ぶこともできるであろう。移動時間の短縮を目的にして自転車の購入を進歩と看做すこともできるであろう。しかし、通常の生活のなかで共通に、かつ、具体的に目標、ないし、目的に掲げることのできる事柄はさほど多くはない。たとえば、場所移動の迅速さ、安全さ、情報伝達の容易さ速さ確実さ、利潤獲得の安易さ安全さなどなど。その一方で、真理を目的に掲げるならば、先ずもって真理とは何かと考究し人々の間での共有を得なければ目的にならない。目的が見いだせないならばそれに向けての進歩はない。「善き生を営みたい」あるいは「幸福に過ごしたい」、これらいずれにせよ万人共通の目的になりうる。だが、その具体相について相互了解が得られるとは思われていない。目的としての具体性がなければそれに至り着く段階を示すことはできない。たとえば、人類の幸福を福祉に設定し、ここ二〇年間における福祉に関する各国の予算を図表にし具体策を評価して、進歩したかしなかったかを、きわめて荒い仕方かもしれないが考量することはできる。いずれにせよ目標なり目的が定められなければ、何らかの或る「進歩」について語ることはできない。繰り返せば、何らかの或る「進歩」は何らかの或る目的に相対的に捉えられるに他ならない。こうして、もし、哲学が目的設定に係わる学問であるのならば、哲学そのものに進歩はないということになる。

山本信は形而上学について次のように述べていた。「固有な意味での哲学は形而上学にほかならぬ」(山本信『形而上学の可能性』東京大学出版会、一九七七年、二二四頁)。その「形而上学は、それぞれの時代の合理性をになう原理の探究で」なければならない。その場合に「求められるべきなのは、新たな合理性の表現と、それを支える存在の把握である」

（同上二六四頁）。「つきつめて言えば、形而上学にできることは提案をすることだけである」（同上同頁）。このような形而上学に進歩を求めることは平面三角形の体積を求めるようなものであろう。しかし、もちろんのことであるが「提案」と言っても、また、「それ自身論証も実証もされない」（同上同頁）と言っても、「新たな合理性」と「存在の把握」が求められる。この「新たな合理性」とは既存の合理性に対する進歩を示しているのか。否と言わざるをえない。なぜならば、形而上学である「論証も実証もされない」「提案」に対して、その外側から目的を設定することはできないからである。どのような「提案」が現実の困難を解決するのにいっそう役立つのか、われわれは問うことができる。その場合に、第一に、現実の困難は歴史性を背負い込んでおり、もしその場合に進歩を語るとするならば、歴史性に依存して進歩が語られることになる。切り詰めて言ってしまえば、時間的により後ということが進歩の目安になる。第二に、或る事態の解決はその事態に目的が予め定められており、あるいは解決の方向が予め知られているからこそ解決になるのであるから、一つの事態に対するいくつかの解決法が提案された場合に、そのどれがよいかということは進歩という尺度とは異質な人々の現実的な振る舞いの容易さ、善さなどにその尺度が求められる。そして上に形而上学ということで考えられていたことは、そのような人間にとってのそもそもの善さは、或る種の合理性と或る種の存在把握に基づいて捉えられるということである。要するに「新たな合理性」の「新たな」ということは、進歩ということとは異なる。それではで何を考えればよいのであろうか。山本は「与えられた知識や既成の体系にとらわれずに、ものごとの意味や根拠をみずから根本的に問いなおしてみようとする」と述べる（同上同頁）。みずからが問い直すことによって獲得されるという事態が「新たに」ということの内実をなしている。合理性と存在把握をみずからが問い直すことを通して「新たな」提案に辿り着き、「人がその提案を自分に引き受けるか否か」（同上同頁）が問われる。その人々によって引き受けられた「提案」の系列が哲学史の形成になる。この系列の収束点を発見しようとすることは「永遠に人類の課題」になるのであろう(同上二六五頁)。われわれは上記の形而上学についての観方から三つのことを学ぶことができる。第一に、形而上学は理由の追求として、しかし既存の論理学の適用によって真偽が決するわけではない理由の追究として成り立つこと。第二に、形而上学は存在把握をその成立の条件にすること。第三に、みずからの問い直しを通して形而上学は成立するということである。この三点を踏まえながら、また哲学と形而上学との関連をも示しながら、求められる形而上学の現在を歴史的回顧の上に立って探ることにしよう。

一七世紀と形而上学

このことを踏まえて形而上学の内実についてもう少し探りを入れることにしよう。周知のように、アリストテレスから中世スコラ哲学において、形而上学が「第一哲学」として「存在を存在として ens inquantum ens」問うことを仕事にするということはこの語の基本的了解事項に含まれていた。しかし、それだけではなく、或る場合には「神学」がそれであるとされ(ex.gr., Thomas Aquinas, *Expositio super Isaiam ad litteram*, cap. 3, 1, 1)、また、「知恵の探究」(ex.gr., F. Suárez, *Disputationes metaphysicae*, Salamanca 1597, disp. I)がそれであるとされてもいた。スアレスによって捉えられた「形而上学」の特徴を次のように纏めることができる。第一に、智恵の探究を源にもつこと、第二に、自然神学、つまり自然の光による神学であること、第三に、物質的なものから質料を捨象(抽象)して得られるものを観想する学ということである。形而上学の対象という点から見れば、神的なもの、質料を引き離されたもの、質料なしに実在しうる存在の共通の理拠がこの学に含まれている。纏めて述べるならば、知恵の探究が第一なるものへと向けられて成立する「形而上学」は、存在を存在として、つまりは存在するものの情態性(質料的側面)に着目するのではなく存在するものの存在の共通理拠を論じるということになる。このような伝統的「形而上学」の大海が一七世紀に至って大きく裂けたと言われる。

デカルト哲学における「コギト」の確立により、「思い」から存在へという順序の転倒が成し遂げられたとされる。しかし、事は言われるように単純ではない。デカルトとほぼ同時代のドュプレックス（S. Dupleix, 1569 - 1661）の『形而上学あるいは超自然的学 *Métaphysique ou science surnaturelle*』（一六四〇年）は形而上学とは何かから説きはじめ、存在とは何かへと進む。存在把握を先立てるという意味では伝統的な配置である。小デカルト主義者と言われるピエール-シルヴァン・レジス（Pierre-Sylvain Régis, 1632 - 1707）によると学の構成は次のようになる。第一に「論理学」が来る。この論理学は「思考の仕方 l'art de penser」であり、精神の働きについての考察からなる。第二に「形而上学」が来る。これの「第一巻」は「精神そのもの」について、「第二巻」は「知性」と「意志」について、「第三巻」は「死後の魂」について論じる。第三に「物理学 physique」が来る。第四に「道徳」が来る。論理学の核心に認識批判が認められるとしても、精神の働きとしての思考をどのように導き、それを言語化して行くのかという方法が述べられる。その上に立って「形而上学」が展開される。精神の実在とその何であるか、物体の実在とその本性、神が完全な存在として実在するという順序で形而上学が展開される（*Cours entier de philosophie, ou système générale selon les principes de Descartes*, Amsterdam, 1691）。ここでは存在把握が思考の仕方に置き換えられ、形而上学の対象は精神、物体、神とされている。これに対して、マルブランシュ（N. Malebranche, 1638 - 1715）は「形而上学」に大きな重みをかけているとは言えない。彼が形而上学という学知で理解していることは、「個別的な諸学に対して役立ちうる一般的な諸真理」であると述べている（*Entretiens sur la métaphysique et sur la religion*, VII, §II, t. XII, p. 133）。マルブランシュ研究者であるバルドゥーによれば、マルブランシュが「思考の仕方」への探究を必要としなかったのは、彼にとって「純粋数学が普遍学としての位置」をもっていたからだとされる（J.-Ch. Bardout, *Malebranche et la métaphysique*, PUF, 1999, p. 50）。レジスとマルブランシュの対比から見れば、レジスにとって論理学は形而上学の前段階に相当するが、マルブランシュにとっては第一の学としての純粋数学は形而上学として理解可能だということになる。もう少し広げて見回してみるならば、スピノザ(B. Spinoza, 1632 - 1677)の『エティカ(倫理学)』(*Ethica*)を形而上学という枠に入れてよいのかどうかは別にして、その大きな体系の「第一部」は「神について」である。また、ライプニッツ(G. W. Leibniz, 1646 - 1716)はその一六八六年頃の思索を留める『形而上学叙説』(*Discours de métaphysique*)をやはり神についての規定から始めている。これ以降のクラウベルク(J. Clauberg, 1622 - 1665)の『存在についての形而上学、もっと正しくはオントソフィア』(*Metaphysica de ente, qua rectius Ontosophia, dans Opera Omnia Philosophica*, Amsterdam 1691 / Olms 1968.)からヴォルフ(Ch. Wolff, 1679 - 1754)の「存在論、ないし第一哲学は、存在一般、ないし存在である限りの存在についての学 Ontologia seu Philosophia prima est scientia entis in genere, seu qutenus ens est」であるという構想(Ch. Wolf, *Philosophia Prima sive Ontologia*, in *Gesammelte Werke*, 1728 / 1736, dans H. Abt. Lateinische Schriften t. 3, Olms, 1962, S. 1, §1)を眺望するならば、形而上学が存在論として展開されて行く様を認めることができる。形而上学は一度は「思い」(精神)へと舵を切りながら、その名称が存在論と結びつくことによって伝統の流れへと戻って行く。この回流のなかには「意識」の学の「存在」の学への優位性は見られないのではないか。デカルト哲学における「コギト」は形而上学から存在論への流れのなかでどのような位置をもっていたのか。存在から「思い」ではなく、「思い」から存在へという転倒、存在論から知識論への転倒は一体どのようになっていたのか。

形而上学と超越

デカルトにとって「哲学」は学問全体を総称する呼び方であり、「形而上学」と「第一哲学」とはともに哲学することとの順序として第一である事柄を扱う。別の言い方をすれば、それは神と人間精神を対象としてもつだけではなく、永遠真理をも含めて「第一なることごとのすべて」を論じる(*cf.* à Mersenne, 11-11-1640, AT.III, p. 235 & pp. 238 - 239, AT.VII, p. 9,

AT.VIII, p. 17, AT. IX-2, p. 16)。デカルトの「形而上学」、「第一哲学」という名辞が、これまで看てきた哲学者たちの「形而上学」、「存在論」、「第一哲学」という名辞の使用法と同じ性格をもっていることがわかる。しかし、すぐにも気づかれることは、デカルト以外の哲学者には「私」の第一性が見いだされなかったということである。このことの意義について考えてみよう。デカルトの六つの「省察」からなる『第一哲学についての諸省察』(*Meditationes de prima philosophia*, 1641 / 1642、仏訳の表題は *Méditations métaphysiques*、以下『省察』)は「私」が自分の間違いに気づき、知識の確実な基礎を求めて、疑うことから始まる。「第二省察」において形而上学構築の出発点として「私がある、私が実在する Ego sum, ego existo」(AT. VII, p. 27)ということを見いだし、「私が思う cogito」ということに論究の場が据えられる。「第三省察」において思われていることを「観念」として捉え、その観念の表している内容に着目して「無限」である神の実在を証明する(AT. VII, pp. 40-47)。こうして形而上学が「私」を超えた、それゆえに「あなた」も「彼女／彼」をも超えた場を礎に築かれる。無限とは「私」を超えた絶対的他のことである。「私」を超えるとはすべての「私」を超えることであるのだから、「あなた」も「彼女／彼」をも超えている。この立論における肝要な点を二つに圧縮するならば、有限なものよりも無限なものの方が「いっそうある」ということ、および、有限なものは無限なものを無限として知ることができるが、無限な内容を汲み尽くすことはできないということになる。もう一度繰り返すならば、デカルト形而上学は「私が思う」その思いによって思われた内容を足場に無限へと超越するところに開かれる。有限をいっそう大きくするために無際限に上昇しても無限には到りつかない。数学的な「無際限 indefinitum」と形而上学的な「無限 infinitum」とは異なる。切りがない、果てがないということは辿り着けない切り、果てを想定しなければ意味を保つことができない。「終わりがない」ということが意味をもつのは「終わり」に意味が与えられているからである。これが『省察』における「私」から「思い」を経て無限へと行き着く過程の示していることの一つである。

その一方で、『哲学の原理』のなかで形而上学という位置を担うその「第一部」は「人間的認識についての諸原理」に当てられている。それは丁度先に見たレジスの学の構成における論理学と形而上学を含めた部分に対応する。このことは彼の書物の表題に「デカルトの諸原理にしたがった一般的体系」と記されていたことにも支えられる。『哲学の原理』「第一部」について無限への超越という点から肝要な一点だけ指摘してみよう。『省察』との比較において明らかなことの一つに、神の実在証明の順序の問題がある。『省察』では、先に見た神の観念の表す内容からの証明の次に、そのような観念をもった「私」の実在の原因からの証明、そして最後にカントによって「存在論的証明」と呼ばれることになる神の規定内容からの証明が続く。『哲学の原理』においては先の三番目のものが第一に(a.14)、二番目のものが第三に(a.18)、第一番目のものが第二番目に(a.17)提起される。つまり、「神」概念の内容における論理的構造から証明される、言い換えれば、「神」概念のなかには「必然的実在 existentia necessaria」が含まれていることに基づく実在証明が他の証明に先立っている。この構成は論理学を確立してから形而上学の構築へと向かうという構えを示している。この構えがピエール-シルヴァン・レジスによって継承されたと言えよう。そしてこのように大摑みにするときには、伝統的な形而上学の流れと異質な面は隠れてしまい、「コギト」への道もあたかも論理的装置を使用しているかに見えるようになる(「思っているものが、思っているその時に実在しないと考えることは背理であるのだから」a.7, AT. VIII, p.7)。ここから、レジスへ、さらにクラウベルクへと思うことの存在化、さらにヴォルフの存在論への道は見通しやすいところである。逆から見れば、「私の思うこと」の形而上学構築への役割が見えなくなる。それとともに有限である「私」から無限への超越も見失われる。

この「超越」とはどのようなことなのか。たとえば、「超越概念 transcendentalia」はどのようなカテゴリーにも帰属せず、しかし名詞的に表現されるどのようなものについても、カテゴリーを問わず述語づけることができる名辞で示される。たとえば、「ある」、「よい」、「何か」、「もの」、「一つ」などがそうであるとされる。あるいは、神について帰せられる述語と被造物について帰せられる述語との間に「類比 analogia」だけが認められたり、「多義性」だけが認められる場合には、両者の述語の間には超越という事態が考えられている。当面の場合に即して言えば、有限を拡大しても無限には到らないという有限と無限の関係を「超越」と表現する。既に見たように、デカルト形而上学の特質は「私の思い」から無限への超越を通して開かれる点にある。「私」から他の有限者に至るには無限を介さなければならない。何かを知るという観点に立つならば、「私」は知られる何かの外になければならない。作用性、ないし行為という観点に立つならば、さまざまな人が実在しなければ「私」の行為は成り立たない。知識論的観点に立つならば、「私」は世界に外在する。存在論的観点に立つならば、「私」は世界に内在する。物体が「私」に依存することなく実在するという論拠を与えることができるのは、その実在の原因が「私」ではなく「無限」だからである。赤い花を見る。「赤いものとして花を見ているかぎり、その花は（赤いという感覚の）原因ではない」（山本前掲書二三五頁、括弧内補足筆者）。その花が世界のうちに「私」とは独立に実在していないと思われているかぎりにおいてのみ、その通りである。しかし、そのことの論拠は何か。また「私」が現在直ちに実在をやめても、その花は実在をやめないとわれわれは考えている。これらの論拠は形而上学によって与えられる以外にない。「私」を真上に「超越」する。この道を歩み通すことが形而上学の現在にとっての課題である。

（東洋大学教授）

小泉義之

デカルト『省察』における狂気と病気

山本信先生は、一九八〇年度の文学部哲学演習では、デカルト『省察』を講読文献として取り上げていました。そのとき私は学部四年生で、「山本ゼミレポート」として、「デカルトと狂気の問題」と題した十二枚（四百字）ほどのものを提出しました。当時、哲学演習レポートは、担当の先生のコメントを付して返却されるようになったところで、それは私の手元に残っています。先日、三十年ぶりに取り出してみました。その末尾には、山本信先生の鉛筆書きで、こんなコメントが付されてあります。「たいへん面白く読みました。リポートとしては上出来です。しかし本格的な論文の場合には、もう少し慎重な論述の仕方をするように。山本」。

一九八〇年の頃には、フーコー『狂気の歴史』もデリダ『エクリチュールと差異（上）』も翻訳がありました。関連する研究論文もいくつか出ており、ベサードのものを読んだ記憶があります。[★01] 当時、フーコーとデリダの論争をデカルト研究の側から見返したとき、『省察』に即して狂気の問題を論ずるにはいくつかの点が補強されなければならないと漠然と思っていました。第一に、「第一省察」が狂気を捉える複数の観点を区別する必要がある。とくに心身分離の観点と心身合一の観点を区別する必要がある。第二に、「第六省察」における病気論を見通して解釈を定める必要がある。第三に、『省察』以外の自然学的著作も考慮に入れるべきであるが、少なくとも『省察』の「反論」と「答弁」

は視野に入れておく必要がある。そんなことを思っていました。そして、レポートの出来は別にして、それを作成することを通して、とにもかくにもデカルトを先ずはきちんと読むことが大事なのだと自己納得した記憶があります。

その後、「第一省察」における狂気と懐疑の関係については、それなりの数の研究が出ています。[★02]「本格的な論文」を書くには、それらも参照しなければなりませんが、ここでは三十年前のレポートを「もう少し慎重な論述の仕方」で大幅に書き直して提出します。

アルノーは、「第四反論」で、精神と身体の区別の証明に関して、その「困難を増すこと」として次のようなことを書いている。「思惟する力は、幼児にあっては眠っており（sopita）、狂人（amens）にあっては消えている（extincta）と判断されうるので、思惟する力は身体器官に結び付けられている（affixa）ように見える。この点を、魂の刑吏である不信仰者は特に強調するのである。[★03]」

幼児では思惟する力が眠っており、成長するにつれてそれが目覚めてくるとするなら、思惟する力の出現は身体器官（脳）の成長に依存するように見える。また、人間が思惟する力を失って狂人になるというなら、その消失も身体器官の変化に依存するように見える。このことをもって「魂の刑吏」は思惟する力を身体から区別することはできないと結論するわけだが、とするなら、「魂の刑吏」は、まるで人間に思惟する力があるなら狂うことはないかのように前提していることになる。しかし、思惟する力が眠っていてなんら発現していないとされる幼児のことを狂っているとは誰も言わないだろう。とするなら、思惟する力が出現しないことを狂気の定義とはできないはずである。ところで、「魂の刑吏」からするなら、心身区別は不可能であるから、心身結合の領域において正気と狂気の区分を入れなければならない。すなわち、思惟する力が身体器官と結合しながら発現するその有り様の違いをもって正気と狂気を区別しなければならない。ところが、にもかかわらず、「魂の刑吏」は、言うところの狂人においては思惟する力が消えていると判断するのである。

デカルトの答弁を見ることにしよう。デカルトは、「魂の刑吏」の判断の前提に対して精確に批判を加えている。「「思惟する力は、幼児にあっては眠っており、狂人にあっては」、「消えている」というわけではなく、乱されている(perturbata)のである。そのことから、思惟する力は身体器官に結び付けられていてそれなしには実在しえないと考えるべきではない。というのは、思惟する力がしばしば身体器官によって妨げられることを経験するからといって、思惟する力が身体器官によって産出されるということは決して帰結しないからである。そんなことは、いかなる論拠によっても証明されえない。★04」

とするなら、思惟する力が身体器官(脳)によってかき乱される状態が狂気であって、身体器官を原因とせずに出現する限りでの思惟する力そのものは、正気でも狂気でもないということになるのであろうか。「第一省察」を読んでみることにしよう。感覚の懐疑が夢の懐疑へと進められていく箇所である。

「おそらく、時折は感覚が、或る細かなものやあまりにも遠くのものに関して、われわれを欺くことがあるにしても、しかし、他の大多数のものは、同じく感覚から汲まれはするものの、それについては疑われることは全くできないであろう。たとえば、現に私がここにいること、炉辺に坐っていること、冬着を身につけていること、この紙を手に握っていること、およびこれに類することのごときが、それである。この両手そのものやこの身体全体が実のところ私のものとしてあるということ、そのことはどうして否定されえようか、私をもしかして私が、黒い胆汁から脹れ出てくる[悪性の]蒸気で頭脳(cerebellum)がひどくぐらつかされ、[その所為で]赤貧の身でいるそのときに自分は国王であるとか、素裸でいるそのときに緋衣をまとっているとか、粘土製の頭をもっているとか、全身これ水瓶であるとか、ガラスで造りあげられているとか、終始言い張っている、誰かしら正気でない者(insanus)に、擬して考えようというのでないとするならば。しかしそうした人びとは、狂っている(amens)のであって、彼らに劣らず私自身が、彼らのそういう例に私が倣うとしたならば、心神喪失者(demens)と思われることであろう。[★05]」

「正気でない者」の一連の言明のうち、「感覚から汲まれる」ものに注意しよう。最初の言明については、赤貧であることにしても国王であることにしても感覚から汲まれる言明とは見なしがたいと言えるだろう。むしろこの言明は、思惟する力のなかでも、想像する力に由来するものであると言えるだろう。したがって、このような言明を徴候とする狂いについては、ここの懐疑の論脈から外しておいてよいだろう。次の「(素裸でいるそのときに)緋衣をまとっている」との言明についても、想像する力に由来する部分はあるが、裸であるのに衣を着ていると思わせているのが感覚であるのなら、感覚による欺きの例としてよいだろう。以下、「粘土製の頭をもっている」「全身が水瓶である」「ガラスで造りあげられている」といった言明も同様に捉えてよいだろう。ただし、この身体感覚は全面的に欺いているわけではないことに注意しておきたい。「正気でない者」が「全身が水瓶である」と言明するとき、身体に全体的なまとまりのあること、身体が何らかの形質を備えていること、身体に空洞があることなどは感覚から汲まれているのであって、おそらくは身体の質料性の感覚に狂いがあり、そこに想像する力の狂いが混在するといった具合になっている。だから、その言明は真偽のどちらかに割り切れるものではない。

　では、デカルトが、このような「正気でない者」の言明を一旦は引き合いに出すのはどうしてであろうか。この論点に関わって、確認しておくべきことがいくつかある。第一に、ここでデカルトは、「現に私がここにいること」や「この紙を手に握っていること」や「この身体全体そのものが私のものとしてあること」が感覚から汲まれることであるにしても、それらを疑おうとも否定しようともしていないということである。第二に、デカルトが「正気でない者」に自分を擬して考えるとしても、それらを疑ったり否定したりすることができるわけではないということである。デカルトは、冬着を身につけていると感覚している。裸なのに衣をまとっていると感覚している人間に擬すれば、デカルトは、本当は裸なのに間違えて冬着を身につけていると感覚していると論じ進められるだろうか。それは錯覚論法を身体感覚まで拡大する論じ方になるが、それでは感覚の欺きの論点を外してしまうことになる。第三に、結局のところ、デカルトが他人に狂いを見て取るのは、心身結合の領域においてであるということが強調されなければならない。頭脳が生理的に乱され、想像する力と言明する力が介在する領域で、正気と狂気の区別が生じていると見ているのである。とするなら、これから心身の区別を論証しようとするデカルトにとって、狂気の例に倣っても何も得るところはないはずである。第四に、それでも、議論を進めるその仕方において、「正気でない者」を引き合いに出し、しかも、そうしたなら「心神喪失者」と見られてしまいかねないということから何か結論を引き出すかのように書いてしまうことは、いかにも問題があると言わざるをえない。ここでのデカルトは、いわば脇が甘いと評してよい。それでも第五に、感覚の真偽の問題と区別される限りでの感覚の信頼性と欺瞞性の問題に定位する限り、当該箇所は簡単には割り切れないということを再確認しておきたい。夢の懐疑に移ろう。

「まさに、そのとおり、ではあるが、謂ってみれば、私とて人間なのであって、夜は眠り、そして睡眠のなかでは、そうした人びとが目覚めつつ受動《おも》うのと同じすべてを、あるいはまた時折はそれよりもいっそう真実らしからぬことを受動《おも》う、というのが常であるのではなかろうか。……それらのことをいっそう注意深く思惟する際には、けっして確実な標識によって覚醒は睡眠から区別されえないということが、私にははっきりと判り、私は茫然としているのであって、このように私を驚愕させたまさにこのことは私に、「今私がここにいて、服を着込んで、炉辺に坐っている、ということが」夢であるという臆見を、ほとんど裏づけてくれそうである。★06」

デカルトは、覚醒と睡眠を、ひいては覚醒しているときの思惟と睡眠しているときの思惟を区別できないと論じている。そして、デカルトも「人間」であるとは、心身結合体の人間の感覚経験の領域においては、正気と狂気を区別できないということである。正気でない者は、覚醒しながら夢みている。むしろ、覚醒しながら夢のごとく思惟するのが狂気である。ところが、覚醒と睡眠を思惟の上で分かつ標識がないとするなら、正気の者は、覚醒していると夢みているだけであるかもしれない。デカルトは、本当は睡眠しているのに間違えて覚醒していると思っているとか夢みていると必ずしも言いたいのではない。そうではなくて、思惟する力の発現だけに定位するなら、覚醒と睡眠の区別、覚醒しながらの思惟と睡眠しながらの思惟を区別できないと言っている。したがって、感覚の懐疑からの論脈からするなら、人間の水準では区別されている正気と狂気が、思惟する力の水準では区別されなくなるのであり、そこにデカルトは驚いているのである。もはや、狂人の例に倣うことなど問題ではなくなっている。常人と狂人の区別も覚束なくなっている。[★07]

こうして、『省察』の心身区別の論証の過程は、正気と狂気の区別が無意味化する過程であると捉え返すことができる。では、心身結合の領域ではどうなるであろうか。「第六省察」の病気をめぐる懐疑を見てみよう。

「自然〔＝本性〕によってわれわれが駆りやられるものにおいてさえ、われわれが過つことは、稀ではなく、たとえば、病気に罹っている者が、自分に少し後で害を与えることになる食物や飲料を、欲求《のぞ》むというときのごときが、それである。多分ここでは、彼らが過つのは、彼らの自然が衰頽している（corrupta）という、そのことがためである、と言われることができるであろうが、このことでもって困難が除き去られはしないのであって、それというのも、病気の人間も、健康な人間に劣らず、真に神の被造物であり、したがって、病気の人間が神から欺く自然（fallax natura）を授けられているということは、劣ることなく、〔神の善性に：仏訳〕矛盾する、と思われるからである。[★08]」

健康な人間も病気の人間も神の被造物であるという点では同じである。逆に言えば、神の被造物である限りにおいては、両者の区別は意味をなさない。そして、人間が神の被造物であるということは、人間が自然物として造られ、人間に一定の自然が授けられるということである。とすると、ある人間が自然に喉の渇きを覚え、自然に水を飲みたいと思い、自然に水を飲むそのことが、その人間を自然に害するといった具合になっているとするなら、そしてそれが病気であることであるとするなら、病気の人間は「欺く自然」を授けられていることになる。ところが、多くの人間は自然に感じて行なうことにおいて自然に益を得ている。同じ人間なのに、どうしてそんな風になっているのか。

ところで、「第一省察」の狂人を、「第六省察」の病人と比べたならどうであろうか。ある人間にあって、「黒い胆汁から脹れ出てくる[悪性の]蒸気で頭脳がひどくぐらつかされ」ることは自然に起こることである。その限りでの感覚の欺きも自然に起こることである。睡眠することも覚醒することも自然に起こることであり、目覚めながら夢みることも自然に起こることである。とするなら、そのことが、その人間に自然に害を及ぼすようになっている限りで――これは相当に強い限定であろうが――、ある正気でない人間は、欺く自然を授けられた病人であるということになる。「第六省察」の病気論は、「第一省察」の狂気論を含んでいるとも解することができるのである。とすると、「第六省察」の懐疑をもっと誇張して、自分は自然にうまく生きていると思っているのだが、実はそのように自然に欺かれているのではないのかと疑うことができる。自然に喉が渇き自然に水を飲んで自然に生きていると思えているにしても、実はそれが自然に害になっているのではないかと疑うことができる。このとき、デカルトは「第一省察」の狂人の例の議論と並行した議論を書こうとすれば書けたはずである。ところが、デカルトはそのように書いてはいない。それは、自然に生きることが、自然に害になり、自然に死へと傾いていくことは、人間の本性だからであろう。いかに自然にうまく生きていても、人間は自然に最大の害たる死へと傾く。その限りで、健康で正気の人間も、病気で狂気の人間と同じく、欺く自然を授けられていることは書くまでもなく自明なのである。

「神の広大無辺な善性にも拘らず、精神と身体とから複合《こしらえ》あげられているものとしての人間の自然が、時どきは欺くものたらざるをえないということは、およそ明瞭である。★09」

では、睡眠と覚醒の区別、ひいては常人と狂人の区別を無とした夢の懐疑はどうなるであろうか。デカルトは、あたかも「第一省察」でその言明を引き合いに出した狂人たちのことを――書物で想像的に書かれる狂人像にすぎない限りで、それは正しい態度であると思われるが――夢の中の登場人物であるかのように捉え直す。そして、それを自分の人生の一齣として位置づける。

「誰かが、私の目覚めている際に、睡眠のなかで生ずるように、忽然と現れ出てきて、その後ただちに消え失せ、全くのところ彼がどこから来たのかも、どこへ去りゆくのかも、私には判らないというふうであるとしたならば、その者を本物の人間（verus homo）であるというよりは、むしろ幽霊（spectrum）、もしくは私の脳のなかに作り成された幻像（phantasma）であると私が判断するとしても、不当ではないであろう。★10」

言うまでもないが、「私」もまた、「誰か」にとっては「幽霊」や「幻像」であると判断されるはずである。「われわれ」のそれぞれの人生、それぞれの覚醒と夢の繋がりは、一つに結合することはない。「われわれ」は互に「幽霊」や「幻像」のごとく過ぎ去ってゆく。「われわれ」人間は、程度の違いはありながら、自然に欺かれて自然に死んでいく。そして、『省察』は、「われわれの自然の弱さが識知されなければならない」と閉じられるのである。

（立命館大学教授）

★01——Jean-Marie Beyssade,《Mais quoi ce sont des fous》*Revue de métaphysique et de morale*, 1973.

★02——フランスの研究史については、cf. Sébastien Buckinix, *Descartes entre Foucault et Derrida: La folie dans la Première Méditation*（L'Harmattan, 2008）. ラカンとの関連での研究史については、上尾真道「狂気の排除とその不可能性について——コギトの過程と三つの〈他者〉」『人間・環境学』第十三巻（二〇〇四年）参照。

★03——AT VII 204. デカルト『省察』からの引用は、アダン＝タヌリ版（略号AT）の第Ⅶ巻の頁数を表記する。

★04——AT VIII 228.

★05——AT VII 18-19.『省察』本文の訳文は、所雄章『デカルト『省察』訳解』（岩波書店、二〇〇四年）を参照し、本稿での使用の都合上、多少の変更を加える。

★06——AT VII 19.

★07——山本信は、『形而上学の可能性』（東京大学出版会、一九七七年）所収の第九論文「夢とうつつ」（初出は一九六一年）において、夢と知覚（知覚的経験、現実、現実の知覚、覚醒）の区別の問題に取り組み、双方に「共通の類」があり、それは「意識内容」であるとしている。この限りで、正気と狂気は区別できなくなる。その上で、山本は、夢と知覚の「意識態度」の違いを挙げ、両者は「根本的本質的に別のものである」と結論していく。しかし、今度は「意識態度」の限りで正気と狂気は区別できなくなるとも言える。ところで、山本は、「感覚は意識内容ではない」として、感覚と知覚を区別してもいた。とすると、感覚の欺きの一般化として（のみ）夢の懐疑を捉えるなら、議論は違ってくるはずである。

★08——AT VII 84.

★09——AT VII 88.

★10——AT VII 89-90.

根井 豊

全形而上学の根柢としての道徳の立場

序

「我々がライプニッツの思想の本質を探るとき、彼の全形而上学説の根柢にあるものは道徳の立場にほかならないことが知られるのである[★01]」とライプニッツに関して語ったことは、「「人間」であることとそれ自体が、人間にとって課題なのである[★02]」と語る哲学者としての山本信自身にそのまま当てはまることであろう。

また、「『真の中間』をとらうとする者、即ちより高い観点から両端を綜合しようとする者[★03]」として山本信が捉える、デカルト派とスピノザに対するライプニッツの態度は、山本信が研究者として哲学史上の諸説と諸科学に対してとった態度であり、さらに教師として、山本ゼミの提題者と質問者となる我々学生に対して、常に保持した態度でもあった。提題のあと、先輩諸氏の厳しい批判にさらされ、展開の道筋を見失いそうになるとき、山本信は、提題者と批判者の論点をより高い地平に配置して、それぞれの意味を捉え直し、新たな展開の方向を示唆するのであった。

根柢に見据えられている課題、研究と教育に対する同一の態度、それらの上に展開される思索は、判断を権威にゆだねることなく、自分の言葉で、また自分の責任において語ることを実行したものであると思われる。それは、その危険を承知の上で「人間においては、その生活の有意義性……は彼自身が決定しなければならない」[★04]と語った、自分自身の言葉の実践でもあったであろう。私たちが哲学科に進学した際の歓迎コンパの席上、隣にいたH君（ギリシア、ラテン、英、独、仏、露等々を修得し、後に存在の一義性の問題に取り組んだ）が、先生に質問した。「どれくらい外国語は勉強すればよいのですか？」。先生は少し間をおいて答えられた。「日本語を大切にしなさい」と。肩透しのように感じた答えであったが、いま思い返せば、自分の言葉で、自由に考えることを何よりも大事にしていた先生の率直な答えであったのだろう。そして哲学会を終えた夕方から始まる山本家でのシンポジウム、即ち大森荘蔵、黒田亘等々が集い、発表者たちのテーマを肴に、事柄そのものに立ち返って、自由に忌憚なく語り合う時間は、山本信にとって最も楽しい時間のひとつであっただろう。

以下の小論は、存在がすぐれてそこにおいて現出する「道徳の立場」を形づくり顕わにする行為の成立構造についての、山本ゼミへの提題である。

Ⅰ　行為の存在論

見ることのできるものに、見えるものが現出してくる。即ち、見ることのできるものが、見られうるかたちで存在しているものの現出の場を開いているという仕方で存在している。また過去を有し未来を持つものにのみ、事物の過去や未来も現れてくる。即ち、それ自身の存在の仕方が、現在において過去と未来を有している時間性において存立しているような存在者を通してのみ、対象の過去や未来が現出しうる。従って、存在がさまざまに語られるなら、それは、そのように語られるそれぞれの仕方で存在しているものの現出の場を、自らの存在の仕方として存在しているものを通してであろう。

かつて存在の基本的意味は、不死なるもの—死すべきもの、必然的存在者—偶然的存在者、無限者—有限者、或いは創造者—被造物等の対比において表現されてきたように、その倫理的含意とともに、卓越した存在者との関係のもとに規定されてきた。対比の前項を失った現在においてもなお、存在の意味が汲み取られるべき手掛かりを与えうるものがあるとすれば、それは上記のような、さまざまな存在が現出する場を自らの存在の仕方として存在している存在者であろう。とりわけ、そこで現出する存在の仕方が、対象の存在ではなく、自らの存在を直接に形づくっているような存在者であろう。即ち課題は、個々の実践を通して、善・悪が語られうる倫理的・道徳的次元を現出させつつ、自らの存在を形づくっている行為の、或いは行為者の存在論的な解明である。

II 状況と行為

行為は状況のなかでおこなわれる。眼の前に「助けを必要としている人々がいる」という状況のなかで、「助けを差しのべる」という行為は成立しうるのであって、そのようなひとが誰もいないとき、「助けを差しのべる」という行為は成り立たない。図と地の関係のように、行為はそれがまさにそこでおこなわれる状況から切り離されては成り立たない。自明なことに思われるこのことは、しかし強調しておかねばならない。例えばサルトルの行き過ぎは、その確認を怠ったことにあるからである。

母のもとに留まって、母の生活を支えるべきか、それとも、母を捨て、自由フランス軍に参加すべきか、そのような相談に来た青年に対してサルトルの与えた答えは周知のものであろう。「君は自由だ。選びたまえ、創りたまえ」[★05]。二つの型の行為の間でのためらいに決着をつけうるようないかなる一般道徳もなく、我々を待っているのは

「無地の未来」のみである、つまり「人間は何のよりどころもなく、……刻々に人間をつくりだすという刑罰」即ち「自由の刑」★06に処せられているからであるという。

サルトルは、行為が成立するための不可欠な条件であると思われる自由の概念を強調し、それを極大化するために、自由を制約するように見える状況からも行為を解放している。しかしそれは、空に舞う鳥の自由な飛翔を極大化することによって、即ち、空気の抵抗を極小化することによって、飛翔の場所を消滅させ、飛翔そのものを不可能にするのと同然である。行為が行われる場を切り離して消し去り、従って「自由」ということがそれについて形容されるべき行為そのものを成立しえなくしているのである。我々は状況抜きの真空の中で行為しているのではない。

かの青年を、サルトル自身が報告している状況の中に置き戻してみよう。彼はナチス・ドイツの攻撃による兄の死を契機に、兄の復讐という思いもあって、「自由フランス軍に参加する」ことを選ぶべきか、それとも自分がいなくなれば明らかな母の困窮を避けるために、「母のもとに留まり、母の生活を支える」ことを選ぶべきか、という状況にある。この短い記述からも、それは、彼の母や兄との関係、両者への思い、さらには選択肢のそれぞれが占める価値評価の体系のなかでの位置づけ(祖国を守る勇敢な行為、親を支えるけなげな行為)、またさらに、過去(兄の死)と未来(母の困窮)との因果的連関で意味づけられている現在、フランスやドイツという制度との関係等々から複合的に形成されていることが見て取れる。

このような状況のなかでの決断は、その後の青年の生の組み立てにおいて中心を占める事柄にかかわっている。いずれの選択においてもその実践にはさまざまな行為が伴うことになるが、それらの行為を有機的に組織化し、その意味を支え、優先順位を決める基準となるのは「母の生活を支えている」ことであり、或いは「自由フランス軍に参加している」ことである。有機的に組み立てられたその全体は、その実践を通して彼の存在の仕方を形づくり、彼がどのようなひとであるのか、そのひととなりをつくり上げることになる。それは同一に留まる身体がさまざまな衣装をまとうことができるように、ひとがそのひととなりを随意にまとうのではなく、そのひととなりにおいてそのひとの存在そのものが成り立っているというべきであろう。虚偽の装いは、このようなひととなりの成立の仕方を前提し、それに寄生してはじめて可能なのである。ことばは真実を語るという前提のもとでのみ、嘘は成立しうるのと同様に。

しかし翻ってみれば、かの状況のうちにあること自体が、即ち、なすべきことは「母の生活を支える」ことなのか「自由フランス軍に参加する」ことなのか、この二つが選択肢として現れている状況自体が、既に彼のひととなりを示していると言えよう。母と兄にいかなる思いも懐いていないものにとって、二者択一を迫るこの状況が立ち現われることはないからである。

おそらくマザー・テレサにとって「助けを必要としている人々がいる」という状況も、他の人々にとっては「虫けらのような不可触賤民がうごめいている」という状況に過ぎなかったかもしれない。前者にとっては、従って「助けを差しのべる」ことが、後者にとっては「捨て置く」ことが、いわば必然性を持った実践的推論として帰結するであろう。このように状況と行為者の存在、およびそこから出てくる行為は不可分であり一体を成している。状況は行為者の存在において現出してくるものであり、それは行為者の存在の内的な構成因であると言えるであろう。そしてそのように現出してくることによってはじめて、その状況が現にそこにあることが顕わになるのである。「人間」であることとそれ自体を課題とするものは、自らの存在を通して人間存在の真実を現出させることを課題とするものでもあろう。

感情や規範、評価の体系や制度等を介して相互に結びあい或いは対立しながら広がっていく人間関係の中で遂行されていくという行為成立の空間的表象は、形成の過程を経て来ている状況（過去）を背景に、新たな事態（未来）を、行為（現在）を通してもたらすという時間構造をその根底に置いている。そして状況・行為者の存在・行為が相互浸透するような仕方で一体となっていることは、行為を構成する時間が既にそのようなものであり、相互排他的に並列化される今系列の時間ではないことを示している。「もはや無い」過去は、あたかも記憶喪失のように、行為を見失わせる。「いまだ無い」「無地の未来」は、そこをめざしてなされている行為に形を与えない。それは行為を事後的にのみ記述される偶然的な出来事にしてしまう。行為および行為者の存在は、過去と未来が現在を支え、その内的な構成因となっている、そのような時間性において成立している。即ち、時間の厚みを通して形成された状況として過去が保持され、予描された未来とともに不可分に現在を構成しているのである。それでもなお、過去と未来に「もはや無い」、「いまだ無い」という無の性格を維持するとすれば、過去と未来をその内的な構成因としている行為者の存在の考察において、存在と無の二分法は不適切であることになろう。

従って行為者の存在は、現在に埋没している事物の因果的に継起する水平的な「今」系列のうちに、自由の因果性によって垂直に切り込んでいくようなイメージで捉えられるものではなく、事象が継起すること、即ち時間が過去・現在・未来へと分節されること自体が、その存在の時間性からはじめて可能になる存在というべきであろう。眼の前のある模様を具えた一個の石ころ、現在と言う時間に埋没している石ころが、数億年前の三葉虫の化石として現出しうるのは、それ自身の存在が過去によって内的に構成されている存在者を通してのみである。事物の未来についても同様である。

行為者の存在を内的に構成している過去と未来は、その内在的な視点からは、我々が自分の誕生も死も経験することができないように、誕生と死によって閉じられ完結するものではない。自分の存在が自分自身に全面的に開示されているわけではなく、見通すことのできない先に続いている。即ち行為者の存在とは、自らが開始したわけではないその存在を引き受け、常に未済の未来へと向かっている。図を支える地のように、見渡すことのできない周縁の重さが錨となって、行為と知覚経験を現実に繋ぎとめている。「夢のなかではわれわれはすべてをすでに知っているかたちで現れてくる」[★07]のに対して、未済の未来と記憶の彼方の過去への連なりが、行為と知覚経験の現在を、随意に変換できない現実にしているのである。

人間的な知の成立構造は、以上のような人間存在の成立構造を反映したものであろう。人間の知性が、もし知の要素とでもいうべき「単純本性」や「原始概念」の析出へ到達しうるなら、そこからの再構成によって、すべてを明晰判明な知識として構築しうるであろう。しかし、他との連関から切り離されて「それ自体で知られる」と想定された要素は、丁度、原点を欠く無限の空間のうちにただ一つ置かれた点が、位置指定の不可能なもの、即ち点としての意味を欠いたものとならざるをえないように、それとして確定されえないものである。「普遍学」の構想は見果てぬ夢に終わらざるを得ない運命にある。概念の分析は、それが相互に区分される関係のうちに位置づけられねばならず、そしてその関係を人間知性が無限に辿り尽くすことができない限り、人間的な知は、暫定的に明晰な注意の焦点から、分析と総合の両方向に、漸次曖昧になっていく周縁へひろがり、逆説的ではあるが、不知へと連なるその周縁の重さが、暫定的な知の真理性を支えているというべきであろう。

IV　行為と他者

H・アレントが、「人間の条件」である「活動的生活(vita activa)」を構成するものとして「労働(labor)」、「仕事(work)」、「活動(action)」をあげ、それぞれを生命維持活動、人間的世界の形成活動、政治的活動によって性格づけるとき[★08]、言論によって直接に人と人との間でおこなわれる「活動」は無論のこと、それらは生命を維持しようとするひと、世界のなかに住まうひとを目的とした行為であり、行為は一般にひととの関係のうちに成立すると言えるであろう。状況との関係から見た行為も既に、その状況が母や兄との関係、目の前の人々との関係において成立していたように、他者との関係がその中心にある。そして状況が行為者の存在を内的に構成する要因であるならば、その状況に含まれる他者の存在も、行為者の存在の内的構成因であると認めざるをえない。

他者が行為者即ち自己の存在の構成因を成しているならば、自己と他者という二分法も、存在と無の二分法と同様、行為者の存在の考察においては不適切になろう。母親にとって乳飲児は自己の存在の一部ではないだろうか。しかしそれでもなお、それが他者であることの意味を保持するのは、自分にとって自分の存在が全面的に透明ではいないのと同様に、或いはそれ以上に、その存在の不透明性が残されているからである。その存在が全面的に開示されていると誤解することは、行為を支配や暴力へと変質させてしまうであろう。即ち、行為を行為者と対象との一方向に縮小し、全面的に開示すると誤解された知に限定することによって、他者を単なる操作対象に貶めることになるからである。

「助けを差しのべる」行為も、助けを受け入れるひとに対してのみ成立する。或いは私が話す行為も、聞く人がそこにいること、即ち私が聞かれるものでもあることによって成立する。行為の目的である他者が、単に行為の客体に留まるのではなく、行為の主体となり、自分が逆に他者の行為の客体(他者の他者)となる。行為は主―客を交代しながら相互に関係している人間的世界において営まれている。そのような他者の存在の重さは、丁度、自己の存在の重さが見わたすことのできない周縁、現在の行為を支えている過去と未来にあったのと同様に、他者の存在が蔵しているその未知なる部分から生じている。このような相互関係の成立する次元においてはじめて「われわれ」の世界、即ちいわゆる人格相互の関係における行為と行為者の存在そのものについて、その善・悪、或いは正・不正が問われうる倫理的・道徳的世界は現出する。

しかし、そのような他者の存在、「善や悪を為しうる自由な原因」[★09]はどのように開示されているのであろうか。この問いは、身体の動きのような現象の背後にあるものを現象から推論する方向で問われてはならない。距離を置いて与えられてくるいわゆる「客観的」な事物が、それぞれの存在の仕方で現出する可能性の条件として、行為者の存在は成立しているのであるから、或いはそれ以上に、他者が行為者の存在のうちに、即ちその存在の内的構成因として与えられているのであれば、他者の現出の可能性の条件も、行為者の存在の成り立ち方のうちに直接に求められねばならない。「道徳の立場」が「全形而上学の根柢にある」のは、その立場が行為を通してのみ顕現するものであり、従って行為と行為者の存在の成立構造が、対象的事物と「自由な原因」としての人格とのすべての存在の現出の可能性の条件として、「全形而上学の根柢」を成しているからでもあろう。

行為が主―客を交換する「自由な原因」としての人格相互の関係のなかで成立することである限り、行為についての考察は、人と人の関係の成り立ち方の考察に進まなければならないが、日常の経験において既に、愛や憎しみ、喜びや悲しみ等々の諸感情は、そのような感情という様態のうちにある行為者の存在を通して、人格相互の関係を現出させている。例えば、「愛」とは、「善或いは悪を為しうる自由な原因」が「我々にとって善きものとして表示される」とき、その対象に対して生ずる感情である。[★10]感情とは、行為者の存在がその様態のもとにおかれている受動状態であり、行為者の存在の根柢にかかわる直接的な(subjective)変様であり、それが他ならない感情・情念(passions)として経験されている。それは、行為者の存在を直接に規定する存在の変様を通して、行為における主—客の変換を現出せしめ、「善や悪を為しうる自由な原因」としての他者の存在を開示しているのである。

感情が有しているこのような原初的機能、或いは原初的な存在の次元を開示する機能は、積極的に捉え返されなければならないであろう。感情は、それが感性的質に類するものと解されると、何か私秘的な心理的現象として卑小化されて捉えられ、行為の因果的な再構成において、事後的に、個々人の行為の動機として位置づけられることになる。しかしその存在論的な側面から言えば、行為者の存在の根柢に関わる存在の様態であり、それは例えば理性の統制に服すべき荒馬である以前に、人格相互の関係を現出させる原初的経験であると言うべきであろう。感性が自然の存在を開示するのに対して、感情は人格的存在の次元を開示するのである。それは、母と乳飲児の関係のように自他の区別の殆どない濃い関係から、希薄な関係に至るまで、濃淡を伴う人格相互の関係が織りなす次元である。それゆえに行為を介して相互に関わる人間的世界は、様々な濃淡に彩られた感情・情念の世界でもある。人々の悲しみの声が、我々の魂を、即ち我々の存在の根底をゆさぶるのは、内的につながる存在の共鳴ではないのか。

しかし感覚の経験が端的に自然の世界の真実を示すものではないように、感情があるべき人間関係を端的に現出させているわけではない。また感情は感性的経験のように多様な質をもって与えられるのでもないが、その多様性は人間相互の、合一させたり離反させたりする関係の多様な様態を現出させている。そしてその多様性を通して「善や悪を為しうる自由な原因」としての人格的存在のあり方の多様性を現出させ、善や悪の成立次元を開示しているのである。知の探求において、偽に晒されうるが故に真理を得るための方法が求められるように、我々はその存在において悪に晒されているが故に、善の概念の精製とともに、善によってその存在を形づくることが課題となる。

こうして我々は「「人間」であることそれ自体が、人間にとって課題なのである」という地点に到達する。

（九州大学教授）

★01――山本信『ライプニッツ哲学研究』東京大学出版会（1953,1975）、pp104-105（以下、山本Ⅰ）
★02――山本信『形而上学の可能性』東京大学出版会（1977）、p163（以下、山本Ⅱ）
★03――山本Ⅰ、p131
★04――山本Ⅱ、p162
★05――J-P・サルトル『実存主義とは何か』人文書院（昭和三〇年、昭和四五年）、p37
★06――Ibid.pp30-31
★07――山本Ⅱ、p211
★08――H.Arendt. *The Human Condition,* The University Chicago Press(1958)pp7-8,『人間の条件』ちくま学芸文庫（一九四四）、pp19-20
★09――R.Descartes. *Les Passions de L'Âme,* art.55,(AT IX,p375)
★10――Ibid.et art.56

伊豆藏好美

ホッブズと若き日のライプニッツ——十七世紀に「大陸合理論」の哲学は存在したのか？

はじめに——二十七年後の課題提出——

ささやかな個人的想い出からはじめることをお許し願いたい。私は哲学科の卒業論文および修士論文をいずれもライプニッツ哲学をテーマにして書いた。山本信先生は指導教官であり、当然のことながら先生の『ライプニッツ哲学研究』は必読書であった。卒業論文の結論部分で、私はこの本からのかなり長い引用をそのまま用いたが、口頭試問で坂部恵先生から「少し山本先生の本に頼りすぎではないか」とのご指摘を頂戴した。山本先生は「私にとっては光栄なんだけどね」と笑っておいでだったが、このことがあったので、修士論文では山本先生の解釈を少しでも批判しなければと考え、先生がライプニッツ哲学の中の「意識内在的な現象主義的観念論」への傾向[★01]を表していると解釈されたテキスト『実在的現象を想像的現象から区別する仕方について』(工作舎著作集第8巻所収)をデカルト批判の文脈から読み直し、そこでの「外界の存在証明」に対するライプニッツの態度は、実はむしろ「意識内在的な現象主義的観念論」とは敵対するものであると論じた(つもりであった)。山本先生は「こういう読み方ができるとは私は気がつかなかった」といつもどの学生に対してもそうだったように上手に褒めて下さった。一番厳しい批評を覚悟していた渡邊二郎先生からも、思いの外好意的なコメントを頂いたので少し安堵していると、今度は黒田亘先生が、「デカルト批判というのならホッブズも読まなければいけない」とおっしゃって、ひとしきりホッブズの重要性について持論を展開された。しかし、その後私はライプニッツ研究から徐々に遠ざかり、ホッブズに多少専門的に取り組むようになるのも、それから十年ほど経ってからのことであった。

　このように思い出してみるならば、何のことはない、私は学生時代の二度の拙い論文を丁寧に読んで批評して下さった四人の先生方に、いまだに次の課題が提出できていない生徒のままである。坂部先生はあるとき山本先生を評して、「どんな暴投でもストライクと言ってキャッチしてくれる名捕手のようなもので、ときに球を投げた学生の方が恥ずかしくなるほどだ」とおっしゃっていたが、遅きに失した不完全なレポートでも、山本先生ならどこか取り柄を見つけ出して勇気づけて下さったであろうか。そのようなことを夢想しつつ、若き日のライプニッツへのホッブズの影響について少し論じてみたい。

1. 若き日のライプニッツによるホッブズ評価

ほどなく厳しい批判へと転じはするものの、実は若い頃のライプニッツはホッブズを非常に高く評価していた。一六六六年に公刊した『結合法論』ではホッブズを「あらゆる事象の諸原理のもっとも深遠な探求者」と呼び（A.VI.1, 194）[★02]、一六七〇年（二十四歳のとき）には、すでに八十歳を越えていたホッブズにわざわざファンレターまがいの手紙も書いている。その中で、「あなた以上に精確に、明晰に、そして優美に哲学した人を、かの神的な才能をもったデカルトその人を含めてもなお、私は誰も知らない」とあえてデカルトと対比する形でホッブズを讃えている点に、ここではとくに注目してみたい（A.II.1, 58）。ライプニッツにとってデカルト哲学あるいはより広い意味でのデカルト主義の批判と超克が一貫した重要な課題であったこと、およびホッブズがデカルト哲学に対する徹底した敵対者であったことを考え合わせるならば、当時のライプニッツがデカルト主義を批判しそれを乗り越えるための重要なヒントをホッブズの中に見出していたのではないか、という想定が成り立つからである。

実際、人間精神による推論の働きを「計算」に喩えたホッブズのいわゆる「思考＝計算」テーゼの背景にあった、言語や論証的形式を学知の不可欠の条件とみなす知識論および方法論は、明証性の規則に依拠したデカルトの「直観主義」的な認識論をライプニッツが批判し、自らの「形式主義」的な方法論を確立していく際の重要な契機となったと考えられるし、ホッブズが自らの運動論の基礎的原理として導入した「コーナートゥス」(conatus, endeavour) の概念は、精神と物体を実体のレベルで峻別するデカルトの二元論的存在論をライプニッツが批判し超克していく過程で、やはり決定的な影響を与えていたように思われるのである。

以下では、紙幅の関係からもっぱら第二の論点に焦点を絞り、ホッブズにおいて「コーナートゥス」概念がどのような役割を果たしていたのか、そこから若き日のライプニッツが何を得たのか、そして、両者の関係を再考することにどのような哲学史的な意味があるのか、について考えてみることにしたい。

2. ホッブズにおける「コーナートゥス」概念

『物体論』でホッブズは「コーナートゥス」を、「与えられるどんな空間や時間よりも小さな空間や時間ごとにおける運動」、すなわち「点ごとの、瞬間における運動」と定義している (DCo.15.2)。現在の数理物理学的見地からすれば、微分量としての瞬間速度と解されそうだが、もちろんホッブズには微積分はおろか、自然法則のいかなる代数的定式化の試みも見出すことはできない。にもかかわらず彼が思弁的推論によってこのような概念に到達したのは、自らの機械論的な自然観においてあらゆる現象の「普遍的な原因」とみなされた「運動」一般の、要素的な生成原理が求められたからである。それは一定の速度や方向をもつ物体運動の究極の要素として析出されたいわば「無限小」の運動であると同時に、結果においてわれわれが観察可能な具体的運動を産出するがそれ自体は外延量をもたない力動的原理として導入されている。

この概念が同時代における古典力学の形成に積極的な役割を果たすことは、少なくとも表向きにはなかったように思われる。にもかかわらず哲学史的に重要なのは、ホッブズがこの運動論の基礎原理を、自らの唯物論的世界観に整合的な統一性を与えるべく、人間の認知的・情動的機能の機械論的・因果的な説明に利用した点である。人間の感覚や知覚の原因もまた微細な物質の運動にほかならないとするならば、コーナートゥスはそれらの生成原理でもあることになろう。そこで、たとえば「感覚」も「対象から〔身体の〕内部へと向かったコーナートゥスにより生み出された外へと向かう感覚器官のコーナートゥスが一定時間持続する、その反作用によって形成される表象像」と定義される（DCo.25.2）。

さらに、感覚や感覚に依拠する認知的機能ばかりではなく、さまざまな行為を直接的に動機づける欲求や嫌悪といった情動的機能も、同じように身体内部の微細でそれ自体としては知覚できない「コーナートゥス」によって説明され、その水準では「努力」とか「傾向性」といったこの語の日常的な意味との再接合がなされることになる。『リヴァイアサン』のよく知られた箇所では次のように言われている。

> 人間の身体内部におけるこれらの運動の微細な端緒は、それらが歩くことや話すこと、叩くことその他の目に見える行為となって現れる前には、通常は「努力」（endeavour〔= conatus〕）と呼ばれる。（Lev.6.23）

ホッブズがこうした「コーナートゥス」概念を最初にどのような場面で獲得し、それを自らの哲学体系全体にとって重要な鍵概念としていかに精錬していったのかを詳細に跡づけることは、ここではできない。[★03] ただ、以上で確認した範囲だけからでも、さしあたり次の二点を、この概念の重要な特徴として挙げておくことができる。すなわち、第一に、「コーナートゥス」が通常の意味での物質的現象だけではなく、生理的・心理的・精神的な現象の説明原理としても用いられることで、精神と物体を峻別するデカルト的な二元論のもとでは解き得ぬ難問となった心身問題をいわばスキップし、一元的で統一的な自然・人間把握を可能にする概念として利用されていること。そして第二に、「コーナートゥス」が物体的運動の原理（端緒）でありながら外延量はもたず、ただ結果としての運動を測定することからその強度が求められるような、それゆえに幾何学的な「延長」を本質としたデカルト的な物質概念には収まらない、力動的・潜勢的な性格を有する概念であったこと、である。デカルト的な二元論の構図、とりわけ「物体即延長」という物質概念を批判しようとする者にとって、このホッブズが用いた概念は大いに魅力的なものに見えたはずである。ライプニッツもまたこの概念に魅せられた一人であった。

3.「コーナートゥス」から「モナド」へ

実際、先に引いたライプニッツのホッブズ宛書簡でも、話題の中心となっていたのは、ホッブズがコーナートゥス概念を利用して『物体論』で展開していた物体の衝突や凝集をめぐる議論の見かけ上の難点をどう理解し補完するかであった。さらに、翌年（一六七一年）にライプニッツが公にした「抽象的運動論」（『新物理学仮説』の第一部）でも、ホッブズは名指しこそされていないものの、議論の下敷きにされていたのは明らかに『物体論』の運動論である。つまり、この時期のライプニッツは、いわば運動の究極要素としての「コーナートゥス」からさまざまな運動がどのように合成されるかを説明することが新たな自然学の中心課題であると見なしており、しかも、そのような構想そのものをホッブズの『物体論』から受け取っていたと考えられるのである。

とりわけ注目すべきなのは、このときのライプニッツがコーナートゥス概念を利用して「精神と物体との真の区別」を発見したと主張している点である。

精神におけるのでない限り、いかなるコーナートゥスも運動なくして瞬間を超えて持続することはない。なぜなら、瞬間においてコーナートゥスであるものが時間における物体の運動だからである。ここから、これまで誰によっても解明されたことのない物体と精神の真の区別へと到るはずの扉が開かれる。実に、あらゆる物体は瞬間的な精神、すなわち記憶を欠いた精神なのである。なぜなら、物体は自身のコーナートゥスとそれに対立する他のコーナートゥスとを、瞬間を超えては同時に保持することができないからである（実際、作用と反作用、ないしは比較とそして調和という二つのものが、感覚や欲求や苦痛には必要なのであり、その二つなくしては感覚はあり得ない）。それゆえに物体は記憶を欠き、自身の能動や受動の感覚を欠き、思考を欠いている。」(A. VI, 2, 266)

要するに、一般に物体の衝突においては、対立するコーナートゥス同士の合成が瞬時に発生して結果としてのさらなる運動が継起するため、その衝突の瞬間を越えて異なる複数のコーナートゥスが同時に保持され続けることはないが、感覚や欲求や思考といった精神の作用が成り立つためには、異なり合う多数のコーナートゥスが持続して保持される必要があり、そこに物体と精神の違いがある、と言うのである。本来は物体的な運動の端緒であったはずのコーナートゥスがそのまま感覚や欲求や思考の原理ともされていることは、ホッブズのコーナートゥス理論が自明の前提となっていたと考えない限り、理解しづらい事態である。さらに、ライプニッツが同じ時期の断片でデカルト主義の一面性を批判して、「デカルトは精神をただ一つのやり方で、精神としてのみ考察し、物体から振り返って精神へと進むことをしなかったために、もっとも奥深い核心へと到達することはなかった」と述べていることも付け加えておこう(A.VI,2, 285)。

もちろん、ライプニッツがやがて「モナド」と呼ばれる独自の実体概念を確立して、自身の完成された哲学体系へと到るまでには、なお力学における運動量と力の概念の区別、連続体の実在性をめぐるいわゆる「連続の合成の迷宮」の解決、形而上学的な実体論のレベルと自然学的な現象論の次元の峻別といったいくつものステップを経る必要があったし、その過程で、ホッブズの場合とは異なり、物体の実体性を構成する原理はいわば完全に「精神」化されていくことになる。したがって最終的には、精神の諸機能を唯物論的な一元論のもとで説明しようとしたホッブズのコーナートゥス理論は、逆に物質的な諸現象の根源に精神的な存在や作用を見ようとするライプニッツのモナド論によって、見かけ上はまったく「逆転」されることになるだろう。[★04] けれども、デカルト的な二元論を拒絶し、一元的な説明原理に基づいた世界観を組み立てようとした点においては、ライプニッツはデカルトよりはむしろホッブズの方により多くを負っていたと言えるのではないだろうか。

詳細は他の機会に譲らざるを得ないが、先に触れた方法論に関しても同様の事情を指摘できる。[★05] ライプニッツは一方で、ホッブズの「超唯名論」はあらゆる真理を恣意的で相対的なものにしてしまうと批判はしたが、他方で、公理にさえも定義からの証明を与えようとしたホッブズの企ては高く評価し、自らも同種の試みをくり返している。

それはライプニッツが、デカルトの「明証性の規則」は主観的で曖昧な基準しか提供せず、ときに先入観や誤謬推理を許容してしまうのに対して、誤謬や懐疑に陥ることを防ぐ有効な手だては、ホッブズと同様に、可能な限りあらゆる名辞を定義し公理や要請をも証明することである、と考えていたからに他ならない。われわれ有限な人間の認識はほとんどの場合に概念の構成要件に対する直観を欠いた「記号的認識」に止まるが、そうした算術や代数において典型的な「盲目的思惟」を、かえって真理認識と学知形成の積極的な条件と見なした点では、ライプニッツは『結合法論』でホッブズの「思考＝計算」テーゼに賛同して以来、一貫して反デカルト主義を標榜するホッブズ主義者であった、とも言い得るのである。

4.「大陸合理論」vs「イギリス経験論」？

さて、若き日のライプニッツからデカルト以上に「精確に、明晰に、そして優美に哲学した」と讃えられたホッブズではあるが、今日では、政治思想史や法哲学においてならいざ知らず、少なくとも狭義の西洋哲学史の教科書において重要な哲学者として取り上げられることはほとんどない。それはいったいなぜなのだろうか。

私見によれば、原因はホッブズの「哲学」自体の内容や質よりはむしろ、長い間引き継がれてきた哲学史の伝統的な構図の方にあるように思われる。すなわち、標準的な哲学史の教科書において近世ヨーロッパの哲学思想は、多くの場合「大陸合理論」と「イギリス経験論」との対立拮抗という図式の中で整理されてきたが、この図式を前提とする限り、ホッブズは「イギリスの哲学者」でありながら、ある意味においては「大陸合理論」の哲学者たち以上に「独断論」的な「合理主義」者といういわば「鵺《ぬえ》」のような存在として、与えられる場所をもたないままほぼ自動的に度外視されてしまうのである。

ところで、この「大陸合理論」と「イギリス経験論」の対立図式に立脚した近世哲学史の整理は、これまでもしばしば指摘されてきたとおり、後にカントがその二つの潮流を調停・総合し、新たな超越論的哲学への途を拓いたとする近代哲学史観に由来していると思われる。ところが、このような哲学史観に基づく限り、デカルト以降の哲学の中心課題はもっぱら客観的な自然認識(端的に言えば近代自然科学)の成立条件あるいは正当化条件の解明にあったことがほぼ自明視されてしまい(「第一哲学」としての「認識論」)、その結果、十七世紀の範囲で見る限りでの「イギリス経験論」と「大陸合理論」の対立が語られる際の中心的な論点も、実質上は生得観念説や実体概念を批判したロックの『人間知性論』とそれを再批判したライプニッツの『人間知性新論』による応答とであらかたカバーできる内容へと切り詰められてしまう。だからこそ、ライプニッツによるこの応答を結節点として、デカルト、スピノザ、ライプニッツと辿られる「大陸合理論」の系譜と、ロック、バークリー、ヒュームと並べられる「イギリス経験論」の流れとが、いわば近世哲学史の必然的な展開であったかのように対比されつつ結びつけられることにもなったのであろう。

けれども、たとえそれが哲学史のおおまかな概観を得るためには好都合であったとしても、このような図式的整理がなかば自明なものとして反復されることによって、本稿で見てきたようなホッブズのライプニッツへの影響は、ほぼ自動的に哲学史の中の些細なエピソードとして片付けられてしまうことになる。しかし、もしもライプニッツが哲学的な世界観についても方法論についても、デカルトよりはむしろホッブズの方により多くを負っていたとみなし得るならば、にもかかわらず依然としてデカルトと並べて「大陸合理論」の系譜にライプニッツを位置づけておくことに、いったいどのような意義が見いだせるのだろうか。[★06] さらに、スピノザの徹底した自然主義に立脚した人間論や政治論そして宗教論も、やはりホッブズにきわめて近い立場や関心から展開されていたことは明らかであるし、人間を含めたすべての個物の「現実的本質」を「コーナートゥス」という術語で捉えた点にも、ホッブズがライプニッツに与えたのと同質の影響を見て取ることができるように思われる。こうした観点から見るならば、むしろホッブズ、スピノザ、ライプニッツの三人を十七世紀における「反デカルト主義」の系譜の中に改めて位置づけ直すことも充分可能である。彼らはいずれも、デカルト的な自己意識や内省的な観念に立脚した認識論や、精神と物体を峻別する厳格な二元論に基づいた存在論に、それぞれの仕方で異議を唱えていたと見なせるからである。その上、彼ら三人は、デカルトが自らの哲学の課題として引き受けることがなかった倫理学や政治学、さらには宗教論に積極的に取り組んだという点でも共通の志向を有していた。そうした点に着目した場合にも依然として「大陸合理論」という図式的整理が意味をもつかどうかは、大いに議論の余地があるだろう。

このように考えてくるならば、旧来の「哲学史」の図式的整理の中で占めるべき場所をもたずに排除されてきたホッブズをあらためて十七世紀の哲学史の中に位置づけ直す作業は、当の図式によって見失われてきた論点や展望を自ずと浮かび上がらせてくれるように思われる。その作業は、私たちの「哲学」の現在や未来を考えることと、当然のことながら無関係ではないのである。

（奈良教育大学教授）

【付記】――本稿は、二〇一一年三月二九日に京都大学で開催された、日本イギリス哲学会第三十五回研究大会シンポジウムⅡ「イギリス思想とヨーロッパの哲学」において、「ホッブズと十七世紀「大陸合理論」の哲学――ライプニッツへの影響を中心に――」という題目で行った口頭発表に基づいている。発表の機会を与えて頂いたことと有益な質問やコメントを寄せて頂いたことに、この場を借りてお礼申し上げる。

★01——山本信『ライプニッツ哲学研究』東京大学出版会、一九五三、一九七八年、二一六、二二〇頁。

★02——ホッブズとライプニッツの著作への参照要求は以下の略号を用い、文中の（　）内で行う。

DCo＝ホッブズ『物体論』; *De Corpore: Elementorum Philosophiae Sectio Prima*, Edition critique par Karl Schuhmann, Vrin, 1999.（ドットで区切られた数字はそれぞれ、章・節を表わす。）

Lev＝ホッブズ『リヴァイアサン』; *Leviathan*, edited by Noel Malcom, 3 vols, Oxford Clarendon Press, 2012.（ドットで区切られた数字はそれぞれ章・初版〔Head edition〕の頁を表わす。）

A＝G. W. Leibniz, *Sämtliche Schriften und Briefe, hrsg.* von der Deutschen Akademie der Wissenschaften zu Berlin, Akademie Verlag, 1923-.（ローマ数字は系列を、アラビア数字は巻を、それぞれ表す。）

★03——ホッブズにおける「コーナートゥス」概念の変遷や諸相については、Barnouwが詳細な検討を加えている。Jeffrey Barnouw, "Le vocabulaire du conatus," in Yves Charles Zarka, ed., *Hobbes et son vocabulaire*, Vrin, 1992, pp. 103-124.

★04——コーナートゥス概念とモナド論との関係については、ワトキンスがやや立ち入った考察を加えている。J・W・N・ワトキンス、田中浩・高野清弘訳『ホッブズ——その思想体系』未来社、一九八八年、第七章。

★05——この点についての詳細は、酒井潔・佐々木能章・長綱啓典編『ライプニッツ読本』（法政大学出版局・近刊予定）所収の拙論を参照されたい。

★06——もちろん、真理認識における理性や知性の生得的な能力の役割が重要視されているという点で、もっぱら真理認識の起源を感覚や経験にのみ求めた「経験論」の立場とは明確に区別されるから、といった理由が挙げられるに違いない。しかし、そのような理由に基づく整理が正当化できるのはあくまで、真理認識の成立における主要なファクターを知性や理性に求めるのか、それとも感覚や経験に求めるのか、という二者択一的な問いが、現在もなお哲学にとってもっとも重要な問題であり続けている、と考える限りにおいてのことであろう。私たちははたして今でもそのような問題意識の中で「哲学史」研究を続けているのであろうか。

佐々木能章

ライプニッツと形而下学の可能性

1　『ライプニッツ哲学研究』の「形」

山本信が『ライプニッツ哲学研究』を世に問うたのは一九五三年で、困難な状況の中で書かれたにもかかわらず、その到達した水準は高い。当時の日本におけるライプニッツ研究の実績は乏しかった。河野与一の優れた翻訳があったものの、本格的な研究書は下村寅太郎著『ライプニッツ』（一九三八年）くらいであった。第一次資料も十分とはいえず、山本は事実上ゲルハルト版の哲学著作集のみで勝負していた。クーチュラー編の著作集をはじめ他の刊行本の多くも山本が手にすることはなかった。そのため、『ライプニッツ哲学研究』であるからとはいえ、哲学以外のライプニッツの業績について検討されることはなかった。山本自身もそのことには気づいていて、その欠を補うべく入手可能な既刊本から間接的に情報を入手しようとしていた。

それにも関わらず、『ライプニッツ哲学研究』は高い水準に到達している。個別のテキスト読解や問題点の解釈において綿密な分析を加え解釈の違いを並べ立てる。限られたテキストからとはいえ、個々の問題の核心を捉え同時に全体像とのつながりに配慮する姿勢から生み出された研究は、その後に出た内外の研究書と比べて見劣りしないばかりか遙かに抜きんでたものがある。

ただ、私は『ライプニッツ哲学研究』を最初に読んだときには物足りなさを感じていた。それは、解釈の方向性を貫くような柱が見えなかったからである。ラッセルやクーチュラーやゲルーなどのように、多少強引ではあっても一つの角度から切り込む解釈の醍醐味が示されることには魅力が感じられた。この点で『ライプニッツ哲学研究』は物足りなかった。自分の一貫した方向性を示すわけでもなく、競い合う解釈に優劣好悪の差をつけるわけでもない。いわば八方美人的にそれぞれの特徴を明らかにすることに終始している。そのことに不満を禁じ得なかった。

だが、これは私が『ライプニッツ哲学研究』の真意を掴み損なっていたからである。私が感じた「物足りなさ」こそが、山本の積極的な姿勢の裏返しであったのだ。たしかに、大胆な切り口から攻め込む手法は読者を惹き付ける。しかしそのような理解の仕方はライプニッツ的ではない。ライプニッツは、一つの角度のみから批判的に見ることを戒め、異なる角度、異なる視点のそれぞれに積極的な意義を認めようとしていた。ときにはそれが折衷主義と揶揄されることもあるが、主張には必ず汲み取るべきものがあるというのがライプニッツの姿勢である。複雑さを切り落として単純化することよりも、複雑さをすべて包み込み、豊かさをそのまま掬い取るような姿勢が一貫している。このような思想に対して、一点突破ですべてを理解しようとすることは、ライプニッツの姿勢からはほど遠い。山本のライプニッツ研究の姿勢は、ライプニッツに寄り添う形で進められている。これ見よがしの柱を立てないという大きな柱が全体を貫いている。ライプニッツをライプニッツ的に理解しようとするのである。

このようなライプニッツ研究はそれまで存在していなかった。『ライプニッツ哲学研究』の「序論」で述べられているように山本自身はこの姿勢に自覚的であったが、方法論にまで結晶化させていたわけではない。それをやってのけたのはセールだった（Michel Serres "Système de Leibniz" 1968）。私がセールの研究を知ったのは一九八〇年代だったが、その方法には魅せられた。そしてそこから逆に山本の姿勢を改めて評価することになった。セールに先立ってその発想の根幹を示していたのである。

しかしながら、『ライプニッツ哲学研究』でライプニッツを極めたと考えたからか、あるいはそれよりもむしろ、あくまで哲学そのものの探究を目指しているという自負からか、山本はミュンヘン大学でライプニッツ研究により学位を取得して後、ライプニッツについて直接論じることは滅多になかった。そのかわり、科学の最新の知見を積極的に取り入れ、また哲学研究の最前線にも果敢に取り組みながら、今哲学に何ができるか、と問い続けていた。その問いの中で恐らく最もラディカルなものが形而上学の可能性に関わるものであろう。

2　形而上学の「形」

メタフィジクは井上哲次郎により「形而上学」と訳された。これは『易経』繋辞上の「形而上者謂之道、形而下者謂之器」に由来する。『易経』では「形而上」は「形より上のもの」で「道」であり、「形而下」は「形より下のもの」で「器」だという。「形而」を単独で用いることはないが、「形」を境に上下に分かれる。「形而下」は「形をもったもの」で自然の物理的な事物、「形而上」はその上にあるで「形を超えたもの」となる。「メタフィジク」が「フィジク」とは異なる位相の知であることとなる。

しかし両者は知の対象の相違のみではなく、優劣の序列がつけられ、哲学の固有の営みはすぐれて形而上学に関わるものとされてきた。万学を手がけたアリストテレスが哲学を第一の学としたのも、「形而上」の知に格別の地位を与えたからである。しかしそれが思考の遊戯に堕すると見られるや「形而上学」は批判の対象ともなった。その中で山本があえて形而上学の可能性を世に問うのは、大胆であり挑発的でもあった。

していた。

山本は、「形而上学」の語に、伝統を踏まえつつもそこに新しい意味を付与することで、新しい哲学の営みを目指していた。

「形而上学は何か超自然的なものについて語ろうとするわけではない。それがとりあつかうのは、科学と同じく、世界の中に見いだされる事物であり、日常われわれが経験する現象である。では科学一般と対比してどこに特色があるのか。一口でいえば、形而上学が問題にするところは、さまざまの科学によって説明されることがらの、人間にとっての意味である。」(『形而上学の可能性』二四二頁) しかし形而上学と科学は対立関係にあるのではない。「形而上学の可能性が科学的知識との対比において問題にされるのは、実は的外れである。」(二六四頁) 「具体的経験の……構造と連関をとらえ、そのあらゆる面で生じてくる新たな事態に対してそれらを全体の中に位置づけるとともに、全体を編成しなすこと、これが形而上学である。」(二六三頁)

こうした叙述からもわかるように、山本の形而上学は科学との関連の中にある。対象を異にするのではなく、また上級・下級という区別でもない。むしろ姿勢の違いである。具体的経験のあり方を根本から問う山本流の形而上学(メタ・フィジク)にとっては、科学つまりは形而下に関わる知見との積極的な絡み方を論じなければならない。形而下的対象つまり「形よりして下なる者」で「器」とされるもののあり方が問われる。山本は物理学から生物学さらには精神医学など同時代の自然科学全般に広く通じ、批判的に検討していった。

3　山本が見なかったライプニッツの「形」

同じことはライプニッツにも言える。ライプニッツは自らもまた科学者として自然研究の一翼を担いつつ、形而上学としての批判的精神も発揮し続けていた。ライプニッツが山本と異なるのは、自身が科学者でもあったことである。そのため、「形而下」の対象との距離の取り方には広狭遠近の妙が見て取れる。そこで、ライプニッツ自身の「形而下」的なものとの距離の取り方を見てみよう。そしてこのためには、山本が当時アクセスすることのできなかったテキストを頼りにしてみたい。

①ライプニッツは、山本信が『ライプニッツ哲学研究』を上梓した歳と同じ二十九歳のパリ滞在中に『奇想百科』（"Drôle de Pensée" G.W.Leibniz, Sämtliche Schriften und Briefe, IV-1, Nr.49 S.562-568）と題する奇妙なメモを残している。このメモで、ライプニッツは奇妙奇天烈な発明・発想を列挙している。セーヌ川の水上走行機械に始まり、映写機、花火、噴水、動物模型などの公開実験を提案している。軍隊、解剖実験、計算機、真空実験、磁石や輸血や天気予報など実用的なものもある。娯楽に供されるさまざまな見せ物類や、風車や楽器や植物園にも話題が拡がる。また突如年金の話が出たかと思うと、富くじやらチェスやらのギャンブルの話に移る。取り留めのない発想が次々と繰り出され、およそ正気の沙汰とは思えない。ライプニッツの知的興奮がそのまま吐露されたものである。

このテキストを重視した研究書に、ブレーデカンプ著『モナドの窓』（Horst Bredekamp "Die Fenster der Monade" 2. Auf. Akademie Verlag 2008 原研二訳、産業図書、二〇一〇。この邦訳では『奇想百科』を『思考遊び』としている）がある。ブレーデカンプは、ライプニッツの専門的研究者というよりは、思想史における図や形象の役割に目をつけた人物で、ライプニッツの思想もそのような観点から理解しようとする。そして、これまでの研究でライプニッツはどちらかといえば形象に対する信頼感を低く見ていたとされていたのに対して、その積極的意義がライプニッツにあることを強調した「新しい」ライプニッツ像を提案している。この意図に沿った初期から晩年に至るまでのテキストを巻末に六六編掲載している。

だがこの発想は斬新に見えるが一面的でしかない。これまで日が当たらなかった面を取りあげるのはよいとしても、それのみが重要だと言ってはいけない。ブレーデカンプの指摘は控えめに受けとっておいた方がよい。その上で、形象の役割をライプニッツの中で改めて位置づけてみることには意味がある。形象はそれ自体が形を持った個々の具体的事物としてあると同時に記号的な働きを持つ。この働きをブレーデカンプはことさらに強調するが、実はそれはこれまでのライプニッツ研究がさまざまな角度から論じていたことであり、そうだとすると、ブレーデカンプの指摘も特段画期的だというわけではない。

しかしながら、ブレーデカンプの意図とは異なり、『奇想百科』の事例は、むしろ「形」をもった具体的事物がそれ自体の存在と働きを直接提示するのであって、記号的な役割が託されているわけではない。ライプニッツの関心が記号的な存在に向けられていなかったというのではない。むしろそれこそがライプニッツのライプニッツたる所以でもある。しかしそれだけではなく、事物の「形」を備えた器が、それ自体としてライプニッツの関心の対象だったのだ。そこには形や姿の多様性が溢れ返っている。ライプニッツはその多様性を可能な限り掬い取るような知のあり方を探っていたともいえる。近代の科学的思考の多くが、多様な現象を単純な要素や法則に還元して理解しようとしていたのに対し、ライプニッツは多様性が損なわれるような法則化には賛意を示さない。多様な現実に対する底抜けの肯定が基本にある。『奇想百科』はそのようなライプニッツの現実に対する姿勢が無防備なまでに表れたメモだったのだ。

②『奇想百科』がはじめて刊行されたのは一九〇六年のことであった。ゲルラント編纂の『ライプニッツの物理学、機械学、技術学関連遺稿集』(Ernst Gerland herg. "Leibnizens Nachgelassene Schriften physikalishen, mechanishen und technichen Inhalt" Teubner, 1906) の付録として収録された。この遺稿集は『奇想百科』を含め一三四点を収めているが、ほとんどはおよそ哲学とは無縁の実学直結の記述ばかりで、『奇想百科』に比べると実用度が高く知的な興奮度は低いが、その分、現実

との距離はきわめて近い。例えば、気圧計、時計、距離計、鏡、銃、揚水ポンプ、風力揚水機、馬車、鋸、釘、釣具、煙突、等々、具体的な道具機器への言及で、図解を多数含む。ここには計算機に関するものは収録されていない。やや概括的なものとしては、空気の本質、炎の本質、光の本質、毛細管現象、永久運動、航行法、風力の利用法などが扱われ、より原理的なものとして物理学（自然学）の基本タームについての記述もあるが、全体としてみるならば工学的領域が多く、職人的な技術の詳細に立ち入っている。まさしく「形」「器」の議論であり、図像のような記号的な働きを持つものではない。まさしくそれ自体の時空内の存在と働きこそが意味をもつ場面である。

まるでここでは哲学的議論を封印しているかのようである。事実、ライプニッツは自然現象の説明に安易に目的論を介入させることは禁じ、あくまで機械論的な説明に終始させるべきことを随所で述べている。しかしそれで自然の理解が完了するのではなく、自然そのものについての問い、法則のあり方についての問いの場面では、機械論とは異なる姿勢が必要になる。こうしてライプニッツは機械論と目的論を調和させようとする。これはあくまで自然の理解の話で、さらに道徳的な議論との調和が図られることになるのだが、そこには踏み込まないでおく。確認しておくべきことは、ライプニッツにとって、「形」「器」の議論はそれ自体として理解されるべき水準を有し、それがあってこそ、「形」を超えた知の取り組みが意味をもつということである。

③ところで、『奇想百科』には表題に付して「むしろ、ゲームのアカデミー plustost Académie des Jeux」とある（この句は「賭博場」も意味していた。フランス語のjeu(-x)は、「遊戯」の意味と「賭」の意味を含む）。ここにはライプニッツの洒落た深謀がうかがえる。それにしても『奇想百科』でカード・ゲームやチェス、ビリヤードなどの施設と運営方法について延々と述べているのは、どうにも奇妙だ。だが、これは大都会パリで浮かれたライプニッツのお遊びではない。ここで貯めたアイデアは、ハノーファー時代にも引き続き研究がなされる。パルマンティエ編訳『ライプニッツの信憑性

算定論』(Marc Parmentier ed.tr. "G.W.Leibniz l'estime des apparences" Vrin 1995) には、こうしたライプニッツの関心がまとめられている。その副題が「確率、ゲーム、平均余命についてのライプニッツの二一の手稿」とあるように、一見全くかけ離れた主題の論考が収められているが、偶然的事象として表れるものに対する哲学的な思索という点では共通である。『奇想百科』とのつながりでいえば、ハノーファー時代にもライプニッツはゲームについて深く論じていたことがわかる。バセットやソリティアなどのテーブル・ゲームについて書かれたのはいずれも着任後間もない時期である。一七一〇年には「囲碁」を西洋の同類のゲームと比較して論じている。これらのゲームに共通しているのは、駒や石の空間的配置である。まさしく「形」の遊戯である。そしてそれ自体が楽しいものでもあるが、ゲームはギャンブルとして賭の役割を同時に持つ。「遊戯」と「賭」は背中合わせになっている。着任後に書かれたものとしてパルマンティエが同書に収めているのは、確率についての数学的な論考であり、年金制度についての詳しい検討である。一見全く畑違いのこれらに共通しているのは、目に見える具体的な個々の事象を通じて一般的・普遍的な知へと向かおうとする意識が人間に働き、数学的な合理性がそれを支えるという確信である。それはさらに調和的な世界像へと展開する。

個と世界の緊張感のある調和的な全体がライプニッツの形而上学的体系であるが、ライプニッツは決して高みの見物をすることはない。個々の事物の具体的な形とそれらが織りなす造形に目をむけ、しかしそこに満足することなく全体との関わりを考える。形而上学と形而下学との調和の試みがたゆむことなく続けられる。そこにライプニッツの思想の醍醐味がある。

4　再び、山本の形而上学とその形

これまでのテキストを山本は見ることができなかった。時代のせいだから仕方のないことではある。もしこれらのテキストにアクセスできたとして、それによって何が変わっただろうか。「ライプニッツ哲学」の相貌が変わったことは間違いない。上に挙げたテキストは、ライプニッツが取り組んだ具体的な場面での業績のまだほんの一部にすぎない。政治や法学、歴史、教会合同や中国事情については触れなかった。ライプニッツの哲学はこれらすべてが共振する中にあるのだとしたら、山本はその一部を垣間見たにすぎないことになる。

そのことは、後に山本が形而上学のあり方を考える際にも影響を与えていたかもしれない。山本にとっての形而上学は、自然科学との関係の中にあった。それをライプニッツから引き出したのだとしたら、狭い視野からの眺望によっていたことになる。もしライプニッツとは独立に自らの形而上学を提唱したとするなら、それはそれでやはり、一方で自然科学に関心を寄せすぎ、他方でその人間的意味を強調しすぎている。

だが翻って考えてみるなら、仮にそれが時代の制約から生じた限界であったとしても、ライプニッツ的な精神が存分に発揮されていることにかわりはない。もし上のテキストのいくつかに目を通すことができたなら、多様な活動を視野に入れたライプニッツ像となったことであろう。しかし山本のライプニッツ解釈の基本姿勢は、どれか一点に依らずしてその全体を見ていくものであったのだから、その基本を一切変えることなく多様性のみ高まる理解となったはずである。むしろ、その基本線の正しさを一層深く確信することになっていただろう。そうであればこそ、『ライプニッツ哲学研究』に供されたテキストの限界が悔やまれる。

こうしたライプニッツ理解の姿勢は、ライプニッツ研究を通じて得られたものなのだろうか。それとも山本の天性がそうしたライプニッツ研究を導いたのだろうか。今となっては検証のしようもないことではあるが、後者のような気がしてならない。それは、ライプニッツ後の山本が他の多くの学説を吸収しつつ、さまざまな分野の科学者とも交流を深め、また若手の研究者を育成し、大学運営においても時流に流されることなく知的営為の厳しさと楽しさの自覚を植え付けようとしていたことから、推測することでしかない。山本が言う形而上学としての哲学が命をもつのは現実の存在への知（それをあえて形而下学といおうか）とのかかわりにあるのであり、逆に形而上学があってこそ形而下学の可能性も拓けていく。知の生き生きとした交流こそが山本が一生をかけて実践していたことである。『ライプニッツ哲学研究』がその最初に登場したことは決して偶然ではないのである。

（東京女子大学教授）

黒崎政男

山本信先生のカントとライプニッツ

カントの「経験の地平」と「超越論的真理」

哲学理解の水準が、時代を経るにつれて〈進歩〉するものかどうかはわからない。しかし、少なくとも私が大学生だったころのカント理解の常識はけっこう低かったように思われる。

たとえば、カント『純粋理性批判』の理解において、よく次のように言われることがあった。「感覚に与えられたものに、カテゴリーが適用されれば、その認識は真なものになる、というのがカントの主張ですよね」

これは大学院時代、先輩のヘーゲル研究者の言ったことばだった。つまり、この理解だと、カテゴリーはいわば恣意的に適用したり、しなかったりすることができるようなたぐいのものだ、ということになる。カテゴリーが適用されれば真、そうでなければ偽。

私はこのような〈常識〉にはどうしても賛成することができなかった。カントのいちばん根本的な主張は、私たちが世界を見ているとき、そのときすでに根底的にカテゴリーは作用しているのであって、それがくっつけば真、それがくっつかなければ偽、というような後追い的な付加物ではないはずだからである。

たしかにカント自身、『プロレゴメナ』という『純粋理性批判』の入門をめざした書のなかで「知覚判断」と「経験判断」という完全にミスリーディングな区別を挙げている。

経験的判断（empirisches Urteile）は、それが客観的妥当性を持つかぎり、経験判断（Erfahrungsurteile）である。しかし、ただ主観的に妥当する経験的判断を、私は知覚判断（Wahrnehmungsurteile）と称する。知覚判断は、いかなる純粋悟性概念をも必要とせず、思惟する主観における諸知覚の論理的結合を必要とするにすぎない。これに反して経験判断のほうは、いつでも感性的直観の諸表象のうえに、なお特殊な概念——すなわち悟性において根源的に産出された概念〔カテゴリー〕を必要とする、そしてこの概念こそ、客観的に妥当する経験判断を成立させるのである。（『プロレゴメナ』18節）

いかなる純粋悟性概念をも必要としない知覚判断、というこのカントの記述。

しかしこれでは悟性の関与以前に、すでに感性のみである種の認識が成立してしまっていることになる。それでは、一七七〇年代の、感性的認識と悟性的認識という区別の段階に逆戻りしてしまうことになる。『純粋理性批判』の根本的立場は「感性と悟性との合一によって初めてそもそも認識というものが成立する」ということだからである。

山本信先生のカントを論じようとして、前置きがだいぶ長くなってしまった。

山本先生は、カントの『純粋理性批判』の基本構造を説明するのに、必ず図を書いた。超越論的統覚の一点が、下にある「経験の地平」という四角の平面を空中で支えている図である。

カントが目指したのは、真とか偽とかをそもそも論じることのできる経験の地平の確定である。そして統覚とカテゴリーがそういった地平を可能にし、上でその地平を支えているのである。それゆえに統覚（とカテゴリー）は「超越論的」なのであり、個々の具体的認識が真であるか偽であるかには関わらない。カントが目指したのは、超越論的「真理」、つまり、ある認識が客観的妥当性を要求しうる地平、そこからはずれたものは、真ではないが、偽ですらない。そもそも客観的に真とか偽とかを云々することのできる地平の確定こそ、カントの目論見である、というものであった。

私はこのような基本的なカント解釈を、山本先生にいつも教えていただき、私のカント理解の根幹をなすものとなった。冒頭に書いた先輩のヘーゲル研究者の理解は、経験的なるものと超越論なるものの次元の混同であると思った。

このような山本先生の指導を受けた私の卒業論文のテーマは、「カントにおける誤謬の問題」というものになった。つまり、カントの認識理論において、ある認識が偽となる可能性がどのようにして確保されているのか、を論究するものだった。

山本先生から学んだまさにそのカントの核心を論じようとしたからである。カントをこのようにちゃんと理解することはまれである、ととても喜んでいただけた。ただし、大学院入試に語学の足切りで不合格となった私は、もう一度卒業論文を書いた。二つ目は「改訂版・カントにおける誤謬の問題」である。その卒論口頭試問のとき、山本主査に、黒田亘先生、渡辺二郎先生が並んでいらしたと記憶するが、山本先生はこうおっしゃった。「今回の改訂版は、よく整理されてうまくまとめてあるが、しかし、去年の初版の論文の方が、発見の喜びが新鮮にでていてよかった。ちょうどカント『純粋理性批判』の初版と第二版のような感じだね」とおっしゃった。それを聞いた黒田先生はあきれたように「山本さん、そこまでいう!?」とすかさずおっしゃったのを鮮明に覚えている。

ライプニッツの「偶然的真理」

カントの基本的な視点を身に付けた私が、次の段階で深く感銘をうけ、その後の私の哲学的視点となったのは、山本先生のライプニッツの「偶然的真理」のとらえ方である。

悟性や理性の網の目が、ア・プリオリな形でどれだけきめ細かく存在を捉えることができるか、という問題は、カントにおいては、超越論的真理はどのような真理なのか、という問題として捉えることができる。そして、結局、具体的認識の真理は対象に「触発され」、経験の中で、あるいは、経験の検証をかさねることによってのみ得られてくるものである、ということになる。つまり、カントは、一つの原理から個別的な法則や真理をもア・プリオリに導出しようとする普遍学的体系を望みながらも、あるいは、悟性の側の構成を重んじていったような場面でも、対象は与えられなければならぬことを、Daseinは産出され得ぬ、という考えを捨てることはなかった。

では、ライプニッツにおいては、どうだろうか。

ライプニッツは従来、知性主義的合理主義の最たる哲学者であると解釈されてきた。例えば、クチュラによれば、ライプニッツにおけるすべての真理は分析的であり、世界の一切を純粋概念によって論理的に論証することができる。

このような解釈に対して、山本先生は『ライプニッツ哲学研究』(一九五三年、東大出版会)において、別の解釈を提出している。つまり、ライプニッツを合理主義者であったと同時に「個別的偶然的事実の存在を合理性に解消し去るにはあまりにも存在の重みを、偶然性と個別性との深みを識っていた」(五八頁)哲学者とみるものである。ここでは、ライプニッツの「普遍学」の思想と、偶然的真理の関係が問題となってくる。

ライプニッツ論理学の基礎である「結合法的普遍学」の思想の前提は、いうまでもなく「一切の真理は原始的概念(notio primitiva)から構成されている」という考え方である。そして、このnotio primitivaの数学的計算の操作によって、一切の真理はア・プリオリに導出されうるのであり、そこでは、既知の真理の論証のみならず、未知の真理をも発見でき、人間の知識全体を、あらゆる領域にわたって包括する百科学が建設されることになる。ここでは、論理によって真理がすべて確定しうるという前提があるのだろう。(私は、このようなライプニッツの発想から、人工知能の可能性の問題を考えるようになった。この点については、拙著『哲学者はアンドロイドの夢を見たか——人工知能の哲学——』(一九八七年、哲学書房)を参照のこと)

このライプニッツの普遍学の思想と、偶然的真理の関連はどうなっているのだろうか。山本『ライプニッツ哲学研究』とともに考えてみよう。

言うまでもなく、偶然的真理は、必然的真理と対概念である。必然的真理は「矛盾の原理と、本質そのものの可能性不可能性に基づき」(『形而上学序説』一三節)、この真理は「分析によってもっと簡単な観念や真理に分解していって最後に原始的観念や原始的真理」(『モナドロジー』三三節)に至ることができる。したがって、この真理は、整合的に普遍学の理念に適合する。すなわち必然的真理の場合は、論理学の内部で定位されうる。

問題は、偶然的真理の場面に存する。ライプニッツの内属論理の考え方からすれば、すべての真理において、述語は主語に内在しているとされる。しかし、だからといって、必然的真理と偶然的真理は、ただ複雑さの程度の差を有するにすぎず、本質的には同じことになる、と解すべきではない。むしろ、必然的真理と偶然的真理の間には「本質的差違」を認めるべきである。なぜなら、「偶然的真理の理由はもっぱら事物の存在の原理にのみ基づく」(『形而上学序説』一三節）からであって、概念ないし名辞の関係のみからは、偶然的真理の真偽は出てこないのである。必然的真理は定義と矛盾律のみによって演繹体系として存立しており、概念の分析によって、すなわち〈論理〉の内部で確定できる。しかし、偶然的真理の理由は名辞の外に出ることが要求され、概念の外に、真理成立の根拠を求めることになるのである。山本先生は、このようにまとめた上で、次のように述べる。

「偶然的真理に対してその真たるべき充分な理由を求める理由律は、おのずから概念の外にでて存在そのものの理由を問わねばならぬ」（山本二二頁）

先生は、ライプニッツ哲学を「合理性の圧力と存在の重みとを釣り合わせようとする調和の哲学者の合理主義」と解釈する。このように、一見汎論理主義的であり、概念の分析によって（すなわち論理学内部で）すべての真理が確定し得るかに見えるライプニッツ哲学においても、偶然的経験的真理は、論理だけですむ問題ではなく、存在の深みにかかわって初めて成立するものだ、というのが（私が学んだ）山本ライプニッツである。そしてこの学びから、私は、二〇世紀後半に数学の分野で登場してきた〈決定論的カオス〉の思想的意味を深く考えることができた。

決定論的カオスとライプニッツの偶然観

カオス（chaos）は通常、秩序（cosmos）と対をなし、無秩序、混沌、混乱などを表わす言葉である。つまり、でたらめで、ぐちゃぐちゃしており、わけのわからない状態を指してその言葉は使われる。したがって、カオスは、法則性、必然性、確実性、決定性、根拠性と明確に対立しており、非法則性、偶然性、不確実性、非決定性、無根拠性という性質を持っている、と考えられてきた。だから、一九七〇年代から始まる〈決定論的カオス（deterministic chaos）〉研究は、その命名からして、極めて奇異な感じを与える。なぜ、コスモスの側に属する〈決定論的〉という言葉が、その対立概念であるカオスに形容詞として付いているのか？　従来の思考法では完全に対立すると思われてきた決定性と混沌が、この新たな科学的知見においては、見事に同類のものとして並置されている。したがって、従来の〈カオス〉という言葉に慣れ親しんできた者は、ただちに〈決定論的カオス〉という言葉そのものに対して、疑義の目を向けなければならないだろうし、また、逆に〈決定論的カオス〉を語ろうとするものは、まずもって、なぜこの二つの言葉が並置されているのかを説明しなければならないだろう（この決定論的カオスの概要、および、ライプニッツの偶然的真理との関わりについて、詳しくは、拙著『カオス系の暗礁めぐる哲学の魚』（ＮＴＴ出版、一九九七年）第八章「必然と偶然の弁証法——決定論的カオスの観点から」を参照されたい）。

この研究の内容を一言で言えば、秩序の側に属する数学の単純な二次方程式の反復から、カオスが出現するということである。つまり、カオス的現象は、〈普遍的思惟を範とする法則の必然〉のまっただ中に登場してしまう。純粋数学の基本的な方程式（必然性）のうちに、つまり、その外部ではなく、その内部に、言い換えれば、必然性の中にカオスは登場するわけである。

簡単にカオス理論を述べておこう。カオスとは、あるシステムが「ある時点での状態（初期値）が決まればその後の状態が原理的にすべて決定される」という決定論的法則にしたがっているのにもかかわらず、非常に複雑で不規則かつ不安定なふるまいをして遠い将来における状態が予測不可能な現象のことである。その結果、現在までに実に広範囲な学問世界においてさまざまなカオスが確認され、カオスが特別な現象ではなく、実は非線形なシステムにおいてごく当たり前におこるありふれた現象であることが判明した。そしてニュートン的力学的世界観が、「完全な予測」という古典的束縛をのがれて、新たに生まれ変わろうとしている。不変、かつ正確な諸法則に従うようなシステムが常に予測可能であるとはかぎらない。つまり、法則が単純だからといつて、それらにもとづく現象が単純であるとはいえない。

さらに、コンプレックス・カオスの次元においては、この予測不可能性は〈チューリング・マシンの停止問題〉の決定不能性と同じ構造をしている。任意のチューリング・マシンが、任意の入力テープに対して、停止するか、それとも永遠に動き続けるかを問う〈チューリング・マシンの停止問題〉は、計算論的には、決定不能であることが証明されている。だから、コンプレックス・カオスにおける〈強い予測不能性〉は、計算論的決定不能性と同等の困難さを含んでおり、カオスの振る舞いの予測不能性を〈スピノザのような〉〈認識の欠陥〉に還元する発想はもはや限界に達していると言ってよい。

この問題は、山本先生が明らかにした、ライプニッツの偶然的真理の問題と深いところで繋がっている、と私には思われた。偶然的真理においても、述語は主語に内在してはいるが、「しかし決して論証されることはあり得ない。命題はここでは決して等式あるいは自同性に還元されることなく、分解は無限に進む」(Leibniz, "Über die Freiheit" PhB II p501)。そして、この分解の無限性は、我々有限的認識にとってのみ無限なのではない。というのも、「分解は無限に進む。神も分解の終極は——かかる終極はないのであるから——見ない」(ibid.)のである。ここから、問題は、偶然性の深淵ともいうべき領域に入っていく。ライプニッツは、神にとっても、偶然的真理は、論証的には終結を見ない。

山本先生は「スピノザ的主知主義においては神即自然の全内容が合理性の中に解消された。……ライプニッツの合理主義は、偶然的事実を必然化し個別的存在を普遍化しようとしたのではなくて、むしろ逆に、真実の『理由』は、偶然性の深淵、個別性の秘密においてのみ充実した意味を見い出す、ということなのであった」とするライプニッツ解釈を提出したわけだが、私は、決定論的カオスの興味深さと意味深さを、山本先生のライプニッツ解釈を通して、はじめて理解できると思っているのである。

山本先生のカント理解とライプニッツ理解に共通しているのは、「なにごとかがあらかじめアプリオリに確定している」のではなく、経験すること、具体的に生きることとの意味深さを、きわめて根本的な次元で明らかにしている点である。私の拙い思索の歩みも、先生のこの哲学観が根底となって、なんとか続けてこれているように思っている。

（東京女子大学教授）

木阪貴行

持続と両義性

観念論に関するカントの立場は『純粋理性批判』の書き換えによって変わったわけではない。そしてそのことは同時に、カントがその認識論的な立場では解くことができない存在論的な問題をずっと抱え込んでいたということをも意味する。それは、主観でもあるところの人間存在の問題、つまりは身体に関わる存在論的問題であった。「主観概念と人間の問題[★01]――カントの認識論の場合――」の論旨である。「意識の内部から出発し、その場面を全体化してゆく」認識論的な問題設定では「身体として生きている人間の存在問題はその思考枠組にとって異質なものにとどまらざるをえない」のだが、カントがその「限界のところで」この問題と「格闘」した「記録」が「誤謬推理論」とその書き直し」である、と言う。カントのこの問題は山本の立場から以下のようにも引き継がれている。

意識の主体としてのわれわれの存在性格は、身体を含めた経験的事実の地平での、因果連関の一項として規定されえない。それがそのように規定されうるはずだと考えることは、「合理的心理学」が心を独立の実体と考えたのと全く同様の、ただし方向は逆にしての「超越論的仮象」にほかならない。[★02]

霊魂とは何か。カントの時代の誤謬推理は、このことがよく分からなくなっていたにもかかわらずそれを時代が前提としてしまったところから生じていた。ところで、身体とは何か、また、連関して、物質とは何であるのか。カントの胸を借り、願わくは時代の仮象に陥ることなく、少しこのことを考えるための準備をしてみたい。

物自体に関する推断と形而上学

ところでかつて和辻哲郎は物自体に関するカントの以下のテキストを重視した。

> 対象の二つの種類〔身体と心霊〕は内面的に相違するのではなく、ただ一が他に対して（すなわち身体が心霊に対して）外的に現象する限りにおいて相違するのである。従って物質の現象の根底にそれ自身におけるものとして存在するものは、恐らくそれほど異種的であることは許されぬであろう。かく考慮するならば右の〔心身結合の〕困難は消滅するのである。★03

「内面的に相違」しないとは、現象としては少なくともそれらが現象である限りで共通しているということである。だがそこからこのように推断してみても、身体とは何かという問題が解かれたわけではもちろんない。カント自身もそのことをよく分かっていた。和辻も第一版のテキストを引用しながら、「超越論的人格性が己を己の外に置くような具合に己を客体化するのは何ゆえであるのか」という問いは「人の答え得ざる問い」である、とカントが考えていたことを確認している。そして、「それが答え得られぬゆえに我々は、「外的現象を超越論的対象に帰する。この対象は外的現象の原因なのではあるが、しかしその対象を我々は全然知らない」（A393.）」とカントを引く。

直にこの箇所に言及しているわけではないが、「カントの二元論について」（一九七四）で山本は、「物自体とは、実はわれわれがはじめからそれであるところのものであった、と直截に解してみてはどうだろうか。――（中略）――それをわれわれは知るのではなく、われわれ自身がそれなのである」とまさに直裁に言う。★04

和辻も山本も、第一批判の書き換えはカントの根本的な立場の変更を意味しないと考えている。カントが書き換えたのは、自ら述べていたように「証明の仕方においてのみ」であることになる。だがそれは、意識が世界と直接的に接しているということを確認すれば「哲学のスキャンダル」は解消できるというカントの基本的な立場に変更のない、ということである。それはそうである。ただし和辻の場合も山本の場合も、カントの問題の立て方では身体の問題を結局は十分には扱えない、という見方を背景にしている。そしてそのこととともに、物自体に関する形而上学的な推断をむしろ積極的に認めている。

だが形而上学的な推断は身体に関する問題を飛び越えてしまうだろう。本稿ではむしろ、そこに踏み込む一歩手前のところで、「内面的に相違」しない物と心との現象としてのあり方をカントと共に探ってみたい。問題圏に踏み込むために、まずは心ないしは意識の中とその外という区分そのものの意味を議論できる、問題となる「中」と「外」に関してできるだけ無記の考察次元を確保することに努めたい。現象に関する記述的な形而上学をカントに見出すことを目指すことになる。

格闘――書き換えとその揺れ

まず初版は問題を以下のように見ていた。空間的対象の場合でもそれが私たちの「表象」あるいは「思想」であることに変わりがないという点では、それは「私たちの中」にあるから、「外的及び内的諸現象をたんなる諸表象として経験において互いに結びつける限り、何も不可解なことはない」。だが外的表象を「実体化」し、その三次元で運動する物としての在り方をそのまま「私たちの外にそれ自体で存続する諸物」であるとしてしまい、しかも空間において「諸物を互いに対して関係づけて示すその諸作用を私たち思考する主観に適用する」と、その「作用因の性質」は外官の対象たる空間的事物のそれであるのに対して、その結果の方は「内官」の対象であり、「それら二つの感官はたとえ一つの主観において一つに結びあわされているとしても」、その対象の方は「極めて異種的」であり、両対象の結合、つまり心身の結合は不可解となる。だが、そのような「すり替え」による「超越論的二元論」を批判的に解消すれば問題の方が消失するだろう。(A386ff.)

だがこの立場では、経験的に空間の中に存在する物も、超越論的には表象であるから、物とは要するにそのように空間的に捉えられた表象にすぎない、ということをやはり認めざるをえない。確かに、そのような表象は超越論的統覚というあくまで認識の形式において成立しており、統覚はそれが帰属する主体などではないのだと主張することによって、意識主観の実体化は脱しえるかもしれない。だが表象と化した物ということでは、経験的意識が空間において意識とは他なる物に出逢っているということを保証できているわけでもない。つまり、すでに実体に帰属することこそなくなったとはいえ、やはりあくまでも諸表象を介する認識において、その経験的意識表象の流動する時間性の中に、空間において出逢われた他なる物がいかに組み込まれえているのか、この点はやはりまだ不明なままであり、ひいては、空間の中にいるはずの経験的な人間のあり方がどう理解できるのかも不分明なのである。初版の場合には特に「第四誤謬推理」に顕著なように、内官の対象としての内的現象と、外官の対象である外的現象という二つの現象が、それぞれ直接にその対象と結びついているというほぼ同等の資格で二元的に「私たちの中」にある、というような叙述が目立つ。この場合の「私たち」の内実もやはり不明である。

改訂第二版で書き加えられた「観念論論駁」でカントは、統覚が知覚との連関において経験的意識を時間的に規定する場面に問題を限定し直し、私の中にあるたんなる表象を規定するためには何か持続的なものが必要であり、それは「私の外なる物」によってこそ可能となるのであり、「私の外なる物の表象」によるのではない、という論点を正面にした論証(B275-6)を展開した。議論の中心に来る「何か持続的なもの」とは何を指していることになるのか。テキスト理解について決着が付いているとは言い難いが、この議論はしかし、夙に指摘されているように、ともかくもカントが最も唯物論に接近した所に位置するという印象を与える。だがその点は今は措こう。確認するべきは、すでに山本も指摘していたように、[★05]観念論問題に答えようとするカントの真意はあくまで、外的対象の知覚において私たちはその存在を直接的に体験しているのだという点にあった、ということである。知覚されているのは表象ではない。この基本的な立場にとって問題は、表象ではない持続的なものの知覚とは何でありうるのか、ということになる。

とはいえ「観念論論駁」の議論に従ってみたところで、そもそも意識を経験的に規定することが表象によるのでは不可能であるとすると、やはり表象でもある外官の対象がこれをよくなしえるという主張には、問題が残り続ける。「観念論論駁」は少し勇み足であったようである。というのも、カントは最初、「この何か持続的なものとは私の中にある何かではありえない」とした上で、「持続的なものの知覚は私の外なる物を通してのみ可能」であると書いた。この書き方では、「私の中にある何かではありえない」「持続的なもの」とは、空間的に外にある物の如くにもなる。読者には、空間的事物が持続的なものとして直接体験されているかのような印象をも与えうるのである。だがそうだとすると、その空間的事物が同時に現象であり、要するに表象であることと齟齬してしまうだろう。そもそも表象は意識の外にはない。また、規定された表象であるべき現象が、空間的事物そのものとしてもともと意識に直接的に与えられた所与であるのならば、それを改めて規定する必要もなくなってしまう。そうではなかったはずだ。カントは活字が組み上がっていく中に原稿を送った第二版序文で、この最初のテキスト部分を「この持続的なものとは私の中にある直観ではありえない」と書き換えた。そうだったのだ。持続的なものは、内的時間直観でないのはもちろんのこと、たんに外的空間直観であってもならない。それらはともに「私の中」にある表象にすぎないのでもあるから。そうではなくて、「私の外なる物を通してのみ可能」となる「持続的なもの」の直接的知覚とは、意識存在としての私たちの外にある物を通してのみ可能となる私たちの受動でなければならない。それは表象の知覚ではなく、物を通してのみ可能となるその受容なのである。

知覚の予料

改訂第二版には場面の限定とともに先鋭化した表象の外への探求がある。触発と受容に関する新たな考察の展開である。第二版演繹論の後半部分でカントは、規定する者としての私たち自身がその規定作用を通して内官の形式において、しかし外的に、つまり空間化された時間直観において現象することを論じた。内的触発である。ここでは問題に直結している「知覚の予料」の書き換えを見たい。

焦点は感覚に相関しつつ内包量を有する実在的なものの存在身分である。初版においてそれは「感覚に対応している」ものであった（A166）。改訂版においてそれは「感覚の対象そのもの」である（B207、強調はカント自身）。感覚が表象を超えて実在と直接的に接しているところは、直観を介して受容されている限りの感覚ではない。むしろそれは接点というよりも、「経験的意識」である知覚において内包量として綜合されるべき実在的なもの「そのもの」である。さらにB版追加部分から引く。

> 知覚とは経験的意識である。つまり同時に感覚が存するような意識である。……中略……だからそれ「知覚の諸対象としての諸現象」は、直観を超えてさらに、何らかの客観一般（それを通して何か実在するものが空間あるいは時間において表象される）のための諸質料、すなわち、たんに主観的表象としての感覚の実在的なものをその中に含んでいる。ただこの主観的表象である感覚については、主観が触発されているということを意識することができるので、それを客観一般に関係させるのである（B207-208）。

感覚は知覚という経験的意識の本質的契機であるが、感覚が与えられる意識として、それは同時に、必ず触発されているという意識でもある。すでに受容した経験的直観における感覚ではなく、必ずそれとともにある、常にすでに触発されているという経験的意識のあり方こそが、感覚に関わる知覚がその意識の外に出ている場所である。実在的なものは「感覚に対応している」「現象的実在性」である、というだけではまだ不十分なのである。そのような「対応」も含めて、ことがらの全体を経験的に知覚する意識のあり方そのものが、意識の外に出ているというべきなのである。

ところで知覚をそもそも予料することができるのは、もともとそれが意識として綜合作用を担っているからであった。つまり、知覚の予料が可能なのは、「あるモメントにおけるたんなる感覚において0からその与えられた経験的意識まで同型の仕方で度を上げていく綜合を表象することができる」からである。そして逆に、「実在的なものは、否定つまり0とともにある場合には、当の概念がそれ自体において存在を含んでいるただ何かあるものを表象するが、これが意味するのはつまり経験的意識一般における綜合に他ならない」。「アプリオリな形式的意識」はこのように存在を予料している（A175-6/B217-8）。要するに予料とは、物に直接関わる感覚をそれが生じていることがらの全体とともに知覚し、そこから実在性を量として綜合することのできる意識の思想である。

内的触発

さて、「存在」の「意味」とは、純粋には、「経験的意識一般における綜合」である。そのように「意味」を解して把握される存在は直観において綜合による規定を受ける。この点について、「観念論論駁」の中でカントは以下のように書いている。

> だから、直観としての実体の概念の元に置くことができるであろう持続的なものとしては、たんに物質以外にはなく、しかもこの持続性でさえも外的経験から造り出されるのではなくて、アプリオリにあらゆる時間規定の必然的な制約として、つまりまた私たち自身の現存在に関する内官の規定としても、外的な諸物の存在を通して前提されているのである（B277）。

持続的なものがなければならないという仕方で考えているときに私たちが理解して操っている持続ということがらは、持続的な物ではない。超越論的な理解と経験的事物とを区別しよう。持続性が意識存在に関する「内官の規定でもある」ということは超越論的な理解によるが、それにしても、観念論を論駁する文脈では命取りともなりかねないようなこの一文をカントが書き込んだのは、カント自身の立場がやはりあくまで超越論的に観念論的だからである。第二版になるとその立場は「身体が心霊に対して」「外的に現象する」というだけではなくなっている。逆に統覚が超越論的構想力を介して外的に、しかし内官に現象するという事態を確認するに至っていた。

知覚という経験的意識が感覚に関わる被触発意識であると書かれたその第二版誤謬推理論ではまた、「思考の素材を与える何らかの経験的表象なしには私は考えるという働きはやはり生じないだろう」という（B422.Anm.）。これに呼応して改訂版演繹論でも、「私の現存在を規定する働きを表現する」ところの「私は考える」が生起していれば、「規定可能」な「私の現存在」は「すでに与えられている」とされていた（B157.Anm.）。

触発によって経験的表象が与えられなければ生起しない統覚の規定作用それ自体が、ところが同時に内官に対する触発作用であるのならば、あらゆる触発は同時に内的触発を伴っているということにもなる。そしてその内的触発が今度は逆にむしろ同時に外的なのである。というのも、継起ということを把握可能にするような時間表象なしに空間的事物の客観的運動は把握できないが、そもそも内的触発を通して私たちが時間をそれとして表象するときには、この時間という内官の形式を、「それを引いてみる限りの直線」という外的空間直観として形象化するからである。アプリオリに理解された多様の形式的綜合によって、時間ということがらをカントの言う純粋直観として私たちが理解するときに「契機の概念を始めてもたらす」、引かれていく線というこの表象は、規定作用そのものの外的な現象であり、つまり純粋な内的経験の現象である。ここには、アプリオリな規定作用の形式的な現象があらゆる時間計測を可能にしているという理解がある（B154-5）。そしてそのような純粋直観があらゆる具体的経験の根底にあるとはカントの基本的洞察であった。

纏めると以下のようになろう。つまり、統覚の自発性は、感覚という所与において外部から触発されているということを必ず伴っている意識として生起していて、その外部はまず空間形式（直観ではない）において現象するが、この現象を規定するべき統覚の作用は、同時に内官を触発して、「持続性」を要件とする「内官の規定」を、それもやはり外的な形象（引かれていく直線）において実現する。意識主体として生起している私たちの存在が、まず自らの感官を外官と協働の相で働くように触発する。そしてこの協働によって、統覚の作用、つまり心の認識作用は、当の規定する働きの現象を、「持続性」という「前提されていた」「内官の規定」によって実現する。

「観念論」を論駁する両義性

だが、流動として把握されているはずの内官に、その「規定」として持続性がアプリオリに見出されるとはどういうことだろうか。今まで述べてきたことからまず、この「諸物」とは空間の中にある物質ではない。テクストから明らかなように、物質とは実体のカテゴリーが適用されて成立する物であって、その逆、つまり物質の外的経験から持続性が造り出されるわけではない。だが、それが「外的な諸物の存在を通して前提されている」という点をどう理解するべきか。

人間的意識が外的な諸物と相互に作用している場所は、感覚に伴っている知覚、すなわち触発されているという直接的な受容を含む経験的意識である。それゆえこの場合、外的とは受容する意識に対してその外でなければならない。人間的意識の生起はその外なる他者によって可能になる。そしてこの他者は、流動する内官に対して持続するものとして意識される。これが経験を可能ならしめる基本的な構造である。そうでなければどうして持続性をアプリオリに前提などできようか。ここで、本校冒頭で扱った推断に対して意識存在としての人間の在り方に還ってみたい。

人間の意識は触発するものと出逢っているそのときに、当の受容とそれを規定・綜合する自己との均衡に注意することができる（B156-7.Anm.）。「内官の規定」である「持続性」とはこのこと、つまり引かれていく直線という仕方で外的に現象することがらにおいて体験される持続のことではないのか。意識は触発されているという受動と均衡している自らの綜合作用の、内官そのものには見出すことあたわざる持続への注意を介して、意識の外なる物と空間直感において出逢うのである。近世哲学の「限界」と「格闘」していたカントは、受容と自発が交錯するところ、受容の流動と綜合の自発が均衡する持続に投錨していた、と考えられるのではないか。

確かに身体とは、自発性と受動性が交錯している場所として理解されるべき何ものかである。その均衡、つまり「内官の規定」としての「持続性」こそは、つまり私たち人間の、意識存在として生きる限りにおいても持続するもの、としての在り方、謂わば意識の身体性と呼ぶべきものではないか。物はこの身体性において出逢われている。ただしカントの場合、意識の内部と外部が自発性と受容性という仕方で均衡しているところとは、いわば超越論的な身体性というべき場所であって、やはり身体という物がまず空間にあるわけでもない。

カントのこの立場はやはりまだ悪しき〈観念論〉の一種とするべきだろうか。いや、そうでもあるまい。私たちとしては、意識の中と外、あるいは極めて一般的に心と物という、そういう区別に対して、持続という均衡にそれを流動化する両義的な限界を捉えるべきではなかろうか。

（国士舘大学教授）

★01——東京大学文学部哲学研究室『論集』I（一九八二）、1-15頁
★02——前掲、14頁
★03——B427-8なお、『純粋理性批判』からの引用は、慣例に従って初版Aを、改訂第二版Bとして、頁付けを付す。「人格と人類性」、和辻哲論全集第九巻（昭和三七年）、349頁
★04——『形而上学の可能性』所収、東京大学出版会（一九七七）、93頁
★05——前掲（1）、9頁

湯浅正彦

『純粋理性批判』の自由論への緒論

カントが『純粋理性批判』において「超越論的哲学」の立場から展開した自由論を解明するには、「超越論的弁証論」第二篇第二章「純粋理性のアンチノミー」(以下「アンチノミー」章と略称)、ならびに「超越論的方法論」第二篇「純粋理性の規準」(以下「規準」篇と略称)を周到かつ徹底的に考察する必要がある。だが小論においては、わずかに、そのための端緒となりうるような見通しを提示することしかできない。★01

「自由」こそは、「全体」としての「世界」とわれわれ人間の「自己」とが熾烈に接触する問題事象であろう。願わくは、「全体と自己への問い」を哲学することの核心として見定めた先師が、筆者の探究の志を嘉《よみ》され、その行く末を見守られんことを。

I

「アンチノミー」章第一節では「宇宙論的な理念の体系」が導出され、それにもとづき第二節では、「二律背反《アンチノミー》」を体系的に展開する「背反的定立論《アンチテーティク》」が提示されている。考察すべきは、第二節における「超越論的な諸理念の第三の抗争」と題された箇所(以下「第三アンチノミー」と略称)であるが、「超越論的な理念」としての「宇宙論的な理念」は、そして

「アンチノミー」も、「理性」と「悟性」の関係を基盤として生じるのであり、その経緯を一瞥しておこう。

「悟性」は、「経験的な総合」に従事する。この「総合」とは、経験において与えられた物事を、「条件づけられたもの」として捉えつつ、それを可能にした「条件」を確定することによって概念把握可能にすること、すなわち、その物事についての「認識」ないしは「知識」を目指す探究である。その際、このように「条件づけられたもの」から「条件」へと背進することを可能にするのが、「悟性概念」としての「カテゴリー」である。

この探究は、「条件」として確定された物事に関しても続行されうる場合には、諸条件へと背進する「系列」を生じさせるのだが、「理性」は、その探究を「無条件的なもの」にまで推進して最終的に完結させること、換言すれば、諸条件の系列の「絶対的な総体」を達成することを要求する。これは「現象における〈与えられたもの〉を完璧に概念把握可能とすること」(A411/B438)への要求であって、その際「理性」は「現象」の領域たる「経験」の領野を超え出て概念を使用しており、それが「宇宙論的な理念」である。それは、「無条件的なもの」、「絶対的な総体」、(「経験的な総合」に与えられる)「絶対的な完璧性」等と表現されるが、「〈無条件的なもの〉まで拡張されたカテゴリー」(A409/B436)と言われるように、「カテゴリー」を「経験」を超えて使用することと一体不可分である。

さて「第三アンチノミー」に対応する「理念」は、「現象が発生することの絶対的な完璧性」と表現され、それを生じさせるのは「因果性のカテゴリー」である。すなわち、「このカテゴリーは、与えられた結果に対する諸原因の系列を提示するのであって、その系列のうちでひとは〈条件づけられたもの〉としての与えられた結果から条件としての諸原因へと上昇して、理性の問いに答えることができる」(A414/B441-2)。「理性」が問うのは、「諸原因の系列」において、探究の「絶対的な完璧性」を保証する「無条件的なもの」が出現するかどうかである。そしてこの問いに答える二つの、しかも矛盾的に対立する仕方が、それぞれ妥当な「証明」をもって「理性」に迫るところに「第三アンチノミー」が生じる。それぞれ「定立命題」、「反定立命題」と称される二つの答えとは、次のものである。
「自然の諸法則に従う因果性は、それから世界の諸現象がことごとく導出されうるような唯一の因果性ではない。その諸現象を説明するには、もう一つ自由による因果性を想定することが必要である。」(A444/B472)
「自由はまったく存在しないのであり、世界のうちのすべてのものごとはもっぱら自然の諸法則に従って生起する。」(A445/B473)

二つのことに注意しよう。第一に、両命題とも、世界のうちのものごとが「自然の諸法則に従って生起する」こととしての「自然の諸法則に従う因果性」——以下〈自然因果性〉と略称しよう——の存在を肯定している。ただ「定立命題」は、「世界うちのすべてのものごと」が「導出され」「説明」されるのに〈自然因果性〉だけでは十分ではないこと、そのためには「自由による因果性」も必要であると主張するに対して、「反定立命題」の方は、世界における「自由による因果性」の存在を断然否定し、〈自然因果性〉だけが存在することを主張する。第二に、「自由」は「因果性」として、すなわち〈原因が結果を必然的に生じさせる働きないしは作用〉の一種として捉えられている。その際当然ながら「自由」は、〈自然因果性〉とは異なる意味で「因果性」と言われているはずであろう。

カントは、それぞれの命題に「証明」と「注解」を与えているが、以下ではもっぱら「定立命題」のそれを考察して「自由による因果性」の内実を窺うことにする。

Ⅱ

「定立命題」の「証明」では、〈自然因果性〉のみが貫徹する世界のうちでは、すべてがその「先行する状態」から「規則に従って不可避的に後続する」——要するに、先行する「原因」によって後続する「結果」として必然的に生じさせられる――という「自然必然性」が支配すること、しかるに「先行する状態」としての「原因」の「因果性」も「生起したこと」であるから、さらにその「原因」が探究されざるをえず、かくて諸原因の系列が不定無限に背進しうることが示された後で、その不合理がこう指摘される。

「すべてがたんなる自然の諸法則に従って生起するのであれば、存在するのはいつでも従属的な始まりだけで〈第一の始まり〉はけっして存在しないことになり、だから相互に由来する諸原因の側での系列の完璧性はまったく存在しないであろう。ところでしかし、〈アプリオリに十分に規定された原因なしには、なにごとも生起しない〉というまさにこのことに、〈自然の法則〉は存する。すると、〈すべての因果性は諸々の自然法則に従ってのみ可能である〉というような命題は、無制限の一般性においては自己自身に矛盾するであろう」(A444-6/B472-4)。

ここで「アプリオリに十分に規定された原因なしには、なにごとも生起しない」という「自然の法則」とは「因果法則」であり、しかもカント自身によって「十分根拠律〔充足理由律〕der Satz vom zureichenden Grunde」として理解されている(A200-1/B246)。だがカントは、「十分な根拠」を「アプリオリに十分に規定された原因」と捉え直しており、よって「因果法則」自体が「アプリオリ」であり、すなわち「可能な経験の根拠」(A201/B246)として機能するものである。

要するに、不定無限に背進する諸原因の系列は、およそ世界のうちでなにごとかが生起するための「十分な根拠」としての「アプリオリに十分に規定された原因」を与ええない。だから「すべての因果性は諸々の自然法則に従ってのみ可能である」として、それを「無制限の一般性」において、世界において生起するすべてのことに適用しようとすれば、世界のうちで生起しうることはなにもない、という自己否定ないしは自己矛盾が生じる。

ここからしてカントは、「超越論的な自由」を導入する。「すなわち、それによって或ることが生起する際に、当の原因がなおまた他の先行する原因によって、必然的な諸法則に従って規定されることはないような因果性である。

換言すれば、〈諸々の自然法則に従って経過していく諸現象の系列を自《みずか》ら始めるような、原因の絶対的な自発性〉であり、だからまた超越論的な自由であって、それなしには、自然の経過においてさえ、諸現象の継起的系列が原因の側で完璧であることはけっしてないのである。」(A446/B474)

さて「注解」によれば、古来こうした「自由」は人間ではなく、「第一起動者」としての「神」に帰されてきたもので、「超越論的な自由」とは、「実体」としてのすべての「物」を、それに帰属する諸々の「出来事」ともども生じさせるような「因果性」として、本来は「世界の起源」の説明のために要求されるものである。だが他方では、「自由」には「超越論的哲学」によって解明される「理念」としての面──「自由という超越論的な理念」──以外に、「心理学的な概念」としての「自由」があること、後者の内容は「大部分は経験的」ではあるが、それでも前者が後者の内容の一部になっていることが示唆され、しかも「行為」とその「帰責可能性」との連関が議論のうちに導入されることになる。

すなわち、「自由という超越論的な理念は、たしかに、(自由という)その名称の心理学的な概念の内容全体──その大部分は経験的である──を形成するわけでは到底ないのであり、行為の帰責可能性の本来の根拠としての〈行為の絶対的な自発性〉という内容を形成するにすぎない。」──続けて、「行為」の根源としての「意志」(なお、「意志とは実践的な理性にほかならない」(IV S.412))と、「無条件的な因果性」としての「超越論的な自由」との連関に言及されて、「思弁的な理性」を悩ましてきた「意志の自由に関する問題」で扱われるのは「超越論的な自由」にほかならないことが説かれている(A448/B476)。

かくして「超越論的な自由」は、「行為の帰責可能性」の根拠であるかぎり、「思弁的な理性」にだけではなく、「実践的な理性」にもかかわるであろう。それはたんに「思弁的」な、経験の限界を超えた事柄の「認識」を目指す場面で機能するのではなく、われわれ人間が生きることとしての「生 das Leben」を形成している「諸行為」としての「経験」

（vgl. IV S.335; A807/B835）においてこそ機能する概念であって、「経験的」な内容をもった「実践的」な意味での自由にとっても不可欠の内容をなすであろう（この「実践的な自由」が主題的に論じられるのは「規準」篇においてであるが、小論では立ち入る余裕がない）。

しかしカントの論述において、「世界の起源」を問うことから、人間の行為の根源としての「意志」の在り方を問題にすることへと移行することは、いかにして可能となっているのであろうか。——この問いに表立って答えることなく、続けてカントは、もう一つの難問を提起している。すなわち、「自由にもとづいて行為する能力」を、「時間における一つの系列をまったく自ら始める能力」と表現しておきながら、「世界の経過のただなかでさまざまな系列を、因果性からみて自ら始まるようにする」能力として捉え直すのである（A448-50/B476-8）。つまり、「系列」は時間のうちにあっても、それを「自ら始まるようにする」「因果性」は時間のうちで始まるものではないというのだ。この、言うならば非時間的な〈因果性〉とは具体的にどのようなものか、そして〈自然因果性〉といったいどのような関係にあるのか。実際われわれ人間の行為は、〈自然因果性〉によって実現された時間的に継起する出来事の系列としてでなくては「自然」のうちで存在しえないのではないか。非時間的で、他の先行する原因による規定を完全に排除した「無条件的な因果性」が介在する余地がどこにあるというのか。

この難問を解明すべく、カントは実例に即して次のように論じている。

「[1]（実例のために）私がいま完全に自由に、諸々の自然原因の必然的に規定する影響なしで、私の椅子から立ち上がるとすれば、この出来事においては、その無限に到るまで後続する自然的な帰結とともに、一つの新しい系列が端的に始まるのだが、もっとも時間からするとその出来事は、先行した系列の継続でしかないのである。

[2]というのは、その決意と実行とはたんなる自然結果の連続のうちにはまったくなく、その自然結果がたんに

継続することではなくて、規定する諸々の自然原因はその出来事に関するかぎり、その決意と実行の上でまったく止《や》んでいるからであって、その出来事は、たしかにあの自然原因に後続するのだが、それから結果として生じるのではなく、したがって、たしかに時間からみてではないが、やはり因果性からするなら、諸現象の系列の〈一つの端的に第一の始まり〉と呼ばれねばならないのだ。」(A448-50/B476-8. 分ち書きと指示の便宜のための[ ]付き数字の挿入は筆者による。)

第一に注意すべきは、「自然原因」/「自然結果」の系列を、「自由」にもとづく行為という「出来事」が破壊するわけではないであろう、ということである。[1]によれば、「無限に到るまで後続する自然的な帰結」という「自然結果」がその「出来事」からは生じる。他方、たしかに「規定する諸々の自然原因はその出来事に関するかぎり、その決意と実行の上でまったく止んでいる」と[2]にはあるが、だからといって当該の「出来事」に「自然原因」が関与していないとは考えられまい。椅子から立ち上がるには、あるいは立ち上がらず座り続けるとしても、たとえば重力の法則、身体の神経における伝導・伝達や筋肉の収縮・弛緩のメカニズムを支配する諸法則などに従う〈自然因果性〉は不可欠であろう。

だがそれだけに、第二に、「規定する諸々の自然原因は……その決意と実行の上でまったく止んでいる」とか、「諸々の自然原因の必然的に規定する影響なしで」([1])という文言をどう解釈すべきなのか。また、行為の「実行」と、それに伴う「決意」という「意志」の在り方とは、どのような〈因果性〉を構成するのであるか。——「私」が椅子に座って読書に耽るとき、それは読書している一つの「現在」が持続することであろう。だがふと時計に目をやり、ひとと会う約束に遅れないためにはこうしてはいられないことに気づいて「いま」立ち上がるとする。その「瞬間」別の一つの「現在」、おそらくは約束の場所への移動を内容とする「現在」が「与えられ」、それと表裏して読書を内容とした「現在」であった時間は「経過した時間」としての「過去」へと転換されることになろう（vgl.A410ff./B437ff.）。この場合、〈約束を守るべし〉という規範的な秩序との関係においては、椅子から立ち上がる「私」の行為は、「決意」という「意志」の在り方によって「実行」されるのであり、それこそは〈自然因果性〉とは別個独立の働きとしての「自由による因果性」であろう。その「決意」こそは、「規定する諸々の自然原因」が及ぼしうる「規定」――身体が椅子から立ち上がる、もしくは座り続けることを可能にするメカニズムの作動――のうちいずれが現実化するかを決定するのであって、この「決意」の「瞬間」においては、こうした「規定」は「まったく止んでいる」のであり「必然的に規定する」わけではないことになろう。

しかし第三に、こうした「決意と実行」という「私」の言わば心事そのものが、実は一定の〈性格〉に基づいて生じた心理的な出来事であり、それを形成し支配する心理学的な諸法則――言うならば、「私」の人間としての自然的本性――に従っているという具合に〈自然因果性〉が貫徹しているのではあるまいか。――この問いには、「アンチノミー」章第六節で提示される「超越論的観念論」の解釈によって答えるべきだろう。それを幾らか先取りすれば、「決意や実行」、その基盤としての「意志」を、たんに「自然」のうちの一存在者として捉えるべきではなかろう。むしろわれわれ人間は、「絶対的な自発性」としての「自由」によって、「自然」そのものを、そのうちに規範的ないしは理念的な秩序を行為によって形成するための素材として、自己自身に与えたのであり、かかる自発的な構成の働きこそが根源的な意味での「意志」であって、〈自然因果性〉とはそのための媒体であると見ることができよう（拙論「因果論の批判――高山守『因果論の超克』に寄せて――」、村上喜良他（編）『存在の意味への探求』秋山書店、二〇一一、所収を参照）。

われわれのそれぞれ、すなわち「私」の「生」は、「自然」としての「感性界」を素材としてそのうちに規範的理念的な秩序を、究極的には「道徳的」な秩序――その意味での「叡知界」――を行為的に形成することを使命としており、そのために「感性界」を自己自身に与える活動が「絶対的な自発性」としての「自由」、すなわち「意志」であって、それゆえ、「感性界」を構成する「純粋悟性」としての「私」の活動――「悟性そのものが、その諸概念（自然因果性などの諸カテゴリー）によって、〈悟性の諸対象がそのうちで見出される経験〉の創造者Urheberでありうる」（B127）と言われるような「創造」の活動――は、あらかじめすでにこうした「意志」の理念的な秩序のもとで行なわれていると見るべきであろう（vgl. A547/B575）。

しかしながら他方では、「私」の「生」とは、「現在」が「与えられる」こと、あるいはむしろ「与えられ」続けることであり、それは「現在」の更新と「過去」への転換という継起的な（とはいえ有限の）過程であるが、その可能性の条件として「未来」が地平として開けていなければならない。「あらゆる可能な経験の総括」としての「感性界」（A437/B465）の構成は、こうした機構を具える「時間」の領域のうちに住み込むことを不可欠の条件としており、だからこそ、いかに「自由」にもとづく行為であっても、「時間からするとその出来事は、先行した系列の継続でしかない」（［1］）のであり、「時間」と〈自然因果性〉（「自然必然性」）のうちへと回収されることになるのだろう。

その都度の「自由」にもとづく「行為」において、「私」は、「感性界」を超えてそれを構成する非時間的な活動へと立ち返るのではあるが、それは、「感性界」のうちの一存在者として〈自然因果性〉の必然的な秩序へと自己自身を組み込むことと相即表裏しているのである。この活動全体が「私」の「生」なのであり、「未来」への関連において絶えず「現在」が更新されるという事態は、同時に「私」が「感性界」を、さらにはそのうちに「叡知界」を、畢竟するに「世界」全体を連続的に創造する過程であると言えよう。

ともあれ筆者としては、およそ以上のような基本的な見通しにもとづいて、「アンチノミー」章と「規準」篇とを周到かつ徹底的に考察することによって、『純粋理性批判』の自由論を、ひいて「自由」という問題事象そのものを解明することを目論んでいるところである。

ところで山本信は、その論文「全体と自己への問い」のうちで、次のように述べている。「重要なのは、哲学的理論を支える基本的な主張そのものに関する場合である。たとえば、ある論拠によって人間の自由を否定する理論が、道徳についても整合的に説明してみせるであろうが、その論拠のゆえにその道徳論を納得するか、あるいは自分の道徳的信念に基づいて前者を否定するか、といった場合である。ここで問題なのは、経験的事実でもなければ論理的整合性でもなく、一つの立場を自分の生き方として引き受けるか否かである。哲学上の議論をつきつめてゆくと、最後にはこの点につらなっており、逆に、この単純な然りか否かを思想のひろがりと深みにおいて証しするのが哲学の全理論なのである。」（山本信『形而上学の可能性』東京大学出版会、一九七七、一〇頁）

「経験的事実」と「論理的整合性」に基づき構築された、現代の科学理論を基礎とする自然主義が、「人間の自由を否定」し「道徳」を空洞化させかねないような「道徳論」をきわめて説得的な仕方で提示する有力な知的動向であることは、誰しも認めるであろう。現代において哲学することを志す者には、それとの対決が不可避であること、どう決着をつけるにせよ、そこでは「一つの立場を自分の生き方として引き受け」、それを「思想のひろがりと深みにおいて証しする」ことが要求されること、をここから読み取ることができよう。そして筆者も、及ばずながらこの課題と取り組まざるをえないのである。なぜなら、「哲学の仕事は、そのときどきの科学的知識を用い、その時代の社会的状況のなかにあって、世界全体と自己自身との関係において問いを立てることとである。したがってその都度、あらためて始めから問い直すことが要求される」のであるから（同書、一三頁）。

（立正大学教授）

★01——紙幅の都合により、『純粋理性批判』からの典拠の指示は、とくに重要な箇所のみにとどめる。その際同書第一版をA、第二版をBと略記しつつ頁数を添える慣習に従う。その他の著作は『アカデミー版カント全集』の巻数と頁数のみを記す。なお訳文における、まとまりを示し読みやすくするための〈 〉の挿入と、〔 〕による補入、ならびに傍線による強調は筆者による。

ヘーゲルの判断論

植村恒一郎

山本信「思考と無限性――ヘーゲル哲学における〈理性〉の立場」(一九六四、『哲学雑誌』第七五一号)は、ヘーゲル哲学にあって他にないものを明らかにした優れた論考である。筆者は学生時代に何度も読み、大きな啓発を受けた。山本はヘーゲル『大論理学』第二版序文のある箇所を敷衍して、こう述べている。「人間を動物から区別するものは思考であるが、思考は言語において現れ、言語はそれ自身の中に思考規定を含んでいる。論理的なもの(das Logische)は人間にとってかくも自然的なものであり、むしろ人間に固有の自然(本性)そのものなのである」[★01]。ここで言われているように、言語に含まれている思考規定、すなわち「論理的なもの」が同時に「自然的なもの」であるという点に、ヘーゲルの優れた洞察を見ることができる。それによって、人間の思考や認識は「単に主観に属するだけ」のものではなく、同時に客観的なものであることが示されるからである。すなわち、「論理的なものは、現実を構成する」のである。[★02]だが、「論理的なものは、自然的なものであり、それは現実を構成する」とはどういうことだろうか。山本の論考を踏まえ、ヘーゲルの判断論の検討を通じて、それをさらに具体的に考えてみたい。[★03]

1 「論理的なもの」

『大論理学』における判断論は、ヘーゲルには珍しく四綱目からなっており、形式的にはカント『純粋理性批判』の判断表に対応している。[★04]

このような対応があるが、しかしカントとヘーゲルでは、判断をめぐる哲学的スタンスが異なっている。カントは、カテゴリー表を導くために「一般論理学」の判断表を利用しており、日常言語の形式が人間の認識の枠組みと平行関係にあると考えている。他方ヘーゲルは、日常言語の形式はむしろ表層の構造であり、主語・述語という文法構造に幻惑されると、「概念」の真のあり方を見失ってしまうことを強調する。文法の形式がそのまま哲学的な意味での「論理的なもの」ではないのだ。文法の形式と「論理的なもの」は、一定の異なりを持ちながら関連しており、その差異と関連は、ヘーゲル判断論から以下のように読み取ることができる。

ヘーゲルによれば、判断には主語と述語という二つの「項」があるが、それぞれの項に概念がそれぞれ固定的に振り分けられるわけではない。たとえば「AはBである」という文があるとしても、それだけでは「A」や「B」は単なる「名辞」であり、「主語概念A」と「述語概念B」からなる「判断」が成立しているとは限らない。ヘーゲルは「文Satz」と「判断Urteil」を区別する。「判断」は、単に主語と述語があるだけではだめで、述語が「概念の諸規定に従って」

カント							
1 量	全称判断	2 質	肯定判断	3 関係	定言判断	4 様相	蓋然判断
	特称判断		否定判断		仮言判断		実然判断
	単称判断		無限判断		選言判断		必然判断
ヘーゲル							
1 定在	肯定判断	2 反省	単称判断	3 必然性	定言判断	4 概念	実然判断
	否定判断		特称判断		仮言判断		蓋然判断
	無限判断		全称判断		選言判断		必然判断

主語に関係している、つまり、述語が「特殊的なものあるいは個別的なものに対する普遍的なもの」として主語に関係しなければならない。個別的なものである主語に、やはり個別的なあり方を表現するだけの述語が付加される場合、それは「文」ではあるが「判断」ではない。たとえば、「アリストテレスは第一一五オリンピアードの第四年に死んだ」は、主語も述語も個別的なものだから「判断」ではない(WL305)。そして、それだけではないのだ。たとえ「判断」が成立したとしても、哲学的な意味で「論理的なもの」がそこに必ず読み取れるかと言えば、そうではない。

たとえば、カントでもヘーゲルでも、判断表の三つ目の綱目の最初に「定言判断 kategorisches Urteil」という判断がある。「定言判断」とはいったい何だろうか。カントでは「述語の主語に対する関係」(A73/B98) としか書かれておらず、仮言判断や選言判断と区別される単独の判断「AはBである」が考えられている。だが、「AはBである」という文法形式は、「肯定判断」でも「単称判断」でも「定言判断」でも、そして「実然判断 assertorishes Urteil」でもありうる。主語・述語の関係だけからは、「定言判断」を「肯定判断」「単称判断」「実然判断」から区別する要因は見えてこない。一方、ヘーゲルは「定言判断」を明確に規定する。「定言判断」を含むこの第三の綱目は、カントでは判断の「関係」だが、ヘーゲルはそれを「必然性の判断」と新たに命名する。なぜだろうか。ヘーゲルによれば、「そのバラは赤い」「この指輪は黄色い」などは、主語に対してその述語が付加されることは偶然的であり、主語・述語の間に必然的関係がないから、これらは「定言判断」と呼ぶべきではない。それに対して、「そのバラは植物である」「この指輪は金である」などは、主語と述語の間に種と類の関係があり、ある種の必然性が成り立つ。このように、主語と述語の関係が偶然的ではなく必然的である判断のみを、ヘーゲルは「定言判断」と呼ぶ(WL336)。これはカントの「定言命法」における「定言的 kategorisch」という語の意味を考えても、適切なものだろう。「必然性の判断」に属するのは、定言判断、仮言判断、選言判断の三つだが、後者二つはそれぞれ、前提と帰結の必然性、全体と部分関係の必然性を提示している。だから、最初の定言判断も、主語と述語の必然的関係を言うのでなければならない。定言判断の必然性を、類と種の関係によって規定し、三つの判断の全体を「必然性の判断」と呼び変えたヘーゲルの扱いは、判断の中に「論理的なもの」を読み取るという当初の目的に適うものなのである。偶然的な判断はいくらでも存在するが、そこには「論理的なもの」が読み取れないので、それは『論理学』が固有に問題にする判断ではない。では、判断において「論理的なもの」がどのように読み取られるのか、判断表の第一綱目「定在の判断」（カントでは「判断の質」）に即して見てみよう。

2　肯定判断

ヘーゲルの「定在の判断」は、「肯定判断」「否定判断」「無限判断」の三つから構成されている。これはカントの「判断の質」と同じである。我々は通常、「AはBである」を肯定判断、「AはBでない」を否定判断とみなし、否定判断は肯定判断に「……でない nicht」が加わっただけと考えて、それ以上特に問題としない。だがヘーゲルは、「nicht の有無」などは表層的な区別と考え、判断をまったく違った視点から捉え直す。「ある人々は幸福である」という判断は、すべての人々のうち一部の人々が幸福だということだから、それ以外の一部の人々は幸福ではないということである。つまりその判断は、「ある人々は幸福でない」ことを含意している（WL329）。要するに、判断における「論理的なもの」を明らかにするためには、「nicht」の有無ではなく、主語や述語において、「個別的なもの」と「普遍的なもの」がどのような在り方をしているのか、という視点から判断を捉えることが必要である。ヘーゲルは、「バラは良い匂いがする die Rose ist wohlriechend」（WL314）を例に挙げる。ちなみにこの文は、「バラの花というものは良い匂いがする」、「この一本のバラは良い匂いがする」、「この一群のバラは良い匂いがする」のいずれの意味でもありうるが、まさにそうであることが、個別、普遍、特殊という視点から判断を捉えるヘーゲルの趣旨にも適っている。

「バラは良い匂いがする」という判断は、「nicht」がないから、形式上は「肯定判断」である。ヘーゲルによれば、それを個別と普遍という視点で見れば、①「個別的なものは普遍的である」と、②「普遍的なものは個別的である」という二重性を持っている(WL316)。①は判断の「形式」、②は判断の「内容」と言われているが(WL315)、①の「形式」ということでヘーゲルが何を言いたいのかは、少し分かりにくい。というのは、これは『大論理学』の叙述の順番に関わる事柄だからである。「判断」の章のすぐ前の「概念」の章において、議論は「普遍的概念」→「特殊的概念」→「個別的なもの」と進み、最後の「個別的なもの」という到達点を踏まえて登場するのが「判断」である。「概念」とは、「自己の反対のものを自己のうちに持ち、かつ自己のもとに定立するもの」(WB303)であるが、そのような概念が、自己自身に還帰したものが「個別的なもの」であり、それが次に「根源的に分割 ur-teilen」され、主語と述語という形式で現れるのが「判断 Urteil」である。つまり、①の「個別的なものは普遍的である」というのは、「概念」(＝個別的なもの)がその反対のもの(＝普遍的なもの)へ分裂し、主語と述語の分離「形式」を取ったということであり、「概念」という形式から「判断」という形式への「移行」が①の意味するところである。

判断の実質的なあり方は、②の「普遍的なものは個別的なものである」という判断の「内容」において示されている。「バラは良い匂いがする」という判断は、一見すると、「このバラ」という「個別的なもの」に、「良い匂いがする」という、このバラには限られない「普遍的な」性質が「内属」しているように思われるかもしれない。おそらくカントの判断表や、現代の述語論理学ではそのように理解されているだろう。だがヘーゲルは、まったく逆の方向で考える。主語である「バラ」は植物であり、色、形、重さ、手触り、匂いなどの多様な性質を持ち、過去や未来に生育過程の時間的広がりを持ち、そしてさまざまな可能性を持つ現実的なもの、もろもろの偶有態をもつ実体である

（WL313）。一方、述語の「良い匂いがする」は、主語の「バラ」のもつ多くの性質の中の一つを個別的に取り出したものである。その「良い匂い」も、一般的な「良い匂い」ではなく、まさに「バラの持つ良い匂い」である（WL314）。とすれば、主語の「バラ」は実体である「普遍的なもの」であり、述語の「良い匂いがする」は、主語の中の特定の一つを取り出したものという意味で「個別的なもの」である。つまり、「バラは良い匂いがする」という判断は、主語である「普遍的なもの」が述語である「個別的なもの」であることを表現している。

このようなヘーゲルの思考は、奇妙なものに思われるかもしれない。しかしそこには、「論理的なものは、現実的なものである」という彼のテーゼに繋がる重要な洞察が与えられている。そもそも判断とは、生きている一人の人間が、何らかの経験、再認、確認などをする言語的作業である。その判断は、時間的空間的な「いつ、どこ」かで行われる言語的作業であるが、そこで用いられる言葉とその意味は、その判断が行われるよりずっと以前に、その人間に与えられていなければならない。ラカンの「象徴界」や「大文字の他者」を引き合いに出すまでもなく、我々の用いる言葉とその意味は、人類のこれまでの長い経験と言語実践の中で作られたものであり、個々の人間が、そうした他者の言語を用いて、自分の「いま、ここ」における新しい体験を表現するのが判断である。とすれば、「バラは良い匂いがする」という判断において、主語の「バラ」は、人類のこれまでの経験と言語実践が集約された「普遍的なもの」であり、一方、述語「良い匂いがする」は、一本のバラを手にした私の「いま、ここ」における嗅覚体験という「個別的なもの」と見ることもできる。そもそも「良い匂いがする」というのは、空中に拡散した微粒子そのものではなく、それが私の嗅覚と相互作用して生じる感覚なのだから、それは「いま、ここ」で生じる「個別的なもの」である。以上のように理解すると、「バラは良い匂いがする」という判断には、ヘーゲルの言うように、①「個別的なものは普遍的なものである」という「形式」と、②「普遍的なものは個別的なものである」という「内容」が二重化されている。それは、大きな迂回的な仕方で、言語が個々の現実と結びつくことを示しており、それが「論理的なものは、現実的なものである」というテーゼの意味することなのである。

3　否定判断

だが、こうした肯定判断は、よく考えてみれば、それ自体が矛盾している。そもそも、個別的なものは普遍的なものではないのだから、「個別的なものは普遍的なものである」も「普遍的なものは個別的なものである」も、どちらも偽の判断である。だから、肯定判断における主語と述語という両極を絶対的なものと理解する限り、肯定判断は自爆して存在しえないはずである。だが、実際はそうなっていない。それはなぜか。「個別的なもの」と「普遍的なもの」は、外的に対立したままに終わらず、「特殊的なもの das Besondere」において統一されているからである。そして、それが明確になるのが、「否定判断」という形式なのである。否定判断は、「論理的なもの」という次元では、肯定判断よりも本来的であり、否定判断こそが「肯定判断の真理態」なのである。

「バラは赤くない die Rose ist nicht rot」(WL322)という否定判断においては、バラは赤くはないが、しかし何か他の色を持っていることが意味されている。否定判断は、「nicht」が付いてはいるが、そこでは「否定的なものは本質的に肯定的なものに関係しているのであって、それゆえ規定されている」(WL321)。「バラは赤くない」という否定判断は、赤という色をバラから排除してはいるが、それで終わっているのではなく、それと表裏一体の仕方で、「では何色なの?」という問いを内含しており、「何らかの色」という一定の普遍的な領域が保持されている。「赤い」という個別的な規定は排除されたけれど、そこには「色」という「特殊的な」規定が保持されている。というより、「色」という特殊的な規定が確保されているからこそ、「赤い」という個別的な規定が排除される否定判断も、それを排除しない肯定判断も、ともに可能になるのである。ヘーゲルは、「否定判断における肯定的な規定であることが明らかになる特殊性 die Besonderheit は、個別性と普遍性を媒介するものである」（WL322）と言う。肯定判断においては、「個別的なもの」と「普遍的なもの」が主語・述語の両極に分離していたが、実はそれは、否定判断において初めて明らかになる「特殊的なもの」の領域の上でのみ生じた対立だったのだ。

このように、否定判断の本質は、「nicht」によって個別の規定を排除することにあるのではなく、そこに残されている特殊の領域を開示[illegible]、つまり、「赤でないなら、何色？」という問いが含意されていることが、否[illegible]質である。「彼は今日来て[illegible]は、6ではない」等の否定判断は、「彼はどこか他の場所にいる」「2＋3は何らかの数値を持つ」という[illegible]的規定[illegible]しており、そうした肯定的規定が開示されていなければ、我々は「……でない」「……がない」という否[illegible]と使うこ[illegible]できない。とすれば、そこから個別的な規定を一つ排除することが可能であるような肯定的規定の領域[illegible]そもそ[illegible]から開示されない場合、判断は、「である」という肯定判断も、「でない」という否定判断も不可能になる[illegible]になる。このように、判断がある意味で自爆してしまう状態として想定されるのが、たとえば、「精神は赤くない」「[illegible]ラは[illegible]ではない」「悟性は机ではない」等の（WL324）、「無限判断」である。[★05]「無限判断」においては、「規定が、主語と[illegible]語に[illegible]定的に結びつけられ、一方が他方の規定を含まないだけでなく、他方の普遍領域さえも含まないからである」（[illegible]24）このような「無限判断」の想定によって、判断というものが存在しうる領域の限界が示されたところで、「定[illegible]の節は終わる。[★06] このように、判断とは、人類の長い経験と言語実践が、各人の新たな現実との接触をその中に[illegible]んでいくプロセスであり、それゆえそこでは、「論理的なものが、現実的であり、自然的なものなのである」。

（群馬県立女子大学教授）

★01――山本信『形而上学の可能性』(一九七七、東京大学出版会、二〇頁)

★02――同、四二頁

★03――以下、ヘーゲル『大論理学』はWLと略記し、ズールカンプ版著作集第6巻の頁数を、カント『純粋理性批判』の引用は、A/B版の頁を記す。

★04――大村晴雄『ヘーゲルの判断論』(一九六一、小峰書店、一三一~四頁)

★05――山口祐弘『ヘーゲル哲学の思惟方法』(二〇〇七、学術出版会、一一三~五頁)

★06――ただし、「無限判断」は判断が「そこで終わる」場所であり、推論へ「移行」する契機でもあるから、判断論の第一綱目「定在の判断」で登場するのは早すぎるとも言える。

佐藤徹郎

もう一つの私的言語――ウィトゲンシュタインについて

1.

もしもウィトゲンシュタインと関係の深い日本の哲学者のリストを作成するとすれば、大森荘蔵や黒田亘の名前が記載されることは間違いないが、山本信の名を挙げる人は少ないだろう。しかし日本のウィトゲンシュタイン研究への貢献という観点から見れば、山本もまた当然リストに加えるべき候補者だと思われる。大森や黒田の影響には及ばないとしても、山本の果たした役割は、一般に知られているよりも遥かに大きいからである。

山本がいつからウィトゲンシュタインに関心を抱いたのかは明らかではない。おそらく一九六一年から六二年にかけてのアメリカ留学で何らかの刺激を受けたと推測されるが、今となっては確かめるすべがない。いずれにせよ、日本でウィトゲンシュタインの名が一般に知られるよりもずっと前から、山本が彼の哲学に興味を持っていたことは確かである。一九六六年に発表した論文「ウィトゲンシュタインの場合」(後に『形而上学の可能性』に収録された)において山本は、前期と後期の著作の透徹した読解に基づいて、ウィトゲンシュタインの思想を論理実証主義から切り離し、過去の哲学の伝統と結びつける独自の解釈を打ち出している。野家啓一によれば、この論文は「この時期のものとしては例外的な明晰さと包括性を備えており、驚嘆に値する。……今日なお再読三読に耐える示唆と問題提起を含んでいる」(「ウィトゲンシュタインと現代日本の哲学」)と評価される画期的な業績であった。

その後山本は、一九七五年から七八年にかけて、大森荘蔵と共同で、当時出版されていた著作、遺稿、講義録等の資料のほぼすべてを網羅した日本語版『ウィトゲンシュタイン全集』の編集に携わり、その内の一巻として刊行された『哲学的文法』第一部の邦訳を担当した。この全集の出版が、日本におけるウィトゲンシュタイン研究の興隆のきっかけとなったことは今さら言うまでもない。

このように出版物の刊行を通じてウィトゲンシュタインへの理解を深めるのに貢献しただけでなく、山本が学生や若手の研究者の研究を励まし、折に触れて適切な助言を与えたことも見逃せない。日本におけるウィトゲンシュタイン研究の中心的役割を担った黒崎宏と奥雅博は、どちらも大学院時代に山本を指導教官とし、いずれも彼の著作の解釈について山本から示唆を受けたと述懐している。もしも山本の理解と励ましがなかったとしたら、ウィトゲンシュタインの哲学の影響が、日本の哲学者たちの間にこれほど急速に浸透しえたかどうか疑わしい。

しかし、このような山本とウィトゲンシュタインの関係の深さにもかかわらず、二人の著作を読み比べてみると、両者は全く異質なものであるという印象を拭い去ることはできない。山本の哲学は、ライプニッツからヘーゲルに至る形而上学の伝統に根差すものであり、その目指すところは現代における形而上学の再生の可能性を探求することにあった。一方ウィトゲンシュタインは、哲学の諸問題を「我々の言語の論理の誤解に基づくもの」とみなし、問題そのものを解消することを目指していた。もしも山本が志向するような形而上学再生の試みをウィトゲンシュタインが知っていたとしたら、それを全く無意味なものとして切り捨てたことは想像に難くない。一体どうして山本は、このように自己と全く対照的な立場に立つウィトゲンシュタインの哲学に深く関与し、理解と共感を示すことができたのであろうか。

この疑問に答えるための手掛りは、上記の山本の論文のうちにすでに与えられている。山本はそこで、ウィトゲンシュタインと「亜流の徒」とを区別して、ウィトゲンシュタイン自身の哲学のうちには、哲学の問いを発するという「人間にとって避けえぬ業病」の自覚がひそむことを指摘し、彼の哲学を「おのが宿命とたたかう知性の悲劇」と規定している。すなわち山本は、ウィトゲンシュタインの形而上学批判を字義通りの意味で受け取るのではなく、それを彼自身の形而上学的衝動との戦いの産物とみなし、「否定的であるがゆえにかえって哲学本来の性格を現わし、欠如的であることにおいて、満たすべきものの所在を示す」という隠された意義をそこに読み取ろうとするのである。

こうした山本の解釈は、ウィトゲンシュタインの哲学の性格をきわめて的確に捉えたものであると私は考える。「言語の日常の用法に立戻れば哲学的問題は消失する、と、そう簡単に言うことは、できなさそうである」「逆説的な言い方をすれば、日常言語の意味は日常的には明らかでないのである」という山本の指摘は、ウィトゲンシュタインの言葉と表面的に背馳するにもかかわらず、ウィトゲンシュタイン解釈としても全く正当であると思う。しかし、時代的制約からすれば当然のことだが、山本の論考は、彼の言葉の背後にあるものを示唆するにとどまり、それを具体的に明らかにしているわけではない。ウィトゲンシュタインの遺稿の全容が明らかになった現在の立場から見ると、彼の哲学と形而上学の関係についても、もう少し立ち入った考察が可能であり、また必要であろう。以下において私は、ウィトゲンシュタインの著作の中のあまり注目されることのない一節を取り上げて、山本の結論を別の角度から検証し、補足することを試みたい。

2.

『哲学探究』第一部の四〇三節において、ウィトゲンシュタインは奇妙な想像上の言語に言及している。

> もしも私が「痛み」という語を、私がこれまで「私の痛み」と呼んできたものと、他人がこれまで「L．W．（ルートヴィッヒ・ウィトゲンシュタイン）の痛み」と呼んできたものに対してのみ用いることにしたとしても、「痛み」という語の欠落を何らかの仕方で、別の語結合で補うような記号法があらかじめ考慮されているかぎり、他人に対して何ら不当なことをしたわけではない。他人はその場合でもやはり同情され、医者に治療され、等々であろう。「でも、他人も君がもつのと全く同じものを確かにもっているではないか！」と言っても、この表現方法に対する異議にはならないだろう。
> 　ではこのような新しい表示方法から私は何を得るのか？　何も得はしない。しかし独我論者が彼の見解を主張するときも、彼はいかなる実際的利益も得ようと欲してはいないのである。（PU I-403）

同じ『哲学探究』の二四三節以下で、ウィトゲンシュタインは有名な「私的言語批判」を行っているが、この四〇三節の言語は、二四三節で定義される意味での「私的言語」ではない。しかし、それは「私」が特別な地位を占めているという点で日常言語とも異なっている。これを彼が批判した「私的言語」と区別して「自己中心的言語」と呼んでおくことにしよう。興味深いことは、この「自己中心的言語」が単なる偶然の思いつきではなく、これに類似した言語を採用するという着想は、ウィトゲンシュタインの草稿や講義録に何度も繰り返し登場する（たとえばPBS8, BTS12等）ということである。さらに「このような新しい表現方法から、私は一体何を得るのか？」（傍点引用者）という表現から分かるように、ウィトゲンシュタインがここで明らかに、この新たな言語の提案者の立場に身を置いていることに注目しなければならない。

しかし彼は一体なぜこのような奇妙な言語をわざわざ考案し、それを採用したいと考えたのだろうか。普通の人は、そもそもこんな言語を考える意図が分からないと言うだろうし、ましてやこのような言語を採用したいとは夢にも思わないだろう。

この問いに答えるためには、「痛み」に関するウィトゲンシュタインの考察の全体を考慮に入れる必要がある。私の知るかぎりでは、「痛み」の概念にウィトゲンシュタインほど徹底してこだわった哲学者は他に見当たらない。一九二九年にケンブリッジ大学に復帰してから生涯の終わりに至るまで、彼は手稿の中でも、また講義の中でも再三再四この問題を取り上げ、論じ続けた。そしてこの問題に関する彼の考察を貫く中心的なテーマが、「私の痛み」と「他人の痛み」の違いという問題だったのである。次の①、②に見られるように、彼は終始一貫して、自分の痛みと他人の痛みの「文法の違い」を主張し続けた。

① 「私は痛みを感じる」という命題は、私がそれを用いる場合と、私から見て他人がそれを口に出す場合とでは、全く異なる種類の記号である。(PB64)

② 私が歯痛を感じる場合の「歯痛」という語の使用と、誰か他の人がそれを感じるときのその語の使用は異なるゲームに属する。(AWL17)

また『青色本』で詳しく分析されているように、①、②の主張は次のような独我論者の主張を背景とし、それと密接に結びついている。

③私には、自分の経験だけが本当の経験だと言いたい誘惑がある。(BB46)

④私の痛みだけが本当の痛みだ。(BB57)

つまり四〇三節の「自己中心的言語」は、痛みに関する「私」と他人の非対称性を際立たせるために考案されたのであり、それはさらに独我論の問題と密接にかかわっているのである。

ウィトゲンシュタインが第一次世界大戦中に書いた『ノートブック』を読めば明らかなように、彼の哲学の出発点には、独我論への強い傾斜があった。彼は「私」(das Ich)を「世界の中心」「深い秘密に満ちたもの」と呼び、「世界のうちにいる他人が私に世界について語ったことは、私の世界経験の小さな取るに足らない部分にすぎない」(NB82)と語っている。このように初期のウィトゲンシュタインの哲学においては、「私」は、肉体でも、魂でも、いわゆる「主観」でもなく、他に比べるもののない全く独特な地位を占めている。しかし一方で、この「私」の「独特な地位」はそもそも語りえないもの、伝達できないものであるというのがウィトゲンシュタインの根本認識だった。彼は生涯を通じて、この「語りえない『私』」の概念と格闘しつづけたのである。

したがってそもそも「ウィトゲンシュタインの独我論」について語ること自体がある種の矛盾を含んでいる。なぜなら、少なくとも『論考』(正確に言えば『原論考』)以降のウィトゲンシュタインは、「哲学は学説ではない」「哲学の成果は哲学的諸命題ではなく、諸命題が明瞭になることである」(T4.112)と一貫して主張しており、彼は、いかなる哲学説を打ち立てることも自己の哲学の目標としていなかったからである。

しかしながらこのことは、彼の哲学がいかなる存在論も想定せず、いかなる形而上学的前提からも自由だったということを決して意味するものではない。それどころか、私の理解するところでは、彼は哲学的活動を行ったすべての期間を通じて、強い独我論的発想、独我論的先入見の支配下にあった。たしかに彼は、一つの形而上学的学説としての独我論を主張しようとはせず、むしろそれを繰り返し批判し、乗り越えようとした。しかし、独我論の発想は、彼の問題設定、彼の議論の枠組み、彼の追求した目標、彼の哲学観の全体に深く浸透していた（このことを私に気づかせたのは、永井均の一連の論考である）。後に触れるように、彼の行った独我論批判そのものが、独我論的発想の枠組みの中で行われたとみなすこともできるのである。

したがって私は、ウィトゲンシュタインの哲学の根底にあるものを表すために「形而上学的前提」という表現を用いることにして、それを、哲学的探究の到達点としてのさまざまな「学説」あるいは哲学的命題の体系と区別しておきたい。「形而上学的前提」とは、人の思考や行動が通常は無意識のうちに前提としているもので、必ずしも命題の形に表現できるとは限らないが、もしもそれを表現しようとすれば、形而上学的な命題になるようなものを意味する。そして私は以下において、ウィトゲンシュタインがしばしば批判の対象とした哲学的学説としての独我論ではなく、彼の哲学の「形而上学的前提」としての「独我論」を問題にしたい。

さて、上に述べたことを踏まえて考えると、四〇三節で提示された「自己中心的言語」が、上の③、④に示したようなむき出しの独我論的言明を、より洗練された形に言い換えたものにすぎないことは明らかである。ここでウィトゲンシュタインの主張のポイントは、③、④のような言明が、日常的表現の誤解に基づくのに対して、「自己中心的言語」は可能であり、しかも日常言語と同等であるという点にある。『青色本』において彼は、このような自己中心的表示法の意義を次のように説明している。

我々の日常言語は、あらゆる可能な表示法のうちで我々の生活の全体に浸透しているものであり、いわば我々の心をある位置にしっかりと固定している。そして心は時にこの位置にあるのを窮屈に感じ、他の場所にも行きたいと欲するのである。こうして我々は時にある相違を日常言語よりも一層強調し、一層目立たせるような表示法、あるいは場合によると日常言語よりも一層類似性の強い表現形式を用いるような表示法が欲しくなるのである。これらの要求をみたすような表示法が示されれば、我々の束縛感は緩和される。(BB59)

我々が言ったように、ある人が常に、あるいは一時的に例外的な地位を占めるような表示法を採用することに異議はない。……誤っているのは、この表示法を正当化できると考えることである。(BB66)

すなわちウィトゲンシュタインは、形而上学的主張(この場合は独我論)への欲求を、日常言語の表現形式への不満と新たな表現形式への欲求と解釈して、新たな表示法(「自己中心的言語」)の可能性を示すことによって哲学的問題を解消しようとするのである。

しかし、こうした試みは成功したのであろうか。またそもそも成功する見込みがあったのであろうか。「痛み」の問題に関して言えば、ウィトゲンシュタインが問題の解決に成功しなかったことは、彼が『哲学探究』の第一部を書き終えた後も、死の直前まで延々と痛みの概念について考え続けたことからも明らかである。(*Last Writings on the Philosophy of Psychology, Vol.II* を参照)

痛みの概念に対するウィトゲンシュタインの執拗な分析は、独我論的発想を保持しつつ、痛みについての自らの把握の仕方と、日常言語の実際の用法の間にはいかなる齟齬もないことを示そうとする試みだった。しかし私の考えるところでは、これはもともと成功するはずのない企てだったと言えよう。ウィトゲンシュタインの哲学の形而上学的前提と日常言語の形而上学的前提との間の隔たりはあまりにも大きかったからである。

日常言語においては、「私」は話者を指す指標にすぎず、それはいつでも他者と交代可能である。したがって「私」という言葉も「私の痛み」という言葉も、日常言語では何ら特別な地位を占めるものではない。たとえば①の引用文に示されているような、「私は痛みを感じる」という命題が、私がそれを用いる場合と、他人がそれを口に出す場合とでは全く異なる種類の記号である、といった自他の非対称性の主張は、日常言語の文法では全くのナンセンスでしかない。日常言語では「私」がL．W．であれば「私の痛み」は、「L．W．の痛み」と同じである。つまり「私の痛み」は別の話者から見れば「彼の痛み」であり、「私の痛み」と「彼の痛み」は、いわば同一の出来事の異なる表現法にすぎない。そのことが日常言語の根本的な前提なのである。

もちろん、こうした前提に対して異議を唱えることは可能である。独我論者であれば、こうした「同一性」は理解不能であると批判するだろう。しかし、こうした前提が正当化できるかどうかが重要なのではなく、日常言語にこうした前提があるということが重要なのである。このことを考慮に入れるなら、「自己中心的言語」と日常言語は同等であり、どちらを選ぶかは表現方法に対する好みの問題にすぎないというウィトゲンシュタインの主張をすんなりと受け入れることは到底できそうもない。「自己中心的言語」における「痛み」の概念は、日常言語における痛みの概念とは全く異なるものになるだろう。

もしも我々がウィトゲンシュタインの「私的言語批判」や、「哲学は、言語の実際の使用に、いかなる仕方であれ干渉してはならない。哲学は結局のところ、それを単に記述しうるだけである。……それはすべてをあるがままにしておく」(PU I-124) という、彼の表向きのスローガンのみに目を奪われるなら、一部の解釈者が主張するように、彼はもっぱら言語の公共性を主張し、日常言語を「あるがままに」受け入れた、と考えたくなるかもしれない。しかし、すでに見たように、彼は言語の公共性と矛盾する自他の非対称性の主張を生涯を通じて決して放棄しなかった。また彼は、決して日常言語の全体を「あるがままに」受け入れた訳ではない。自分が「無意味」とみなす表現を切り捨てることに彼は少しも躊躇しなかった。

実際、いわゆる『ビッグ・タイプスクリプト』に収録された断片の一つで、ウィトゲンシュタインは次のように述べている。

人間は、哲学的、すなわち文法的混乱のうちに深くはまり込んでいる。人間をそこから解放するためには、まず彼らが囚われている途方もなく多様な結びつきから彼らを引き抜く(herausreisen)ことが前提となる。人はいわば、彼らの言語の全体を編成し直さなければならない(umgruppieren)。しかしこの言語がそのようになったのは、人間がそのように考えたいという性向を持っていた——そして現に持っている——からである。したがってこの引き抜きが成功するのは、言語に対して本能的な不満を抱えて生きている人々の場合のみである。自らの本能の全体に基づいて、この言語を自らの本来の表現として創造した群衆の中で生きている人々の場合はうまく行かない(BT423)。

ウィトゲンシュタインが日常言語に強い違和感をもっていたことは、こうした断章のうちに明確に示されている。彼の哲学の「形而上学的前提」を詳細に分析することは本稿の課題を超えているが、我々が彼の哲学と日常言語の論理の間にある深い溝を正しく認識し、彼を苦しめていた葛藤の意味を正しく理解するとき、我々は初めてウィトゲンシュタインの哲学を、その隠された意味を含めて正当に評価することができ、「彼もまた『形而上学的動物』たることを免れなかったし、彼の哲学的言語分析はその所産であった」という山本の洞察の意味をより深く味わうことができると私には思われるのである。

（新潟大学名誉教授）

【注】——ウィトゲンシュタインの著作からの引用については、以下のような略号を用いた。略号の後の数字は、断章番号がついているもの（T, PB, PU）については断章番号の数字、その他の場合は原書のページ数（BTについてはタイプ原稿のページ数）である。
スペースの都合により、訳書への言及は省略した。

NB　*Notebooks 1914-1916*『草稿 1914-1916』
T　*Tractatus Logico-Philosophicus*『論理哲学論考』
PB　*Philosophische Bemerkungen*『哲学的考察』
AWL　*Wittgenstein's Lectures, Cambridge 1932-1935*『ウィトゲンシュタインの講義II　ケンブリッジ 1932-1935年』
BT　*Big Typescript*（TS213）『ビッグ・タイプスクリプト』
BB　*Blue and Brown Books*『青色本・茶色本』
PU　*Philosophische Untersuchungen*『哲学探究』

佐藤和夫

アーレント『精神の生活』と「形而上学の可能性」

I 「形而上学」と意味の追求

「犬」という言葉は誰から最初に習ったのだろう。もちろん、分からない。それでは、「哲学」という言葉はどうか。自分の思想と思っているものが、どの程度に他の人とのコミュニケーションの結果であるかを知る機会は、それほど多いわけではない。そのなかで、「形而上学」という言葉を中身の理解を含めて習ったのは、ほぼ間違いなく、山本信先生（以下、山本と略す）からだろう。この「形而上学」について、山本は次のように定義している。「われわれは世の中の事物について、日常的にも学問的にもさまざまな知識を持っているが、そこからさらに進んで、それらの知識を成り立たせている基本的な原理を問い、そのことが同時に、世界の構造と人生の意味をとらえようとする」知的努力を「形而上学」だという。[★01]

この「形而上学」の定義が通常理解されているものとはかなり異なることは明らかで、たとえば、岩波の『哲学・思想事典』によれば「自然の全体の本性もしくは本質への問い、またわれわれの感覚や知覚にとらえられる世界を超えた超越的存在への問い」をめぐる議論とされている。前半は比較的山本の議論と結びつくところが多いが、後半の定義の仕方、すなわち、「世界を超えた超越的存在への問い」は、唯物論サイドからの形而上学攻撃と結びついて、山本がこのような定義とどう関わっていたかを考えるのは、興味深い問題であろう。というのも、出発点のアリストテレスが『形而上学』としてまとめられたもののなかに論じた問題よりも、そこに提示された多くの概念を使って中世の神学者たちが神をめぐって議論した問題の方が、「形而上学」という内包に対して、どう考えてもヨーロッパ哲学史のなかで深い影響を与えてきたから、神をめぐる抽象的議論よりもこの世界と現実こそが重要だとする唯物論の側からの攻撃が重要なのは当然だと思われるからだ。しかし、山本は、このような唯物論側からの攻撃にはほとんどまったく触れることなく、形而上学に対する批判のもう一つの流れに対してもっぱら力点を置いて批判的に論じている。

それは、山本によれば、「認識論の見地からする批判と攻撃[★02]」であるという。「われわれが知りうるのは経験できることがらについてだけであって、超経験的なものは原理的に認識不可能である。だから、形而上学とよばれてきたものは事実の知識としての資格をもたない」という主張が近代になってから強くなった。この流れが基礎となって、「「科学」という名で総称される」「知的動向」が生まれ、これが、形而上学が蔑視される根拠になったという。だから、現代の「知的野蛮」を脱却するために、科学、あるいは、より正確には「科学的知識を絶対化する考え方[★03]」との対決こそが、形而上学の可能性を探る核となるというのである。

近代に生まれた科学主義的な考え方は、山本によれば、以下のような構造になっている。現象の背後に本質を求めるような思考方法を否定した科学主義的な思考は、感覚に経験できるもののうちに、その変化を通じて一般的となり得るものを求めていくことになる。その上で、「実際に観察されうる諸性質のうち、その変化が何らかの仕方で単純な度量の変化として規定できるものをえらび」、それらを現象記述のための基本的因子として、その因子の量的変化の関係を数学的に一定の形で表現できるようにして関数関係を求めたのである。それが「自然の法則」とされ、「実体の不変の『本性』のかわりに、現象の変化の法則を求める『物理学』となった[★04]」。そして、そうした現象の記述の仕方が一般に科学的説明として、客観的なものであるかのように言われるようになった。

しかし、この説明には、デカルト以来の近代理論の本質的な主観主義の問題点が現れている。こうした知識を持つ認識主観は、そうした客観性を成り立たせる連関の抽出という作業をしているのだが、この主観は、その故にこそ、その連関の外にたっている。いいかえれば、「認識主観は世界の外にたつ」ことになる。しかし、このように「認識する当の主観と客観的なものとが対置されることになるが、はじめの経験に含まれていた諸性質はこの両者にどう配分されるのか、日常的にはその辺は適当にぼかされている。しかし特に物理学に即してつきつめてゆくと、感覚や感情にいろどられた個々の経験内容は、ほとんど全部が主観の側に帰し、客観的世界そのものとしては純粋に量的数学的な規定しか残らない[★05]」。こうして、人間が社会生活を営みながら他の人間たちと関わりながら営まれる関係の大半は非科学的な領域として放置されることになる。

たとえば、山本のあげている興味深い例を挙げるなら、ダイヤモンドは、成分としては炭素なのだから炭と同じことになる。化学式としては同じものである以上、ダイヤモンドも炭も同じで、科学主義的な観点からすれば、ダイヤモンドに満足を感じるか、炭がよいかは個人的なものだということになる。これなど一番に極端なもので、物理的な特性という科学的な特徴から見ても、硬度の違いは決定的な物理的特徴の違いである。しかし、化学式としてみれば同一だからと言い切るのには問題のずらしがある。ましてや、人間社会のなかで、ダイヤモンドの価値は絶対化されているのだから、たとえば、天然のダイヤモンドと人工のダイヤモンドの間の区別ができなくなると困ってしまう事態が起きる。最高級のダイヤにいたっては、数十億円ということも考えられるのだから、炭とダイヤは、化学式の世界に絶対に還元されて同一だとされてはならない。しかし、これらは、すべて炭素だという点では同じである。

というわけで、科学というものが、私たちの現実世界の経験をごく一面的に抽出したものに過ぎないにもかかわらず、「科学的方法に基づく客観的な認識が、世界をありのままに知ることだという考え方」[★06]を持ったという事態は、デカルト的「二元論」の結果であり、その結果、知識の客観性に対して「実在性」という資格が与えられることになったというわけである。山本は、こうした事態がじつは近代の哲学的な流れに共通する特徴を与えたのであり、したがって、近代において対立してきた唯物論と観念論も「知識の客観性が実在性である」という「一つの前提を共にしていた」[★07]と指摘している。

以上の山本の主張は、私が学生時代にも共感したことだし、今でもその基本的な主張は賛成できる。「科学的な知識の客観性ということ自体が一つの形而上学説に支えられて成り立つ」[★08]ことに過ぎないという主張は、当時の東京大学を中心とする哲学的な雰囲気の科学的実証主義の流れが強かったなかでは、むしろ、少数派に属するものと言ってよかった。哲学の問題をむしろ「形而上学的」であるという山本の主張を、私はその限りでは受け入れてきた。しかし、「形而上学」という言葉自身は、超越的存在への関心と結びつくもののように聞こえて、どうしても身近に感じないままであった。

II　意味と思考

ハンナ・アーレントは、自らが哲学者と呼ばれることを強く否定した思想家であった。[★09]同じく、哲学のあり方に強い批判を持って二〇世紀の思想に強い影響を与えた思想家にマルクスがいる。彼の「フォイエルバッハについてのテーゼ」は、フォイエルバッハやヘーゲル学派の思弁的態度、つまり、現実のなかにある矛盾を思想によって克服しようとするあり方を強く批判して、「哲学者は世界をさまざまに解釈してきた。それを変革することが肝心であるのに」という実践的唯物論の立場によって、哲学を止揚（つまり、従来のあり方を捨て去るとともに、より高い次元で生かすこと）することを宣言した。マルクスの思想は、日本の戦争体験と結びついて、少なくとも六〇年代までは強い影響力を持った。

しかし、アーレントは、このマルクスの主張を正面から批判している。それは、哲学への基本的な態度のあり方がマルクスとは根本的に異なるものとして位置づけられているからである。アーレントの解釈では、フォイエルバッハ・テーゼの議論でさえも、じつは、マルクスの「哲学を実現することなしには哲学を止揚できない」という初期の議論と結びついているという。世界の変革という現実の世界の問題に従属させられた形でしか精神や思考の問題が議論できないという立て方、思考の営みですら「社会における生産力の「鉄の法則」に従属[★10]」させられるような議論は、強く批判されるべきであった。つまり、マルクスの議論は、思想や思考が社会の物質的生産力によって束縛されて、従属的な位置にとどまってしまう危険を持つものとしてアーレントにとって受け取られ、それゆえにこそ、批判されなければならなかったのである。

この議論がマルクス自身にとってどれほど妥当するものなのかの議論は、それ自身別の課題であるが、今の関心は、アーレントがこういう仕方でマルクスを批判しようとした関心がどこにあったかである。

アーレントにとって、思考することは生きていることの証であり、思考が何かのための手段に位置づけられることはあり得ないことだった。マルクスに対応して論じるならば、理論や観想（theoria）が現実の問題を回避したり、現実の矛盾の代行物になったりするのは問題だが、だからといって、思考が物質的利害の解決のための手段にすぎないわけではない。言い換えれば、山本が「形而上学」の営みとして提起したように、理論や思考が、「実在」だと同一視される科学的理論の現象記述の錯覚や誤謬を防ぐための検証の手続きにすぎないものでは断じてあり得なかった。つまり、科学が現実の全体を説明するのではなく、科学はあくまでも現実の一断面の説明でしかない。化学の議論としてダイヤモンドと炭を同一だとする説明と、両者を決定的に価値が違うとして区別する私たちの日常の現実生活の経験は、ともに現実を構成する経験で、一方が他方に還元されるものではない。

それでは、科学的研究としての知識活動と、思考との間にはどういう違いがあるのか。この点で、山本とアーレントの間にはかなり深い共通性を感じないではいられない。山本は、「理性について」という論文のなかで、動物と人間とを区別するものとして、「理性」の問題を論じ、動物には適応という行動が基本であるが、人間の場合には、「自発的にはたらいて自己と対象とを形成してゆくこと」[11]、「自発性」に基づいて自分の生活条件を形成していくことに根源的な特徴があるという。そうした自発性という基盤の上で、「人間は世界と人生との全体に対して問いを立て、かつそれに答えねばならぬ」[12]存在だというのである。自然に適応するだけの存在ではありえず、「自然を超えた」(メタ・フィジカル)[13]という意味で、人間は「形而上学的」な存在である。その中で、人間は「さまざまな科学によって説明されることがらの、人間にとっての意味」[14]が問わずにはいられないのだという。

アーレントは『精神の生活』という最後の著作のなかで、カントのVernunftとVerstandの区別を論じながら、山本の主張にきわめて近いことを論じる。Verstandの方は、「悟性」という訳には「理解」という意味が入ってしまっているので「知性」と訳するのが適切だと論じた上で、Vernunftに当たる「理性」は、検証できるような意味での「単なる知識欲」にとどまるのではなく、「真理の探究によってではなく意味の探求によって生まれる」[15]活動であると論じている。こうして、カントにおいて理性の問題として論じられた事柄を、意味を追求する思考の問題へと転換して、認識の問題とは異なる意味での思考こそが人間にとって問題なのだと論じている。

こうした点から、思考と理性は認識と知性の限界を超えるという問題提起は、カント、アーレント、山本の三者に共通する関心であるということができる。違いは、カントが認識を超える問題、言い換えれば、理性の問題を「信仰に余地を与える」ためだとして、結果的に、神の存在などの伝統的形而上学の領域に向けさせようとしてきたのだが、山本やアーレントは、理性や思考を、意味を問う人間固有の営みだとしてきた点にある。それ故、両者は、カントの試みは科学的「認識を拒絶する」ためではなく、科学的「認識から思考を分離した」[★16]点に大きな意義があるのだと評価し、山本の表現で言えば、自然に従い本能の枠内でのみ生きる生物ではない存在としての「自然を超えた」人間のあり方を問う「形而上学」の可能性を据えたのである。そういう意味では科学の奉仕者、科学の奴隷としての理性ではなく、むしろ科学を人間の経験全体の中に位置づけ直す役割としての理性が両者の関心なのである。

それでは、山本とアーレントとは同一の問題次元にいたのかといえば、この点こそアーレント思想の核心をなす点と関わる。アーレントは職業的哲学者のあり方に強い批判を持っていたが、それはなによりも、自分の師であり、恋人でもあったハイデッガーがどうしてナチズムの協力者という立場に進んで入ったのかという関心と深く絡む問題であった。アーレントは、哲学者たちがプラトン以来の伝統にしばしば存在したように、大衆から離れて、哲学的思想にふけり、その結果、到達した理論を真理だとして人々に対して支配的立場に立ち、独裁的立場に立つことに、強い批判を向けた。哲学者たちが、他の人間から離れて孤立して思考した結果を重視し、しかもそれを哲学的真理だと宣言するなら、その真理とは、それに到達したごく一部の人々の認識によってのみ可能なもので、他の人々の思考は無駄ということになる。しかし、人々が人間の存在や経験の意味を問わずにいられず、しかも、その意味の追求と科学的認識の営みとが厳しく分けられることだとすれば、一人ひとりのかけがえのない人生とその意味の追求は、その人の思考の営みによってのみ可能なのだから、それを他者に預けるとか代行してもらうことなど不可能なことである。

この意味の追求という人間の営みのなかに、哲学者の「真理」の名の下でしばしば行われる孤立した思考の営みとは違う世界を求めていることが、アーレント思想の中心である。「真理と政治」という論文の中で、アーレントは、「事実の真理」と「哲学の真理」というものを厳密に区別し、事実というものは多くの人々によって見られ、立証されるものであると述べる。[★17] そして、事実に基づく意見はできるだけ多くの人々によって多様な形で語られれば語られるほど、そのリアリティが深まるものであるという。意見とは多様に語られることによってこそ、その政治的意味を持つということが、アーレントの思想の中核である。

私たち人間がこの世界に生まれてくるということは、この世界にその人でしか経験できない世界との関わり合いを話として他者に語ることによって、そして、それが他者によって聞き取られるということによって成立するのだという。世界に生きるということは、異なる人々が共存しつつ、さまざまな生きた経験の語り合いをするなかで生まれるものである。それを欠いた形での哲学的思考は、ある意味でこの世界では「死んだ」営みである。思考は、「退きこもって」なされるものだが、だからこそ、それが言葉として語られ、話として他者に伝えられるなかで、この世界が出現し、形成されるのだという点が彼女の中心である。その意味で、アーレントによれば、アリストテレスの「言葉を持つ動物」というとらえ方は「政治的動物」(ポリス的動物)と不可分に結びついている。人は自分の経験を異なる人生を持つ他の人の前で語り、話を聞いてもらうことによって、自分のかけがえのなさを「政治」的に経験するのだという。

そうした文脈において、アーレントは、ハイデッガーに典型的に見られるような哲学者のあり方への強い拒絶を示したにもかかわらず、思考や思想そのものが人間に持っている意味を生涯にわたって考え続けた思想家だった。なぜなら、人間は意味を追求せざるを得ない存在だからだ。ここで問われる「意味」とは何か。アーレントの独自性は、その意味のとらえ方にあると思われる。よく考えてみれば明らかになるが、そもそも、意味とは人間関係の中に生まれてくるものである。ダイヤモンドや炭が意味があるかどうかは、その人の生きる文化のなかでの人生観や価値観が深く影響する。「猫に小判」、「豚に真珠」ということわざが示すように、特定の意味が生まれる文化の脈絡を受け入れていない人にとっては、小判も真珠もなにも意味しない。単なる金属の固まりであったり、貝の分泌物にすぎない。最近の例で言えば、ボリヴィアのウユニ湖の湖底には、世界の四分の三をしめるかもしれないほどのリチウムなどのレアメタルが埋蔵されている可能性があると報道された。これは、ボリヴィアの国家の将来を決めるほどの大発見かもしれないが、これも電気自動車やIT技術の発展以前には、ほとんど何の意味も持たなかった事実だろう。つまり、意味とは、ある特定の生活様式や文化を共有する集団の中で、それが一定の重要性や機能を果たすときに生まれるものだ。とすれば、意味を求めるとは、人々の共同生活の中での自分や自分の見解の位置や、あるいは他者にとってのそれらを探ることになるだろう。

アーレントが問題にしたのは、一つの文化集団、たとえば、ナチスを支持する人々にとって、ユダヤ人が抹殺されるべきだという見解がどうして出てきたかを問うことだった。ある集団の文化の脈絡にとっては、無意味ないしは有害なものであったとしても、他の人間関係にとってはかけがえのない存在かもしれない。人間とはそのように一定の文化の脈絡に深く関係した形でしか自分の意味を得られない存在だとすれば、そこから、少なくとも、二つの大きな問題が提起される。一つは、自分の所属する文化にとって意味のない存在も他の文化のなかにおいては意味深い可能性があるという事実の承認である。かつて、ヨーロッパ人がアメリカ大陸に到達したとき、先住民は人間だろうかという議論が行われた。なぜなら彼らは、キリスト教が前提するような神の観念を持っていなかったからである。もしヨーロッパ流の神の観念を持つことが人間と動物を分けるしるしになるとすれば、先住民は人間でないことになり、殺すことも家畜扱いすることも自由になったろう。さいわい、モンテーニュ以来のヨーロッパ文化の流れには、自分の文化とは異なる文化を、単純により劣ったものだとか人間的ではないという基準を当てはめることは危険だとする主張が存在した。他者の存在の承認の過程こそはヨーロッパ思想の格闘の歴史であったが、それは、同時に、対極的な考えとして、もう一方にナチズムやスターリン主義の全体主義の思想を生み出してきた。本来、意味とは事実に内蔵するものではなく、文化の中で生まれるものであり、それとの照らしあわせの中で、各人が一人ひとり追求すべきものであり、意味が単純に真理となってはならないのだ。ところが、自分が発見したという「意味」が「真理」として普遍化され、それに対応しない現実を抹殺していくという恐るべき経験をヨーロッパ思想は生み出した。それが全体主義の経験である。

哲学者の問題として論じるならば、その点こそ、ハイデッガーの最大の問題点であった。ハイデッガーは、「存在の意味」を問う中で「「存在の意味」と「存在の真理」は同じことである」と述べる誤りを犯したのだ。[★18]「真理と事実は同じ」ではないにもかかわらず、この両者の峻別こそは近代が忘れていった過程だとアーレントは結論づけたのであった。

もう一つ重要なことは、一つの文化の中においてさえ、一人ひとりにとっての意味は自ずと存在するわけではなく、絶えず他者との間に生じてくる活動の結果だということだ。私にとって本来分かりうる意味は、私にとっての視点からでしかない。私が他者の苦しみや喜び、他者にとって重要であるものや意味があるものを学ぶのは他者の意見の現れ、他者が自分の物語を語ることによってである。道ばたの石ころがある人にとって持つ意味は、時にはダイヤモンドよりも重要かもしれない。その意味は他者の語りを通じて私たちの前に現れてくる。こうした一人ひとりの「意見」（ドクサ）の違いの承認こそ、人間が「政治的動物」であることの中核的意味である。

アーレントは、そのような「政治」的経験が成立する人間の営みこそが「労働」でも「制作」でもない協同「活動」（action）だと考え、人間の「思考」をそのような次元と乖離させない可能性を探った。山本が形而上学の可能性を科学的認識を乗り越える可能性として問うたのに対し、アーレントは、そうした思考のはらむ全体主義への危険性を抜け出るために、「意味」の追求の空間を断固として確保しようとしたのである。山本は、その際、神の存在をめぐる中世的形而上学の枠を完全には壊さないままに追求しようとしたが、アーレントは、「人びとの間にある」営みとしての「生きる」ことの中に思考の「意味」を求め続けた。「意味」の追求としての「形而上学」は人びとの共に生きる営みと結びついているのである。

（千葉大学教授）

★01——山本信『形而上学の可能性』、東京大学出版会、1977年、223ページ
★02——同書、224ページ
★03——同書、226ページ
★04——同書、229ページ
★05——同書、230ページ
★06——同書、231ページ
★07——同書、234ページ
★08——同書、238〜239ページ
★09——『アーレント政治思想集成 1』、齋藤純一・山田正行・矢野久美子訳、みすず書房、2002年、2ページ
★10——アーレント『過去と未来の間』、引田隆也・齋藤純一訳、みすず書房、1994年、25〜40ページ。また、アーレント『カール・マルクスと西欧政治思想の伝統』、佐藤和夫編、アーレント研究会訳、大月書店、2002年、131〜144ページ、参照。
★11——山本前掲書、153ページ
★12——同書、161ページ
★13——同書、131ページ
★14——同書、242ページ
★15——アーレント『精神の生活 上』佐藤和夫訳、岩波書店、1994年、19ページ
★16——同書、18ページ
★17——アーレント『過去と未来の間』、引田隆也・齋藤純一訳、みすず書房、1994年、322ページ以下
★18——アーレント『精神の生活 上』佐藤和夫訳、岩波書店、1994年、19ページ

雨宮民雄

時間と無

山本の時間論は"What Time Is Not"という論文にまとめられている。この論文は第二回国際時間学会で読まれ、その後、*The Study of Time II* (ed. J. T. Fraser, Springer-Verlag, 1975) に掲載された。本と同じ表紙のついた抜刷が、ゼミ室の机の上に、誰でも持っていけるように積まれていたので、一部もらったことを思い出す。

表題の中の「無」は、山本の論文「無の概念についての人間学的考察」(東京大学教養学部人文科学科紀要、一九五七)の中で人間の存在性格を表すキーワードとして用いられているものである。山本は、存在者の自然的連関の外にあることを無と呼んでいる。時間は、無においてある人間が時計を使用するところに現われるとされる。以下で、まず、私の目に映る時間の諸相をおおまかに描写し、次に、それにもとづいて山本の時間論を検討する。

1. 時間の諸相

時間には四種ある。第一は統治の時間、第二は自律の時間、第三は世俗の時間、第四は現実そのままの時間である。ここで人間社会の構図と対応させて四種の時間を区分するのは、直感的に分かりやすいことを願うがゆえである。時間は名目上一つの対象ではあるが、あらゆる場面、あらゆるものと共にある捉えどころのない「何か」である。時間自体に則した名称よりも、人間社会で使い馴らされた名称で大枠を設定する方が賢明と考えた。

四つのうち、時間論で扱われる時間は、統治の時間と自律の時間の二つのみである。

統治の時間は「永遠」に変わることのない秩序へと人々を誘う時間である。人々は生きることの苦しさからチェインジを願う。或る人は声高に叫び、ある人は心の中でつぶやく。チェインジへの願望を上から押さえつけることは難しい。しかし、それを解放すれば社会は混沌と化す。もしも人々に永遠の観念を信じさせることができるならば、人々はチェインジよりも大切なものがあると考えるようになるであろう。そうなれば「理想の」や「真実の」と形容される所定の秩序へと人々を誘い込むことができる。

西洋思想の根幹はプラトニズムとキリスト教である。プラトニズムにおいては、統治者は永遠のイデア界を見ながら国家を統治する。キリスト教においては、永遠の神の名のもとに教会が地上を統治する。だから、永遠による統治が西洋思想の正統である。

永遠は、近代においては「時刻の系列」として表象される。時刻の系列は変化することのない永遠の時間である。どの時刻も生成しないし、消滅しない。また、どの時刻も不変の「以前—以後 (earlier-later)」関係を保って唯ひたすらその位置にある。aがbよりも前の時刻ならば、百年先にも千年先にも、確実に、aはbより前である。

物理学の時間軸tはこの永遠の時間である。物理学の精神に沿って時間を論ずる者は、既に定まった過去のみならず、所謂未来についても、そこで何が起きるかは既に定まっていると主張する。時刻の系列は永遠であるから各時刻に対応する出来事もとうぜん確定している。もっとも、量子力学では不確定性原理が成立する、が、それは認識の次元で不確定というだけのことであって存在の次元においてはすべて確定している、そう彼らは言う。ニュートンの運動方程式やマックスウェルの電磁方程式、相対論や素粒子論、こうした道具立てによって、永遠の秩序の大枠がわれわれの目の前に示される。

この時間表象の正しさを証明する道はない。逆に、この表象が誤りであることを証明する道もない。したがって、正否の観点からこの問題を考え込むと頭が疲れる。それよりも、このような時間、このような時間表象はどのような目論見をその根底に持つかを見て取る方が楽である。統治という人間臭いレッテルをあからさまに貼ることがこの時間表象を理解する最短の道である。じっさい、物理学を中核とする自然科学は科学主義という一つの統治様式を形成している。

統治の時間が「永遠」であるのに対して、自律の時間は「生成」である。統治者が未来にわたって「既に在る」秩序の承認を迫るのに対抗して、自律する者は、「成る」によって動的に秩序が構築されていくと考える。ここで「成る」とは自然に成り行くことではなく、創造することである。

生成の時間は、具体的には「過去・現在・未来」の流れとして表象される。生成を成り立たせる要は未来である。未来は「存在しない」時間領域である。未来は人間を「在る」の一元論から解放する。それによって秩序は上位の者から与えられるのではなく主体によって開かれるものとなる。

それでは過去とはどういうものか。正確に言うと、過去から現在へと向かう流れはない。過去は現在の制約として立ち現れるのみである。過去・現在・未来と言う場合、そこには、普通、直線的流れがイメージされているが、それは錯覚である。運動の方向には進行と後退しかない。もうない過去を起点に現在への進行は起き得ないし、また、過去へと後退したのでは現在を中心に過去と未来の両方向に時間が拡散してしまうことになる。過去・現在・未来という流れの実体は、現在から未来へと向かう主体的ベクトルのことであり、その現在を過去が制約しているのである。

統治の時間と自律の時間は相容れない。自然科学的秩序の中に、過去・現在・未来を見いだそうとする論者もいるが無理がある。たとえば時間的流れが物理的世界に見いだされる証拠として不可逆過程を持ち出す人も居るが、不可逆過程によって事象の方向性は得られるとしても、それは事象の並びの順序にかかわる事柄であって生成を意味するわけではない。また、真空中の光速が信号速度の上限であることを理由に、光の速度で到達不能の空間領域を消し去り、時間軸の方向に伸びる光円錐の内部に世界を限定することによって世界を時間化する考え方もあるが、その場合、世界は一点に凝縮され、物理学の基礎である空間的広がりという概念が消失してしまう。過去・現在・未来が物理的に有意味であることを示そうとする努力がなされること自体、科学主義の統治がいかに強力なものであるかを如実に物語っている。

時間論は、実際上、時刻の系列論者と過去・現在・未来論者の戦いである。統治の時間対自律の時間の戦いである。時間論の書物を読むと、これら二つの時間以外に時間はないかのように書いてある。それは学問というものがそもそもの始めから人間の能動性を前提にして成り立っているからである。時の移りゆくままに暮らす人々、受動性が人生そのものであるような人々の時間、世俗の時間や現実そのままの時間は学問の視野に入らない。

世俗の時間は「無常」である。幸福を求めてジタバタしつつもどうせこの世は無常とあきらめて現実の中を這いずり回る。これが大多数の人々にとっての時間である。ここには未来という自由に人生を描ける白いキャンバスはない。有るのは不確かな現在とそれを制約する過去のみである。

世俗性のつよい英語や日本語にはもともと未来形がない。英語の場合、十世紀に始めてラテン語の文法書を翻訳したときには副詞や副詞句で未来を表したが、中英語に至って、義務のshallや願望のwillを使って未来を表すようになった。そのため、今日、未来のことをあらわすのに、ここはshallを使うべきところかそれともwillを使うべきところかと困惑しなければならない。

日本語の場合は、時制の概念そのものがはっきりしない。未来形として、一応、推量、意志の助動詞「む」が転用されている。「む」は今日の「う」である。「である」の未来形は「であろう」となる。実質、推量がここでの未来の中身である。いったいどうなるのだろうという現実の不確かさ、定めのなさが未来である。

他方、過去形の「た」は「たり」からきている。「たり」は「てあり」であるから、「もうない」という意味ではなく、そのようにまとまりをもってある、つまり、閉じていることを意味している。これに対する現在の方は継続中、つまり、開いていることを意味している。閉じている過去と開いている現在のかかわりの中に埋もれて未来に飛躍することとなくうじうじと揺れ動くのが世俗の時間である。

世俗の時間の底には、さらに、現実そのままの時間が横たわる。これは何もかもが時間であるような時間である。花は花のままで時間、鳥は鳥のままで時間、赤いは赤いのままで時間、飛ぶは飛ぶのままで時間である。すべてが時間ならば何も時間でないということになりそうであるが、人間はさまざまな時間表象を持つことによって現実そのものをも一つの時間として捉えることができる。ただしこの時間は世俗の時間以上に時間論とは無縁である。

2. 山本信の時間論

What Time Is Notという奇妙なタイトルは何を表すのか。それは「時間とは何か」という問いへの疑念である。古くからの議論は時間を対象として同定しようとした。それは不毛な議論であったと山本は考える。近代の場合、「主観—客観」図式に立脚して、時間を客観的な何ものかとして時間をとらえる論者と、主観的な何ものかとして捉える論者が対立した。山本はこの両派の議論を、まず、崩しにかかる。

時間をそれ自身において延長する客観的な何ものかと考えると、ラッセルの仮説に捕えられる。ラッセルの仮説とは、五分前に世界が始まったと考えても何の不都合も起きないというものである。十年前の記憶があるとしても、その記憶が五分前に始まったと考えれば問題はない。千年前の建物があろうとも、その古さが五分前に始まったと考えればよい。要するに、客観的に延長する時間においては、それぞれの時刻は相互に外的であるから、現在の時刻における世界は他の時刻における世界とは独立に存在することになる。したがって、他の時刻の世界を切り落としても現在の世界に支障はない。五分前どころか一分前、いや一秒前に世界が誕生したと考えることもできる。かくて、時間的世界が崩壊する。

時間を主観的な何ものかと考える場合はラッセルの仮説に捕えられることは免れる。なぜならば、主観的時間を支える意識は客観的延長とは異なり、持続性、統一性を持つからである。ところが、意識の担い手である人間は時間の中で生まれ、そして死ぬ。したがって、意識は時間の中にあるわけであるから、時間の根拠ではありえない。

こうして「時間とは何か」という問い方が困難を含むことを示したのち、山本は、「時間とは何のようであるか（What time is like?）」という問い方へと舵を切る。言語における意味の問題が、幸い、この方向における手本となる。

言語における意味は客観的な何ものかと考えられたり、意識によって担われる主観的なものと考えられたりした。しかし、どちらも困難をともなう。時間の場合と同じである。ここでウィトゲンシュタインは、言語の意味を、言語の適切な使用と考えた。時間についてもこれにならって考えようと山本は言う。山本の得た結論は次のようなものである。時間とは客観的な何ものかでも、主観的な何ものかでもなく、人間が時計を使用する中に現れるものである。

この場合、時計とは何かという問題が起きる。山本は、人間によって工夫された機械時計、日時計、水時計の他に、昼と夜の交代、月の満ち欠け、四季の移り変わり、人間の生と死、王朝の盛衰をあげる。そうして、多様な時計の使用に対応して多様な時間が現れると考える。時間がまずあり、それを時計で測るのではなく、時計を使用して人間が生活を律するから時間があるわけである。これは人間生活の実態に則した時間論であり、かつ、多様な時間を包摂しうるスマートな(これは日頃の山本の姿でもあった)時間論である。

ただし疑問が残る。昼と夜の交代や月の満ち欠けや四季の移り変わりまでは時計と考えても納得できる。だが、人間の生と死や王朝の盛衰はどうであろう。何を時計と考えるかは単なる時計の種類の問題ではなく、時間の性格そのものにかかわる問題である。

「生あるものは死す」とか「盛者必衰」とか言う。これらの言葉は人の世の儚さを嘆く言葉である。人間の受動性を嘆く言葉である。儚さが時計となりうるであろうか。時計は人間がそれを使って現実を測定し、区切る能動的道具である。儚さが時計に数え入れられるということは、人間の能動性のもとに人間の受動性が繰り込まれるということである。それは人間の受動性の隠蔽ではないか?

この疑問は、多様な時間の筆頭に物理的時間が、時間表象の基礎として取り上げられていることによって広がる。物理的時間は言語における構文論や論理的形式に対応するものとされる。「以前―以後」関係によって成り立つ物理的時間は内容のない形式であり、そのもとに「時間の実在(reality of time)」(たとえば砂糖が溶けるのを待つ持続)が内容として含まれると言う。物理的時間は永遠を人間が担うきわめて能動性の強い時間である。それを時間の一般的形式として立てるならば、たとい人間の受動性がその内容としての場所を与えられようと、それは能動性によってコントロールされる受動性という軽いものになってしまう。時間における人間の立場はもっと重たい受動性なのではないか。

さらに、山本は構文論としての物理的時間に対応する時間の意味論は行為の意図であると言う。意図的行為は未来に向かっているから、意味論的時間の中心は、当然、未来である。過去も現在の意図によって活性化されて（構成されて）はじめて過去になると言う。すなわち、意味論的時間とは自律的時間、生成の時間のことである。

だが、前に述べたように、物理的時間と生成の時間とは相性が悪い。物理的時間の「以前―以後」関係は永遠の関係であり、過去・現在・未来は未来へと向かう流れである。永遠の形式の中に未来への生成がいかにして納まるのか。これは不可解である。

この構図が描かれた理由の一つに、あい反するもののどちらも否定せずに、互いに相補的関係にあるものとして捉える山本の思考態度、あるいは生きる姿勢（山本に接したことのある人間ならば誰もが知っている度量の広さ）があると思われる。

もちろん、それで納得のできる問題ではない。山本の構想の筋道は、こういうことではないだろうか。物理的時間と生成の時間はそれらを直接に組み合わせることはできない。しかし、人間がそれらの時間を使用するという観点に立てば、一方を構文論ないし論理形式のように使い、他方を意味論のように使うということはありうる。すなわち、山本の時間論は人間を時間に先立つ能動者として捉えることに支えられて成立する。

他の論文から引用しよう。「時間とは、われわれが現実を規定して一定の認識にもたらすために用いるところの枠にほかならない。（中略）時間も、われわれがそれを用いる視点あるいは方法に応じて、直線的同質的な物理的時間と考えられることもあり、また意識の持続における心理的時間として、あるいはまた生物体の機能の変化に即して生理的時間としても把握されうる。」（「『無』の概念についての人間学的考察」）

時間を自由に用いる人間は、必然的に、現実から超越している。人間は自然の動物とは違うと山本は言う。否定ということをしない山本が、ある時ゼミで、人間と動物の連続性について強い調子で否定するのを聞いて驚いた記憶がある。人間は自然を超越することによってはじめて人間である。人間は他の動物と違って適応すべき環境世界というものを持たない。本能において生きるということもない。人間は世界を構築する。本能ではなく理性によって自発的に生きる。そう言うのである（「理性について」哲学雑誌、一九五八）。

人間は存在者の連関のどこにもない特別な場所に居る。「どこにもないというあり方を人間はしている。」無の概念は山本の人間学の基礎である。人間が無においてあることによって、はじめて、認識の普遍性が成り立ち、愛や芸術や歴史における絶対的個体性が成り立つと言う。東洋的な無を山本は「たんに気分的にして曖昧模糊としたもの」として切って捨てる。人間は超越的な意味において無においてある。だから、人間の自然的側面は超越的人間、理性的人間によって規定される質料にすぎないことになる。（「『無』の概念についての人間学的考察」）

人間が時計を使用することによって現れるのが山本にとっての時間である。だが、今見たように、人間が時計を使用するとは、生活者として使用するということではなく、超越者として使用するという意味であると理解するしかない。統治の時間も自律の時間も超越的人間に使用される時間として同じレベルに置かれる。そのことによって時間をめぐる通常の論争が巧みに調停される。

しかし、どうしても私には人間の超越性が信じられない。時間がそのように与しやすい相手とも思えない。むしろ、重い受動性を人間社会の中に見出し、また、自分自身の中に見いだす。人間は、超越から現実の方向へ下りてくるのではなく、現実から超越の方向へ這い上がろうともがくのではないか。つまり、時間の場合、人間の作為が及ばない現実（ここに東洋的無の場がある）が基底にあり、そこから、それなりの形をもった世俗の時間が現れ、世俗の時間から自律の時間と統治の時間が構想（虚構）されるのではないか。

山本がこれを聞けば次のように言うであろう。「人間の場合を始めから特別視するのが誤った先入見ならば、人間を生物的条件においてのみ考えることも同様に偏見である。」(「無の概念についての人間学的考察」)

山本の人間観の根底には、あきらかに、キリスト教の信仰がある。しかし、超越の問題を信仰のあるなしで片づけるわけにはいかない。なぜならば、超越への志向は誰の心にもあるからである。いったいこの現実のどこに人間は位置するのか。時間論の前に人間論が立ちはだかっている。

(東京海洋大学名誉教授)

森一郎

性愛の形而上学の可能性

　哲学教師としての山本信に私が教わったのは、山本が東大を定年退官する直前のたった一年間にすぎない。のちに赴任先の学長としての山本に接する機会を得たとはいえ、本論集に寄稿する資格が私にあるかは定かではない。だが、父親似とは思ってもみなかったのに中年になってから不気味なほどそっくりだと気づき愕然とする息子のように、恩師からいかに多くを学んだかを弟子が思い知るのはむしろ師弟が縁遠くなってからである。私は、「専門は？」と訊かれると、「現代における哲学の可能性。」と臆面もなく答えることにしているが、たぶんそれは、「形而上学の可能性」などという大それたタイトルの本を出した教師に習ったからである。そのことに迂闊ながら近頃気づいた。真似しようにもできない高みを仰ぎ見つつなお真似てみたくなる高峰に、若き日に出会えた借りを、一生かかってもできないのに返したがっている自分を見つめ直す作業を、以下行なわせていただく。

一　偶然、恋愛、誕生

今から十年ほど前、私がちょうど「死と誕生」というテーマを思いついた頃のこと、『形而上学の可能性』所収の山本信の若き日の論文、「『無』の概念についての人間学的考察[★01]」を読み直して驚いた——いや慌てたおぼえがある。そこには、ハイデガーが「事実性」という術語で、アーレントが「出生性」という言葉で、そして九鬼周造が「偶然性」という概念で、それぞれ表わそうとした事柄についての、たぐいまれな探究があったのである。

ライプニッツの哲学を修めた新進気鋭の著者は、当時盛んに研究されていたハイデガーの存在論やシェーラーの哲学的人間学などからも刺激を受けつつ、「個体性」や「自由」といった根本問題を、「無」の観点から一気呵成に論じ、もって「形而上学の可能性」に挑もうとしている。一九五七年に発表されたその行間には、実存主義の興隆とはまた別に、一九四一年に没した九鬼からの影響を読み込みたくなる。あたかも、『偶然性の問題』(一九三五年)のテーマが引き継がれているかのごとくなのである。山本のデビュー作『ライプニッツ哲学研究』(一九五三年)と並ぶ、戦後日本の哲学的達成の一つがここにある。

この「人間学的考察」の特色は、まずもって、「男女の間の」「愛」(一一六頁)についての考察の妙にある。「ある男がひとりの女性を愛」するのは、「たまたま出会った状況によって決定された」にすぎない(一一八頁)。だが、「愛という不思議な出来事がひとたび起り始めるやいなや」、相手の人格が「もはや絶対的に他に置きかえられないところの、独自のかかわりをもった存在となる」(一一八頁)。「愛するということは、たんなるひとつの心理的状態の問題ではなくて、人間に関する存在論的な問題なのである」(一一九頁)。

一見すると、「愛の個体性」(一一九頁)を重んずるこのきまじめな恋愛観は、奔放な遍歴を重ねたと噂される九鬼とは、正反対であるかに見える。「恋の束縛に超越した自由なる浮気心」[★02]をアッケラカンと論じた『「いき」の構造』は、一対一対応を強いる一夫一婦制的貞操観念への、ひいては近代禁欲道徳への挑戦状という面をもっているからである。だが、「もしある男の心が、からの天秤のように、そのときどきの状況によって左右され、より魅力的な女の出現によって以前の女に対する愛情がどこかへいってしまうような有様だとすれば、彼は本当は誰をも愛していなかったのである」(一一九頁)という山本の見立てを、「いき」の美学者に当てはめてよいだろうか。とてもそうは思えないのである。むしろ、他でもありえたという意味で「偶然」でしかない愛を、のっぴきならぬ「運命」と感じ、そこに哲学的主題を見出すという、いわば形而上的官能を有していたからこそ、『「いき」の構造』の作者は、『偶然性の問題』を書かねばならなかったのである。

山本は「偶然」と「運命」の結びつきについて、こう述べる。

「愛の相手は、しかし、他でもありえたのである。かくかくの人を愛するようになったというのは、偶然的な事実に発する。まさに、この偶然的なものが絶対的であるということ、そこに「運命」とよばれるものが成立する。一般的法則によって始めから必然的であるようなものを、われわれは愛しはしないと同様、運命とはよばない。」(一二二頁)

「愛の体験において人は運命を識り、永遠に直面する。それがあの「出会い」のもつ神秘であり、他生をつなぐ「縁」である。」(一二三頁)

これはもうほとんど九鬼自身の言葉であるかのようである。九鬼の形而上学的時間論に出てくる「垂直的エクスタシス(脱自)」の「神秘説的」次元[★03]が、ここに遠望されている。永遠への細道としての「愛」——これぞ「形而上学の可能性」と言うべきであったろう。

このように、山本の描く「男女関係」(一二〇頁)は、九鬼式の「二元的可能性を基礎とする緊張[★04]」をはらんで繰り広げられる交渉と、決して無縁ではない。「「女遊び」でないかぎり、異性との愛においてたがいに相手のものとなる

「誓い」がなされ、その交渉が「契り」と名づけられるのは、たんなる言葉の綾ではない」(一一九頁)。ここから山本は社会契約論の人間学的再考察の可能性すら示唆している(一二〇頁)。「契り」といった言い回しに着目する、こうした「日本語で哲学するこころみ」は、九鬼──や和辻哲郎──の遺志を継ぐものであったろう。じつに、坂部恵の『仮面の解釈学』も、渡邊二郎の『ニヒリズム』も、自前の言葉を紡ぐ「人間学的考察」によって媒介されていたのである。だとすれば、近代日本の哲学的水脈をここに見出したとしても、あながち不当ではあるまい。

さて、「恋愛の偶然」論と並ぶ、「人間学的考察」のもう一つの美点は、「出生の偶然」をめぐる問いのみずみずしさにある。山本は、人間において「「無」の契機を考えねばならない」(一二九頁)論拠として、死の自覚と世界の非存在の想定という二つの可能性を挙げたのち、「かけがえのない「この私」」(一三〇頁)の存在根拠へと論じ進め、こう述べる。

「人間の出生は、生物学的法則にしたがったひとつの自然的な事実にほかならない。この事実はまったくの偶然であり、他でもありえたことである。ある男がたまたまある女を知るようになったこと、この両親において数百の卵細胞のうちのひとつが、無数の精子細胞のうちのひとつと結合するにいたったこと、この生物としての発生の偶然と、「自己」であることとの絶対性とは、いかに関係しているのであろうか。人間の出生と成長はあたりまえのこと、自然のことである。そのあらゆる過程をわれわれは実証的にあとづけることもできよう。しかし、まさにそれがあまりにも自然的なことであるがゆえに、人間の誕生は驚異である。この驚きは、感傷ではなくて、哲学的な問題である。」(一三〇−一三一頁)

「驚き」を伴ったこの「出生の偶然」への問いは、九鬼が『偶然性の問題』でこだわった、かの「ミリンダ王(弥蘭)の問い」——健康、容姿、体力、知力など、生まれながら人間に違いがあるのはなぜか、と率直に問うた古代人の議論[★05]——と同質である。ふとしためぐり合わせによる出会いから愛憎の苦しみや諍いが吹き出すように、偶然のいたずらとしか言いようがない出生から、差別、遺伝、世代、民族といった古今東西人類の悩みの種となってきた問題が噴出してくる。だが、われわれはあくまでそれを、山本の言う通り、「感傷ではなくて、哲学的な問題」として屈託なく追究しうるのである。愛と契りの秘事が哲学的人間学の主題となるように、生殖と誕生の奇蹟は形而上学のテーマとなる。

恋愛や誕生という微妙、いや霊妙な問題が扱われている点からすれば、若き山本がさぐり当てたのは、「性愛の形而上学の可能性」であったと言うべきだろう。「性愛の形而上学(Metaphysik der Geschlechtsliebe)」で名高いのはショーペンハウアーだが、その場合、「個人の意志」を遍く支配している「種属の霊・類の守護神」つまり「類の意志」が、個体の恋愛感情や性行為を動機づけ、操縦し、翻弄するとされた。[★06] 各個人がいかに自由恋愛を謳歌しているかに見えても、そんなのは「妄想」[★07]でしかなく、じつは種の存続と繁栄という必然性に突き動かされてせっせと生殖活動を営んでいるにすぎない、というのである。ショーペンハウアーの性愛論は、フロイトの性欲解釈から「利己的遺伝子」説までの流れを背後から規定してきた。そうした自然主義的な趨勢に抗し、偶然性を基調とし自由を擁護するもう一つの性愛の形而上学の可能性に、われわれの哲学者は想到していたのである。[★08]

二　実体、主体、身体

「人間学的考察」は、「無」をテーマに導き入れつつも、こう宣言して閉じられる——「哲学にとって問題なのは、われわれが何を存在者とするか、である。存在者がいかにあるか、ではなく、存在とは何か、が、つねに哲学の第一の問題であった」(一四二頁)。形而上学の可能性の中心は、「無」に差しかけられつつ「存在」を問うことにあるのだ、と。

山本信がこの可能性の中心にこだわり続けたことは、今日改めて評価されてよい。なぜならそれは、山本の生きた時代にあってまさに「反時代的考察」であったからである。

円熟期の山本のまとまった著作に、『哲学の基礎』★09がある。そこで真っ先に論じられるのは、「存在論の基本問題」であり、古代哲学なかんずくアリストテレスにおける「実体」論である。「「ある」とか「ない」ということはさまざまの場面で語られるが、それらの「もと」になっているところの、本当に「ある、存在する」といえるものは何か」(『哲学の基礎』四六頁)。「他のものに付随してでなく、それ自体で実在するもの」、つまり「実体」(同上)を、山本は、哲学的探究の中心テーマに置き据えた。もっとも、これだけだったら、講壇哲学の古めかしいスタイルもいいところだが、山本がとくに研究対象としたのは、デカルト、ライプニッツ、カント、ヘーゲルなどの近代哲学である。近代では、古来「実体」と呼ばれた「根底に置かれたもの」、その先言措定そのものが、厳しい審問に曝され、無効宣告を突きつけられてきた。その意味で、近代哲学史とは実体概念の破壊の歴史だと言えるほどである。山本は、そんなことは百も承知で、実体概念の復権を唱える論陣を張ったのである——ドンキホーテ的というより天の邪鬼的に、つまり哲学的皮肉たっぷりに。

実体概念に最初の一撃を喰らわせたのはロックである。『哲学の基礎』でロックについて説明するさい、山本はこう付言する。「「実体」という言葉そのものを忌避する風潮が、哲学者たちの間で現在もよく見られる」が、それは「ロックの批判に由来するものと思われる。しかしもともと実体というのは、たとえば目の前に見えている机が、空想や幻覚による見せかけだけのものではなくて、自分の意識状態とは別にそれ自体で実質的に存在しているということを表現するものであり」、「この言葉を頭から無視してかかると、主観的観念論に類する立場から踏み出すことが不可能になるおそれがある」（『哲学の基礎』七六頁）。
平明な叙述のなかに、多くのことを考えさせる文章である。以下、メモ書き風に記す。

①山本の周りの「哲学者」にも「実体」忌避の風潮は強かった。絶えざる対話相手であった大森荘蔵の「立ち現れ一元論」にしろ、愛弟子の廣松渉の「物象化的錯視」批判にしろ、バークレイやマルクスの末裔による近代「脱実体化」路線の続行と言えるものであった。山本の議論がはた目に分が悪かったのも当然であろう。抵抗勢力的立場を甘んじて引き受けつつ、実体概念を軽視することの問題点を突いてやまなかったのが、山本であった。

②「存在とは何か」と問うたことで有名なのはハイデガーだが、彼の哲学史にはロックはなぜか出てこない。「実体（ousia, substantia）」概念を真っ先に「破壊」したのがロックだとすれば、この偏りは致命的ではあるまいか。存在論を甦生させるには、ロックの認識論への応答は避けられないはずだからである。これに対して山本は、ロックの実体概念批判を存在論の破壊の歴史に正当に位置づけているだけでなく、さらに歩を進める。ロックの議論のうちですら、実体概念が「葬り去られるべきものであるどころか、むしろ積極的な役割を演ずるべきものとして再登場していた」[★10]のだ、と。皮肉な切り返しが見事である。

③古代以来の「実体」概念に取って代わるものとして浮上したのが、デカルトの「思考する物（res cogitans）」であり、後にそれが「主観・主体（Subjekt）」と呼ばれるようになる。かくてsubstance概念の位置にsubjectを据え置く「主体性の形而上学」が成立する。この筋書きは『哲学の基礎』にも見られる。山本がカントやヘーゲルに関心を移していったのは、近代にふさわしい新たな形而上学の可能性をそこに見出そうとしたからであろう。だが、哲学史研究ならともかく、主体性の形而上学のどこに可能性があるのだろうか。

④ソクラテス以来、皮肉と正直は紙一重である。山本は愚直なまでに、「主体性」のうちに「実体性」を探し求め

た。上に引用したくだりには、意識との志向的相関において対象性を確保する現象学的発想が認められるが、さらに踏み込んで山本は、意識の向かう先である「物」に対応する「私の身体」を、「実体」として再発見する。「実体としての物に対応するのは、実体としての私の身体ではないか。……身体としての自分の実体的存在こそ、物の存在の経験に先立って、その条件となっている」。「およそ物がそれ自体の同一性を保って存在していると言いうるための条件は、自分の身体が自己同一的に存続すること、すなわち、この身体として生きている自分の実体性にある」[★11]。主体性の形而上学は、「身体の形而上学」に行き着く。これは驚くべきことである。身体を哲学で話題に上せるのは、ショーペンハウアー以来珍しくもないが、身体こそ「実体」だと正面から主張する現代の論者を、私は寡聞にして知らない。ニーチェは、身体を「大いなる理性」と呼んで讃える一方、哲学者が理性と称してきたものなど「ちっぽけな理性」にすぎぬとしたが、その大胆さに通ずるものがある[★12]。

身体の形而上学の可能性——それは、若き日に性愛の形而上学を垣間見た哲学者の行き着く先だったのかもしれない。当の哲学者亡き今、かの可能性は魂の形而上学の可能性へと今一度引き上げられねばならなかったのでは、と意地悪な反問をしてみたくなるのだが。

むすび——「不肖の身」の系譜

私は一度、山本にじかに——二〇〇二年一月、叙勲祝賀会に向かう車中で——、「ライプニッツを修めようとしたのには、九鬼の『偶然性の問題』からの影響のようなものがありましたか」と訊いたことがある。「いやべつに」、そんなそっけない答えであった。偶然性を含む様相の問題については、山本の恩師にあたる池上鎌三が、ねばり強く論じていたようである[★13]。山本の池上追悼文にも、「戦後の特殊講義では新たな視野のもとに「個体」や「様相」の問題が追求された[★14]」とある。恩師を偲ぶ文章の末尾で、山本はこう記している。

「池上先生はあらゆる意味において学派的なものができることを嫌った。その先生のもとで何より有難かったのは、学問上でも日常的にも、余計な気兼ねなどなしに、いつも自由勝手にふるまうことができたことである。それだけに、学恩に何ら報ゆることとてなかった不肖の身の、わがままな所行の数々ばかりが思い出される。今となってかえって先生のことが気にかかるようになった。生前よりも一層近く感ずる死者がいるものである。[★15]」

山本信を知る者は、文中の「池上先生」を「山本先生」に置き換えて文意がそっくり通ずることに気づくであろう（その場合、「先生」を偲ぶ一人称は「不肖の身」の各人である）。自己を語ることの少なかった山本が、今となっては遺文で自身をおもむろに語っている。そういう皮肉だがdandy《いき》な作法で、われわれは山本先生を一層近く感ずることができるのである。

（東京女子大学教授）

★01——山本信「「無」の概念についての人間学的考察」(『形而上学の可能性』東京大学出版会、一九七七年、所収)。以下、本論稿を「人間学的考察」と略記する。また、以下でこの論稿から引用する場合は、とくに断わりのないかぎり、頁数のみ括弧内に記す。

★02——九鬼周造『「いき」の構造』岩波文庫、二八頁。

★03——「時間の観念と東洋における時間の反復」(坂本賢三訳、九鬼周造全集第一巻、岩波書店、所収)、「形而上學的時間」(同第三巻所収)、参照。九鬼の時間論の意義を再発見した功績は、坂部恵『不在の歌　九鬼周造の世界』(TBSブリタニカ、一九九〇年)に帰せられる。

★04——『「いき」の構造』二二頁。

★05——『偶然性の問題』(九鬼周造全集第二巻所収)三九頁、一四七頁、二四九頁、二六〇頁。拙著『死と誕生　ハイデガー・九鬼周造・アーレント』(東京大学出版会、二〇〇八年)参照。

★06——Arthur Schopenhauer, *Die Welt als Wille und Vorstellung II*, Kapitel 44, "Metaphysik der Geschlechtsliebe", in: Sämtliche Werke Bd. II, Suhrkamp: Frankfurt am Main, 1986, S.678-718, Bes. S.682ff.(塩屋竹男訳「性愛の形而上学」、『ショーペンハウアー全集7』白水社、所収。)

★07——"Metaphysik der Geschlechtsliebe", S.688.

★08——山本信編『講座 哲学1 哲学の基本概念』(東京大学出版会、一九七三年)所収の「諸問題の系譜」一〇頁以下でも、「恋」を手掛かりに、かけがえのない個体性の成立が論じられている。

★09――東京大学文学部の哲学概論のテキストでもあったこの哲学入門の佳作は、旺文社、放送大学教育振興会、北樹出版と、版元を変えて版を重ねている。ここでは北樹出版刊に拠る。

★10――山本信「実在と価値」(『新・岩波講座 哲学4 世界と意味』岩波書店、一九八五年、所収)三五七頁。「実体概念の復権」を唱えたこの論文の直前には、廣松渉の論文が載っている。

★11――「実在と価値」三六二頁、三六三頁。これに先立って山本は、「実体としての身体」論を、カント実体論の解釈から大胆に引き出している。「主観概念と人間の問題――カントの認識論の場合――」(東京大学文学部哲学研究室編『論集I』一九八三年、所収)参照。

★12――山本に深い影響を与えた現代の哲学者の一人に、ガブリエル・マルセルがいる。『存在と所有』においてマルセルは、外界の存在の問題との連関で身体を主題化しており、それを真面目に受け止めたのが山本の「実体としての身体」論だったように思われる。

★13――私は本論第一節の未定稿を、「山本信先生を偲ぶ会」(二〇〇五年一二月一八日、於学士会館)のおり、坂部恵と渡邊二郎に手渡した。渡邊から翌日届いた電子メールの返事には、九鬼周造と「山本さんとを結びつけたりしない方がいいと思います」、九鬼は「東京ではむかしからあまり評価されていません」から、とあり、さらにこう続いていた。「池上先生は、急死されてしまったので、本にはならなかったのですが、長く「様相の研究」という特殊講義をなさって、偶然性などについて講義をされました。ぼくは、それを聴講して、大きな影響を受けました」。そう言えば、山本の「人間学的考察」にも、「池上鎌三」の名が、カッシーラーやフッサールと同格の扱いで出てくる(『形而上学の可能性』一〇六頁、一一四頁。あたかもこの論稿が成立した頃、池上の急逝により駒場から本郷へ呼び戻されたのが山本だった)。池上鎌三が廣松渉の思想形成に影響を与えたことは、加藤尚武の回想に拠って熊野純彦の指摘するところだが(熊野純彦『戦後思想の一断面――哲学者廣松渉の軌跡』ナカニシヤ出版、二〇〇四年)、池上は、山本や渡邊らの世代に深い影響を及ぼしたことが分かる。

ところで、今引いた箇所に続く渡邊のメール文面は、私にとって長く心の棘となってきたものであり、あえて引用させていただく。「東大の先達も、いい講義をしているのですが、なぜか世間は無視します。東大の人たち自身が、東大を無視するからです。東大生は、みんな自分がいちばん偉いと思っているので、先生を軽蔑するのです。それがやがて当人自身にも跳ね返ってきて、当人も無視されるのです」。――渡邊の死後、私はこの絶望の連鎖を止めたいと願った。

★14――山本信「意味と有意義性――故池上教授の哲学と人について――」(哲学会編『哲学雑誌』第七一巻七三一号、有斐閣、一九五六年)一〇六頁。表記を現代風に改めた。以下同様。

★15――「意味と有意義性」一〇七頁。

米山 優

穏やかに主張すること

ある人が誰かの哲学的な営みとでも言うべきものから学ぶのはそもそも学説といったものなのであろうか。そうではない気がする。ベルクソン風にいえば、むしろ哲学的直観の弾みのようなものを人は学ぶようだ。思えば、哲学は古代ギリシアにおける最初期の自然学的な問いを越えてそのソクラテス的な始まりを迎えたとき、プラトンによれば他ならぬ〈善く生きること〉を強調していたはずあるが、そのことすら最近の大学初年度あたりの学生はほとんど知らない。大体は、哲学者とその著作名をただ結びつけて覚えているだけなのだから無理もない。また、翻って、専門的な哲学研究者の中には〈生き様〉といった言葉を嫌う者も多いであろう。〈人生論〉などというものは哲学から排除してしまいたいと思う者も少なからずいるに違いない。しかしながら、そういう事柄をも人々が哲学に求めていることを常に心に留めながら自らの哲学的直観を得て、生きておられた人物として、山本信先生は私の記憶の中で大きな位置を占めている。大学院では先生の「アポリア論」という授業での指導を受けた。〈先生自身が最後にはアポリアに陥ってお手上げとなってしまう〉といった悪口を言う院生もいたが、私としては、そのようなところにまで構わず突き進もうという先生の態度は、ある見事な誠実さと共に、実に好ましいものに思えた。まるで初期プラトンのソクラテス的対話篇のあり方のように、である。というのも、そのような姿勢は少なくとも次のような振舞いからだけは抜け出ているからに他ならない。

> 君も気付いていると思うが、年端も行かぬ者たちがはじめて議論の仕方をおぼえると、面白半分にそれを濫用して、いつももっぱら反論のための反論に用い、彼らを論駁する人々の真似をして自分も他の人々たちをやっつけ、そのときそのときにそばにいる人々を議論によって引っ張ったり引き裂いたりしては、子犬のように歓ぶものだ。★01

人は、時として、そんな風に議論に勝つことに躍起になる。才気煥発な院生たちの間では当然のことだ。しかし、それが行きすぎに思える場面も決して稀ではない。そのような雰囲気に演習室全体が陥ったときに、山本先生がそうした議論へと介入する際の言葉として、次のようなものがあった。誰かの発言を論理的に分析しつつ詰問するかのように当の相手を追い詰めていこうとしている院生に対して、「それで、君自身は、この話題についてどう思うのかね」というものである。もちろん、微笑みを湛えながらだ。しかも、「こういう問いを、議論の際に、しょっちゅうぶつけるのは、嫌らしいんだけどね」という言葉が添えられることもあった。言論嫌い《ミソロゴス》になってはまずいのは当然だが、かといって形式的な議論によって事足れりというものでもなかろうというスタンスである。そもそも西洋近代における議論の仕方には「パトネー論争」の影響か知らん、徹底した議論を称揚する風がある。

次のように神学論争を背景に持っていたらしいのである。

―

「パトネー論争」を特徴づける討論の社会規範は、神学的な背景をせおっていた。たとえば討論者は、わけもなく自説を譲ることは許されない。安易な妥協や意見の一致は、討論を破壊すると考えられている。なぜならば、神はひとりびとりにじかに語りかけるのであり、各人はおのおの神の声を聴くのであるから。討論において、各人はおのれのきいた神の声を語ると同時に、他者の主張を通じて、また別のかたちで神の声をきこうとする。このような前提のもとで、討論は、不毛な抗争とも、実力による決着とも、永遠の平行線とも異なった、ある解決をもたらしうるのである。★02

山本先生ご自身の信仰がプロテスタントであったかカトリックであったか、とかいったこととは関係がない。いずれにせよ、キリスト教的な一神教からは離れていた古代ギリシアの時代や、そうした神を見失ってしまっている現代において、こうした議論・討論の仕方は、まさに上述のような神学的な基礎を欠く。引用にあった「討論は、不毛な抗争とも、実力による決着とも、永遠の平行線とも異なった、ある解決をもたらしうる」ということを安んじて信じることができない時代に私たちは生きている。弁証法的な総合すら、そう簡単に信じることなどできない。しかし、そういう時代だからこそ、論破ではなく理解が、重要な問題としてもう一度浮かび上がるのではないのか。

山本先生の『理性について』という論文の中には、まさに弁証法を哲学の方法として成立させる場面について「自発性」との関わりで記述されている箇所がある。★03「理性とは自発性を意味する」（同書 p. 153 sq.）と語られる箇所である。ここにこそ人間を動物から区別する「理性的」という種差の意味するところがあり、自発的でないかぎり人間とは言われえない、というわけである。人間が習慣にはまりこんで、そのなかで惰性的に生活していく状態、日常生活の大部分の行動がこの状態であるが、そういうときの行動は動物一般の行動と本質的に相違しない。実際、それはライプニッツが「人間もその行動の四分の三は経験派的つまり動物と同じようにしか行動しない」★04と語る事態であり、以前それでぶたれた棒を見せられると逃げ出す犬は確かに「推理作用の模倣ともいうべき表象の関連づけ（consecutions）」[★05]を行なっており、「理性と似た結合（liaison）が動物の表象の内にはある」[★06]のだが、「それは事実ないし結果の記憶に基づくだけで、少しも原因の認識に基づかない」（Ibid.）と言われる。こうしてライプニッツは、犬に対しても、当の犬の記憶に入り込むかのようにしてその「表象の関連づけ」を語るわけだが、現代の私たちは、そういうことすら避けて、物事を対象的に見ようとしている。人間において「習慣」とか「惰性」を語るにしても、そうなのである。「人間に関することがらを対象的に考察する」ときには、始めからそのような（惰性的）状態におけるものとしてのかぎりで人間を見ていると山本先生が指摘されるのも、そうした見方が「自然主義的な議論の説得力」の所以を示すからに他ならない（山本　p.154）。当然のことながら、そういう説得力に満足するわけではないことが語られる。「自然主義的な見方が、理性とか精神といわれるものを一つの実体的な原理という形で考えた上で、これを否定する」（山本　p.155）こと、「人間のはたらきを事物のあいだの関係に還元する見方、言いかえれば、その自発性の主体（すなわち厳密に理解された意味での「自己」）を捨象して外的なものに置きかえる見方」（同前）をとること、そうしたことを先生は肯んじない。「人間に関して同一性の権利を回復する」（同書　p.156）ためにである。ここにこそ、弁証法が語られる。同時に、カントの功績もが「合理性を理性の自発性ととらえたところ」（同前）として取り出される。「一定の固定的絶対的な感性形式や範疇表を認識成立の条件として立てるということそのことにカントの意図があった」（同前）と考えるのは、「亜流哲学史の悪い癖」（同書、p.157）という指摘と共にである。

さて、ここで、カントが「理性の自発性」を称揚しながら立てた「一つの自然（eine Natur）」[★07]を揺り動かすことを始めよう。それも当の「理性の自発性」に基づいてである。山本先生は「文化」について語る際に、その一歩をすでに踏み出しておられたと言ってもよかろう。次のように指摘することによって、である。

動物に対しては自然が、始めからそれぞれの環境世界をあたえているのであるが、人間は自然に対してはたらきかけることによって、初めて自分の生活環境を作り出さなければならない。この人間のはたらきによって形成されるもの、それが広い意味での文化とよばれうるならば、文化をもつことは人間にとって生物学的に必然である。そしてこの文化世界のほかに、自然のままの環境世界なるものは人間にとって本来的に存しえない。極言すれば、人間には自然はないのである。しかも環境世界と違って、もはや人間という種に共通のものとして一定の文化世界があるわけではなく、それぞれの民族や社会集団がそれぞれ別の文化形態を作るのである（山本　p.150）。

カッシーラーが「理性の批判は文化の批判となる」[★08]と宣言するような道筋が、同じ道かどうかは別として、ここにもあると言うべきなのである。言いかえれば、「一定の完結した環境世界に適応し、その内部にはまりこんで生活してゆくのではなく、無限定的に開かれた世界において、自発的にはたらいて自己と対象とを形成してゆくこと、ここに人間を他のすべての動物から本質的に区別する特性が存する」（山本　p.153）のならば、自然も、また理性の自発性によって形成される文化も、さらには理性そのものも、固定した枠組とは捉えなくていいはずである。

ただし、ここにはある種の困難がある。当の「理性の自発性」を、いかに捉えるかに関わる困難である。山本先生自身が、この自発性に関して、それが「世界のなかで活動し他のものに作用してゆくようなはたらきではない」か、あるいは「はたらきに主体が具体的世界のなかで実現されるとなると、そのときはつねに、当のはたらきが行なわれている場面よりも、いわば一段上に、主体の実体的根拠がおかれざるをえない」かの、どちらかになると語る（同書 p.157)。ひとことで言えば、そうしたはたらきを認めるならば、それは「意識内部のことにとどまるか、存在の体系を生み出すような力になるか」のどちらかだろうということになる。★09 それを避ける議論を「いまだ展開してみせるところまで至っていない」という告白までなされる。私としては、この思考の弾みを受け継ぎたい。それが山本先生の予想のようには実存哲学風(同書 p.157)となるかは、さしあたって、オープンにしておこう。恐らくは、デューイに代表させた上でのプラグマティズム風(同書 p.160 sq.)ではないだろうけれども。

では、どんな風にしてか。少々イタリアっぽくである。プラグマティズム的な立場に伴っているメリオリズム、つまり形而上学に入り込むよりも「われわれが現に生活しているこの世の中をよりよくしてゆくほうが大切」とする有限主義は、「その実、自己の立場を全体に拡張することによって、いつか自己自身を無限者とする危険をやどしていないであろうか」という問い(同書 p.162)を機縁にして私は進みたいのである。山本先生は「真の有限性は、絶対的な他者としての無限なるものを立て、それに対して態度をとることにおいて初めて成り立つのではなかろうか」(同前)と書かれた。キリスト教の信仰が背後にあるものと推測する。けれども、当のキリスト教をベースに科学と近代国家とを武器として発展した「(西欧)文化」こそ自己の立場を全体に拡張しようとしているのが現在の世界ではないのか。こんなことを書くのも、それはイタリアから始まった「弱い思想」(il pensiero debole)が念頭にあるためである。しかし、その話題は最後にしよう。いずれにせよ、これまでの西欧哲学は「強い理性」を前提としてきたのではないか。それは次のような理性である。

哲学は、「徹頭徹尾〈理性主義〉以外のなにものでもない」(フッサール)と言われるかぎり、すでに〈真理への関係〉の内にある〈他者への関係〉以外に、すなわち、実はもう一人の「自己」にすぎないような「他者」への関係

以外に、いかなる〈他者への関係〉を考えることもできなくなってしまうのである。★10

この引用に登場するような「他者」は、「他我」にすぎまい。そういうものではない「他者」として、山本先生も「絶対的他者としての無限なるもの」を語っていた。しかし、即座にそこまで上昇するのは避けておく。即座にそうしてしまえば、先の「パトネー論争」のようなあり方に戻ってしまうからだ。それは先生の意図したものでもあるまい。むしろ次のようなスタンスを練り上げることの方が重要に私には思える。

対話するとは、それぞれの文化が、さまざまな、可能な自己解釈の中で、他者にもっとも開かれた自己のイメージを選ぶことを意味しています。★11

この引用での話題は「文化」だが、例えば「アポリア論」がそうであったような演習的な「授業」という主として個人間での対話が中心となる場合も同じことである。とにかく、個人に〈生き方のポリシー〉とでも言うべきものがあるように、集団の成員について語られうる〈ある程度共通な振舞いの仕方〉といったものが文化と言えるだろう。今問題なのは、対話において、どこまで自分を他者に開くことができるかということである。古代ギリシアにおいてのこの話題に注目したことで成立したのが『南の思想』であった。次のようなことである。訳者のファビオ・ランベッリは次のように解説している。

この本は、南イタリアと地中海を出発点にして、自分と他者、そして、文化アイデンティティーという文化交流について、つまりわれわれの生活形態について、これまでとは異なった視点から語る。基本的には他者に開かれた、多様性・複数性の思想の可能性とそれを育む生活・文化的環境の構築がこの本の目的である（同書 p.7）。

それは「南の思想は古代ギリシャの文化が相矛盾する言説（ディッソイ・ロゴイ）に開かれたとき、地中海で、ギリシャの岸辺で生まれた」（同書、p.15）のである。「『ディッソイ・ロゴイ』は、視点（それらは、ときに互いの折りあいをつけることのできないものである）の多様性の意識についての驚くべき記録であり」、その「よく知られているメロス人とアテネ人の対話は、ロゴスによっては乗り越えがたい悲劇的な視点の乖離の例である」（同書 p.42）。「差異は常にロゴスによって馴致され」るわけではないし、「差異はときとして、議論に従うことができない」（同書 p.43）。プラトンの『対話』と、ソフィスト系のこの『ディッソイ・ロゴイ』の違いはここにある。プラトンの『対話』において議論と平和と友情の糸は決して切られることがないが、アテネの使者は、当のアテネに征服されんとしているメロス人の対話者の意見とは調和できない意見を携えたまま故国に戻るからである（同前）。それでもロゴスを分け持つと言えるのか。「理性的な」対話になっているのか。そう問わなければならない。哲学の歴史がプラトン的な路線を辿ったことは疑いえない。それはやはり理性中心主義なのである。アメリカの哲学者アルフォンソ・リンギスは「近代の個人が、自分自身の思考を合理的思考の全体での代表とみなすように、彼が同胞のなかに見いだすのは、自分自身の合理的性質の反映でしかない」[★12]と論じる。しかし、そうではない事柄へと向き合うときも人間にはあるのだという。

出会いは、人が他者の要求と異議に対して自らを曝すときに始まる。合理的共同体——個々の明晰な精神はその共通の言説の代表者でしかなく、各人の努力と熱情はその共同の事業のなかに吸収されて脱個人化されてしまう共同体――の下に、もう一つ別の共同体が存在している。それは、自分が属する共同体のアイデンティティをもち、自分自身の性質を生み出すものにたいして、その人と何も共有していない人、すなわち見知らぬ人に、自分自身を曝すように求める共同体である(同前)。

こうした「共同体は、人が自分自身を他者に、自分の外に存在する力と能力に、死と死すべき運命の他者に、曝けだす動きの中で形づくられる」(同書 p.29)。山本先生が、さきの「理性の自発性」のついての議論で出会っている「宿命的な困難」(山本、p.157)についての、〈「無」といった契機を考え入れる道もありうるか〉との予想は、メルロ=ポンティの著作の英訳者でもあるこのアメリカの哲学者のような方向へと解決の糸口を探るべきものなのかも知れない。件の論文の最後で山本先生は次のように記されていた。

要するに問題は次の点にかかっている。人間の存在の非完結性に関し、その完結を未来への進歩への過程にゆだねるか、あるいは、いわばそれとは垂直の方向において、人生と世界との全体に対して問いを出し、それに答えようとするか。決着は、もはや、論証や経験的事例には求められえない。そしてこの場面における探求と決断に、人間の理性の究極的な使命が存する(山本 pp.162-163)。

「アポリア論」場面に還ろう。「自分自身の正しさを立証しようとして話すということは、他者を黙らせるために話すということである」(リンギス前掲書 pp.101-102)という言葉がある。そんな場面で成立するようなコミュニケーションとは、「干渉と混乱に対する闘い」(同書 p.100)に行きつくのであり、「暴力の別の手段を使った継続」(同書 p.101)に他ならない。「コミュニケーションによって形づくられる共同体は、みなが同じ側に立ち、お互いどうしが〈他者〉ではなく、全員が〈同じ人間〉の別形にすぎない対話者たちの同盟、押しよせる雑音汚染の流れを押しとどめるという共通の関心によって結ばれている、対話者たちの同盟」(同書、p.112)なのである。しかし、そうしたまともな「理性の活動が停止」(カッサーノ前掲書 p.42)してしまうギリシア悲劇のような瞬間に立ち至ったとき、人は語ることをやめるのだろうか。

対立が常に友愛の圏に落着する哲学の夜は穏やかだが、悲劇はすべての贖いの可能性を拒み、ロゴスの一義性に再構成することのできない対立を一瞬、照らしだす稲妻によって隈取られている(同書 pp.42-43)。

それとも、それにもかかわらず、何かを語るのであろうか。例えば、あなたが自分の親の臨終に立ち会おうとしているといったそういう場面だ。

もしきみが少しだけ勇気を出して出かければ、きみはその場にいて、何か言わなければならないことを確信するはずだ。要請されているのは、きみがそこにいて語るということである。何を語るかは、結局のところ、ほとんど重要ではない。きみはどんなことでも口走ってしまうだろう。たとえば、「大丈夫だよ、お母さん」と。きみはこんなふうに言うことは愚かなことだと知っている。母親の知性に対する侮辱ですらあることも分かっている(リンギス前掲書 p.144)。

語ることと語られた内容の間に裂け目が開いてしまうような、こうした状況を知らない者はいないはずだ（同前）。もちろん、合理的な共同体では、この逆の状況が通常である（同前）。すなわち、語られる内容の方が本質的で、語るということは非本質的と見なされるのである（同前）。しかし、それにもかかわらず、語ることと語られた内容の間に裂け目が開いてしまうような場面は、コミュニケーションの墓場ではない。それは別のコミュニケーションの始まりなのである（同書　p.149）。あなたが語るということが本質的な状況なのである（同書　pp.151-152）。そこで語るのは、「合理的精神としての、感覚的印象を合理的に組織する先験的カテゴリーと先験的形式をもつ普遍的理性の代表としての自我」（同書　p.153）ではなくて、「人間としての物質性をそなえた誰かである」（同前）。そういうことを知ればこそ、「哲学者とは、確立された文化の只中で発言しながら、にもかかわらず、当の文化の中で確立された発言の集合体が、懐疑的な疑いの影響下では、弱体化するか崩壊するということを知っている人間である」（同書　p.178）とも言いうることになる。

穏やかに主張するとは、こうした懐疑に裏打ちされつつ、それでも語るところに成立するような高邁な振舞いなのであろう。そこへと一歩踏み出そうと常に努力されていた山本先生の直観の弾みを受け継ぎたい。

（名古屋大学教授）

★01——プラトン『国家』539b　藤沢令夫訳『プラトン全集』第11巻　岩波書店　1976年　pp.551-552

★02——橋爪大三郎『橋爪大三郎コレクションIII　制度論』勁草書房　1993年　p.199

★03——山本信『形而上学の可能性』東京大学出版会　1977年　p.156（以下では山本と略記し、頁数と共に本文に挿入する）

★04——Leiniz, *Principes de la Nature et de la Grâce, fondés en raison* §5

★05——Leiniz, *Discours préliminaire de la conformité de la foi avec la raison* §65

★06——Leiniz, *Principes de la Nature et de la Grâce, fondés en raison* §5

★07——I.Kant, *Kritik der reinenn Vernunft* B263

★08——カッシーラー『シンボル形式の哲学』（一）　生松敬三・木田元訳　岩波文庫　1989年　p.31

★09——もちろん、「理性や精神の特殊性は失われて生理的機構に還元され」たり、「物体と並んで存する心理的過程を設けて説明することで満足する」ことは避けた上での話である。（同書　pp.157-158）

★10——高橋哲哉『逆光のロゴス』未来社　1992年　p.13

★11——フランコ・カッサーノ『南の思想』講談社　2006年　pp.252-253（著者フランコ・カッサーノと邦訳者ファビオ・ランベッリとの対話の箇所）

★12——アルフォンソ・リンギス『何も共有していない者たちの共同体』野谷啓二訳　洛北出版　2006年　p.27

●——愛用のペーパーナイフ

III

哲学者として、教育者として

●第Ⅰ部には山本自身の主要な哲学論文を、第Ⅱ部には後進の者たちの多彩な論考をそれぞれ集めたが、この第Ⅲ部には、山本の寛厚な学風と温和な人柄を示す文章を数多く収録し、スケールの大きい哲学者かつ教育者の横顔が浮かびあがるようにした。

●まず、山本自身がおりにふれ書きつづった味わいゆたかな小品のうちから、六篇を厳選した。「**スピノザについての対話**」(一九六六年)は、月報に載った一種の宣伝文だが、学徒出陣の体験を織りまぜつつ、平明な対話体で哲学書の魅力を語っていて、間然するところがない。「「**倫理**」**の授業についての非倫理的随想**」(一九八七年)は、教科書編集の経験から、高校生に「倫理」を教えることの可能性と限界について、山本らしく率直に述べており、今日的示唆にとむ。「「**大学**」**と**「**学生**」」(一九九五年)は、山本哲学のキーワード「相補的二元性」を、教養教育と専門教育という「二兎」を追う大学のあり方に適用してみせた、学長時代の佳作。東京女子大学赴任時に『学報』に寄せた「**自己紹介**」(一九八八年)は、少年期や学生時代、趣味の音楽についてなど、山本がめずらしく自己を語った貴重な文章。「**館砲の思い出**」(一九八一年)は、戦争末期に海軍予備学生としてすごした「館山海軍砲術学校」での日々を回顧し、散文詩のように美しい。「**お父上様への手紙**」(一九五二年)は、父山本五郎への心あたたまる私信。昭和の時代の父と子のうるわしい姿を垣間見る思いがする。

●続いて、山本信を知る二十二人に、哲学者、教育者、そして人間としての山本の思い出を、自由に語ってもらった(最初の二篇は特別寄稿)。東大や東京女子大で哲学教師としての山本の謦咳に接した各自の経験をベースにしているものが多い。支持投票のような数々の証言から、東大(本郷)大学院冬学期に二十一年間続けられた討論形式の授業「哲学の諸問題」が哲学徒の精神をいかに鼓舞するものであったか、が分かる。(森)

山本信

スピノザについての対話

甲（読書が好きな男）――スピノザの訳がまた出るね。もとは一つなのに翻訳ばかりがいくつも出るのは、知的エネルギーの浪費のような感じがする。そんなに変わりばえがするものかね。

乙（哲学の教師）――訳者や本屋の肩をもって言えば、そのときどきの日本語の状態にあわせて古典を訳しなおすことは、その古典がいつまでも若い世代の人々に広く読まれるようにする功績がある。勿論だんだんよくなってゆくことが条件だが。

甲――その後の研究が進んで前より註や解説がよくなるということはあるだろうね。

乙――それもあるが、肝心なのはやはり本文そのものだ。ところでスピノザの名を聞くと僕はいつも思い出すことがあるんだ。それはもう二十何年か前になるが、戦争中のこと、いわゆる「学徒出陣」のときのことだ。あの頃のことは忘れもしないだろう。

甲――おたがいに、思い出すだけで何か苦いものが心の底からしみでてくるような時代だよ。そのころ旧制の高等学校から大学にかけての年代だった者にとっては、おそらく特別にね。やっと自分で考えたり感じたりするようになった年頃だったが、世間の動向に対して表立って批判や反対をしようにも、事実上まったく不可能、大人たちは頼みにならず、年下の連中は無邪気に国策に踊らされるだけ、という状態だった。政治とか新聞とか世論といったものに対する根っからの不信の念が、いまだに抜きがたく残っているよ。

乙――精一杯の反抗は、時勢に背を向け、昔の本を読み、それに託して物を考えることだった。

甲――その誇り高き文科の学生にも政治の暴力がおそいかかり、戦場にひきずり出したのが「学徒出陣」だが、それとスピノザというのは？

乙――そんなある日、高校の同級で大学の法学部にいた友人が僕を訪ねてきた。入営は数ヶ月後にせまっていた。彼は、それまでにしっかりした哲学関係の本を読んでおきたいから、何か一冊貸してくれというのだ。そのとき僕がすすめたのが『エチカ』だった。彼は本を開いて眺めていたけれども、やがて首をふりながら返してきた。そしてしばらくぼそぼそ話して帰っていったが、それが彼と会った最後になった。その時の彼のうつろな微笑が妙に感傷的に思い出されるんだよ。

甲――僕でもそれと同じだったろうな。いや、うつろな微笑のかわりに、君に悪態をついたかもしれないぜ。

乙――そう、若気の衒学趣味にすぎなかったのかもしれない。僕が大真面目だったのは確かだが、あの状況で、しかも哲学の本に馴れていない男にむかって『エチカ』を読めというのは、いかにもそぐわないことだからね。やはり宗教的な読物か、あるいは勇ましい話の方がよかったのかな。しかし、もしかすると今でも、同じような立場になると僕はまた同じことをするかもしれない。

甲――どうしてかね。すぐれた思想ならほかにいくらでも古典がある。身近な問題のためなら、現代の本でもっと適当なのがあろう。それをどうして特にスピノザかね。哲学書のうちではわかりやすい方だからかな。

乙――わかりやすいということを僕が理由にするものか。わかりやすさを求めるのは、現代の読書界の悪癖だよ。堕落といってもいい。出版社まで、「予想読者層は大学初年級程度とし、平易でわかりやすく」なんて註文をつけたがる。

甲――しかし哲学書には、無闇に術語をふりまわしたり、直訳みたいな文章をならべたものが多かったんだよ。

乙——それは文章としての悪さにすぎない、頭のなかが混乱しているのをそのまま文章にしようとするとそうなる。哲学にとって本質的な難解さがそれと混同されてはいけないよ。哲学の書物というものは、すぐれた思想が盛られているほど、そしてよく書けているほど、読み流してすぐわかるような平易さから遠くなる。

甲——少々異論があるが、まあいいとしよう。話はスピノザだが、僕がのぞいたかぎりでの哲学書でいえば、たとえばヘーゲルやハイデガーの晦渋な文章とくらべると、スピノザは直線的で透明で、その意味でわかりよいといえないかね。

乙——たしかにヘーゲルを読みこなすには随分訓練と年期がいる。しかし一見とっつきやすそうなプラトンの対話篇でも、そこから思想の深みを汲みとるためには、いや問題の所在をつかまえるだけでも、同じことがあてはまる。スピノザもしかりだ。「実体」や「属性」の定義から始まり、定理をつみかさねてゆく、あの議論の進め方に耐えるだけでも大変だよ。

甲——では人間の生き方が問題になっている点かい、君が『エチカ』を人にすすめる理由は。つまり題名どおり倫理が問題で、人生の指針や悟りがえられようというわけか。

乙——いかに生くべきかということは、どんな哲学でも、それが本物の哲学であるかぎり、最後には関係してくることだよ。デカルトでもカントでも、あるいはマルクスでもその通りだ。しかし逆に、当面の生き方や心構えの問題ばかりに終始するようでは、哲学としてけちなものにしかなるまい。処世訓やお説教ではないのだからね。

甲——要するにどうなんだ。結局、君はスピノザ説に賛成しているということか。

乙——いや、そうじゃない。むしろ多くの点で真向から反対だよ。

甲——ますます不可解だ。定義と公理から論証してゆくというやり方だがね、こうして整合的にできている体系の場合、部分的にでも反対のところがあれば、もう読む意味はなくなってしまいそうなものだが。

乙——あの「幾何学的秩序」ということが何を意味するかというと、原理から考えなおして本当に納得しようとすることなのだよ。反論をうけそうな言い方をするが、宗教や文学は原理から考えることを教えない。この場合、考えるということに十分重みをつけて理解してくれたまえ。つまり、ものごとを概念によってとらえ、全体の連関のなかで納得することだ。体験や印象というものは、どんなに強く生き生きしていても、やがて崩れたり稀薄になったりする。それを概念に托してつなぎとめようとする知的努力が哲学なのだ。この精神の姿勢というか態度というか、それがスピノザから学ぶべき第一のことだ。これは内容の個々の点での賛否にかかわらない。また、あの「論証」というのは、数学でのように形式的に縛ってしまうものではない。

甲——それにしても、具体的な事実の世界と人間の事柄をとりあつかうのに、経験や反省による検討もなしに、いきなり定義やら一般的原理から天下り式に規定してしまおうとするのは、悪しき合理主義的独断ではないかね。

乙——その逆だ。スピノザ哲学はたしかに西洋近世の合理主義の産物だった。方法的にも内容的にも非常に偏った考え方で、そのままでは勿論通用しない。しかしスピノザが打ち出したかったのは、まさに独断に対する反対だ。独りよがりの思いこみ、世間の動向に流された生き方、あらゆる種類の狂気、そうしたものに抵抗する力をそなえているということが、彼の求めてやまなかった「理性的に生きること」にほかならない。その意味で、理性の人にとって何より貴いものは理性的な隣人だということになる。高貴なものはいつもまれでしかないがね。

甲——やはり理性至上主義だろう。

乙——簡単にそうとは言えないよ。科学的な合理性に関しては、それがいつも中間的なものたるより以上には出られないことを、スピノザは知っていた。だから「直観知」が認識の最高の段階とされる。これは単なる神秘的感情ではないが、そうかといって科学的知識の延長上にあるものでもなく、哲学的な問いがむかう方向を示すものだと僕は理解したい。とにかくスピノザの哲学は、合理主義の枠組を厳として守りながら、それを超え出た志向を宿している。しかもそこに含みの豊かな人間観察が織りこまれている。こうしたところが、あの不思議な魅力のもとなのだろう。

甲――かりに君の理解の仕方が正しいとしても、そして『エチカ』を読む人が同じような受けとり方をすることがあるとしても、それを入営直前の男に要求するのは、どうみても無理だったね。

乙――それは認めているよ。現在ならどうかというと、やはり望み薄だね。あのときとは違った、しかし根は共通の理由でね。しかし、実はもっと根本的な問題があるのだ。それは、近世的合理主義そのものが、いまや原理的に成り立たなくなっているのかもしれないということだ。しかも我々はその代案となるものを知らない。これは現代思想を悩ませている最も深刻な問題だ。そしてこうなるとスピノザ哲学に対する我々の関係も二重化する。一方では、我々が乗り超えるべき時代の一つの代表的な思考形態として対決すること、他方、それ自体のもつ独自の富をますます生かすこと、この二面だ。

甲――君の考えていることが十分わかったと思えないし、僕にも言いたいことがあるが、今日はこのくらいにしておこう。

（初出：『世界の大思想 9 スピノザ』月報、河出書房新社、一九六六年）

「倫理」の授業についての非倫理的随想

山本 信

数年前、ある思いがけない経緯から、「倫理」の教科書を作るための監修という、初めての仕事をやることになりました。そのときは作業をひどく急がなければならない事情がありましたし、その後、現場の先生方の御意見も聞いたりしましたので、今年度改訂しました。毎度いやになるほど思い知らされるのは、この種の出版における文部省関係の制約や手つづきが、すこぶる煩雑で、滑稽なほど頑固であることです。さしあたりそれについては黙って我慢するとしまして、ここでは、書店編集部の求めに応じ、ただし期待される内容にはなりそうもありませんが、この機会に感じたり考えたりしたことを断片的に記してみます。

「倫理」の不人気

「倫理」の授業を選択する生徒の数は、概して多くないと聞いています。このことのいちばん直接的な理由は、やはり、大学入試にこの科目が含まれていないことでしょう。じっさい、現行の入試方式に「倫理」という科目がなじまないことは、事柄そのものとして当然です。倫理的な問題に対する答え方に、正解が一つだけあって、他は誤り、というようなことは本来ありえませんし、そんなふうに扱われてはならないものだからです。ましてやマーク・シートによりコンピューターで採点されるような解答を、倫理的思考に期待するなどということは、人間性に対する冒瀆でしかありません。だから(?)世の賢明なる教育行政官たちは大学入試の科目から「倫理」をはずしたわけなのでしょう。そしてその授業に生徒たちはあまり出なくなりました。試験勉強に忙しい彼らが少しでも精力と時間を節約したいのは当たり前です。道学者風に、これまことに遺憾なる風潮なりと歎いても、まったくいかんともしがたいところです。

しかし、このような目先の利害にのみとらわれた打算だけが、「倫理」不振の理由ではないと思われます。もう少し奥深いところに、倫理なるものに対して若者が感じる反撥、あるいは異和感といったものがあるのではないでしょうか。高校生ともなれば、倫理という言葉のおおよその意味は知っているはずです。「道徳の原理の探究」とか「どんな心がけやふるまいが善いとされるべきかを考える」などという、そんな授業をわざわざ選択するというのは、よい子ぶったような嫌らしさがある、と、ただでさえ世の中の惰性的な秩序に反抗したくなる年頃の者たちがこう感じても、それはむしろ精神の健全さを意味するでしょう。われわれ齢をとった者でも自分のその時期のことを思い返してみれば、そうした気分がよみがえってくるではありませんか。その上、最近はやり言葉のようによく耳にするところですが、裏で何をやっているかわからないような連中が、まことしやかに「政治倫理」を口走ったり、一部の研究者が自分の業績をあげたいためだけのような調子で医療の「倫理綱領」を語ったりするのに接していると、倫理という言葉を一度あらためて浄化する必要さえ感じられます。その言葉そのものに、偽善とまでいかない程度の、何となく胡散くさい気配がつきまとっているのです。それを教室で神妙に学習しなくてはならないとは何たることか、というわけです。

倫理は教えられうるか

このような思いをめぐらすにつけ、高校の現場で「倫理」の授業をするのは、たいへんむつかしいこと、他の教科よりはるかに大きな、あるいは少なくとも全くちがった種類の苦労を伴うことだろう、と私は推察しています。しかしながら、現行の学校制度においては、ものを考える仲間を次の世代に育てるための、ほとんど唯一の機会なのです。それをどんなやり方で実行していくかについては、いろいろな工夫や試みがされているにちがいありません。現場の経験がない身でおこがましいかぎりですが、私も一つの提案をさせていただき、御笑覧に供します。

物理や歴史を教えるときには、生徒が今まで知らなかった事実を、明確な知識という形で与えることが主眼です。もっと身近な社会制度や法律についての場合でもそう言えましょう。しかし倫理となると話が違ってきます。善悪に関する世間一般の判定や評価などについては、生徒はもうこれまでの生活経験によってとうに知っています。ですから、倫理の授業ということは、事実として現に通用している倫理的秩序を、ことさらに覚えこませる仕事ではありえません。むしろ逆に、若者たちの心を世間の常識や規範からいったん解き放ち、ときにはそれに背くような意識へ誘いこむことから始まるのではないでしょうか。

とは言っても、もちろん、いきなり規則を破ったり、非行にはしったりすることをそそのかすというのではありません。あくまで知的、あるいは反省的なレベルで、いわば思考実験的に、事を運ぶのです。これは、言いかえれば、それまで自分がわかっているつもりだった事柄が、実は本当にわかってはいないことを、対話あるいは問答によって本人に悟らせるという、あのソクラテスの故智にならうことにほかなりません。そのために生徒と共同で想像力をはたらかして、さまざまな状況を設定し、その中に身を置いた場合にどんな心構えをとり、どう行動するかについて、あらゆる可能性にわたり考えさせ、意見を述べさせます。絶えずたがいに反論したり、条件を変えたりしながらやるのです。

しかし、何の準備もなしにこうした議論を始めても、おそらくあまり展開しないうちに話はすぐ途切れ、決着がつかぬまま途方にくれるか、あるいは、特にどういうこともない結論で終ってしまうことが多いでしょう。まさにそこのところで役に立つのが、古今東西の思想の歴史です。この倉庫に貯えられた豊かな備品を問題状況に応じてとりあげ、それらの有効性や深みを吟味し比較していけば、論点が尽きるはずはありません。そして、それらの思想において鍵となっているような含蓄に富んだ言葉や言いまわしを、多少とも背のびするような姿勢で、できるだけたくさん記憶し、いろんな状況に適用してみることができるようになるとすれば、これは一つの知的な楽しさも伴うはずですし、これこそ倫理的教養といえることでしょう。

授業において「教える」ことができるのはここまでであって、それ以上の人格陶冶は実践的の場でしか遂行されえないと思われます。しかし若者が、自分個人や対人関係の諸問題に対し、もたもたと反応的に行動するだけだった境地から脱け出して、自分自身の知性と想像力をはたらかせながら自由に価値判断をする地点に達し、同時にそのための何がしかの素材と基準を持ちあわせているという、そこまで彼らを導いていくことは、何にもまして有意義な、そして高貴でもある仕事なのではないでしょうか。

倫理的問題に解決がありうるか

現代のわれわれにとって切実な問題としては、核兵器、環境汚染、医療技術などをめぐる事態があります。今度の改訂版では最後の章をそれらに当てて、全面的に書き改めることにしました。

これらの問題の多くは、人類が今まで経験したことのない性質のものであり、にわかに既存の尺度で割りきることができません。しかし、だからといって過去の倫理的思考の道具立てはもう無用になったと思うのは、とんでもない錯覚です。人間性はそんなにおやすく変わってしまうものではないからです。われわれに課されているのは、この現代の新たな事態を統合しうるような方向へ、人類の倫理的遺産を経営していく努力です。

何より大事なのは、人類としてにせよ、個人にとってにせよ、あれこれの倫理的な問題に一つの決定的な解決があり、それはしかじかだ、という思いこみに陥らないことです。さきにあげたような諸問題に関しても、そのうち政策的ないし法律的な見地から何らかの決定がなされることでしょうし、何となく世間の通念みたいなものが固まっていくかもしれません。そうだとしても、しかし、それが問題の究極の「解決」では決してないのです。人間として永遠に問いつづけねばならない深淵が、いつもその背後に口をひらいていることを、さだかならぬ予感のようなものとしてにせよ、世の若者たちに気付かせること、これが「倫理」の授業の目標なのかもしれません。

（初出：『高校通信』第二一巻一六号、教育出版、一九八七年）

山本信

「大学」と「学生」――この「二兎を追う」者たち――

文部省から派遣されたある審査団との会談の席上で、私が自分の大学の教育理念と目標について述べたのに対し、団長格にあたる方が、「それでは二兎を追うことになりませんか」と詰問してこられた。これは予想していなかった表現であったが、私はとっさに、「しかし大学というところはそうあらざるをえないし、むしろ、そうであらねばならないと思います」と答えてしまった。問答は一瞬とまったが、次に別の話題に転じて進められた。

この比喩的表現は、もちろん、結局どちらの兎もつかまえられないという否定的な評価のためのものであって、それを肯定することは、元来の意味あいから言えば、当のやり方の非を認めることにほかならない。私はまずかったかなとも思ったが、さりとて「一石二鳥」などと口走ればかえっておかしなことになりかねないと思いなおし、そのままにしておいて審査のほうは無事にすんだ。それからだいぶ後のことだが、右の審査官の先生が別の場所で同じ表現を、今度は積極的にとしか解しえない文脈において、自分で使っておられるのをたまたま発見し、妙なふうに安堵の念をおぼえると同時に、その先生の見識に対し敬意を新たにした。

大学問題について少しでも考えたことのある方々は、右の場での話題が、教育内容における学問的水準の高さと人間としての知的視野の広さとのあいだで、バランスをどうとり、いかに関係づけるかの問題であることを、もうおわかりになっていることであろう。カリキュラム編成の場面で単純化して言いかえれば、特殊専門的部門とその他の一般教養的部門との組み合わせ方の問題である。これはもうさんざん論じ古されたことがらであるが、しかし今後も、飽きることなく絶えず問いなおされなければならず、しかも、ただ論ずるばかりでなく、そのときどきの状況に対応して実行に向けて決断し、何度もやりなおしていかなければならない。なぜならこれは、いわば一種の宿命だからである。何にとって宿命的かと言えば、まさにこの雑誌そのものの名として表紙にあげられている二つのもの、大学と学生とにとってである。

「大学」という言葉づかいは、中国古代にまでさかのぼる制度に由来し、儒教の四書の一つの題名でもあるところの、長い歴史をもっている。また、単純にわりきって言ってしまえば、大中小の大であって、現行の教育制度のうえで最高の機関をさすと解してすますこともできよう。（もっとも現在ではその上の「大学院」に関して、その位置づけが一昔前とは違った形でいろいろ論議され、さらには、用語が足りなくなったため英語をそのまま借用しての、いわゆる「センター・オヴ・エクセレンス」の設定問題、などと事態が変化しつつある最中でもあるが、この方向に踏みこむことは今は避けておく。）

ここで特に取り上げてみたいのは、現代の日本語で「大学」という言葉が対応させられているラテン語系の言葉、すなわち英語では'university'となるが、この表現の意味内容のことである。これは「ひとつ」ということを意味する数詞（unus）と、「向ける、まわす、かえす」といった意味の動詞（vertere）との、二つの語から合成されてできている。だから'university'とは、「一つにかえすこと」であり、「いろいろなものを統合し、全体としてとらえること」なのである。そしてこの語が「大学」なるものを意味するということは、大学が、さまざまな分野の学者、研究者、修業生たちを一つにまとめた組織体であることにほかならない。しかもそれが雑然とした単なる寄せ集めではないところが肝要である。つまり、諸学問の進歩発展にともない多様化し拡散してゆく傾向にある知的世界に対し、人々がそれぞれ特定の専門分野にとじこもってしまうのでなく、知の全体を一つに統合する視点に立ち返ることであって、この姿勢が、大学というものを成り立たせている基本条件なのである。このことの故に、「大学」を意味する英語が、森羅万象の秩序ある全体としての「宇宙」すなわち'universe'や、多くのものを特殊として含みこむ「普遍」すなわち'universal'などと、あい似た言葉になっているわけである。

現在の日本で「大学」と称している学校は、学部や学科の種類にせよ、教職員や学生の数にせよ、きわめて種々さまざまである。しかし、主要な専門教育の重心がどんなに特殊な学問分野に限られている小規模な学校であっても、大学と名乗る以上、人類の知的世界のひろい全体をつねに視野の内外にたずさえ、その拡がりと連なりの中に自分の営みを位置づけて考える構えを示していなければならない、と私は思う。「大学」という名称は、単に教育組織としての大小や高低だけをあらわす規定ではなく、すくなくとも本来は、学問に対する姿勢のとり方にかかわるものである。そしてそうした大学の構成員として教育をうける者が、それ以外の学校での「生徒」とは区別されて、特に「学生」(student)という言葉で呼ばれてきた。

ところが今や、だれもが身にしみて知っているとおり、社会の知的環境に大きな変化が生じるにいたった。人が何らかの職業に就くためには、従来以上の高度に専門化した知識と技術を身につけていなければならず、それを修得しうる場であることが大学に求められている。大学側としてもこの要請にこたえ、つねに世間の情勢変動をにらみながら、授業内容や設備の充実と改造につとめざるをえないことは当然であり、社会的責務でもある。しかしながら、この動向に流されて、ただただ卒業生がどれほど有利な職業にありつき、どう出世していけるかといった配慮ばかりを優先させて経営することは、精神の退廃以外の何ものでもない。「大学」としての知性の構えと誇りを、あくまで見失ってしまわないよう何より心掛けるべきである。

よく人はしたり顔で、一つの大学のあり方というものは、そもそもそこでどんな人間を育てようとするのかという点から決めていかねばならぬ、などと語る。しかし悪くするとこれほど愚劣で傲慢な語り口はない。どんな人間になるかは、各人が自分で決めることであり、自分の努力と責任において運んでゆくべきことである。むしろ、それを一定の鋳型にはめてしまわないで、どんな人間にもなりうる場をそなえることこそ、大学の任務ではないか。だからあの問題、一般教養的部門と特殊専門的部門との関係づけの問題にしても、右か左かに固定してしまわないで、いわば多義的で曖昧なところを残したままにしておき、両方の可能性そのものを充実したものにしていくことが最も好ましいと思われる。

これをしても、やはり、二兎を追うものと評すべきなのであろうか。しかしおよそ人間にとって、人間性は普遍的であることと、個々人がおのおの他と異なった性格と能力をそなえていることとは、たがいに矛盾したことでは決してない。両方とも共存しうるし、共存させなければならないことである。だから逆に、裏から言えば、どれほど人並はずれて優れた才能と個性をもち、世間に大きな貢献をした人であっても、人間たるにふさわしくない行為をすれば、人道の名のもとに罰をこうむるわけである。

大学人はいつも、両義的な立場に身をさらすことを耐えねばならぬ宿命にある。

（初出：文部科学省高等教育局学生課編『大学と学生』第一法規出版、一九九五年）

山本信

自己紹介

　私はいわば、「明治のプロテスタント」的な気風の家庭で育てられましたが、子供のときは他愛ない理科好きの少年でした。学校の授業やサークル活動ではあきたらず、家の中に変な実験室を作って気味悪がられたものです。しかし旧制中学の終わりの頃、何ゆえともなく知識や人生に対する懐疑と憂鬱に悩まされました。そして迂余曲折はありましたが、結局そこで方向転換をして、旧制高校の文科に進みました。中国との戦争から第二次世界大戦へと日本がのめりこんでいった時期にあたります。私自身は世間の風潮に背を向け、時局と関係のない本ばかりをむやみに読みあさっていました。

　戦争末期の当時は、一般に、将来の就職といったことなどを考える余地がありませんでしたし、私は大して迷いもせず大学の哲学科に入りました。すでに徴兵猶予の制度は廃止されていて、学生生活の途中で海軍に行きましたが、一年ほどで敗戦となって復学し、焼跡の中で空腹をかかえながら卒業論文を書きました。そのとき研究室に残るよう言われたのが始まりで、以後何十年にもわたって大学の哲学教師という、それ自体が問題的な職業について現在にいたりました。

　趣味は、面白いこと美しいことなら何でも好きですが、特に何かあげるとなれば音楽です。母がもっていた古いヴァイオリンをいじったこともあります。たまたま私の家内は、かつてロシア革命で亡命してきたモギレフスキーに師事したヴァイオリニストでした。結婚前のこと、彼女の前で弾いてきかせましたら、専門家でないのだから下手なことは仕様がないが、音そのものに教養がないと言われ、それ以来私は、筆ならぬ弓を折り、聴くだけになりました。ところが妙なもので、ほぼ二十年前のいわゆる学園紛争の最中、理不尽な苦労をさせられている私の気晴らしのためにと、彼女はチェロの中古品を買ってくれました。この楽器との格闘をこころみること数年、ようやく、ある曲をすでに知っている人が聞いて私がその曲を弾いているつもりだなと分かる、という程度にまでは上達しました。そうなると欲が出て、大学院学生たちと組んであやしげな楽団を作ったりしました。しかし合奏などやっていると、楽しすぎ張り切りすぎて、つい肝腎の学問のほうがおろそかになりかねません。これは殊に若い連中にとってよろしくないと思い、もうやめました。

（初出：東京女子大学『学報』、一九八八年五月二五日号）

館砲《たてほう》の思い出

山本 信

そこは房総半島の南端に近く、松の緑と地形の起伏が美しい所だった。その一隅の丘のかげに忽然と姿を現す軍用施設は、おそらく田畑を埋め立てて造られてからあまり年月を経てもいないと見うけられた。きたるべき「本土決戦」にそなえ、陸戦関係の術科教程をうけるためそこへ送りこまれたのが、われわれ海軍予備学生(第五期)の一群であった。それは感じやすく血気さかんなだけではなく、すでに大学にかよって本を読み、友と語らい、ものを考えることを知りはじめた若者たちの集団であった。

軍隊として当然のことながら、規律はきびしく、訓練はこの上なくはげしかった。だが同じ運命をになう仲間がいるかぎり、苦労や緊張に耐えることはさほど困難でなかった。自分の人生についても、また自分たちが参与している歴史についても、万事さだかならぬままに、しかし、この状況に投げ込まれたからには潔くやっていこうではないかという、共通の了解と気位がわれわれの間にあった。そして互いに健康な肉体と未熟な魂をぶつけあう日々は、その後生きながらえても忘れえぬ爽やかな人間味を宿していた。

近くには浅い山ひだにもぐりこむようにしていくつかの村があった。かたわらには茂みに埋もれた小川がはしり、広場には絵になるようなはねつるべが古い井戸によりそっていた。その村々は、誰も知らぬ昔から世の転変をくぐりぬけてきた奥行きをたたえ、そこに住む人々は生きることの知恵と情を身につけていた。われわれの「上陸」はこの人々の心づくしで養われていた。

その仲間たちはやがて任官して各地に散っていった。そしてほどなく戦争は終った。それ以来三十余年の人生は各人ばらばらであったが、近頃はときどき、連絡のつく者どうしの集りがある。その席では、いやおうなしに世間のあらゆる利害関係から解き放たれ、戸惑いのようなものを覚えながら、いわば人間としての原点にひきもどされる思いがするのである。

（初出：『わが海軍』ノーベル書房、一九八一年）

山本信

お父上様への手紙

拝復、
お手紙を有難うございました。私の本の出版の為にお父さんならではの御配慮を頂き、身に沁みて嬉しう存じます。

先生方に様子をうかゞふことが急にはできず、御返事申し上げるのが遅くなって大層失礼致しました。

　原稿を短かくせねばならぬのは勿論出版費用の為です。専門的な本だとどうしても赤字になりますが、東大出版部《〔ママ〕》は未だ規模が小さい上、今の所財政的に苦しいので、多くを負擔できません。それで補助金で何とかやれる程度に縮小することを注文された次第です。金を足せば今のまゝ出版することができますし、文部省の役人も他にそのやうな例がかなりあると言ってゐました。この場合お父さんからお金を出して頂ければ、私としては何より仕合せなことは申すまでもありません。しかしさうまでして本にすることは、周圍に対して餘りよい影響を與へないものと思はれます。といひますのは、私は今研究室で一番古顔なのですが、とにかく金を注ぎ込んで本を出せばよいのだといふやうな氣風が生ずるとすれば、甚だ面白からぬことであるのは、お父さんにはよく分って頂けると存じます。

かういったことを先生方や本屋に明らさまに言ったわけではありませんが、諸般の事情に対し私自身で色々考へた結果、とにかくできるだけ今のやり方で行ってみようと決心しました。それに、縮め得る所を縮めるだけの努力をすれば、必ずしも本屋の注文通りとまではゆかずとも、先生方が何とかして下さるのではないかとも思はれます。

そしてどうしてもいよ〳〵駄目となれば、またそのときにはお父さんに御相談申し上げたく存じます。

本當に有難うございました。感謝と嬉しさを何と表現すべきか存じません。かうして私の為に考へてゐて下さることに元氣づけられて、一層勉強に励みます。本はうまくゆけばこの秋頃出ることになるでせう。

氣候の変り目、御身体を御大切になさって下さい。一應脱稿して私も少し樂になりました。今度東京へおいでになるときは、どこかへお伴致しませう。

敬具、

五月二十六日

山本　信、

御父上様

〔一九五二年五月二十六日付、父山本五郎宛の私信。『ライプニッツ哲学研究』（一九五三年三月刊）の原稿を脱稿し出版準備中のもの。この手紙の現物が、著者自宅所蔵の同書初版のうちの一つに挟まれていた。なお、その書の表紙見返しには、次のような一筆がペン書きされており、もともとは父五郎への寄贈本であったと推測される。――編者〕

でかしたりと　わが子ながらも　ほめたくぞ想ふ

五郎

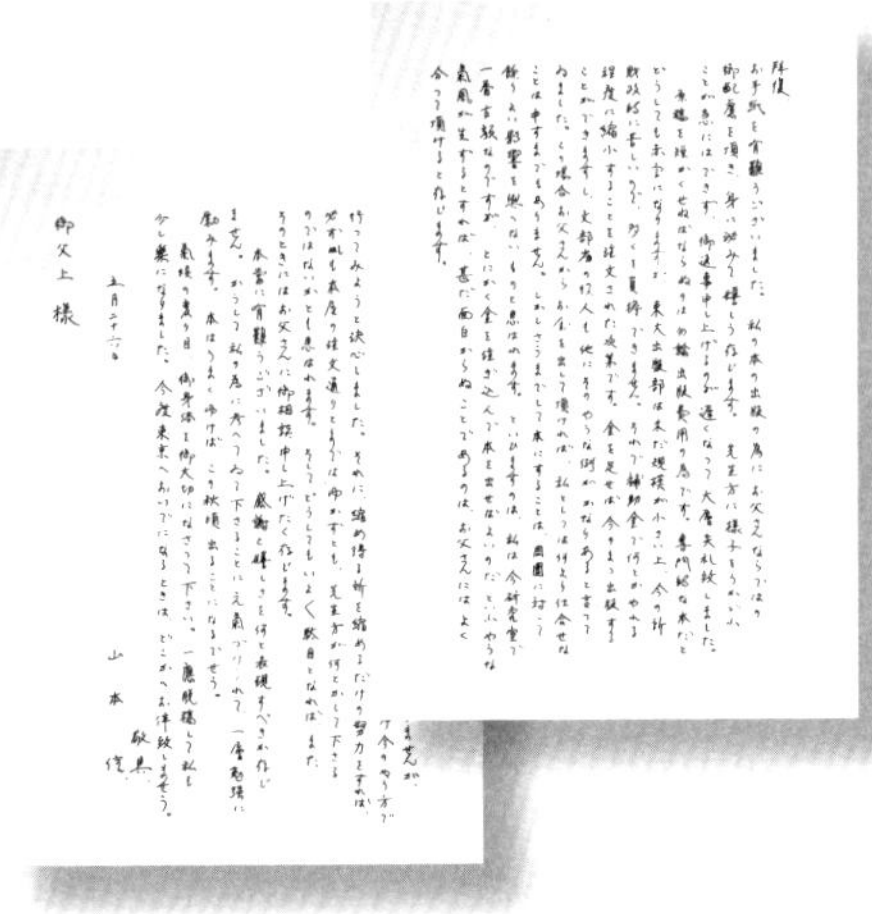

●——父・五郎への手紙と五郎のペン書きがある『ライプニッツ哲学研究』の見返し部分。

今道友信

山本信君の思い出

「『ものを考える』という、すこぶる内容曖昧な言い方が日本語にあるが、この言葉で表現されるような精神状態は誰にも覚えがあろう。それを一時的な気分や思いつきとしてだけでやりすごすのでなく、その内容を概念的に把捉し、理論的に掘り下げてみることが、哲学への一つの道である。（中略）すでにして人生や社会に関する具体的な問題を心に抱いている人の場合、哲学から性急にその答を得ることを期待するのは間違いである。哲学は人生相談や社会運動ではないからである。哲学においてはむしろ逆に、自分の問いが十分に根拠のあるものかどうか、そもそもそれは一定の答をもちうるものなのか、他のもっと根源的な問題が先立っているのではないか、などという吟味が要求されることになろう。理論と実践との間、学説と生活との間には、いつも裂け目がある。その間隙に正確に自分の中心を位置づけ、よく生きる知恵を求めることこそ、哲学する者の姿勢なのである。」

この引用は、山本信君の著書『哲学の基礎』のあとがきから抜粋したものである。山本君は、まさにこの「あとがき」のとおり、「ものを考え」、そして「理論と実践との間」の「裂け目」をしっかり把握し、自分を正確に位置づけ、「よく生きる」ために哲学した学者であったと思う。そのことは、私がここでわざわざ書き連ねるまでもなく、彼を知る人びとには周知の事実であるはずである。

さて、この原稿を依頼されたときには、すでに私は病床にある身の上で、抗癌剤の副作用が烈しいために、体力が低下し、なかなか筆もすすみそうにないので、せっかくの依頼をお断りしようと思った。しかし、山本君のために短くても何か書きたくて、引き受けた次第である。

山本君と出会ったのは、敗戦まもなくのことであったと思う。戦争中、彼は学徒出陣のため海軍予備学生として館山に赴いて訓練を受けていたように記憶している。そして敗戦となり、大学に学生が徐々に戻って来た頃、彼もまたそのような一人として東大の哲学科に復学した。復学直後の彼は、海軍の制服を着て登校していたので、非常によく目立っていたことが強く印象に残っている。

彼の指導教授は池上鎌三教授であった。私は山本君より確か二歳年長であったと思うが、池上教授が、山本君と私を非常に重んじて下さったこともあって、同じ時期に東大の講師になった。私の担当が主に古代、中世哲学であったのに対し、山本君は現代哲学を担当していた。

ところで、何か人びとの知らない山本君についてのエピソードはないかといろいろ思い返して、たわいない話を思い出した。山本君の母上は、ある女学校の校長先生をなさっていた。あるとき、「一度遊びにいらっしゃい」という、母上の社交辞令を真に受けて、二人でその学校を訪れたことがあった。当時は珍しかったヨーグルトを校長室で頂いたことを断片的に覚えているが、その後、何かのはずみでテニスをしようということになった。お世辞にもスポーツマンとは言えない二人が、どうしてそのようなことで同意に至ったのか、今思えば誠に不思議極まりないことであるが、とにかくそういうことになった。しかも一種の「親の七光り」と言ってもよいと思うのだが、こともあろうにその女学校のテニスコートを貸してもらうことになった。男子禁制の名門の女学校のテニスコートに、部外者の若者二人が乗り込んで、上手くもないテニスをしたなどと、常識では考えられないが、確かにそういうことがあった。しかも試合とはお世辞にも言えないが、テニスの結果は、私の負けであったような気がする。私にしたら、見知らぬ女学校のテニスコートに立つこと自体が、何か罪悪のような気がしたが、母上の学校ということで、何の頓着もなく、テニスに興じていた山本君が、豪快な人物として私の目に映ったことを、おぼろげな記憶の中からたぐり寄せることができた。
晩年の彼は、不幸な事故による失明のため、私が見舞いに訪れたときは自室に籠もっていて、私はその時、彼の孤独な姿に涙ぐんだが、私の記憶の中での山本君は、酒を愛し、学問を愛した豪快な人物として今もなお生きている。

（東京大学名誉教授）

クラウス・リーゼンフーバー（村井則夫・訳）

思索における出会い

アリストテレス以来、哲学は普遍学として、学問的客観性と厳密な普遍性を要求するものであるが、その一方で、歴史上の偉大な哲学体系を見るなら、そこでは哲学的思索が多様な形態を取って現れているのも確かである。それらの哲学体系は、互いに還元しえない独自のものであると同時に、ある共通の焦点を目指しているとも考えられる。それと同様に、偉大な哲学者に関しても、その人の個性がその思想に反映する一方で、その思想の根本的内実がその人格に深く浸透すると言うことができるだろう。筆者の知る山本先生は、現実を肯定的に受け止める態度と控えめで真摯な深い思索を合わせもち、そうした資質とともに哲学に真剣に取り組まれた方であった。山本先生の廉直な人柄や、暖かな人付き合い、そして真心籠った人となりのお陰で、幾度かの交流を通じて、筆者は、共感と理解をもって接していただいているという思いを強く抱いたものである。とりわけいまでも鮮やかに思い出されるのは、幾度か新年にお宅に招かれ歓待していただいたときのことである。ご夫人と、筆者の本郷での講義の熱心な聴講者としてすでに知遇を得ていた娘さんに歓迎され、山本先生の弟子や同僚の集まる中、吟味されたワインと心尽くしの料理を頂戴したことが、忘れがたい思い出となっている。こうした親密な付き合いは、言葉に尽くせない暖かな交流の記憶として、いまでも筆者の宝となっている。それに加えて、学会の懇親会などのさまざまな機会に、短いながらも印象的な会話を交し、ともに考えることで、新たな思索への刺激を頂戴したことも思い返される。

かつて筆者は先生の大学院の授業に招かれ、そこでトマス・アクィナスの『神学大全』第一部第一三問を講読したことがある。「神の名」をめぐるこのテクストは、感覚に縛られた人間の認識が、いかにして、第一の超越的根源そのものに対する述定を可能にする純粋な完全性の概念を獲得するかという問題を論じたものである。難解なこのテクストでは、有限的対象は、いずれにせよそれが「存在」するものとして経験される限り、存在そのものを表現するかたちで現出するが、存在それ自体は、根源的で第一次的かつ本質的なかたちで、無限者ないし第一の根源について言表可能であるといった思考が展開されている。ゼミナールの参加者たちは、ここでは形而上学そのものの根本問題が論じられているということ──つまり、偶然的存在者において、存在そのものが、当の存在者を可能にしながらそれに先行し超越したものとして認識されるというのは可能であるか、つまり存在者はそれ自身は限定されたものでありながら、自らを純粋な存在を分有するものとして示すものであるのかといった問いが扱われているということ──を十分理解してくれたように感じた。筆者としては、差し当たり哲学的な考え方に習熟してもらう課題を果たしたつもりであったが、山本先生はこの問題を、事柄自体に即して、その洞察の可能性とともに受け取られたようであった。講義のあとの個人的な談話のなかでこの問題を振り返られ、先生が思わず口にされたのが、「やっと分かりました」という言葉であった。筆者は、熟慮のうえに納得されるこの姿勢に強く打たれるとともに、哲学とはテクストの解釈に尽きるものではなく、確信をもって理解できるまで考え続けることであるといった先生の信念に触れた思いがしたものである。

山本先生は、批判的反省と近代的な懐疑的思考を自家薬籠中のものとしながら、思考において第一の根源をいかに主題化しうるかという問題を、自らの課題として思いめぐらされていた。本郷でのある講演ののち、私たちは歓談する機会を得て、その折には、一切の洞察を主観における可能根拠に還元するカント的な超越論的思考にとって、超越論的主観性そのものに先行するその根源はいかに思考されうるかといった問題を論じ合ったことがある。主観の超越論的自発性は、それ自身の内から、それが有する自明の洞察をその真理性に関しても、存在の妥当性としても保証することはできないのではないかという疑問が、その問題の前提となっていた。思考が先‐超越論的、あるいは超‐超越論的な次元へと思考を通じて超出していく可能性をめぐるこうした問題に直面して、私たちは行き詰まり、「よく分かりませんね」という感想を洩らしたものである。あとになって筆者は、この問題に活路を見出すためには、中期・後期フィヒテにならって、思考の内に顕現するがけっして思考によって構成されるのではないところ、つまり洞察を照らす根源的な光としての存在ないし真理を、あるがままに、かつそれ自体として還元不可能で自明なものとして承認すべきではないかと考えるにいたった。

その後、山本先生が東京女子大学の学長に就任されて間もなく、「哲学会」のあとの懇親会の席上でお目にかかった際の印象も忘れがたい。晴れやかな面持ちで筆者のところにいらした先生は、心を籠めて強く握手をされ、力づけるように仰った。「私たちはまったく一緒です。一致していますよ」と。それ以上の説明はなかったので、推察の域を出ないが、筆者としては、これは先生の内に、思考の批判的分析を超えて、根源的な確信にいたるような考えや決意が形を取ったことを暗示するものではなかったかと、いまにして考えるのである。

（上智大学名誉教授）

吉田夏彦

山本さんにまたお會ひしたい

山本さんに始めてお眼にかかつたのは、一九五一年の春、斎藤忍随先生に連れられて東大の正門を入り、銀杏並木を歩いてゐた時だつた。向ふからおいでの長身の颯爽とした青年紳士を「此の人が山本さんで、研究室の助手頭だよ」と先生が紹介して下さつた。

その頃、地方の大學を出て、本郷の研究室に出入りするやうになつてゐたのだが、此の紹介の後、親切にいろいろなことを教へて頂いた。大學院の例會での御發表に、よく解せないところがあつたので質問をしたところ、快く答へて下さり、「君の意見の通りです。僕が今日話したことはまつたく間違つてゐましたね」とおつしやつたのに驚いたことを覺えてゐる。

その後親しくして頂くやうになつてからは、よく一緒に方々の學會に出掛けたものだが、その折、山本さん御自身が、發表者が先輩であらうと、友人であらうと、後輩であらうと、遠慮のない質問をどんどんおぶつけになるのを見てゐて、「友達は好きだが、眞理の方がもつと好きだ」といふ羅典語の諺を地で行く方なのだといふことがわかり、あの驚いた經驗のことも合點が行つたのである。だから議論の上で相手に理がある時には、あつさりそれをみとめる雅量も持合はせておいでだつた。

實は、出身校で教へて頂いた、細谷貞雄先生も、さきほどお名前をあげた斎藤先生も、面ををかす議論を歡迎して下さる方だつたので、哲學者の議論といふのはさういふものだと思つてゐたのに、東京に來てから、次第に必ずしもさういふ哲學者ばかりではないことに氣づくやうになつた。特に山本さんよりはかなり若い教師にも權威主義の教育を好む人が多くなつたらしい。

さて、やはり、遠慮のない議論が出來る方である大森荘藏さんにも親しくして頂いた。お二人は、終戰で復員した、學徒出身の海軍士官といふことで年來の友人だつた。それも大森さんは技術将校だつたのに、「俺の方は、海兵團での甲板洗から仕込まれた兵科の士官だつた。つまり俺の方が本物の海軍士官だつた」といふのが、山本さんの無邪氣な自慢だつた。

それはともかく、お二人の哲學の興味は、始はそれほど近くはなかつた。しかし、ある日「山本をこつちの方に引張りませう」と大森さんがおつしやつてから、三人で、分析風なアプローチでの哲學の議論をすることが多くなつた。といつても英米で流行の話題をおつかけるといふものではなく、自分達の氣になることを徹底的に論じあふといふ式のもので、よく取上げたのは、知覺とその對象との關係だつたと覺えてゐる。お二人ともアルコール飲料が大好きだつたので、酒場で夜つぴて議論することが多かつたのだが、折角女給が寄つて來ても、三人は「此の燐寸箱は、見える通りに存在してゐるのだらうか。また皆に同じやうに見えてゐるのだらうか」などといふ話に熱中してゐて、彼女等の方を見向きもしないものだから、呆れて退散してしまふのが常だつた。此の古典的な問題を論ずるにあたり、大森さんは、論理實證主義者の、山本さんは、デカルトやライプニツツの意見を引合に出すこともあつたが、それは一寸した参考といふ程度のもので、文獻解釋に立入ることはなかつた。

やがて、山内恭彦先生と高橋秀俊先生といふ物理學の長老の呼掛けで始つた「科學と哲學の會」といふのに三人とも参加するやうになつた。此の會では、自然科學や數學の畑の會員、あるひは、ゲスト、に話題を提供して貰ひ、それに哲學者が質問をするといふやり方をすることが多かつた。哲學者の方は専門のちがふ人の話を消化しようと懸命になつてゐるといふ人が大部分だつたのだが、山本さんは、此處でも果敢に相手の陣営に切込む議論をしておいでだつた。

英吉利からA・J・AYER氏が日本に来た時、一夜拙宅での夕食に招いたことがある。相客は、山本さんのほか、井上忠さん。黒田亘さんだつた。もともと氏は拙宅に泊りたいと切望してゐたのだが、とても泊められる廣さではないと斷つたので、その埋合せの招待だつた。アルコールの助けもあり談論風發、樂しくあけがたに及んだので、泊めたのとあまり變らないことになつた。さうして山本さんがタクシに同乘して氏をホテルまで送つたのである。翌日AYER氏に會つたら、「昨夜は品のいい哲學者に送つて貰ひ、有難かつたが、彼ははなはだしく酩酊してゐた。その後何ともなかつたらうか」と氣づかつてゐた。そのことを山本さんに傳へたら、「自分の方がべろんべろんに醉つぱらつてゐたくせに」と憤慨しておいでだつた。黒田さんや井上さんの話をつきあはせると、あの晩は、めいめいが自分一人は冷静でほかの人達の醉態を興味深く眺めてゐたのだと思込んだ夜だつたやうである。

いくつかの會議の組織をさせられた時、泊込みの準備で大變助けて頂き、有難かつた。お宅に梁山泊宜しく有象無象が集り、わいわい騒いだあの時の山本さんのうれしさうににこにこしておいでだつたお顔も昨日のことのやうに思出されるが、もうあのお顔を拝見出来なくなつてから年久しいのだと思ふと、しみじみ淋しい。

（東京工業大学名誉教授）

山本先生の思い出

石黒ひで

山本先生のことを思い出すとき、それはいつも大森荘蔵先生と一緒でした。私は一九五二年に東京大学に入学しました。翌年、山本先生が駒場に赴任してきました。大教室で一般教養の哲学を講じていました。このときにはライプニッツやカントの話なども交えてとても興味のもてるものでした。その年に『ライプニッツ哲学研究』を出版なさったこともあり、私はライプニッツに大きく惹かれました。しかし山本先生のライプニッツ解釈が形而上学の方向に向かっているのに対し、私の関心は論理や言語に向かっていました。そのようなときに、大森先生がほぼ同時に駒場に赴任してきたのです。山本先生とは全く異なるタイプの哲学者で、私には大森先生の考え方にも強く惹かれるものがありました。不思議なことに、このお二人は実に仲が良いのです。しかもすでに結婚なさっていた大森荘蔵先生の奥様は私の母のところに料理を習いにいらしていたこともあり、身近に感じることもありました。しかし山本先生は独身の身であるため、小娘の私が哲学の話をし続けることにはためらいも感じました。今とは違い、女子学生が若い教師とカフェなどに行ったら周囲からどのように見られるかわかりません。しかもその頃女子学生の数はずっと少なく、哲学を志す学生はさらに少ない時代でした。そんなときに教師と女子学生が一対一でいることは何かと問題を引き起こしかねませんでした。しかし、そこに大森先生が加わるとそんな心配はいらなくなるのです。お二人の議論に私が加わってもまわりを気にする必要はなくなります。こうして私は、山本、大森両先生と哲学の話を続けることができました。

しかし女子学生が哲学を志すのはきわめて異例のことでした。家族からもずいぶんと反対されました。東京大学では三年次から専門学部に進学することになっています。当時本郷の文学部の哲学科は桂寿一先生が駒場から移ったばかりで、女が哲学などするものではない、といった感じで受け入れてはもらえそうにありませんでした。そこで私は仕方なく、教養学部のフランス科に進学しました。ここは文学や歴史や哲学を扱えるところで、私の同級生にもラシーヌなどを研究する女子学生はいましたが、哲学を研究しようとしていたのは私だけでした。女性が哲学を研究するときには、倫理学的な問題には比較的向きやすいのですが、私のように論理や言語に関心を持つというのは本当に珍しかったのです。

そういうわけでフランス科にいても私は少し居心地が悪かったのかもしれません。哲学の桂先生もそうですが、フランス文学の渡辺一夫先生なども、その研究内容にはとても興味があっても、近づきがたいような存在でした。それにくらべて、山本先生と大森先生は、若かったということもあるでしょうが、親しみやすい方たちでした。山本先生からはライプニッツを、大森先生からはウィトゲンシュタインを吸収することができ、私にとって最も重要な勉強がこのときにできました。

その後山本先生がドイツに留学して帰ってきた頃、私は卒業論文を書く時期になっていました。私が選んだのは、一九世紀のフランスの哲学者ルヌヴィエでした。ルヌヴィエは日本ではフランスのネオ・カント主義者としてしか知られていませんでしたが、たまたま見つけたその著作が、ライプニッツと論理をつなげる内容であったために私の意図するものと一致していたのです。このテーマを山本先生に告げたところ、カッシーラーならともかくそのような古くさいカント主義者を今更取り上げる意味などないのではないか、と否定的なコメントが反ってきました。そこで私は、ルヌヴィエはライプニッツと論理のつながりを扱い、それがあったからこそ後にクーチュラーやラッセルのような論理学を軸にしたようなライプニッツ解釈が可能となったに違いないので、そういった意味でルヌヴィエはとても重要なのだ、と説きました。そうしたところ山本先生は前言をあっさり覆して、そういうことであればぜひそのテーマで卒論を書くように、と勧めてくださいました。山本先生だったから、私は自分なりの抵抗ができたのだと思います。そしてその抵抗を認めてくださった山本先生の度量は、私にとって嬉しいものでした。

その後私はヨーロッパに渡り、フランスやイギリスで哲学の勉強を続けました。女子学生であることの遠慮も要らないところで思いっきり勉強ができました。しかしそのような勉強の出発点には、自由な雰囲気で哲学を語り合う、山本先生と大森先生の存在があり、ライプニッツとウィトゲンシュタインがあったのです。今の私はこのお二人の存在なしには語れないものがあります。今は両先生ともこの世にはおられませんが、懐かしく思い出されることばかりです。

（ロンドン大学名誉教授）

（聞き手・佐々木）

黒崎宏

山本先生の思い出

私が山本信先生と出会ったのは、一九六一年、私が東大哲学科の大学院修士課程に入学したときである。先生は、当時まだ若い新進気鋭の助教授で、私の指導教官であった。

山本先生について、私が最初に受けた強烈な印象は、先生がドイツから来たある哲学者の講演の司会兼通訳をなさったときのことである。その快刀乱麻ぶりは、今もって忘れられない。話の途中で、「ビッテ！」(ドイツ語のbitte,相手に聞き返す時の言葉)と叫んで真意を正すその声は、未だに耳底に残っている。そういえば、先生が最も生き生きしているのは司会者の仕事をしているときであった、ようにも思える。相手の言う事を把握する早さ、確かさは、じつに抜群であった。そしてこのことが哲学史家としての仕事に生かされたのが、若き日のライプニッツ研究であったのであろう。しかし後半生は、大森荘蔵先生との出会いもあって、科学哲学のほうにも軸足を移された。

私の大学院在学中、山本先生は一時アメリカへ留学された。そして、お帰りになっての最初の演習に、ウィトゲンシュタインの『論理哲学論考』を使われた。それが何故であるかは、不明である。しかし、『論考』の最後の数頁に『論考』本来の価値を認めるその読み方は、当時としては斬新であった。従来その部分は、付け足しのように思われていたからである。大森先生が専ら後期のウィトゲンシュタインに関心を寄せていたのに対し、前期のウィトゲンシュタインにも関心を寄せていらした山本先生は、注目に値した。そしてこの両先生が編集者となって、一九七五年、大修館書店から『ウィトゲンシュタイン全集』の刊行が始まった。山本先生ご自身も、前期から後期にいたる移行期(中期)の作品『哲学的文法』の第I部の翻訳を担当なされた。編集会議で問題になったのが、Wittgensteinは「ヴィトゲンシュタイン」か「ウィトゲンシュタイン」か、であった。しかしこれは、私がヴェド・メータ（河合秀和訳『ハエとハエとり壺』みすず書房、一九七〇）の証言「時々ウィトゲンシュタインは、『W』を、ドイツ語流の『ヴィ』ではなく柔らかい『ウィ』にして、『ウィトゲンシュタイン、ウィトゲンシュタイン、おまえはナンセンスを語っている』と言って、自分の額を強く叩いたものだ」を引用したことによって、「ウィトゲンシュタイン」に決着した。

山本先生の授業で印象に残っているのは、ヘーゲルの『精神現象学』の演習であった。小さくびっしり書きこまれたメモ用紙ふうの紙を手元に、出席者に説明を求める先生の授業は、緊張の連続であった。私がヘーゲルと原書で真正面から取り組んだのは、後にも先にもこの時だけであるが、今にして思えば、実にいい勉強になっている。というのも私は今、和辻哲郎の「倫理学」を通じて、ヘーゲルの哲学に関心を有しているからである。

後に山本先生は、また大修館書店の要請に応え、私と奥雅博氏を呼んで『ウィトゲンシュタイン小辞典』（初版一九八七年）を編集する計画を立てられた。三人で幾度か会議をもったが、結局奥氏は自らその仕事から身を引かれた。私と意見が合わなかったからである。確かに私と奥氏は、そのウィトゲンシュタイン観において、かなり大きな違いがあった。その事は『論考』においても『探究』においても、言える。事実私は、奥氏の『論考』の翻訳は使う気になれなかったし、奥氏は私の「言語ゲーム論」に、真っ向反対なのである。一例だけあげれば、ウィトゲンシュタインの「言語ゲーム論」によれば、私は「この世の一切は言語ゲームである」ということになっている、と思っている。これに対し奥氏は、それなら「茶の湯も言語ゲームなのか」と言って批判する。しかし私は、「そうだ」と答える。例えば、主人と客が無言で目礼すること自体、すでに完全に言語ゲームの中のひとこまではないのか。言語無しには、無言の挨拶という事自体成り立ちはしない。「挨拶」という語なしには、挨拶という概念は成り立たず、挨拶という概念なしには、無言の挨拶といえども成り立たないからである。

晩年先生は勲章をおもらいになって、そのお祝いの会が催された。そのとき先生は既にお眼が悪くなっていらしたので、私はご挨拶をしに近付いて、少し大きな声で「クロサキです」と申し上げた。すると、間髪を入れず、「ウンターズーフンゲンを読んでいますか」というお声が返ってきた(「ウンターズーフンゲン」とは後期ウィトゲンシュタインの主著『哲学探究』(*Philosophische Untersuchungen*)のこと)。私は即座に「はい」と答えたが、私はまたしても、その反応の速さと的確さに驚かされた。先生とは、随分しばらくお眼にかかっていなかったのに、である。しかもそのとき私は、『哲学探究』の新しい読み方に苦心していたのである。

私は、『論考』は、論理の哲学としては革命的であるが、哲学の本道である存在論の哲学としては、『探究』こそが革命的である、と思う。アリストテレスの流れを汲む実在論に対して反旗を翻し、反実在論である「言語ゲーム論」を展開した『探究』こそ、真に革命的である、と思う。もしも先生がこの世にお戻りになったならば、私は一目さんに先生のところに駆けつけて、この点について議論したい。山本先生は、ウィトゲンシュタインの「言語ゲーム論」と先生の目指す「形而上学」を、どう折り合わせていらしたのであろうか。

(成城大学名誉教授)

●——愛用の懐中時計

岩田靖夫

山本信先生を偲ぶ

私は昭和二八年頃から、本郷の哲学研究室に出入りしていました。その頃、研究室には、私ども学生から見て、先輩筋もしくは若先生筋に、四人の大酒豪がいました。言うまでもなく、先ず、斎藤忍随先生、それから、山本信先生、さらに、大森荘蔵先生、そして、井上忠先生です。この四人の酒に、われわれ大学院生たちは、渦の中に巻き込まれるように、飲み込まれて暮らしていた、と思います。

斎藤先生は議論をあまり好まれませんでした。理論的な哲学を始めから信用していないようなところがあって、ひたすら、知識とアイロニーを愛していました。その反対に、大森先生は、どんなに酒を飲んでも哲学の問題について以外には話をしない方でした。どんな議論にもとことん付き合ってくれました。井上先生も大酒豪でしたが、酒を飲んでいてもいなくても、信念の人で、己を語って止まない、赤裸々に生きる方でした。

こういう強烈な人たちの間にあって、山本先生は、酒量の点でも誰にも劣らないことは言うまでもありませんが、そのどのタイプにも通じながら、どれでもない、中庸の人だった、と思います。たとえば、山本先生は人を非常に素早く理解する方でしたが、殆どアイロニーを言わない方でした。その温かさが多くの学生に憩いの場を与えたのではないか、と思います。あるいは、議論を好まれましたが、極端に議論を詰めることはしませんでした。また、先生には素地としてキリスト教的な信仰があったらしく、哲学する上で宗教的な問題意識をもつことは非常に大切だ、と言っていましたが、その宗教性を、論文にせよ何にせよ、表に現すことはなかった、と思います。

また、先生は、分析哲学やヴィトゲンシュタインを非常によく理解し研究もされながら、それに同調はしませんでした。さらに、デカルト、ライプニッツ、カント、ヘーゲルなど近世ヨーロッパ哲学に該博な知識をもちながら、特別研究生終了時に書かれた『ライプニッツ哲学研究』以外には、その種の本をもはや書きませんでした。もし、そういう本を書くおつもりがあったなら、十冊くらい立派な哲学史研究が存在したでしょう。

それは、私が思うに、哲学とは形而上学でなければならない、と先生が考えておられたからです。科学的な知識や思想史的な知識は、知識としては大切だが、哲学がする仕事ではない、と。では、哲学はなにをするのか。先生のお考えでは、全体と自己について考えることです。全体も自己も対象として与えられる事実ではなく、自己自身の生き方によって証明する真理である、というのが先生の考えであった、と思います。先生は、『形而上学の可能性』の中で、「哲学とは、全体と自己について問うことであり、それは、結局、存在と生の意味を問うことであり、さらに、その問いを意識の自己満足を覆す他者との対話の中で、自己告白と自己否定の相継ぐ交代の歩みのうちで、自己をそれに賭けるべき究極的真理を求めることである」、と言っています。

先生は、実存哲学にはあまり関心はなかったと思いますが、この問題意識はまさに実存的なもので、それは、おそらく、先生の隠れた宗教性から出てきているでしょう。

ただ、残念ながら、先生は五〇歳を過ぎたころから絶えず行政職を担われ、また、晩年の十年はご病気で、この意図が具体化される時間が失われてしまったのです。

先生の最晩年はまさに苦しみの人生でした。四、五年前でしょうか。アルムブルスターさんと共に先生を訪れたことがあります。その時、先生はもうほとんど目が見えなくなっていましたが、どちらかの目がかすかに見えて、「ああ、岩田君が来たか」と喜んでくださり、「もう少し顔をそばに寄せてくれ」といわれ、確かに私だということを確かめていただいたことがあります。それから、もう一度、昨年の春に一人でお見舞いに伺ったことがあります。その時には、先生はもう病院に移られた後でした。そのとき、奥様は「なんで私たちはこんな苦しみを背負うのでしょうか。前世でよほど悪いことをしたのでしょうか」と嘆かれたのですが、その時には、私は慰めようもなく、なにも申しませんでした。しかし、本当は、「この苦しみに黙って耐えている先生の在り方に、先生の人間としての大きさが現われているのでしょう」と申しあげたかった。それは、奥様の苦しみについても同じです。山本信先生は、ここに集まった人々、また、それ以外の多くの人々を、巨人アトラスのように黙々と支えながら、運命の送る苦しみをまことに哲学者らしく無言で担いつつ、存在の根源へと帰られたのだ、と思います。

（東北大学名誉教授）

（本稿は、数年前、神田学士会館において行われた「山本信先生を偲ぶ会」において話された原稿から、先生のご略歴とご業績を抜いたものである。）

藤村龍雄

天文館と指宿と開聞岳——鹿児島の山本先生——

記憶に誤りがなければ、山本先生が鹿児島にお出でになったのは、昭和四十二年の十二月であったと思う。前の年の四月、私は鹿児島大の法文学部に赴任し、翌年秋の哲学会に出席した折、先生から「暮れに九大で集中講義を行うので、都合がついたら鹿児島に寄るつもりである」旨を伺ったと記憶している。鹿児島に赴くにあたり、私は、先生のお宅に御挨拶に伺い、講義の心得をお尋ねしたところ、「準備が万全でないときは、休んでもいいんだよ」と、思いもかけない言葉を頂き、安堵したことを覚えている。こんな教え子に先生はきっと不安を覚え、実情視察を思い立たれたのではないかと思う。

さて、先生が鴨池空港——現在の鹿児島空港とは異なり、当時は錦江湾に面していた——に到着された日は、南国に特有の空が碧く澄んだ日であった。私は、妻と当時二歳の息子を伴って先生をお迎えした。先生は愚息のことをよく覚えておられて、折に触れては話題にして頂いた。家族とは空港で別れ、それから先生を城山観光ホテルにご案内した。このホテルは、文字通り、「城山」にあって、桜島を真正面に見渡せる鹿児島市随一のホテルである。先生も気に入っていただけたと思う。

当然のことながら、夜は酒宴である。場所は、鹿児島で最も賑やかな繁華街である天文館の郷土料理店である。飲み仲間を応援に頼み、私としては、精一杯の努力をしたつもりなのだが、残念ながら、この企画は失敗に終った。

鹿児島料理のメインの一つは、何といってもキビナゴであり、酒は薩摩焼酎であるが、どうやらこれはどれも先生のお口には合わなかったらしい。それもその筈で、——鹿児島贔屓の方には申し訳ないが——酒も魚も「博多」のほうが上であろうから。が、そうではあっても、お迎えする方としては、やはり郷土料理を一通り用意しないわけにはゆかない。このあたりが、接待側にとって悩ましいところである。

そんなわけで、酒席はさほど盛り上がらず、早々にお開きとなり、再び先生を城山ホテルにお送りし、「翌日のこと」もあるので、ここで失礼することにした。

翌日気がついたことだが、この早めのお開きは、どうやら山本先生の当初からの作戦だったようである。先生は前もって鹿児島について情報を仕入れて来られていたらしく、私がホテルを辞した後、密かに単独行動をされたらしいのである。確たる証拠はないのだが、翌日お会いした折の先生の表情から、察しが付き、それとなくさぐりを入れたところ、バレタカと言わんばかりの表情で、特に否定はされなかった。

話を先に進めよう。もう四十年以上も前のことだから許されると思うので、あえて記すことにするが、当時の地方の国立大学は実に鷹揚なもので、翌日は、教養部の公用車を使って――こんなことがどのようにして可能だったのか、新米教師の私には見当のつくはずもない――学生時代からの友人につき合ってもらい、先生を薩摩半島にご案内した。指宿の砂風呂で温まり、開聞岳――別に、薩摩富士とも呼ばれる、美しく可愛らしい山である――が真正面に見える料理店で昼食をとった。料理は、豪華な伊勢海老尽くしであった。支払いの時になるや、先生が「私がもつ」とおっしゃったのである。これには、前夜の所業に対する先生の罪ほろぼしという、面があったように思われる。一瞬とまどったが、こちらの手持ちも少し怪しかったので、素直に御馳走になることにした。後日、東京でお会いした折、「あのときは懐がさびしくなった」と言われたが、これは事実に違いない。いささか先生に甘え過ぎたことを、ひとしきり反省したのであった。帰りは、池田湖――イギリスの「ネッシー」に倣って、「イッシー」が出没するといううわさで有名になった――を廻って、明るいうちに無事、先生を前日の鴨池空港でお見送りすることが出来、そっと胸をなでおろした。今も懐かしく思いだされる。

（東京水産大学名誉教授）

回想・山本信先生

藤本隆志

今は亡き山本信先生（1924.9.6–2005.11.8）は、その講筵に正規に列しえて履修単位なるものを頂戴した諸先生のうち、最も長く且つ遅くまで御指導戴いた学恩深き私の恩師であられた。いささか私事にわたることながら、私が正規の哲学的訓練も経ぬまま大学院を受験したとき、山本先生が出題された「hypokeimenon と subiectum」「Phaenomenologie と phenomenalism」ほか5つの対概念の異同をうまく説明できず、口頭試問の際に哲学知のなさを先ず指摘され落第点をつけられたのが先生であった。それなのに、私が最終的に合格ということになったのは、おそらく「形而上学の意義について論じよ」などという途方もない論述問題を出されながら、面接の際に「君のは仲々コンセクエントに書いてある」と評された岩崎武雄先生の助け船があったためであろう。

山本先生は、そのように出来の悪い私に対しても（のちに吐露された言い方では）「大学院に入ってきたからには、自分と同等の研究者として扱う」態度を厳守されたし、当時哲学科教官の中で最も若い先生であられて、やや年長の大森荘蔵先生とともに科学知やその方法論特性にも関心を抱いていらしたから、他の院生諸兄とともに私は先生の授業には毎年参加させていただくのを常とした。御担当のヘーゲル『精神現象学』やM・シェーラー『宇宙における人間の地位』の演習、あるいは当番の院生による自分の研究発表に対して別の院生が論評を加えるコロキウム形式の授業などは、指導教官であられた岩崎武雄先生のフィヒテやカントの演習とともに、おのれに欠除していた哲学史上の知識を補い、他の院生諸兄姉の見解などを多少は広く見渡せるようになるきっかけにもなっていった。そして、のちにはいわゆる「科哲」よりは「純哲」のほうへ関心が傾斜していく機縁になったと思う。

そうした学問的雰囲気の中でいまだに鮮明に思い出すのは、山本先生のまわりに醸し出される文字どおりの「シュンポシオン」精神であって、共によく飲みよく談じて、何よりも「哲学する」現場に立ち会うことができたことであった。正月二日間は岩崎先生・斎藤忍随先生・山本先生ほか諸先生のお宅で飲食の供応に与かるのを手始めに、事あるごとに先生方・先輩後輩諸氏が一緒に痛飲しては哲学的なオダをあげるのがとても楽しかった。私の記憶に未だに鮮明に刻まれている小さな出来事は、ほとんどすべてそうした機会に起こっている。たとえば難解そのものの『精神現象学』の一節について私の書いた拙いリポートが山本先生にたった一度だけ褒められたのは、たまたま酔ってトイレで連れションの状態になったときのことだったし、先生の書かれたある論文にはテニヲハの間違いが沢山あるなどとうっかり口走ってしまい、じゃあちゃんと直してきてみろとすごまれたのも、そのような酔席でのことだった。後日その論文に沢山の朱を入れてお送りしたら、しばらくのちに「教師になってからこんなことをしてもらったことがないから、大変参考になった」と却って感謝されたのは、むしろ山本先生の誠実さと謙虚さの現れであったろう。

その他、今になって沢山のことが思い出されるのだが、ここでは、あとひとつだけ先生のお人柄を彷彿とさせる一事を付記させていただこう。

それは、昭和五十九（一九八四）年度に本郷在籍の学部学生三—四年生を対象に「夢とヴィジョン」と題する一般教養科目（後期分）が開講され、私もそのうちの講義のひとつを「夢と人間」と題して分担したときのこと。私はそのなかでソクラテスやデカルトたちの諸説に加えて、山本先生の『形而上学の可能性』（一九七七年刊）に収録されている論文「夢とうつつ」に言及し、これを賞賛するとともに、それとはいささか違った私見も述べていたのだが、そうした諸講演十篇が『夢と人間』（一九八六年刊）という論集となって出版されたとき、その一部を先生にも謹呈したところ、直ちに官製はがきで批判的なお返事を下さった。そのお返事がいかにも先生らしい明晰さと温情にあふれているように思うので、もはや私信公開のお許しを得るすべもないまま、以下に収録させていただく。

夏のお便りと御講演記録をいただき、有難う。先日神田先生のお葬式のときは、貴君に会えるかと思って随分探したのですが、小生前の方の席にいたせいか見つからず、残念に思ったものでした。

ところで『夢と人間』、たいへん面白く拝読しました。拙論に言及して下さったのは嬉しいことで、ついでに一言申しておきます。小生としては、記憶や想像と同様、夢や幻をも、それとして現実体験の中に組みこむことができるという、まさにこのことが覚醒している意識態度だ、と言いたかったのです。夢の中では、「夢を見ていた」と過去形でも思うことがありえません。夢では、過去を思い出しているのではなく、過去の自分になっているのです。ですから、この区別をとっぱらうと、それこそ七四ページのいわゆる「禽獣」のレヴェルになってしまうのではないでしょうか、等々。暑中御自愛のほど。不一

（東京大学名誉教授）

長谷川三千子

哲学を教へるといふこと

そもそもいつたい〈哲学を教へる〉などといふことができるものなのだらうか？

おそらく、哲学の教師をつとめたことのある人間ならば、誰でもみな一度はこの問ひを自らに問ひかけたことがあるに違ひない。私自身、三十三年間哲学の教師をつとめて、結局のところ答へが出ないまゝに終つた気がする。哲学《フィロソフィア》といふ学問は、その名のとほり、知《ソフィア》を愛しもとめる学問なのだと言つても、それは単なる知識をかき集めようといふ話ではない。むしろ「知」といふことそれ自体についての暗黙の思ひ込みを自らうち砕いて、もはや何が何だかわからなくなるやうな地点に立つことから哲学は始まる。プラトンの対話篇『メノン』のなかで、ソクラテスがシビレエイにたとへられてゐるのも、まさにそのことをさして言つてゐるのだ——そんなことを聞けば聞くほど、たうてい自分には哲学を教へるなどといふ大それたことはできない、と思はれてくるのである。

面白いことに、禅宗の教育方法は、哲学教育ととても似通つたところがある。禅宗と言へば、ただもつぱら座禅によつて悟りをひらくといふのがその道筋だと考へられてゐて、もちろんそれは間違つてゐない。しかし、だからといつてそれは、修行者たちが各人勝手に悟りをひらけ、と放り出されてゐる、といふことではない。放り出すこともまた、一つの教育法としてはつきり意識されてゐるのであつて、そのことをあらはしてゐるのが「把住《はじゅう》・放行《ほうぎょう》」といふ言葉である。

「把住」とは、文字通りには「取り抑へる、つかまへる」といふ意味の言葉であるが、禅宗では、修行者のそれまで抱いてゐた思想や信念をすべて打ちくだいて、修行者を困惑絶望のうちにおとしいれることによつて、かへつて向上進歩の契機となすことをさしてから言ふ。そして、もう一つの「放行」は、しばらく修行者を放任し、自由に工夫、修行をさせることを指して言ふ。各人の個性と状態を見きはめ、この二つをもつとも適切に組み合はせて修行者をみちびくのが禅宗の教育方法なのである。

これは、或る意味でそのまま哲学の教育に通じるものだと言へる。「把住」はまさにソクラテスの〈シビレェイ方式〉そのものであるし、その上で、本人の自由な思索の展開をうながすといふのは、哲学のあるべき教育の理想型と言つてもよい。

そこからふり返つてみると、わたし自身が三十三年間やつてきた「哲学教育」は、ただもつぱら「放行」のみであつた。何人もすばらしい論文を書いて卒業していつた学生たちがゐるけれども、あれは全部、かれら自身の努力と工夫で達成されたにすぎなかつたのだ、とつくづく思ふ。

ただし、ちやうど禅の修行者たちが一つの寺といふ場において修行するのと同じく、大学で哲学を学ぶ人間たちも、哲学科といふ場、演習といふ場のなかで哲学をする。その「場」を、少しでも心地良いものにしよう、といふことだけは、いつも心がけてゐたつもりである。

演習でも発表会でも、当初は、自分の発言に自信がもてなくて、緊張で頭も体もこちこちに固まつてしまつてゐる学生が多い。それをできるかぎり解きほぐし、勇気をふるつて発言した学生には、たとへそれがおそろしくトンチンカンのやうに見えても、そこに議論のためのよいヒントがひそんでゐることを発掘して自信をもたせてやる。そのうちに自信が出てきてみるみる開花してゆくやうな学生を見てゐると、本当にうれしい。教師冥利につきる、といつた思ひがしてくるのである。

これは少なくとも、一つだけ、自分の誇りうる哲学教師術だと思つてゐて、あるときふと気がついた——これは、私自身の学生時代、山本信先生のゼミで体験してゐたことを一生懸命再現しようとしてゐたにすぎなかつたのである。

山本信先生のゼミナールは、いつも自由の空気に満ち満ちてゐた。それぞれが一家言あるやうな学生たちの集りで、時とすると、皆が首をかしげて、「なんだソレ？」といふやうなトンデモ理論がとび出したりもするのであるが、そんなときにも、山本先生は決して軽蔑めいた口ぶりをしたりはなさらない。「もう少しそこを説明してくれないかな」と上手にリードして下さる。なによりも、そこでは議論することの喜びといつたものが満ちあふれてゐて、気おくれも何も吹き飛んでしまふのであつた。

学生時代、知識としてならつたはずのことは、情けないことに全部こぼれ落ちてしまつたのであるが、山本ゼミナールのあの〝ロゴスをはぐくむ〟とでも言ふべき雰囲気は、体の奥底にしみつくやうにして残つてゐる。そして気がつくと自分も、懸命にそれを真似てゐるのであつた。

おそらく、これこそが本当の「学恩」といふものなのかも知れない、と思つてゐる。

（埼玉大学名誉教授）

松永澄夫

いつも上機嫌な先生

山本信先生の姿を想い起こすと、いつでも上機嫌であられたことに気づく。顰めっ面、気難しい顔、気鬱（ふさぎ）や不満が表れた顔、人を糾弾するような顔など、ほとんど記憶にない。教師というものが学生に対して、そんな具合でどうする、もっと勉強しろ、きちんと筋道を立てて真剣に考えろ、というような思いで、つい不機嫌な顔を見せてしまう、また、見下すような態度をとる、というのはありがちではないかと思うが、山本先生はそういう偉ぶった顔をなさらなかった。

それどころか、山本先生は褒め上手であった。私はそのことに感謝している。学部のレポートでベルクソンについて書いた。それが返却されてペンで五、六行のコメントが記してあり、それを読むと、よし、こういう調子で思索を進めればよいのだ、という強い気持ちになる。これが最初だったかと思う。（思えば、学期毎に学生全員のレポートにコメントを書くというのは大変ではなかっただろうか。私は、口頭でなら幾らでも気づいた点を言えるが、字を書くのは嫌で、億劫になる。きちんと書こうとすると沢山の時間をとりエネルギーを要するのである。）

いや、それより前、これは「褒める」ということとは違うのだが、人をその気にさせるという点では同じ効果をもつ、先生の言葉があった。私は理学部生物化学科からの転学部生であった。「植物を通じての光エネルギーの取り出し」という研究テーマを温めていたが、実験室が閉鎖され、先の見通しがつかぬということで、かねてから（若さの自負で）、四〇歳くらいになって研究が一段落ついたら向かおうと考えていた哲学の道に早々に移ったのであった。そういう私に、山本先生は、大いに期待している、以前にも生物学を勉強した後で哲学に移ってきた人がいるよ……、などの話をなさった。学生と教師とが個人的レベルで話すことは滅多にない、そういう時勢であったときのことである。

学部の演習ではライプニッツの『形而上学叙説』を読んだ。私の卒論は『ライプニッツの様相概念』だった。最初はホワイトヘッドで書くつもりで随分と勉強し、生意気にも英語で書き進めていたが、分量だけが増えてゆき収拾のつけ方が分からなくなって、変更したのだった。卒論の主題は明らかに山本先生の演習から得たものである。授業で一番覚えているのは、デカルトまで溯っての話の中でだったが、当時の哲学で「オブジェクティヴ」という言葉が使われている場合、その内容を現代語の感覚で理解してはならない、という注意であった。

先生の大学院での演習は、半期は文献講読（ウィトゲンシュタイン）、もう半期は自由テーマで院生の発表と質疑応答という形。発表者だけでなく最初の質問者の役を果たすべき学生も予め学期始めに決めるという遣り方であった。そこでの発言の機会にも、先生は学生たちを褒めてくれる。どこか良いところを見つけてくれる。背伸びした議論がみられても大いに奨励なさる。活発でありさえすればよい、という感じか。因みに、私が教師になり、その後、東大に赴任してからの大学院の演習で、発表・討論の形式を採ったのは、このときの経験があるからである。（私は院生たちそれぞれの関心にまかせるのではなく、年度ごとに統一主題を掲げた。）

それから、先生ご自身のお仕事関係での話で、一度、次のことを言われた。外来語（カタカナ）を一つも使わない論文を書こうと試みたことがある、と。ただ、どの御論文がそうなのか、おっしゃらなかったし、そのとき私は追跡して調べなかった。怠慢であった。その試みをなさったときの先生のお気持ちは分かる気がする。

授業等を離れた話題では、次のことが印象に残っている。先生は御自宅で山椒の木を育てていらっしゃっていて、それを奥さまは料理に重宝なさっている。けれども、アゲハチョウの幼虫が葉っぱを食べる。かと言って、それが困るというのではなく面白いと、そういう感じの話だった。私が植物が好きだからその話が気にとまったというわけではない。先生がとても楽しそうだったのである。言葉や話の細かなことは覚えていないが、そのときの先生の笑顔はなぜかよく覚えている。言葉では言い表せないが、例の上機嫌さが自然と周りに広がってゆくような、そういう印象である。口許から上に向かう笑い皺と、いつもより小さくなった両目の目尻からも伸びる笑い皺を言ってもよいだろうか。

自分にとっての教師ということから離れた事柄では、どうだろうか。先生は一九八五年三月に東京大学を御退官で、私は入れ替わりに四月に赴任した。だから、同僚としての経験はない。哲学会の理事会ではお目にかかり、山本先生の御発言は要所々を締めるのに重みがあった。いつごろから御出席なさらなくなったか。先生がお出でにならなくなった頃には、学会運営の仕方も変わっていたと思う。それから、日本哲学会の委員長をなさっていたときのこと、やはり貫録があるなあ、というのが素朴な印象である。行政的経験というか、それから広い人づきあいというか、そういうものが自ずと振る舞いに出てくる、そういう感じ方を私はした。この感じは、ずっと後で先生の叙勲の話が出たときとつながる。そのとき、私が推薦書、先生の履歴書、業績紹介、著作の解説などを作成したが、大学の事務から学内外の公務その他に関する詳細な資料をもらった。その資料で、先生が、私が知らないでいたあれこれ沢山のお仕事をなさっていたのを確認し、感服したのであった。

最後に一つ。先生は海軍の御経験がおありだそうで、そのときにご一緒だった方々とのお付き合いをずっととても大事になさってきた、というお話しを伺ったことがある。成程そうだろうな、と思った。先生のお人柄によく合う話である。

（立正大学教授）

飯田 隆

授業の思い出

山本信先生のことで真っ先に思い出すのは、私が駒場の科哲から本郷の哲学の大学院に進学してすぐの時期に取った授業のことである。結局私は、本郷に二年あまりいた後、籍こそ置いていたが博士課程の大半はアメリカの大学で過ごしたので、私が山本先生の授業に出ていたのは、一九七二年から一九七四年にかけてということになる。

私が出た山本先生の授業には二種類あって、ひとつは、前半は講義で、後半は院生が一回に二人ずつ発表する研究会形式になるもの、もうひとつは、哲学の古典的テキストの講読という、日本の哲学において伝統的であった形式のものであった。

科哲での大森先生のゼミに慣れていたので、テキストを一行一行読んでいくような授業よりは、発表形式の授業の方が当時の私に面白かったことはまちがいない。ところが、不思議なことに四十年経って思い出すのは、むしろ講読形式の授業、とくにデカルトの『省察』の授業である。『省察』の年の後だったのか、それとも前だったのか、今ではあやふやだが、講読形式のもうひとつの授業のテキストは、ベルグソンの『物質と記憶』だった。『省察』の授業の方をよく思い出すのは、ベルグソンとはその後ほとんど縁がないまま過ごしてきたからのように思えるが、あるいは、別の理由もあるのかもしれない。

この授業は午前中で、安田講堂に向かって左側の建物の一階の広い部屋であった（本郷に二年ちょっとしかいなかったせいで、私は未だに、そこの建物の正しい呼び方を知らない）。勤勉な学生とはほど遠かったうえに、午前中の授業でもあったので、実際にどの程度、授業に出席したのか疑わしいのだが、ともかく、差し込んでくる午前中の光と、ひとが行き来する窓の外の風景とが、強く印象づけられている。これは、同様に午前中の授業だった、ウィトゲンシュタインの『確実性について』を読む黒田亘先生の授業が、窓のない部屋で行われていたのと対照的であった。部屋が広くて参加者が多かったこともよく覚えている。哲学専攻以外の学生も多かった。実際、美学専攻で、私の最初の勤務地の熊本で出会った岡部勉・由紀子夫妻がこの授業に出ていたことを後から聞いておどろいたものである。

哲学の議論というのは多人数には決して向いていないものだが、この授業もその例に漏れず、お世辞にも活発な議論があったとは言えなかった。質問もデカルトの議論の妥当性を問題にするものは少なく、だいたいが用語や概念についての説明を求めるものであったように記憶している。それでも、たまには耳をそばだたせる質問もないわけではなかった。いまでも覚えているのは、「デカルトは、原理が疑わしければ、そのうえに立てられるすべても疑わしいと言っているが、科学の例などを考えれば、一般的な原理は、個別の事実についての主張よりもずっと疑わしいとされているし、実際にもそうなのではないか」という趣旨のものである。いま思えば、この質問が、デカルトのテキストの誤読に基づいていることは明らかだが、当時の私は、自前の言葉で考えるひとがいることを発見したような気がして感心したのである。

一年間でどの程度読み進めたのだろうか。私がいまでも持っているそのときのテキストを見ると第四省察まで書き込みが残っている。ということは、そのあたりまでだったのかもしれないが、単に私がそれ以降を読まなかっただけなのかもしれないので、たしかなことは言えない。

この授業を受けてからまもなく私は、アメリカでもデカルトを扱った授業に出た。こちらは「デカルト、スピノザ、ライプニッツ」といったタイトルの講義で、この三人の哲学者の英訳の選集と現代の哲学者が書いた研究論文のアンソロジーが指定されていて、相当の分量を短期間に読まなければならなかった。この授業で私は、それまで知っていたのとはまったく違う種類の哲学史研究があることを知った。問題にされるのはもっぱら個々の論証の妥当性であって、それはまるで、今生きている哲学者が最近どこかの雑誌に発表した論文の中で提出した議論について論じるのとほとんど変わらない仕方で扱われていると思えた。

一九六〇年代から一九八〇年代にかけての英語圏の哲学史研究が論証中心になされていたことは疑いない。こうした傾向の研究は、反動を生み出さざるをえなかった。過去の哲学者の著作を現在の分析的道具で解釈することは、しばしば過去の哲学を分析哲学の応用問題をみつけるための場所とみなすことであり、結局、哲学的に新しいものを付け加えることにならない。論証中心の哲学史研究の代わりに優勢となってきたのは、むしろ現在見失われてしまったもの、その後の哲学の歴史のなかで取り上げられることなく置き去りにされてきたもの、そういったものを過去のテキストの中から発掘するといった種類の研究か、あるいは、過去の哲学が本来もっているはずのわれわれとの異質性を強調するといった種類の研究であるように思われる。

山本先生のデカルトの演習から受けた印象によれば、先生自身の哲学史に対する態度は、このどちらとも違った。『形而上学の可能性』に収められた論文のいくつかをいま読み返して得る印象もそうである。哲学の現在は、了解可能な仕方でその過去とつながっているというのが、先生の強固な信念だったように見受けられる。それはたぶん、先生のヘーゲルへの共感と密接に結びついていたのではないだろうか。

（日本大学教授）

桑子敏雄

「哲学」と討論

「あなたの専門は何でしょうか」と聞かれて、はて、と戸惑う今日この頃である。大学の学部授業では、哲学と倫理学を教えている。しかし、大学院で教えているのは、「哲学」でも「倫理学」でもなく、「社会的合意形成のプロジェクト・マネジメント」である。

文系の南山大学から理工系の東京工業大学に移ってきたのは、大学院を出てから十年すぎた一九八九年であったが、ややあって、一九九一年の大学設置審議会の答申にもとづき、大学教育の大綱化と大学院重点化が始まった。大学改革の嵐は、学長直下に置かれた作業部会の起草委員となったわたしの人生の風景を一変した。東工大にふさわしい文理融合型の大学院をどうつくるか、自分が所属することになる研究科と専攻の理念をどう工夫し、また、自分の学問的スタンスをどう構築するかという課題が重くのしかかった。一九九七年に東京工業大学大学院・社会理工学研究科が発足するまでの数年間は、大学の組織改革とはどのようなものか、新たな大学組織をつくるとはどういうことかを骨身に染みるほど考えさせられた。また、自分の進むべき新たな学問的研究の道程も模索しなければならなかった。文部省は、わたしが担当することになるはずの大学院科目は「哲学」であってはならないといったからである。そこで、大学院価値システム専攻の「価値判断と意思決定」という理念に合わせ、自分の担当科目を「価値構造」とした。だが、その実質的な中身は、まだ漠然としていた。しかも、修士と博士を育てて就職させなければならない。東大や京大のような「哲学」の専門家を育てようと思っても、とても太刀打ちできるものではない。別の道を進まなければならなかったのである。

大学院の設置にともなって、大学設置審議会の審査も受けなければならなかった。理工系大学で大学院教育に携わるとすれば、学位は必須であると考えられた。学生だったころ、東大での指導教官であった斎藤忍随先生は「学位をとりなさい」と口癖のように仰っていたが、その必要性が現実のものとなった。坂部恵先生のご指導で学位取得ができたのは、設置審にかかる半年前であった。アリストテレスの「エネルゲイア」研究をテーマに書いたもので、東大出版会から『エネルゲイア　アリストテレス哲学の創造』と題して出版の後、これを学位論文として提出した。そのために、わたしの専門は、アリストテレス哲学であると考えていた人も多かった。だが、当時わたしは、大学改革の渦中にあって、アリストテレスの専門家ではいられない状況に直面していた。現実の問題にとり組む人材を育てること、そして、みずからもそのような研究活動をすることを目ざして……アリストテレスの言葉を用いれば、願望して、組織改革と自己改革を平行して進めていたのである。

自分の専門を大切にしながらも、他の領域についても深い理解をもち、議論することのできる能力を高めること、このことは、変革のさなかでも、つねにわたしの心のなかにあった。それを教えてくださったのは、ほかならぬ山本信先生の「哲学の諸問題」であった。

ギリシア哲学を自分の目指すべき研究対象と見定めて研究を開始したわたしは、井上忠先生の授業出席のために水曜日は駒場に出かけることにしていた。ところが、博士課程に進学した年だったと記憶するが、駒場の授業が水曜日から金曜日に変更する案が示された。本郷で行われる金曜日の「哲学の諸問題」に出席したいと思っていたので、井上先生、それに同じ曜日に研究会を開催していた大森荘蔵先生、廣松渉先生、坂井秀寿先生に厚かましくもお願いして、駒場の授業を木曜日に変更して頂いたのである。

院生が錚々たる哲学者の先生方によくお願いできたと思うが、その理由は、山本先生の授業がわたしたちにとって見逃すことのできない大切な授業だったからである。それは、学生達のそれぞれの関心にもとづいて発表させ、討論させる授業で、わたしたちにとっては、議論をすることの大切さ、楽しさを教えて頂いた貴重な体験であり、ギリシア哲学だけでなく、独仏、英米の現代哲学に至るまで、学生たちは研究の過程を発表し討議し先生の批評を求めた。その批評は鋭くもあり、また暖かくもあった。わたしにいま哲学的精神というものがあるならば、その土壌形成の場であった。

どのような議論にも謙虚に耳を傾け、問題点を的確に指摘し、新たな思索の方向を示す……これは、理工系の大学で新しい領域の開拓をめざした困難な状況のなかでも忘れたことのない教えであった。

（東京工業大学教授）

神崎 繁

金曜3限「大学院哲学演習」

昭和五一(一九七六)年に修士課程に入ったころ、まだ余燼は残っていたものの大学闘争は一応の収束を見、数年前に黒田先生が九大から、その年には坂部先生が駒場から転任してこられ、また十月には退官後間もない岩崎武雄先生が亡くなるなど、哲学科は世代交代の時期に当たっていたように思う。私は指導教官の斎藤忍随先生の二年後の定年に滑り込みで、修士論文を審査してもらえたのだが、忍随先生御退官後の名目上の指導教官が山本先生だった。

今、「山本先生」と記したものの、やはり当時の呼び方で「山本さん」と呼ばないとどうもしっくりこない。面と向かってはさすがにみな「先生」と呼んでいたが、仲間うちではそれぞれ濃淡はあるものの敬愛を込めた「さん」づけだった。この「山本さん」もしくは「シンさん」は、正確に「敬意」と「親愛」が相半ばしていた。

さて、その山本さんには、履修届や奨学金の申請などの印をいただくといった文字通り事務的な用のほかに、実質的な接触は毎週金曜3限(火曜に設定された年度もあるようだが)に行われる「大学院哲学演習」においてだった。それは通常のテクスト中心の演習とは違って、前期・夏学期はご自分がそのとき考えられているテーマから講義する形で、そして後期・冬学期は参加する大学院生が各自自分のテーマを一回づつ報告するとともに、他の報告者の特定質問者としてやはり一回づつ担当する形で、いずれも議論中心の演習だった。

夏学期の講義は「アポリア論」という題で、「心身関係」をめぐって、「相補的二元性」という自説の擁護に充てられたが、その内容は、後に「「物」と「私」——相補的二元性について」(『「心—身」の問題』産業図書、一九八〇年所収)として発表されたものにほぼ重なる。「擁護」というのは、当時「立ち現われ一元論」という名のもとで、大森さんが一種の現象主義的一元論の立場から「心身二元論」を批判されていたのを念頭に、そうした分析哲学・言語哲学的な方面だけでなく、ハイデガーやメルロ＝ポンティなどの現象学・解釈学の方面からの批判にもさらされていたデカルトやカント以来の近世哲学の基本枠組みを「擁護・弁護」する試みだったからである。当然のことながら、血気盛んな若き俊秀たちはここぞとばかりに山本さんを攻め立てるのだが、山本さんはそうした攻撃をひらりひらりとかわしながら、それをとても楽しまれている風であった。ときには、かわしきれずに思わぬ深手を負うこともあって、そんなときは「来週までの宿題とさせてください」と引き取られたが、その次の週、固唾をのんで待ち構えていると、結局同じ話をはじめから繰り返して済ました顔をしておられることもあった。もちろん、それに続いて当然同じ攻撃が手を変え品を変えなされるのだが、よく通るバリトンで「そうかい」と嬉しそうに肯定とも疑問ともつかぬ微妙な抑揚でかわしつつ、旗色が悪いと見るや自分のことを「わたし」と「あっし」の中間のような「あちし」という独特の呼び方で防戦されたが、今もその声が耳に残っている。

いずれにしても、大学院からの新参者で、「演習」とはひたすらテクストを精確に読む訓練だと思っていた私には、それは一種のカルチャー・ショックだった。哲学とはまず議論するもの、古典を読むのはそれを使うためという、考えてみれば当たり前のことだが、いっぱしの専門家気取りの若者たちを共通の土俵に引き上げるために、少なくとも自ら、言葉は悪いが「咬ませ犬」の役を山本さんは買って出られていた気がする。同じように、駒場の井上さん（当時の呼び方により忠実には、「さん」抜きの「井ノ忠」）のゼミでも、「アリストテレスと同じこの現場で議論せよ」としきりに言われていた。実際、井上ゼミでは、アリストテレスの『カテゴリー論』と並行して、坂井さんの解説を交えてウィギンズのIdentity and Spatio-Temporal ContinuityやクリプキのNaming and Necessityがテクストとして用いられていた。私が山本ゼミで「アリストテレスの本質主義」という発表をしたのも、明らかにその影響である。

そうした専門の垣根を払う訓練として、冬学期の院生同士の発表と質疑応答は、山本さんの本領発揮の場だった。同時期の科哲における「大森ゼミ」は、すでに伝説化しているが、「山本ゼミ」もそれと同様多士済々で、そのなかには田島、土屋、植村といった「大森ゼミ」からのコンヴァート組も含まれていた。実際、紛争の影響もあってか、以前のような内部進学者だけでなく、科哲や教養学科などの「内部の外部」からの進学者や、私のような純外部の者も加わり、多彩であった。そうした多様な関心の院生を発表者と質問者に割り振って、議論を活性化しようという山本さんの試みは、かなり以前からのものらしく、廣松渉、坂部恵、先の坂井秀寿といった方々の院生時代にまで遡ると聞いた気がする。いずれにしても、夏休み中に葉書で各自発表題目を申告すると、休み明けには、当時はワープロといったものもなかったので、多分身銭を切ってオフセット印刷されたA４一枚の、われわれが当時「取り組み表」と呼んでいたものが配られ、後期はそれに従って、毎回二名づつの発表とその発表ごとに特定質問者一名づつ割り当てられる形をとっていた。その例として、初めて参加した年度のものを掲げると、四〇七頁のようになる。

この表を見てまず気づくのは、松本正男・藤沢賢一郎・花井一典・門脇俊介の四名もの物故者が含まれていることである。すでにメンバーの多くは、当時まだ五十代半ばだった山本さんの年齢を追い越しているとはいえ、やはり往時茫々という思いがする。

改めてこの「取り組み表」を眺めると、「清水→植村」および「佐々木(能)→千代島」の組み合わせに始まり、「桑原→清水」および「松本→佐々木(能)」で終わる二つの「大循環」と、「土屋→高橋→山田」と「神崎→星→門脇」の二つの「小循環」がある。多分、題目申告の遅れや出し忘れもあったろうが、専門が近すぎるのを避けたり、発表者の相性といったことをも考慮した、組み合わせの苦心が窺える。もっとも、「土屋→高橋→山田」の小循環は、論理哲学や数学の哲学といったテクニカルな問題を考慮して、あえて専門の近い者同士を組み合わせたという事情だろうか（私の手元には、この年から五年分が残っているが、これを全部集めれば一つの興味深い「昭和哲学史」の資料となろう)。

個々の発表者と題目に目を向けると、みなおおむね現在の専門と違わないが、田島さんがこの頃すでにニーチェを取り上げているとか、後に中世哲学専門となる花井さんがこの頃は現象学やハイデガーをやっていたとか、発見がある。また、持田君の発表はデカルト哲学の形成を編年で追うもので、この調子だと『哲学原理』に到達するのはいつごろだろうと噂したものである。こうした哲学史的な研究に対しても、山本さんはライプニッツに関する若き日のご自分の研究から、奨励と忠告を惜しまれなかった。要するに、専門を踏まえながら、分野の異なる人たちにも理解してもらえるような開かれた議論を行う訓練の場を、われわれに提供しようとされていたのである。

こうした山本さんの姿勢を知る手掛かりとして、その数年前に東大出版会から出た『講座哲学』のご自身の編集による第一巻は格好のものである。そこには哲学の基本概念に関して、それぞれ二人の論者と特定質問に当たる討論参加者が一人割り当てられていて、ちょうど「山本ゼミ」のシニア版といった趣きである。そのはじめの「存在と意識」では、山本さんご自身と岩田靖夫先生の論文に、加藤尚武先生(このお二人は私の学部時代の流儀でそう呼ばせていただく)の特定質問という構成である。お二人とも三十後半から四十になられたばかりの脂の乗り切ったころで、それでなくとも山本ゼミの初期の論客ということもあって、山本さんは「そのへん私の考えと表現の足りないことを認めます」とタジタジの場面もある。その議論の過程で、「哲学というものは、しばしば、徹底して批判的であろうとするために自分自身の背後にまで回ってしまい、……積極的な発言がしにくくなるような、そういう運命をもっている」という山本さんの発言は、何かご自身を語る言葉のように思えてならない。

(専修大学教授)

1977／78年度冬学期　大学院哲学演習　予定表					山本信
月	日	報告者	題目	質問者	備考
9	30	清水明	時空と表現	植村	
		持田辰郎	デカルトにおける「方法」 ――1620年代と30年代――	根井	
10	7	佐々木能章	時間「と」空間	千代島	
		土屋俊	論理定項（logical-constanthood）について	高橋	
	14	神崎繁	アリストテレスの本質主義	星	
		三富明	ハイデガーの真理論	桑原	
	21	植村恒一郎	カントの空間・時間論	宮田	
		田島正樹	記号について、またはニーチェ解釈	佐々木（寛）	
	28	門脇俊介	素朴さ（Naivität）の克服	神崎	
		桑子敏雄	分類について	松本	
11	4	桑原直己	アリストテレスの「プシューケー」の定義について	清水	
		千代島雅	自己意識の時間性	花井	
	11	佐々木寛治	カントにおける崇高の理念と構想力の運動	藤沢	
		宮田幸一	フッサールの歴史観	佐々木（一）	
	18	花井一典	世界内存在の現象としてのパロール	田島	
		根井豊	知覚と主－客構造	三富	
	25	佐々木一也	ハイデガーと象徴	杉田	
		高橋隆雄	ヴィトゲンシュタインの数学論	山田	
12	2	（休）			
	9	星敏雄	絶対的否定性について	門脇	
		藤沢賢一郎	後期フィヒテにおける自我と絶対者	桑子	
	16	（予備）			
1	13	山田友幸	指示の理論に関する覚え書	土屋	
		杉田正樹	始元について	持田	
	20	大杉佳弘			
		松本正男	行為論	佐々木（能）	
	27	（予備）			

持田辰郎

一冊のノート

いま、私の手許に一冊の黄ばんだノートがあります。ルーズリーフ式のものをファイルにとじてあるのですが、背表紙には「哲学概論　山本　49通　322」とあります。そう、昭和四九年、私が東京大学文学部の4年生だったとき、山本先生の講義を受講して作成したノートです。「哲学概論」は通年講義で、哲学科の学生にとっては数少ない必修科目であったように記憶しています。322とは教室番号なのでしょう。なぜ三七年前の、学部学生時代のノートをいまだにもっているのか、私にもわかりません。その後折に触れて参照し……などということはありません。もっていることさえ、忘れていました。それに、その後大学院に進学させていただき、山本先生には指導教官としてご指導いただいたのですから、残すなら大学院時代のものにすべきでしょう。ただ、おそらく、哲学など右も左もわからなかった頃の、最初の導きをいただいたときの思い出として、幾多の引っ越しの際にも捨てがたかったのだと思います。

当時の東大哲学科には、山本先生の他に岩崎武雄先生、斎藤忍随先生、黒田亘先生、渡辺二郎先生がいらっしゃいました（その後、坂部恵先生も加わりました）。実に錚々たるメンバーです。大学紛争ないし闘争もようやくほぼ終息し、比較的落ち着いた雰囲気のなかでこれだけの先生方の授業を受けることができたのですから、私にとっては「古き良き時代」そのものです。むろん、学生の政治意識は急速に低下しており、そして私たちの世代は「学力低下」のはしりでもあったでしょうから、先輩方から見れば「良き」時代であったかは疑問でしょう。また、先生方には紛争時とは異なるご苦労をおかけしたと思います。ただ、その後の日本の大学の、紛争もなしえなかった大変革を経験した者にとっては、ノスタルジーにすぎないことを承知で、「古き良き時代」と言いたくなってしまいます。五人の先生方のなかでも、山本先生はいちばん優しい先生でした。叱られた記憶がまったくありません。もっとも、この点については数年上の先輩方に言わせると「とんでもない、あれほど怖い先生はいない」とのことです。当時は、年齢を重ねられるごとに優しくなられたのだと解しておりましたが、実のところは、私たちには教えがいがない、叱りがいがないと思われていたのかもしれません。

山本先生と言えば、誰しも真っ先に浮かぶ言葉は「ダンディ」ということでしょう。お顔立ちや容姿、お声の柔らかさ、どれをとってもダンディそのものでした。知的であることは言うまでもないとして、都会風の育ちの良さも漂わせておられて、田舎育ちの私など、生涯絶対に身につかない雰囲気にあこがれを抱いておりました。

授業も実に「かっこよく」決めておられました。何しろ学部の講義などにはノートなどもって来られません。いつも空身で教室にいらっしゃっていたように思います。毎回完璧な講義ノートを作成して読み上げておられた斎藤忍随先生（これまた「すごい」と圧倒されていましたが）とはまったくの好対照でした。それでいて、多くの哲学者たちの言葉をすべて原語でちりばめながら、そして一貫性を見事に保ちながら議論を展開しておられました。幼稚な学部学生相手の授業など、山本先生にとっては朝飯前、あるいはそれ以前の話だったのでしょうけれど、それでもできることではありません。私もその後ひとに教える身となり、それも長年やって慣れてきて、一回ごとの授業など頭に入っているつもりなのですが、それでも空身で教室に入っていく度胸はありません。

そして、見事な講義でありながら、おまえたち相手の授業に準備などしてないよ、と言わんばかりの態度でいらっしゃいました。少なくとも準備していない「かのように」振る舞っておられました。私の受講ノートを見ても、各回の最後にはしばしば「次回の内容未定」とあります。また、大学院の授業の題目はいつも「アポリア論」でした。これなら哲学の話なら何でもいいわけです。当時の大学には「シラバス」という概念はなかったでしょうし、他の先生方にもしばしば予定変更はありましたが、山本先生ほど学生たちに「今日は何の話か」と思わせた先生はいないと思います。

ダンディズムには「苦労をひとに見せない」という要素もあるかと思います。私など、これだけ準備してきたぞ、こちらも努力してるのだと、ついつい学生たちにアピールしてしまいます。準備の跡をいっさい見せなかった山本ダンディズムを受け継げそうもありません。

そして、苦労の跡を見せなくともインパクトのある議論を展開できるからこそ、ダンディなのです。「哲学概論」の一回目の授業、四月二四日だったようですが、当然「哲学とは何か」話で、科学と対照させながら論じておられるのですが、ノートを見るとそこに「科学はいまだ哲学的となっていない」という刺激的な言葉があります。実は、私、教師となってから科学者相手にそういう趣旨の議論をしたことがあります。そのとき、誰かは忘れたけれど、誰かの受け売りをしているという意識がありました。いま、ノートを見つけ出し、山本先生だったのだと気づきました。山本先生、学恩とはこういうことなのですね。ありがとうございました

（名古屋学院大学教授）

土屋俊

脱哲学的哲学

修士課程に進学したときのガイダンスで修士論文についての説明があり、たしか四〇〇字詰め原稿用紙二〇〇枚程度という目安が示されたが、なぜ二〇〇枚を大幅に越えてはいけないかということについて、二人の先生から異なる説明があったように記憶している。ひとつの説明は「大幅に越えるとそれだけたくさん引用したり、説明できたりするので、得することになり公平でなくなるから」という趣旨であり、別の説明は「そんなに言葉を使わないと説明できないのは言いたいことがわかっていないから」という趣旨だった。もちろん、この対極的な説明のうちの片方、すなわち後者は山本先生によるものであった。端的に言えば、事柄の理解と、その簡潔かつ的確な表現が哲学のよしあしの尺度であることを、今から振り返ってみると学んだのかもしれない。

そうなると無闇な引用や冗長な説明を避けることになり、結局、論文の数という点からは寡作になることはやむを得ないことである。しかし、哲学的思考が論文を書くという作業に結実するという学問スタイルは、おそらく現代特有のものであると考えてよいので、長い哲学の歴史、そして、場合によれば長く続くであろう哲学の将来を通して普遍的なものとはいえないだろう。実際、山本先生が著された論文を通して学んだことはきわめてわずかであったとしかいえない。むしろ、学んだことがあるとすれば、それのほとんどは、セミナーを通じてであったといってよい。といっても、たしか「アポリア論」または「哲学の諸問題」と名付けられたセミナーの記憶もあまり鮮明ではないが、一貫して、おそらく我田引水的に理解したことは、要するに哲学は、そのテーマとして何をやってもよいということであったと思われれる。

実際、修士論文でフレーゲを、博士課程で主として言語行為論を中心に勉強しているうちに、人工知能、自然言語処理、認知科学の研究者と議論する機会が増え、特定の哲学者について勉強するということも、特定の哲学書について読解を深めるということをしなくなっていたが、それについて、これも勝手にそのように受け取っていただけかもしれないが、別に哲学と一般に分類される形の仕事をしてなくもよいのだ、むしろ、そっちのほうをちゃんとやるようにという理解を、山本先生には一貫して示していただいたように感じている。本当にそのように理解していただいていたのか、なぜそれでよいのかということをあえて問うことは結局しなかったが、一九九〇年代以降になり、先生のお宅に伺う機会もあまりなくなっても、そのように理解していた。

あえて今、もういちどこのような哲学的態度について考えてみると、優れた哲学史家でもあった山本先生からみても、哲学史の勉強が哲学的思考の実践ではないということであったのではないかと思われる。山本先生は、一九六〇年代からとくに、科学と哲学の対話、交流、座談会といった企画に生粋の哲学を代表するかのような立場として招かれることが多かったと記憶しているが、実際の発言は別としても、印象としては、哲学説の引用が少ない発言が印象的であった。

何か今話題になっていることに、過去の哲学説を援用して議論することを意図的に避けられていたのではないかということである。このような態度、アプローチは、今とくに重要なものであると思われる。あるいはまた、さまざまな問題について議論を重ねていくうちに、実はこれまでの哲学の歴史の中で展開した議論の枠組み、基本的な概念的前提に逢着するというスタイルの発言も多いが、それを哲学的問題の普遍性、一貫性という観点から誇示するということではなく、むしろ、そのような理解からそもそも次にどのように考えるべきかを示す前提を整理するという役割を与えていたように思われる。しばしば、哲学史ではなく哲学そのものが重要であるという主張は、これまで哲学で扱ってきた概念についてどのように考えるべきかということが哲学そのものであるという理解に基づくことになってしまっていることが多いように感じられるが、現在ですらそうであるのに、すでに半世紀前から、哲学史、哲学説を援用することがない哲学的思考を提示されていたのだと理解せざるを得ない。

山本先生はそういう意味で、現代における哲学の役割について、それとして取り上げて発言することはとくにしなかった（若干の言及はあるが）にしても、まさに、その方向性を示されていたと考えたいし、その方向性をある程度に強調した形でこれまでに研究を行なってきたと自己理解したい。このように山本先生の態度を理解することが正しいのではないかという証拠は、一九七〇年代の東京大学周辺の哲学研究環境のなかでの山本先生の位置づけにある。当時は駒場において分析哲学、科学哲学関連の話題が集中的に取り上げられ議論するときの活気がおそらく日本全国においても目立っていた時期であると思われるが、おそらく一九五〇年代からのさまざまな経緯によって、山本先生が（本来の）哲学を代表する形で、しかし、旧来の哲学からにはとどまらない貢献を求められていたことは明らかである。たとえば、時間論に関する発言はその典型的なものであろう。つまり、哲学的な何かを代表しつつも、そこから新たな展開への寄与を期待されていたのであろう。もちろんこのような役割は、古典的学説を博引旁証するだけであったり、本質を求めつつも同じ場所にとどまるような哲学者には期待すべくもないものである。

現在、哲学にかぎらず、人文学、あるいは文学部の学問がおかれた学術的な状況、対社会的な立場、高等教育業界内での位置づけはきわめて困難なものとなっている。この状況のなかで山本先生であればどのように考えたかということを考えることはひとつの有用な着手点であるかのようにも思われるが、しかし、そうではない。なぜならば、まさに、そういう他人の発想、成果に依拠することなしに事柄そのものに取り組むことを体現されていたのが山本先生であったからである。

（大学評価・学位授与機構教授）

山田友幸

「アポリア論」から「エニグマ論」へ

私が大学院に進学した一九七七年当時、山本は毎年前期に講演と討論からなる講義を一コマ、後期には大学院生の発表を中心にした演習を一コマ、修士課程と博士課程に共通の授業として開講していた。記録によれば前者は「アポリア論」、後者は「哲学の諸問題」という題目であったとのことであるが、私の記憶の中では授業題目がいつの間にか反対になっていた。それは後期の演習が、しばしばアポリアに自分が直面させられる演習であったからであるかもしれない。

この演習は、大学院生がそれぞれ自由に選んだテーマで発表を行い、特定討論者による質問やコメントと発表者の応答を経て、それらに対する他の参加者をも交えた討論へと進むという形式の演習であったが、一つの際立った特色があった。各回の発表者と特定討論者が、互いに出来るだけ異なる流儀で研究しているか、もしくは異なる時代・地域の哲学を研究している者同士の組み合わせになるように、また博士課程の大学院生と修士課程の大学院生を組み合わせるように、工夫されていたのである。

この演習の参加者は、すでに学会発表や論文により、学会で活動し始めている博士課程の大学院生や、もうすぐそうなるであろう修士課程の大学院生たちであったから、彼らの発表や討論に触れることは、他分野の研究状況に関する耳学問の機会として貴重であったことは言うまでもない。また、同じ発想が異なる時代、異なる流儀の思索の中にも見出されることを知ることは、自分の思索の根を、独力では不可能なほど広く広げることを可能にしてくれるとともに、自分が根無し草ではないと感じさせてくれる効果もあった。

しかし山本の工夫した上述のような組み合わせには、それ以上の意味があった。発表者と特定討論者が畑違いになるように組み合わされていたことにより、この演習には、言わば「異種格闘技戦」のような趣が備わっていたのである。

まず、同じことを研究している仲間同士の間でなら、ことさら問われることのないような暗黙の前提が、畑違いの質問者から問題にされたり、明示的に主題化されない場合でも、なぜか話が通じない、かみ合わないという形で、聞き手に共有されていない暗黙の前提の存在が露呈するといったことがしばしば起こる。その結果発表者は、自分の見方の特殊さを自覚させられるだけでなく、ときには思いもかけない質問に立ち往生させられることにより、そもそもきわめて基本的な次元において、なんとなくわかったつもりになっていた事柄が、人に説明出来るほどにはわかっていなかったことに気づかされるといったことも起こる。

もちろんそういう場合だけでなく、ときには、「こちらの言い分は間違いなく正しいにもかかわらず、なぜか相手がそれを理解しない」という風に感じられる場合もある。そのような場合でも、何とか相手にこちらの言い分をわかってもらおうとすれば、なぜ相手が納得しないのか、どこをどういうふうに誤解しているのか、どこで話がずれるのか、相手が（あるいはこちらが）何を見落としているのかを問わざるを得なくなるため、自分の述べ方が、自分の理解とは違う仕方で理解（誤解、曲解）されうる可能な仕方の予想外の多様さを思い知らされることになる。しかも相手の理解と自分の理解とがどう違うのかが明らかになるような仕方で両者を表現し分けることなしには、相手を納得させることができないため、発表者は否応なしに、微妙な違いを表現し分ける力を鍛えられるのである。

それだけではない。相手が「わかった」と言い、賛成してくれる場合でさえ、「そういうことを言ってるわけではない」と言わざるを得ない場合もある。この場合にも、相手が「わかった」と言っている見解と自分の言い分とを表現し分ける思考の解像度や論点を鮮明化する選択的な染色法といったものが必要になる。

この演習は、論点を鮮明化する思考の解像度が問われる対戦形式の鍛錬の場であり、しかも畑違いの相手との組み合わせは、言わば一番納得させにくい相手とのルールなき対戦であった。そこでは思考は、無理解や曲解にさらされることによって鍛えられるのである。

こういった効果を山本は明確に意識して畑違いの組み合わせによる討論演習を行っていたに違いない。それを真似てみようとして、私は北海道大学に赴任して間もなく、大学院で「エニグマ論」という題目で演習を行うことにした。そのころにはすでに私の記憶の中では名前が入れ替わっていたため、記憶の中の「アポリア論」演習を真似ようとしたのである。しかし、その名をそのまま掲げるのは恐れ多かったので、名前を変え、一人ではとても山本のように何が出て来ても対応することは難しいので、同時に赴任した熊野純彦に協力してもらい、他の同僚たちにも支援をお願いして、この演習を「事実上の必修」としてスタートした。幸いにして、畑違いの組み合わせによる討論演習は、院生たちの熱狂的な支持を得ることになったが、年数を重ねるにつれて、運営に関していろいろと難しい問題も出てきた。また熊野の転出や、北大文学研究科のカリキュラム変更(博士課程の必要単位が「博士論文指導特殊演習」という名の指導教員による個別指導通年一コマ2単位2年分のみに削減され、博士課程と修士課程の共通の授業が廃止されてしまったのである)など、いろいろと環境も変化したため、博士課程・修士課程共通の授業としての「エニグマ論」はしばらく前に打ち切らざるを得なくなった。しかし山本の演習の上述のような効果を考えると、これはどうにも残念でならない。山本の教育者としての工夫の重要さを再確認するとともに、自分自身に残された教員としての残り少ない時間をどう使うべきか自問しつつ筆をおく次第である。


(北海道大学教授)

武笠行雄

山本信「夢とうつつ」を読むに至るまで

山本信先生に私が教えを受けた一九八〇年の前後、先生は既に晩年に入ろうとされていたのであろうか、多忙な公務の日々にも活動の中心を教育に移されていたと記憶している。大学院生たちが少なからぬ感動を込めて語っていた先生の哲学概論や哲学史は私の学年には開講されず（文学部長となられて講義はなかった）、学部の授業はカントの純粋理性批判の演習のみであった。PhB版を福本書院で買い求めておそるおそる出席した演習は前年度からの継続で、既にかなりの処まで読み進められていた。教養課程を終えたばかりの私にはその議論の意味は殆ど解らず、指名された上級生が担当するテキストをこちらも追いかけるのがせいぜいであったが、そこで最も印象的だったのは、先生の質問と解説であった。第一批判には名立たる注釈者が校訂の手を入れ、中には、カントの語彙そのものを不適切と断じて改訂してしまう者まであるのだが、先生は担当の学生にその校訂、改訂の意図を問われ、そして簡潔に解説されるのである。私が先生の学識に驚いたのは勿論だが、この場まで読み継がれてきた知の伝統の一端に触れ得た思いはその後も私を捉え続けた。

大学院では「哲学の諸問題」の演習となり、これは毎回、自らの研究テーマに就いて学生一名が発表し、他の一名が質問すると云う学会討論の形式を模したものであった。殆どの大学院生がこれを履修するのだが、発表テーマに即した質問者との組み合わせには自ずと先生の工夫が込められ、少なからぬ緊張と共に公表を待ったものだった。ある時、その組み合わせを追っていくと鎖が円環を成すことに気づいたのだが、さらに、この円環の外にあって発表者と質問者が攻守所を変えるべき設定の組み合わせが若干あり、私も某君とそのような配置になっているではないか。フレーゲを研究テーマとした当時の私のように、適切な質問者がいない、孤立した学生にも配慮してそれなりに相応しい位置を与える先生の心遣いに少なからず驚いたものであった。そして演習で殆ど、先生は弱者の味方であった。

しかし最近、私はこのような学生時代の記憶とは異なる経験をすることとなった。或る女子大学で非常勤講師として存在論の講義を求められ、テーマに悩んだ末に山本先生の『形而上学の可能性』の検討を選んだのである。学籍を離れて三〇年近く、再び先生の学恩を受けることとなる。一九七七年初版のこの論文集には先生の研究の広さを如実に示す論文が集められ、学部学生として先生の講義に接する機会のなかった私も、かつては勉強のためにかなり読み込んだ記憶がある。書名ともなった「形而上学の可能性」(一九六八年)は哲学史の展望を描くと見えて然にあらず、近年の分析哲学で流行のSFもどきの形而上学にもあらず、誰も語り得なかった伝統的形而上学の体系的な展望を「極度にきりつめた叙述」として大胆乱暴に描く結末となっている。その大胆乱暴さは、私の指導教官であった黒田亘先生の因果説にも比すべきものであろう。そして、その終わり方があまりに簡略に過ぎると学生の頃は不満を抱いたものだったが、私自身が老境に入ろうとしているからであろうか、万言を費やした詳細な分析の果てを見たような気になっているからであろうか、哲学とはこのような知の活動の宣揚に尽きざるをえないとも思うようになったのである。

そして私が何よりも驚いたのは、「夢とうつつ」(一九六一年)であった。知覚経験と夢との相違を明らかにしようとするこの論文は、デカルトの夢の懐疑における議論から始まるものの、先生の他の論文とは全く異なり、自らの日常的な知覚経験と夢経験との相違を分析することを通じて議論が進行する。その際に興味深いのは、おそらくは現象主義者なのであろう、著者と意見を異にする人物による夢の報告が詳細に検討されている。この人物が誰のいつ頃であろうかと詮索するのも興味深いことではあるが（私はおおよそ見当がついているのであるが）、ここで重要なことは、先生が夢を自己の体験とのみすることなく、公共的言説に載る他人の経験としても取り上げていることである。先生は好敵手の言語を通じて夢を分析し、これは意識内容に固執するデカルトに対しても同じである。意識内容ではなく、それへの意識態度に着目して展開されるここでの議論は明らかに命題的態度の分析であり、また、命題の全体論的枠組みについての分析でもある。山本信は自ら認めることは決してなかったが、そしてかつて伺った渡辺二郎先生の言葉に反するところとなるが、同じ時代のいわゆる分析哲学に少なくとも数歩は踏み入れていたのである。

私もかつて知覚と錯覚、さらに幻覚との相違について論文を書いたことがある（拙論「因果性と説明形式としての志向性」（一九九一年、飯田、土屋編『ウィトゲンシュタイン以後』所収）。私がそこで行った議論と云うよりも提案は、知覚の動詞と錯覚の動詞では目的節の文法形式までもがそもそも異なり、前者の内容は世界の状態の記述と一致すべきという制約を帯びているのに対して、後者の内容は世界の状態の記述とその変種との複合から成るべき制約を帯びるとするものである。幻覚は、これら知覚と錯覚の二種が志向性という説明規範に従うのとはそもそも異なり、因果的説明（原因と結果の記述が全く異なる説明）の脈絡に置かれる、というものである。しかし、これは単なる提案であり、記憶との関係から夢の本質を描出する先生の詳細な分析を知った上は（私はこの論文をかつて読まなかったのであろうか、いや、読んで解らなかったので忘れたのであろう）、夢と幻覚との異同も含めて議論の進め方を組み直さねばならないと考えるに至った。かくて私の拙い経験を書き連ねることとなったが、今ここに新たに獲得した確信ないし自らへの教訓を述べてこの小文を終えたい。山本信は常に新しく、また、常に新しい視点で読み継いで行かねばならない。

【追記】――遺品に残された原稿のコピーを東京女子大学の森先生よりいただいた。「大森荘蔵君の報告」と題されたそれはまさに、「夢とうつつ」の一部分であった。

（電気通信大学教授）

荻野弘之

Convivium Iammamotonis 1988–92

寛厚、矜持、温和、機知——アリストテレスの倫理学書には、古代ギリシア特有の徳目をめぐる精緻な人間観察の記録が散りばめられている。これらは善・美・正といった普遍的な価値概念と違って、特定の文化や歴史的脈絡で意味をもつ（B・ウィリアムズの言う「厚みをもった」）指標なのだが、それだけに八〇年代以降の徳倫理学の流行にあってすら、言及される機会は必ずしも多くない。ゆっくりと読み進めるうちにテクストの行間から立ち上ってくるのは、紛れもない——あの黒縁の眼鏡の奥にゆれる柔らかな眼差しの記憶である。

山本信先生はまさしく大学教授としての徳目を兼備した方だった。本郷で七年間、学部・大学院を通じて授業で教えを受けた「学恩」もさることながら、東京女子大の哲学科再建の時期に、大学人としての振舞い方を——たいていは語らずに示すことで——教えていただいたのは幸運なめぐり合わせだったというほかはない。八七年の正月明け、地方大学へ赴任する先輩の送別会で久しぶりに先生と同席し、新潟大を辞めて女子大に移るという話を伺った。しばらくして自宅に招聘の電話があり、駒場の先生方とも相談した結果、お世話になることにした。

教授間の紛争のために数年間「凍結」していた文理学部哲学科の再建計画のため、四月以降はカリキュラムや時間割、非常勤講師の委嘱、転学科の面接など、何度も先生のお宅や大学に足を運んだ。大貫隆助教授が全学科目のキリスト教学研究室から哲学科内のキリスト教学担当へ移籍。私が東大教養学部の助手から専任講師に転出。また旧知の伊藤勝彦教授が選択定年で埼玉大から移ることになり、夏休み前に人事の骨格が固まる。晴れて八八年四月から山本主任教授以下専任四人（欠員一名）で正式に新哲学科が発足した。同時期に隅谷三喜男学長から京極純一学長に交代し、短期大学（牟礼キャンパス）を四年制の現代文化学部に改組、学科別入試を導入するなど、この年は東京女子大の歴史の中でも節目のひとつにあたる。

それまでの哲学科は、ある時期から迷路に入ってしまったようだった。趣味的なユング研究を「思想学」と称して学科目の中枢に据える歪んだカリキュラム。学生を囲い込んでは派閥を誇るような険悪な雰囲気。狭い哲学だけでは人気が出ないからと、売れ筋を露天商よろしく並べた中途半端な「比較思想」――これに対して、山中信夫学部長と相談しながら東大文学部をモデルに山本先生が策定したのは、西洋哲学史を中心に倫理学、美学・芸術学、キリスト教学、東洋思想を配した、小規模ながら均衡のとれたカリキュラムだった。その基本線は二〇〇九年に「現代教養学部人文学科哲学専攻」と名称変更されて以降も継承されている。浜田義文、黒住真、星野勉など継続して出講をお願いし、佐々木健一、若桑みどり、塩川徹也など新規を加えて錚々たる非常勤講師の陣容で出帆した。

もちろん一同、新しい環境で戸惑う機会も少なからず、とりわけ私学特有の様々な出講依頼が舞い込んだのも先生には厄介なことだった。このうち杉並区公開大学講座や宗教センターの夏季キャンプなど、私が肩代わりした機会も多い。ワープロが普及しつつある時期だったが、先生は依然として手書き派であったので、学科で出す文書はほぼすべて私が作成した。この点では先生のお役に立てたと自負している。

学科の運営にあたって先生は、主任としてはっきり自分の考えを陳べる一方で、同僚の反対意見にも傾聴し、腹を割った話をするのを好んだ。些細な案件でも独断で決めずに必ず事前に電話して了承を求めてきたのは、学科内の信頼関係を配慮しての行動だったと思う。教授会での発言にしても、長広舌の演説はよしとしなかったが、偏らず誰に対しても言うべきことはきちんと糺すという気概に溢れていた。

学生に対しても適切な距離を保ちながら、特定の教員との排他的な関係を築くのではなく、「全員が全員から学ぶ」姿勢を強調したが、この点は本郷の時代と変わらない。年齢の離れた女子学生からひとしく慈父のごとくに慕われていたのは、まさによい意味での「家父長」の姿であった。

研究者としては、日頃から舶来モノばかり有難がる風潮には批判的で、日本人の手による研究を正当に評価し合う機会を大事にされた。単なる仲間褒めに終わってはいけないが、いったん書いたものはそのままにせず、議論の種に使うというわけである。会誌や紀要に載せた拙論も読んでいただき、その都度短いが適切な批評を下さった。学生時代と違って叱られることが少なかったのは幸いであった。

年齢のわりに食欲旺盛で鳴る先生は会議の席でも健啖家。間食しない主義の私が手をつけないままでいる菓子をしばらく眺めたのち「荻野君、これ、もらっていいかな」と言ってうまそうに召しあがる。隔週の教授会の後は、山本研究室に四人で集まり、ビールやウィスキーで丁々発止の談論に花が咲く。学科会議の延長のような事務的な議題から始まって次第に最先端の哲学をめぐる真剣な議論に発展し、知的な刺戟に溢れた楽しい晩であった。何ごとかと守衛が見回りにやってきたので退散し、吉祥寺のビヤホールに繰り出して延長戦。足元があやしくなった先生をご自宅までタクシーでお送りし、帰宅したのが夜中ということが何度もあった。

現在、大学では哲学や人文科学の生き残りが喧しい。「建学の精神」に胡坐をかいてガラクタを並べている能天気ぶりも悲惨だが、奇抜な名称のわりに中身の怪しげなカタカナ科目も跋扈している。先生は、最新の流行に目を奪われるのではなく、時代遅れに思われる思想やテクストをきちんと読むこと、いや読み直しながら新しい命を吹き込むこと、また専門的な殻に閉じこもらず人間に関わる万般の事象に関心をもつことを強調された。おそらく先生の構想した「女子大の哲学科」の中で営まれる哲学とは、単なる思想のショー・ウィンドーではなく、かといって専門家を養成する徒弟修業の場ともちがう、真にリベラル・アーツを体現するような学問の姿であったと思う。

特異な戒律を生きるピュタゴラス派の宗教結社から、アカデメイアやリュケイオンの学園を経て、友愛を標榜するエピクロスの庭園にいたるまで、古代の哲学史は単なる学説の百貨店だけには尽きない。それぞれの学派がいかなる共同性のもとに研究を遂行していったのか、その多様性もまた多彩なスペクトルをなしている。うわべだけの公正や過剰な業績主義が進行しつつあるアカデミズムの中で、教授と学生、また教員同士の知的・人格的交流は次第に削ぎ落とされているのではないか。教壇や宴席での山本先生の姿を思い出すことは、単に甘美な懐旧の念に浸ることではなく、哲学のあり方や哲学者の共同性を再考し、リベラル・アーツの未来を見据えるうえで、比類なき重要な示唆を含んでいるに違いない。

（上智大学教授）

貫 成人

山信合奏団

昭和五六年（一九八一年）五月一日のことだった。夕方少し前、京橋のブリジストン美術館ホールに山本信先生はじめ、当時の哲学科大学院生数名の姿があった。「山信《やましん》合奏団」の最初で最後のお披露目公演である。

山本先生を囲んで楽器演奏をするようになったのは、その二年ほど前のことだったと思う。ピアノとバイオリンを教えておられる先生の奥様、おなじくピアノやバイオリンの名手であるお嬢様、そして先生みずからはチェロをお弾きになるというお宅に、クラリネットの佐々木能章（横浜市立大学などを経て、東京女子大学教授）、チェロの黒崎政男（東京女子大学教授）、ピアノやリコーダーの木阪貴行（国士舘大学教授）、そしてフルートの筆者、当時、哲学科修士・博士課程院生だった四名がときどきお邪魔する会だった。

きっかけはさだかではない。おそらく、毎週金曜日三限にある山本先生の大学院演習が、いつものように六時頃まで延長して終わったあと大挙して押しかけた赤門横学士会館分館ビアガーデンで、哲学の話、あるいは、学問とはまったく関係のない話をしていたときのことだったろう。なにかのはずみで先生がチェロをお弾きになることがわかり、それから芋づる式に、結構多くの院生が楽器を嗜むことが判明したのだった。ピアノを得意とした木阪君は絶対音感を誇りにしていたし、黒崎さんは東大オーケストラのチェロ奏者だった。

赤坂のお宅に四人がお邪魔し、夕方からそれぞれ得意の曲を演奏しては、「批評」もしくは「酷評」の餌食となり（とりわけ奥様の寸言が鋭かった）、簡単な合奏を楽しみ、一段落つくとビールをいただき、奥様のお料理を堪能して、終電過ぎるまで好き勝手なことを喋る会が、数ヶ月に一度、催されたのはそれからのことだった。ミュンヘンに留学していらした先生のこと、重厚なソファーとピアノが置かれた応接室には、オクトーバーフェストでおなじみのビールジョッキが並べられていた。そこで先生は、バッハの〈無伴奏チェロ組曲〉などを披露してくださったのである。山本先生、五五歳くらいのことだ。

もともと先生はクラシック音楽にご造詣が深く、奥様お嬢様も楽器に堪能でいらっしゃったため、そのしばらく前に意を決し、「五〇の手習い」でチェロをはじめられたのだった。三歳くらいから猛練習しなければ一人前になれないピアノやバイオリンとちがい、チェロやフルートは高年からはじめても形になる。ちなみに筆者がフルートをはじめたのも大学入学後のことだった。とはいえ問題もある。チェロもフルートも合奏では重宝されるが、独奏曲には恵まれない。フルートの場合、バッハのあとはドビュッシーまでまたなければならない。それでもオーボエやバイオリンの曲を編曲できるフルートに比べてチェロはそのような芸当も不可能だ。「でもチェロにはバッハの無伴奏組曲があるのが救いですよね」と、チェロ弾き同士の山本先生と黒崎さんが言いあっていたものだった。

一年が過ぎた頃かと思う。奥様がお弟子さんのために発表会をやるので「皆さんも参加しないか」とご提案いただいたのだった。人前で演奏しないと楽器は上達しないという、奥様の、脅しにも似た強いお薦めがあり、参加することは決まった。曲はバッハの〈ブランデンブルク協奏曲〉第五番第一楽章。プログラムに載るのでグループ名が必要だということになり、たしか黒崎さん発案の「山信合奏団」に決まる。チェロ二本、リコーダー、ピアノ、バイオリン、フルートという編成だ。それからは懸命の練習である。

当日は金曜日だった。学期中で、本来、先生の大学院演習がある日だ。実は、はじめ、奥様からお話しがあったとき、そのことに気づいた一同、早々と諦めモードになったところ、先生の果断な一言によって「休講」と決まったのだった。当日は、何も知らない他の院生の目から逃れるように、すでに昼過ぎには赤坂のお宅に集合していた。

最後のおさらいをするためだ。なんとなく浮き浮きなさっていた先生は、一同が集まるなり、「それじゃ、早速乾杯しようか」とおっしゃり、黒崎さんらオーケストラ実演経験者から「本番前に呑んではいけません」とたしなめられる一幕もあった(なお、その年四月に三重大に就職していた佐々木さんは残念ながら不参加だった)。

一同、厳粛な思いで赤坂から京橋に移動。奥様のお弟子さん達や関係者で二〜三〇〇人の聴衆はいただろうか、プログラムが三分の二くらい進んだ辺り、上級者のお弟子さんが登場する前が「山信合奏団」の出番だった。先生ご一家はともあれ、舞台馴れしていない哲学科大学院生三名が狭い舞台を埋めた様はさぞかし独特の雰囲気を醸し出していたに違いない。それでも、チェロやリコーダー、ピアノがきれいなハーモニーをかなでる前奏に始まり、バイオリンとピアノ、フルート三者のソロによる掛け合いは破綻もなく進み、最後の長いピアノ独奏もお嬢様によって完璧に演奏された。全体として、演奏を聴いた知り合いによれば、「状況を考慮すればかなりの好演」であったという。終わってから、銀座五丁目あたりにあったドイツ風ビアガーデンで、先生お待ちかねの乾杯をしたことは言うまでもない。

山本先生といえば、本郷進学直後の哲学科学生全員が受講する『哲学概論』の明晰な講義、学部・大学院演習などでの自由闊達な議論、また、卒業論文執筆などで悩んでいたとき、指導教官というわけではなかったのにもかかわらずいただいた的確なご指導など、学恩について語るべきことにも事欠かない。わけても、春秋の哲学会の折、当時、院生だった筆者からすれば神々のような諸先輩同士の議論が紛糾したとき、思いもよらない切り口で解決するお手並みは、今思い返しても見事だった。『史記』が劉邦を形容した言葉に「将に将たる器」というものがある。山本先生を語るのにふさわしい言葉だ。

その先生の、あまり知られてはいないかもしれない一面を紹介させていただいた次第である。

(専修大学教授)

●——自宅でチェロを弾く山本。
奥に座っているのが洋子夫人。
（写真提供：宮本成美）

一ノ瀬正樹

山本信先生を想う

一九七九年四月、私は駒場から本郷の文学部哲学専修課程に進学した。山本信、黒田亘、渡邊二郎、坂部恵、の四先生が専任教官として哲学研究室に所属していた。重厚な校舎、高い天井と洋書びっしりの書架、そしてケーベルや井上哲次郎などの歴代の教官の写真がいかめしく飾られている研究室。最初に足を踏み入れたときの、どぎまぎした気持ちが蘇る。なかでも、山本先生はとりわけ研究室の重々しい雰囲気を体現していた。背広を着て、黒縁の眼鏡をかけ、たばこをくゆらせながら、哲学演習を行うのである(!)。現在の禁煙化著しい社会情勢の中では、とても想像もできない光景である。しかし、あの当時は、そうしたことは不思議ではなかった。むしろ、教授がたばこをくゆらせながら哲学の議論をしているのだから、自分たちも、とばかりに、私たち学生も目の前に灰皿を引き寄せて、プカプカしながら「その論点は、超越性の定義からして整合性を欠き、観念論論駁の理解を歪曲させてしまうのではないでしょうか」(?)などと論じていたのである。いまにして思えば、なんとも平和な、桃源郷のような時代であったことか。

山本先生は、私が学部三年のときにはカントの『純粋理性批判』を、四年のときにはデカルトの『省察』を、演習のテキストとして用いた。この、あまりにオーソドックスな演習は、実は、深い教育的配慮のもとに組まれていたことが後になって分かってくる。だいたい、哲学で一丁前になってやろうといった、威勢のいい学生は、えてして自分は何でも分かっているとでもいうような、つんのめった態度になりがちである。少なくとも、古典はだいたい分かっている、という装いをしたがる。けれども、当然ながら、そんなことはあるはずもない。私は、「経験論」という哲学的立場に大きな説得力を感じて哲学研究を行ってきたが、きちんと古典を読んでいない者が古典について分かっているはずがない、という事実もまさしく経験論的観点から帰結するのである。そうなのである、カントもデカルトも読んだことのない者は、「哲学」というギリシア・西洋由来の学問がどんなものとして表象されてきたかということについて理解しているとは絶対言えない。この当たり前のことにきわめて率直かつシンプルに向きあって、山本先生は、私たちのような新参者に対して、いわばイニシエーションを施してくれたのである。この学恩はまことに深い。そして、いまでも生き生きとした、青い想い出である。カントの演習の前夜には、私は下宿で夢中になってドイツ語辞書をひもときながらテキストを読んでいった。デカルトの演習の後では、小泉義之ら同窓生とともに長く議論を続けた。何かをつかもうとしていた。もがいて、悩んでいた。たぶん、それはいまも同じである。だから、いまの自分は、山本先生の演習のおさらいを繰り返しているようなものである。もし冥界が存在して、私がそちらにいつか再び新参者として出向いていくとしたら、果たして私は山本先生に何を報告できるだろうか。「きみのドイツ語の訳は硬いね」と、また指導されるのだろうか。しかし、そんな指導なら、喜んで拝受したいと、弟子根性が湧いてきてしまう。どうにも、いつまでも成熟しないなあ。

大学院での山本先生の演習は、後期に、出席者に短い研究発表をさせる形式のものであった。私は4、5回、発表をさせていただいた。山本先生は教育に対して丁寧な先生で、発表の題目を各人に葉書で提出させるため、前期にあらかじめご自宅宛の葉書を出席者に配っていた。夏休み中に提出するように、というのである。そこには「港区赤坂」と先生のご住所が印字してあった。私のような田舎者は、こういう住所が自宅住所であるという事実に本能的にひるむ。赤坂にお住まいなのか。昔でいう帝大教授というのはこういうものなのか。それに、チェロも演奏されるという。ぼくとは違う世界だな。哲学者としての山本信の意味からすると、本筋からずれるが、私にとって、これが、私の山本信像の一部を確かに形成している要素なのである。（しかし、あとで、山本先生を中心にした学生たちとの合奏のお話を伺ったとき、演奏を終えるタイミングが一人一人違う、というエピソードを聞かされ、笑ってしまったことがある。）

山本先生は、私が博士一年のときに退官を迎えられた。その後、お目に掛かり、お話をする機会もぐっと減ってしまった。けれども、お会いしたときには、いつもにこにこしておられた。恩師のおかげを被っているという、いまの私の背景をいつも銘記し、優ではなくとも、せめて良を付けてもらえるような報告を再びできるよう、歩を進めていきたいと、そんな風に思いをめぐらしている。

（東京大学教授）

伊藤美恵子

山本先生、思い出すまま

月曜一限、哲学入門。山本先生から受けた初めての講義は、まだ朝の新しい空気が辺りに残るなか始まる。大学生になりたての東京女子大学文理学部哲学科新入生である私たちにとって、真に始まりの哲学講義。緊張と期待と不安とが入りまじり、山本先生が登壇されるのを待つ。哲学科一年生三十人あまりが席を占めるといっぱいになってしまう小さな教室。静かにひびく先生のあたたかい声。

テキストは山本信著『哲学の基礎』である。初学者向けでもあり、本文の上段には登場する人物の顔写真、生没年などが掲載されるつくりになっている。決して難解な文章ではなく、山本先生その人が語りかけてくれているような真摯で親切な調子が続く。一年たっぷりかけて読了するものと思われたそのテキストは、それどころか一回の講義で数ページすすむのがやっとであり、したがってその年の講義では本の最後まですすむことはなかった。先生は、ひとつの文章に膨大な解説を付け足し、徐々に深層へとすすんでいく。哲学の講義をはじめて受講する受ける私たち新入生には、もうそれだけで大変に新鮮な驚きをいだいたものだった。89年度哲学科新入生は、こうして着実に哲学の世界へと案内されることになった。

『純粋理性批判』演習。三年生になると正規の演習が必修科目となる。私は山本先生の『純粋理性批判』演習に登録した。難解で知られるカントのドイツ語を原典で読む演習である。先生の最後の演習となった91年度、講読箇所は「超越論的論理学」の序論。当時のノートを見ながら、その様子をここで少し紹介したいと思う。

初回の演習において、はやくも〝transzendental（超越論的）〟という用語の説明が行われた。いわく、「『知る』とはどういうことかは、対象を知るところを超越していなければ知り得ない」。そのような超越したありさまが「超越論的」なのである、と。念のためカント自身による定義は次のものである。「私は、対象に関する認識ではなく、対象一般についての我々の認識の仕方に――しかもこの認識の仕方がアプリオリに可能である限りにおいて――かかわるすべての認識を、超越論的と名づける」(B25)。カント自身の定義からだけでは、何が何を超越しているかなどということは定かではないのであるが、先生はカントを読み始めるにあたり、私たちに右のような説明をしてくださったのである。その真意のほどを今考えるに、先生のご著書の次の文章がその意図を示しているのがわかる。

「ところで、意識と対象とを横にならべて描く図式は間違った考え方を招きやすいのだが、今かりにこの図式を用いて言えば、超越論的統覚は、意識のなかを対象とは逆の方向につきつめていった終点にではなく、両者が関係しあう平面に対し、いわば垂直方向に超えたところに位置づけられねばならない。そしてその視点から、意識と対象とのあいだで成り立つべき経験の可能性の条件を、『形式』に関して測定することが、カントの批判の最初の仕事であった。」(『形而上学の可能性』所収「カントの二元論について」90頁)

先生が講義で黒板に描かれた図はこうである。

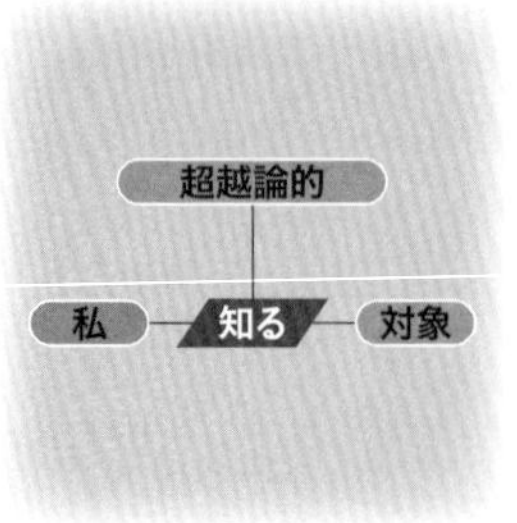

このような図式は「間違った考え方を招きやすい」にもかかわらず、やはり初学者にとって図式的な説明は圧倒的に理解を促進するものであった。私たちは、この図式をまずはじめに念頭において、『純粋理性批判』の豊かな森へと分け入ったのである。

ノートを見返していると、先生のお言葉のひとつひとつの場面があざやかに思い起こされて、その一々をお伝えしたい、お伝えしなければならないと思われてくる。しかしそれは到底無理な願いであるので、とくに印象的ないくつかについてお話ししたいと思う。

まずひとつには、学生には原典のドイツ語だけで精一杯なところ、哲学の重要な概念の起源についてしっかりとお教えくださったこと。たとえば、Idee〔独：理念〕とἰδέα〔希：イデア〕とidea〔英：観念〕とVorstellung〔独：表象〕の違いについて。formaとmateriaというアリストテレス以来の概念区分。アリストテレスのKanonとOrganonについて（Vgl. B76）。“transzendental”との関係で、中世の「超越概念」について等々。

そして他方では現代哲学への言及がある。方法論としてのOrganon（道具、機関）の説明の中でトマス・クーンのパラダイム転換が紹介された。またドストエフスキーの『白痴』に登場するイポリットの自殺未遂をあげられて、「主観」概念の現代における否定的側面として、解放・自由から自殺という行為へとつきつめられていく、主観性・主体性の極限についてお話しになった。また、当時の経験的心理学との関係で、後の心理主義批判や、さらに現代における認知科学についての解説。

先生は一八世紀のカントの『純粋理性批判』をテキストとして、一方では哲学史を遡り、他方で我々の現代へとくだり来たるという方法で演習をすすめられた。今そのことを振り返ってみると、それはあたかも空飛ぶ絨毯で私たちをあちらこちらと引率し案内してくださったかのようであった。無限にひろがる哲学的営為の世界をかいま見せてくださったのである。いつも変わることなく優しく相談にのってくださった先生、どこまでも真摯に哲学する様子を直接に私たちに示してくださった先生に、心より感謝の意をあらわしたい。

（元東京大学助手）

田中綾乃

学長としての山本信先生

一九九三年四月八日、やわらかな春の木漏れ日の中、日比谷公会堂で東京女子大学の入学式が行われた。日比谷公園の新緑と春の陽射しの中を母と一緒に歩いたことを、いまでも鮮明に覚えている。女子大出身の母は「私の頃は女子大の講堂で入学式だったから、時代は変わったのね」と感心していたが、日比谷公会堂での入学式は、実は、その前年、一九九二年から東京女子大学の学長になられた山本信学長が、五年後のキャンパス統合を目指して、当時の文理学部と現代文化学部の二学部合同の入学式を挙行したのが始まりだった。もちろん、大学生になったばかりの私は、そのような経緯は知るよしもない。

午前中の入学式を終えて、私は母に連れられて、音羽にあった大叔父の家を訪ねた。大叔父の勝部真長は、長らくお茶の水女子大学の哲学の教員を勤めていたこともあり、そもそも私が哲学科を目指したのも大叔父の影響が少なからずある。そのため、無事に東京女子大学の哲学科へ入学したことを報告しにいったのであった。

皮肉屋の大叔父は、私が哲学科に入ったことを素直には喜ばなかったが、しかし、「今の女子大の哲学科に入ったことはラッキーだ」とその点は大いに喜んだ。その理由として、数年前までは女子大の哲学科は大変だったこと、しかし、山本先生が女子大に移ったことで、哲学科の再建がなされたこと、そして何より、山本先生が学長である点を大きな理由としてあげた。大叔父は、専門は異なるものの、山本先生とは研究室が隣同士だったということもあり、学生の頃からよく知っていたようだ。その時、学生の頃の山本先生の話もしてくれたのだが、残念ながらその内容までは覚えていない。しかしながら、午前中の入学式で式辞を述べられた学長が、大叔父の知り合いの哲学の先生で、しかも有能な先生であることを知り、山本学長のいる東京女子大学に入学できたことが嬉しく、これから始まる大学生活に大きな希望を抱いたことは覚えている。

その入学式の時の山本学長の式辞は、『「学生」であること』という題で、“university”の意味を分析しながら、学生生活の意義を説くものであった。大学とは「特定の専門分野に閉じこもってしまうのではなく、知の全体を一つに統合する視点に立ち返る」場であることを示しながら、「人類の知的世界の広い全体を常に視野の内外にたずさえながら、その拡がりと連なりの中に自分の知識と生き方を位置づけて考える」学生生活であることを先生は願われた。そのような学風の中、私の四年間の大学生活は、まさに哲学という豊かな知的営為に魅せられ、四年間では飽き足らず、修士課程、博士課程と随分と長い間、女子大で学生生活を送ることになってしまった。

他方、山本先生のそれからの四年間は、東京女子大学のために、心身共に全精力を注がれる日々となった。善福寺キャンパスと牟礼キャンパスに別れていた女子大は、一九九七年に善福寺キャンパスに統合されたのだが、その指揮を執られたのは学長としての山本先生だった。山本学長は、建物などのハード面の改変だけでなく、女子大の教育方針についても大きな提案をされた。一九九四年一月の学報では、学長が「東京女子大学の将来について」という題で、「キャンパス再編成の目的」、「教育理念の再確認」、「国際交流の充実」を中心に語っているが、これを読んで驚いたのは、いまある女子大の形は、すでに山本先生が呈示されたビジョンであったということだった。山本学長の功績は、キャンパス統合というハード面だけが語られるが、社会の変容の中で、新しい時代において女子大が存在する価値を常に問い直しながら、それに向けてソフト面でも変革を行った。それは誠に困難を極めた変革であったはずだが、それでも山本先生がこの大きな変革の仕事を引き受けられたのは、女子大への愛とキリスト者としてのミッションからだったのではないかと思われる。

山本先生は、ご自身でも「明治のプロテスタント的な気風の家庭で育てられた」と語られるように、厳格なクリスチャンファミリーで育たれた。先生のお母上の山本つちは、女子学院の院長を二〇年も勤められた方である。それ故、山本先生も女子教育の意義とその必要性を十分に理解されて女子大に赴任された。その上で熱心なクリスチャンであった山本先生だが、当時は、女子大のキリスト教主義を一方的に押し出す学長ではなかった。しかし、私自身もクリスチャンであるが、山本先生のその姿勢に共感を覚える。おそらく先生は忠実に〈キリスト者としての哲学者〉であられたのだろう。先生は聖書の話をされる際も、好んで「ピラトの問い」(「ヨハネによる福音書」18章)を引き合いにしながら、女子大の本館に刻まれた〝QUAECUNQUE SUNT VERA〟の意味と共に、「真理への問い」を語られた。そして聖書に書かれた「真理とは何か」という問いを引き継いでいくことが女子大に課された使命であることを示しているが、何よりこの問いに真摯に向き合い、それを追求したのは、哲学者としての先生ご自身だった。私の在学中は、先生は学長であられたので、残念ながら先生の哲学の講義を聴くことは出来なかった。だが、先生の真理を問い続ける「哲学の精神」が、女子大全体に蒔かれていたからこそ、私は自由な女子大で哲学を十二分にも学ぶことができたと思っている。

私が学部を卒業し、大学院に進学をした一九九七年にキャンパスは無事に統合されたが、その前後から山本先生は急激に弱られた。一号館の前で車から降りられる山本学長にしばしば遭遇したが、杖をついた姿は随分お疲れの様子だった。また、その年の同窓会総会では学長挨拶をされた後、体調不良のために中座された。そして、一九九八年三月、山本先生は東京女子大学の学長を任期半ばで退任される。

当時、女子大の理事長を勤め、山本学長とコンビだった速水優理事長は、学報においてその退任を惜しむ声を記している。そこからは、ハード面の変革を終えた山本学長が、次なる課題として『キリストの心持』を持つ学生を育てる教育をどう展開していくのか」という点を最も気にかけていらしたことがわかる。女子大の要であるキリスト教教育の変革の志を持ちながらも、任期半ばで去られるのはさぞかし心残りだったと思うが、山本先生のその志は、次なる学長たちに引き継がれ、現在の女子大に確実に実現されている。一九九二年に学長に就任した山本先生が描いた女子大のビジョンが、二〇年後の現在も息づいているのである。

そして、東京女子大学入学から二〇年近くも経ってしまった私は、現在、三重大学で哲学の教員をしている。まさか自分が哲学の教員になるとは、夢にも思っていなかったが、それにも増して、三重大学において山本信先生の甥御の山本覚先生と同僚なのは、何か因縁めいたものを感じる。体格や雰囲気が山本先生と似ていらっしゃる覚先生は、多くは語られないが、もともとは理系に進学したものの、伯父の山本先生に深く影響を受けて、フランス文学へ転向されたそうだ。

このように、山本先生の人類知の深みを探求する「哲学の精神」は、確実に次世代に継承され、連なっている。一方、現在の効率化優先の大学教育の現場では、ライプニッツ研究者らしい山本先生のようなuniversalな視野を持つ教員が少なくなっていることも事実である。改めて、偉大な山本学長の下で学生生活を送れたことを幸せに思っている。

（三重大学准教授）

Ⅳ

山本 信　年譜・著作一覧ほか

●資料編である第Ⅳ部には、「**山本信・年譜**」と「**著作一覧**」、それに「**東京大学**(本郷)**在職時代の授業題目一覧**(付:東京女子大学における担当授業)」の三種を収めた。網羅することは叶わなかったが、資料調査の過程で多くの発見があり、知られざる貴重な事実をリストに盛り込むことができた。

●作成にあたっては、森一郎が基本情報を収集して原稿にまとめ、それを佐藤徹郎に検討してもらった。最終的な責任は森にある。誤記や遺漏など、不備を発見された方は、東京女子大学哲学研究室までお知らせいただければ幸いである。

●第Ⅳ部を完成させるうえで、多くの関係者のご協力を仰いだ。ここに記して感謝の意を表わしたい。

●山本信先生のご息女・下平史子さんには、山本家に遺されていた山本信関係文書一式を貸与くださり、年譜に関する質問にも一つ一つお答えくださり、さらには掲載許可をいただくなど、全面的な支援を賜わった。東京大学(本郷)哲学研究室の髙山守、一ノ瀬正樹、松浦和也、野村智清の四氏には、年譜や授業題目に関する問い合わせに丁寧にお答えいただいた。京都賞選考委員の件では、稲盛財団に、高等学校教科書『倫理』の件と「「倫理」の授業についての非倫理的随想」の発掘に関しては、教育出版株式会社に、日本学術会議会員の件では、日本学術会議事務局に、授業題目の調査にあたっては、東京大学図書館および東京女子大学学務課に、『学報』の記事に関しては、東京女子大学広報課に、それぞれご協力いただいた。(森)

山本信・年譜

一九二四［大正一三］年	〇歳	九月六日、大阪府堺市に、父山本五郎、母つちの長男として誕生。五郎は、住友倉庫勤務、のち支配人となる。つちは、篤信のプロテスタントで女子教育に携わり、のち女子学院中学校・高等学校校長を務めた（一九四七―六六年）。
一九三一［昭和六］年	七歳	四月、浜寺昭和尋常小学校に入学。
一九三七［昭和一二］年	一三歳	三月、同小学校を卒業。 四月、大阪府立浪速高等学校尋常科に入学。
一九四一［昭和一六］年	一七歳	三月、同高等学校尋常科を修了。 四月、同高等学校高等科文科乙類に入学。
一九四三［昭和一八］年	一九歳	九月、同高等学校高等科を卒業。 一〇月、東京帝国大学文学部哲学科に入学。 当時の哲学科では、伊藤吉之助、出隆、池上鎌三らが教鞭をとっていた。
一九四四［昭和一九］年	二〇歳	九月、兵役のため休学、海軍予備学生となり、武山海兵団に入団。
一九四五［昭和二〇］年	二一歳	三月、館山海軍砲術学校に入校、館山警備隊付となる。 六月、海軍少尉に任じられ、横須賀海軍砲術学校（館山分校）付となる。 九月、召集を解除され、復学。
一九四七［昭和二二］年	二三歳	九月、東京帝国大学文学部哲学科を卒業。 一〇月、東京大学（同月、東京帝国大学より改称）文学部大学院に入学、特別研究生前期（旧制）となる。
一九四八［昭和二三］年	二四歳	二月、高等学校高等科（修身・哲学概説）教員免許を取得。

一九四九［昭和二四］年	二五歳	一〇月、東京大学大学院特別研究生後期（旧制）となる。
一九五一［昭和二六］年	二七歳	中央商科短期大学非常勤講師。
一九五二［昭和二七］年	二八歳	九月、東京大学大学院特別研究生を満期退学。
一九五三［昭和二八］年	二九歳	三月、『ライプニッツ哲学研究』刊行。 四月、東京大学教養学部専任講師に就任。同大学文学部非常勤講師。 八月、ドイツ出張。 一一月、Deutscher Akademischer Austauschdienst（DAAD）の奨学生として、西ドイツ・ボン大学に籍を置く。
一九五四［昭和二九］年	三〇歳	五月、ミュンヘン大学に移る。 一一月、A. v. Humboldt-Stiftungの奨学金を受ける。
一九五五［昭和三〇］年	三一歳	八月、ライプニッツ哲学研究（"Das Problem der Systematisierung der Leibnizischen Monaden-Lehre"）により、ミュンヘン大学より哲学博士（Dr. Phil.）の学位を受ける（主査Aloys Wenzl）。 一〇月、帰国。
一九五六［昭和三一］年	三二歳	一月、恩師池上鎌三逝去。 四月、東京大学教養学部助教授に昇任。東京女子大学文学部兼任講師。裁判所書記官研修所非常勤講師。 一二月、東京大学文学部助教授に配置換（一九五七年三月まで教養学部助教授を併任）。併せて、同大学院人文科学研究科を担当。就任当時の本郷哲学研究室の同僚に、桂壽一、岩崎武雄、斎藤忍随。
一九五七［昭和三二］年	三三歳	四月、廣松渉、坂部恵らが哲学科に入学、大学院時代を通じて指導に当たる。
一九六一［昭和三六］年	三七歳	四月、東京女子大学文理学部非常勤講師。 七月、アメリカ合衆国へ出張、ハーヴァード大学研究員を務める。ハーヴァード大学に招かれたガブリエル・マルセルの講演・演習に参加。

一九六二［昭和三七］年	三八歳	六月より、イギリス、オランダ、フィンランド、スウェーデン、ノルウェー、デンマーク、西ドイツ、ベルギー、フランス、イタリアを歴訪。 九月、帰国。
一九六四［昭和三九］年	四〇歳	三月、阿部洋子と結婚。 この年より、大学院冬学期に「哲学の諸問題」と題する院生発表形式の授業を始め、退官まで毎年続ける。 一一月、長女史子誕生。
一九六六［昭和四一］年	四二歳	この年、港区赤坂に居を構える。 来日したマルセルの講演会（ＮＨＫ、東京大学）で通訳を務める。
一九六七［昭和四二］年	四三歳	一〇月、お茶の水女子大学非常勤講師。 一一月、熊本大学で集中講義。 一二月、九州大学で集中講義。
一九六九［昭和四四］年	四五歳	五月、父五郎死去。
一九七〇［昭和四五］年	四六歳	四月、東京大学大学院理学系研究科を兼担。
一九七一［昭和四六］年	四七歳	一〇月、東京大学文学部教授（西洋哲学史第二講座）に昇任。 一〇月、東北大学で集中講義。 一二月、南山大学で集中講義。 この年、港区赤坂の自宅を新築。正月や東大哲学会のおりには、自宅に知人を招いて飲食を共にし議論を交わすことを好んだ。
一九七三［昭和四八］年	四九歳	四月、東京大学大学院人文科学研究科哲学課程主任（一九七六年三月まで）。 一〇月、産業構造審議会専門委員（通商産業省、一九七四年一〇月まで）。

一九七四［昭和四九］年	五〇歳	この年より、退官した岩崎武雄に代わって「哲学概論」の講義を担当。大学院夏学期に「アポリア論」と題する授業を始め、退官まで毎年続ける。 八月、東京大学文学部学生委員長。 一〇月、東京大学評議員（一九七八年三月まで）。
一九七五［昭和五〇］年	五一歳	この年より、カント『純粋理性批判』講読の演習を始め、退官までほぼ毎年続ける（一九八〇年度のみデカルト講読）。 二月、学術審議会専門委員（文部省、一九八〇年一月まで）。 一〇月、新潟大学で集中講義。
一九七六［昭和五一］年	五二歳	四月、文学部長（一九七八年三月まで）。人文科学研究科委員会委員長（一九七八年三月まで）。 文学部長時代は、学生に理解を示したことが裏目に出て、辛酸をなめた。
一九七七［昭和五二］年	五三歳	五月、科学基礎論学会理事。 九月、『形而上学の可能性』刊行。
一九七八［昭和五三］年	五四歳	編集した『ウィトゲンシュタイン全集』が第一四回日本翻訳出版文化賞を受賞。
一九七九［昭和五四］年	五五歳	四月、成城大学文芸学部非常勤講師。 六月、大学設置審議会専門委員（文部省、一九八四年三月まで）。 七月、静岡大学人文学部で集中講義。 一〇月、日本カント協会委員。 一〇月、日仏哲学会理事。
一九八一［昭和五六］年	五七歳	四月、哲学会理事長（一九八五年三月まで）。 五月、山信（やましん）合奏団（山本信、洋子、史子、ほか大学院生三名）、東京京橋のブリジストン美術館ホールでバッハのブランデンブルク協奏曲第五番を演奏。 六月、日本哲学会委員長（一九八七年五月まで）。 九月、日本学術会議哲学研究連絡委員会委員（一九八五年七月まで）。 九月、母つち死去。 『週刊朝日』九月四日号のコラム「男の日曜日」に、チェロを弾く哲学者として、写真入りで紹介される。

一九八二〔昭和五七〕年	五八歳	一〇月、東京都立大学非常勤講師（一九八三年三月まで）。 一二月、九州大学で集中講義。
一九八三〔昭和五八〕年	五九歳	六月、日本学術振興会流動研究員等審査会委員。 七月から九月にかけて、フンボルト財団およびDAADの招待で、ドイツを中心とするヨーロッパ各地を旅行。 九月、日本ホワイトヘッド・プロセス学会委員。 一一月、『哲学の基礎』（初版）刊行。 一二月、大阪大学人間科学部で集中講義。
一九八四〔昭和五九〕年	六〇歳	四月、放送大学客員教授。七月、熊本大学文学部で集中講義。
一九八五〔昭和六〇〕年	六一歳	一月、東京大学最終講義「哲学の完結性について」。 三月、東京大学を停年退官。退官当時の哲学研究室同僚に、黒田亘、渡邊二郎、坂部恵。 四月、新潟大学人文学部教授に就任（一九八八年三月まで）、大学院新設に力を尽くす。 五月、東京大学名誉教授の称号を授与される。
一九八八〔昭和六三〕年	六四歳	四月、東京女子大学文理学部教授に就任（一九九二年三月まで）、再建された哲学科の主任を務める。 七月、日本学術会議第一四期会員（一九九一年七月まで）。 第四回京都賞（一九八八年）精神科学・表現芸術部門専門委員会委員。
一九九一〔平成三〕年	六七歳	七月、日本学術会議第一五期会員（一九九四年七月まで）。この年より、DAAD友の会会長（一九九五年まで）。
一九九二〔平成四〕年	六八歳	四月、東京女子大学学長に就任。在任中は、教育理念の再構築、校舎新築、キャンパス統合、募金活動など、大学創立八〇周年記念事業に尽力。 第八回京都賞（一九九二年）精神科学・表現芸術部門専門委員会委員長および審査委員会委員。
一九九四〔平成六〕年	七〇歳	五月、廣松渉死去、葬儀委員長を務める。 六月、ドイツに海外出張。

一九九六〔平成八〕年	七二歳	四月、東京女子大学学長に再任。第一二回京都賞（一九九六年）精神科学・表現芸術部門審査委員会委員。
一九九八〔平成一〇〕年	七四歳	三月、東京女子大学学長を退任。公務中に交通事故に遭い視力を奪われるも大学側の理解が不十分として民事訴訟のやむなきに至り、のち和解が成立。
一九九九〔平成一一〕年	七五歳	監修に当たった『ライプニッツ著作集』が第三五回日本翻訳出版文化賞を受賞。
二〇〇一〔平成一三〕年	七七歳	一一月、勲二等瑞宝章を授与される。
二〇〇五〔平成一七〕年	八一歳	一月八日、脳幹梗塞により逝去。 一二月、東京神田の学士会館にて「山本信先生を偲ぶ会」が開かれる。

●――『ライプニッツ著作集』の日本翻訳出版文化賞受賞記念パーティにて。

1967[昭和42]**年度**

哲学特殊講義：意識の問題

1968[昭和43]**年度**

哲学特殊講義：哲学の基本問題

1969[昭和44]**年度**

哲学特殊講義：理性について

1970[昭和45]**年度**

哲学概論

1971[昭和46]**年度**

哲学特殊講義：思考法について

1972[昭和47]**年度**

哲学特殊講義：デカルトとその周辺

1973[昭和48]**年度**

哲学特殊講義：アポリア論

1974[昭和49]**年度**

哲学特殊講義：哲学的試行

1975[昭和50]**年度**

哲学特殊講義(大学院と共通)：意味と真理について

1976[昭和51]**年度**

哲学特殊講義(大学院と共通)：意味と真理について

*以上は、非常勤講師としての担当授業。以下は、文理学部教授としての担当授業。1992年度以降は、学長就任のため担当授業なし。

1988[昭和63]**年度**

哲学入門

哲学概論

演習I(英語文献)：G. Ryle：The Concept of Mind

演習II(独語文献・大学院と共通)：I. Kant：Kritik der reinen Vernunft

1989[平成1]**年度**

哲学入門

哲学概論

演習I(英語文献・大学院と共通)：W. James：Pragmatism

演習II(独語文献・大学院と共通)：I. Kant：Kritik der reinen Vernunft

1990[平成2]**年度**

哲学入門

哲学概論

演習I(英語文献・大学院と共通)：ロック「人間知性論」

演習II(独語文献・大学院と共通)：カント「純粋理性批判」

1991[平成3]**年度**

哲学入門

哲学概論

演習I(英語文献・大学院と共通)：J. L. オースティン「どのように言葉で事を為すか」

演習II(独語文献・大学院と共通)：カント「純粋理性批判」

1980［昭和55］年度
哲学概論
哲学演習：デカルト講読
特殊研究（院・夏）：アポリア論（Ⅶ）
演習（院・冬）：哲学の諸問題

1981［昭和56］年度
哲学概論
哲学演習：Kant：Kritik der reinen Vernunft
特殊研究（院・夏）：アポリア論（Ⅷ）
演習（院・冬）：哲学の諸問題

1982［昭和57］年度
哲学概論
哲学演習：Kant：Kritik der reinen Vernunft
特殊研究（院・夏）：アポリア論（Ⅸ）
演習（院・冬）：哲学の諸問題

1983［昭和58］年度
哲学概論
哲学演習：Kant：Kritik der reinen Vernunft
特殊研究（院・夏）：アポリア論（Ⅹ）
演習（院・冬）：哲学の諸問題

1984［昭和59］年度
哲学概論
哲学演習：Kant：Kritik der reinen Vernunft
特殊研究（院・夏）：アポリア論（Ⅺ）
演習（院・冬）：哲学の諸問題

●東京女子大学における担当授業

1956［昭和31］年度
哲学特殊講義：哲学的人間学の問題

1957［昭和32］年度
哲学特殊講義：哲学の根本問題

1958［昭和33］年度
哲学特殊講義：現代の哲学

1959［昭和34］年度
哲学特殊講義：倫理学的研究

1960［昭和35］年度
哲学特殊講義：現代哲学の諸問題

1961［昭和36］年度
哲学特殊講義（前期）：現代の哲学

1963［昭和38］年度
哲学特殊講義：現代の哲学的状況

1964［昭和39］年度
哲学特殊講義：現代の哲学的状況

1965［昭和40］年度
哲学特殊講義：哲学の諸問題

1966［昭和41］年度
哲学特殊講義：真理論

1968[昭和43]年度

西洋哲学史概説　第二部

演習(共):Sartre:L'être et le néant

演習(院・夏):知識と存在

演習(院・冬):哲学の諸問題

1969[昭和44]年度

西洋哲学史概説　第二部

演習(共):Sartre:L'être et le néant

演習(院・夏):科学論

演習(院・冬):哲学の諸問題

1970[昭和45]年度

西洋哲学史概説　第二部

演習(共):ライプニッツ講読

演習(院・夏):科学論

演習(院・冬):哲学の諸問題

1971[昭和46]年度

西洋哲学史概説　第二部

演習(共):デカルト講読

演習(院・夏):ヴィトゲンシュタイン研究

演習(院・冬):哲学の諸問題

1972[昭和47]年度

西洋哲学史概説　第二部

演習(共):ベルグソン講読

特殊研究(院・夏):思考法について

特殊研究(院・冬):哲学の諸問題

1973[昭和48]年度

西洋哲学史概説　第二部

演習(共):ベルグソン講読

演習(院・夏):時間論

演習(院・冬):哲学の諸問題

1974[昭和49]年度

哲学概論

演習:Leibniz:Monadologieその他

特殊研究(院・夏):アポリア論

演習(院・冬):哲学の諸問題

1975[昭和50]年度

哲学特殊講義:真理論

哲学演習:Kant:Kritik der reinen Vernunft

特殊研究(院・夏):アポリア論(II)

演習(院・冬):哲学の諸問題

1976[昭和51]年度

哲学特殊講義:意識の問題

哲学演習:Kant:Kritik der reinen Vernunft

特殊研究(院・夏):アポリア論(III)

演習(院・冬):哲学の諸問題

1977[昭和52]年度

哲学演習:Kant:Kritik der reinen Vernunft

特殊研究(院・夏):アポリア論(IV)

演習(院・冬):哲学の諸問題

1978[昭和53]年度

哲学演習(I):Kant:Kritik der reinen Vernunft

哲学演習(II)Descartes:Discours de la méthode

特殊研究(院・夏):アポリア論(V)

演習(院・冬):哲学の諸問題

1979[昭和54]年度

哲学概論

哲学演習:Kant:Kritik der reinen Vernunft

特殊研究(院・夏):アポリア論(VI)

演習(院・冬):哲学の諸問題

東京大学(本郷)在職時代の授業題目一覧

【付】———東京女子大学における担当授業

略記:(院)=大学院の授業。(共)=学部と大学院の共通授業。特記なき限りは学部授業。
(夏)=夏学期。(冬)=冬学期。特記なき限りは通年開講。

1957[昭和32]年度

特殊講義:哲学的人間学の問題

演習:Leibniz:Discours de métaphysiqueその他

演習(院):E. Husserl:Cartesianische Meditationen

1958[昭和33]年度

特殊講義:真理論

演習:Descartes:Meditationes de prima philosophia

演習(院):M. Scheler:Die Stellung des Menschen im Kosmosその他

1959[昭和34]年度

特殊講義:意識の問題

演習:Bergson:Matière et Mémoire

演習(院):Hegel:Phänomenologie des Geistes

1960[昭和35]年度

特殊講義:意識の問題(二)

演習:G. Marcel:Être et avoir

演習(院):Hegel:Phänomenologie des Geistes

1961[昭和36]年

特殊講義(夏):意識の問題——論理的・人間学的研究——

演習(夏):ベルグソン講読

演習(院・夏):Hegel:Phänomenologie des Geistes

*1961年冬学期と1962年夏学期は、アメリカ長期出張のため閉講

1962[昭和37]年

演習(冬):[題目記載なし]

演習(院・冬):[題目記載なし]

1963[昭和38]年度

西洋哲学史概説　第二部

演習:Sartre:L'être et le néant

演習(院):Hegel:Phänomenologie des Geistes

1964[昭和39]年度

西洋哲学史概説　第二部

演習:Sartre:L'être et le néant

演習(院・夏):Hegel:Phänomenologie des Geistes

演習(院・冬):哲学の諸問題

1965[昭和40]年度

西洋哲学史概説　第二部

演習(共):Sartre:L'être et le néant

演習(院・夏):Hegel:Phänomenologie des Geistes

演習(院・冬):哲学の諸問題

1966[昭和41]年度

西洋哲学史概説　第二部

演習(共):デカルト講読

演習(院・夏):カント解釈の問題

演習(院・冬):哲学の諸問題

1967[昭和42]年度

西洋哲学史概説　第二部

演習(共):ベルグソン講読

演習(院・夏):哲学史の諸問題

演習(院・冬):哲学の諸問題

の循環」(cercle cartésien)の問題　189／主観性と存在　193／誤謬論　204／物体的世界――物体の存在の證明　220／感覚の効用　228／物体の本性　230／物体的世界の構造　237／デカルトの二元論　242／主観の立場と対象的世界　246／デカルト的二元論と近世哲学　252／人間の問題――心身結合　258／感情の問題　266／道徳の問題　273

デカルトの周辺、及びホッブズ　277

デカルト派(直接の)　277／デカルト説に対する(直接の)反対と批判　282　／パスカル(Blaise Pascal, 1623-1662)　286／ベイル(Pierre Bayle, 1647-1706)／ホッブズ(Thomas Hobbes, 1588-1679)　312／ケンブリッジ・プラトン派(Cambridge Platonists)　333

デカルト哲学の展開

デカルト問題(機会原因説の哲学史的意義)　336／機会原因説　345／ゲーリンクス(Arnold Geulincx, 1624-1669)　350／マールブランシュ(Nicolas Malebranche, 1638-1715)　374

❖「哲学の諸問題」(1965年度東京女子大学講義、1967年度お茶の水女子大学冬学期講義、B5判ルーズリーフ52枚)

❖「理性について」(1969年度東京女子大学講義、B5判リーズリーフ28枚)

❖「認識論」(1970年度東京大学大学院(駒場)冬学期講義、1972年度同冬学期講義、メモ書き)

❖「思考法について」(東京女子大学1971年度講義、1972年度東京大学大学院(本郷)夏学期講義、B5判ルーズリーフ60枚)

❖「時間論」(1973年度東京大学大学院(本郷)夏学期講義、B5判ルーズリーフに1−47の通し番号の打たれている草案、およびメモ書き多数)

❖「アポリア論Ⅴ」(1978年度東京大学大学院(本郷)夏学期講義、1982度年冬学期都立大学大学院講義、B5判ルーズリーフ、A−Z(＋8枚)のアルファベット記号が打たれている)

❖「アポリア論Ⅵ」(1979年度東京大学大学院(本郷)夏学期講義、B5判ルーズリーフ、1−47の通し番号が打たれている)

❖「アポリア論Ⅶ」(1980年度東京大学大学院(本郷)夏学期講義、B5判ルーズリーフ、1−42の通し番号が打たれている)

＊以上の「アポリア論」ノートは、一つのバインダーに綴じられて纏められている。

❖「西洋哲学史概説　第二部」（1963年4月以降、東京大学文学部講義、B5判ルーズリーフ、1－395の通し番号が打たれている）

❖「哲学史　第二部　Synopsis」（「学期の終りに、近世―現代哲学全般の見通しを与える際のメモ」とある、B5判ルーズリーフ、A－Z（＋4枚）のアルファベット記号が打たれている）

＊「西洋哲学史概説　第二部」の担当は、1963年度から73年度までの11年間継続されたが、講義草案が現存しているのは、この2種のみ。（ちなみに、毎年の試験問題を記したメモ書きは、すべて残っている。）

＊＊現存の「西洋哲学史概説　第二部」（1963年4月以降）の講義草案の内容は、おおよそ以下の通り（項目の次の数字は、ルーズリーフの通し番号を表わす）。

〔序論〕哲学史の意義と、この講義のやりかたについて　1

哲学と哲学史　1／哲学史から何を学ぶか　4／西洋の哲学史たることの弁明　8／東大の哲学科としての要求　9／この講義の仕方　10

近世哲学の時代区分の問題　13

ルネッサンス期の哲学（ほぼ15～16世紀）　21

「近世的」とされる思想の特性　21／ルネッサンス期の哲学（の文化的・思想的な動き一般）の概観　31／文芸復興　33／宗教改革　40

自然哲学（Nicolaus Cusanus, Paracelsus, Jacob Böhme, Girolamo Cardano, Bernardino Telesio, Francesco Patrizzi, Giordano Bruno, Tommaso Campanella）　48

社会哲学（Thomas More, Jean Bodin, Johan Althaus, Alberico Gentili, Huig de Groot）　68

（近世的）自然哲学　74

天文学（Copernicus, Kepler等）　78／力学（ガリレイ、その他）　89／その他の科学（Gilbert, Harvey, Boyle, Gassendi）　101

Francis Bacon（1561-1626）　108

著書　108／学問の分類　113／学問の理念　117／方法論　120／イドラの説（Doctrina de idolis）　121／(1)種族のイドラ（idola tribus）　122／(2)洞窟のイドラ（idola specus）　124／(3)市場のイドラ（idola fori）　125／(4)劇場のイドラ（idola theatri）　126／帰納法（inductio）　129／ベーコンの思想の特徴（その積極面――敬虔主義と実用主義）　137／ベーコンの思想の欠陥と限界　140

René Descartes（1596-1650）　143

方法　148／方法的懐疑、"cogito, ergo sum"、明晰判明知の規則――デカルトの議論の大要　153／いわゆる「方法的懐疑」について　158／「明晰判明知の規則」　167／主観の立場（ハイデガーの見解を中心にして）　172／"Subjekt"と"Substanz"　175／神の存在の證明　177／「デカルト

＊以上、二年半にわたった「意識の問題」講義には、次の目次も差し挟まれている。

＊＊第二部以降については、次のような構想も、「予定として」添えられている。

❖「企業と人間」(1984年3月21日、紀文での講演用に、2百字詰め原稿用紙7枚に自由に書かれた原稿)

❖「哲学の完結性について」(1985年1月29日、東京大学文学部最終講義用に、200字詰め原稿用紙13枚に自由に書かれた原稿。他に録音テープ1巻が現存)☆

❖「「リアリティ」ということについて」(1985年2月6日、東京大学文学部文化交流研究施設懇談会での講演用に、200字詰め原稿用紙9枚に自由に書かれた原稿。同じタイトルの講演原稿として、1984年6月25日、東京都精神医学総合研究所での第15回精神研セミナー用と、1985年10月20日、上智大学哲学会用、の2種が併存)

❖「倫理を教えることができるか」(1988年8月3日、目白学園、全国高等学校「倫理」「現代社会」研究会での講演原稿、B5判ルーズリーフ10枚)

VII——講義草案(自宅に遺されていた主なノート類のみ)

❖「意味と眞理について」(1950／51年東京女子大学〔講義?〕、B5判ルーズリーフ21枚)

❖「哲学的人間学の問題」(1956年度東京女子大学講義、B5判ルーズリーフ、1−89の通し番号が打たれている、それ以降の通し番号のない48枚を合わせると全137枚)

❖「哲学的人間学の問題」(1957年度東京大学文学部特殊講義、B5判ルーズリーフ、1−156の通し番号が打たれている)

❖「眞理論」(1958年度東京大学文学部特殊講義、B5判ルーズリーフ、序論XXIV+本論212枚。1966年度東京女子大学にて再講義。のち新潟大学集中講義にても)

＊この「眞理論」講義には、次の目次が添えられている。

序論	I
言語構造としての真理	1
対応と検証と整合性(意識にとっての真理)	75
行為における真理	149
人間と真理	169

❖「意識の問題」(1959年度東京大学文学部特殊講義、B5判ルーズリーフ、1−243の通し番号が打たれている。1967年度東京女子大学にて再講義)

❖「意識の問題(二)」(1960年度東京大学文学部特殊講義、B5判ルーズリーフ、244−420の通し番号が打たれている)

❖「意識の問題(三)——論理的・人間学的研究——」(1961年度東京大学文学部夏学期特殊講義、B5判ルーズリーフ、421−484の通し番号が打たれている)

生』第一法規出版、1995年1月、14－17頁。☆

❖「「こころ」の場所」、東京女子大学『学報』1995年1月25日。

❖「「真理」への問い」、東京女子大学『学報』1995年3月25日。

❖「学問と宗教的なもの」、東京女子大学『学報』1995年4月25日。

❖「この四年間」、東京女子大学『学報』1996年3月25日。

❖「保存トハ連続的創造ナリ」、東京女子大学『学報』1996年4月25日。

❖「牟礼キャンパスの再開発」、東京女子大学『学報』1996年6月25日。

❖「「知る」と「選ぶ」」、東京女子大学『学報』1997年3月25日。

❖「高等教育といわれることの意味」、東京女子大学『学報』1997年4月25日。

❖「伝統は変わることによって守られる　東京女子大学」(インタヴュー)、天野郁夫編『大学を語る——二二人の学長』玉川大学出版部、1997年9月、227－237頁。

VI——未印刷講演原稿(自宅に遺されていた主な草稿類のみ)

❖*Von der Denkweise des europäischen und des asiatischen Menschen.* (Mündliche Kurzreferat beim Stipendiatenreffen der Humboldt-Stiftung vom Mai 1955. A4判で9枚のタイプ打ち原稿)

❖「人間学と自然主義」(1956年5月、東大五月祭における講演会のための原稿、B5判ルーズリーフ20枚)

❖「自然科学と世界観——学問の統一と限界領域の問題——」(1956年6月18日、東京大学教養学部、科学史科学哲学談話会での講演原稿、A4判ルーズリーフ9枚)

❖「理論の論理」(1958年6月30日、東京大学教養学部、科学史科学哲学談話会での講演原稿、B5判ルーズリーフ32枚)

❖「精神の病(やまい)?」(1960年7月1日、有楽町神経科研究会における講演原稿(のち、少し変えて、11月26日の哲学会公開講演会にて使用)、B5判リーズリーフ14枚)

❖「近代合理主義のゆくえ」(1971年5月9日、於日本青年会ホテル、「新社会大学講座」での講演原稿、B5判ルーズリーフ14枚)

❖「近代合理主義のゆくえ——現代における常識と科学と哲学の問題——」(1976年7月、山口県での講演原稿、B5判レポート用紙29枚)

❖「教養と狂気との間としての哲学」(1976年12月、徳島大学教養部での講演用に、200字詰め原稿用紙7枚に自由に書かれた原稿)

❖「大学教育が職場であることの矛盾について」(1976年12月、徳島大学の職員を対象とする講演用に、200字詰め原稿用紙11枚に自由に書かれた原稿)

❖「創造性(creativity)について」(1981年1月28日、「吉田夏彦君の会にて」とあり、400字詰め原稿用紙7枚に自由に書かれた原稿)

❖「「理性」について」(1981年6月10日、紀文(Kibun Technical School)での講演用に、200字詰め原稿用紙17枚に自由に書かれた原稿)

❖「個人としてのあり方について(あるいは個と全体、あるいは「考える葦」としての個人について)」(1982年6月30日、紀文での講演用に、200字詰め原稿用紙14枚に自由に書かれた原稿)

店、2－25頁。

❖「鼎談・哲学とは何か」(大森荘蔵、廣松渉との座談)、『理想』515号、理想社、1976年4月、22－59頁。

❖「時間について」(大森荘蔵、松本正夫、柳瀬睦男、村上陽一郎との座談)、『科学基礎論研究』第12巻14号、1976年、25－36頁。

❖「鼎談・哲学と国境」(石黒英子、坂井秀寿との座談)、『理想』547号、理想社、1978年12月、2－31頁。

❖「1冊の本――あの本」、『理想』552号、理想社、1979年5月、176－178頁。

❖「鼎談・哲学の現状――世界の中の日本哲学」(S・ピッケン、K・リーゼンフーバーとの座談)、『理想』563号、理想社、1980年1月、2－33頁。

❖「館砲(たてほう)の思い出」、『わが海軍』(旧海軍全教育機関の記録／写真集)ノーベル書房、1981年3月、115頁。☆

❖「理想と現実」(『理想』創刊55周年によせて)、『理想』587号、理想社、1982年4月、108－109頁。

❖「解説」、『岩崎武雄著作集 第8巻 哲学体系』新地書房、1982年5月、495－503頁。

❖「『存在と意味』をめぐって――近代をのりこえる哲学」(廣松渉、足立和浩との座談)、『東京大学新聞』1983年2月8日。

❖「ルネッサンス、何の「再生」なのか」、『創文』248号、創文社、1984年9月、11－13頁。

❖「第三章 第一類(文化学) 第一節 哲学」、『東京大学百年史 部局史――文学部』、1985年10月、81－94頁。

❖「山菜のことなど」、『言語』第16巻5号、1987年5月、大修館書店、2－3頁。

❖「倫理の授業についての非倫理的随想」、『高校通信』第21巻16号、教育出版、1987年12月、1－3頁。☆

❖「自己紹介」(新任教員自己紹介)、東京女子大学『学報』1988年5月25日。☆

❖「東京女子大学にとって「哲学」とは」、東京女子大学『学報』1988年9月25日。

❖「新たな歩みを求めて」、東京女子大学『学報』1992年4月25日。

❖「自分にとっての「この大学」ということ」、東京女子大学『学報』1992年6月25日。

❖「関心と参加」、東京女子大学文理学部宗教委員会編『宗教センターニュース』112号、1992年10月。

❖「卒業の「めでたさ」」、東京女子大学『学報』1993年3月25日。

❖「「学生」であること」、東京女子大学『学報』1993年4月25日。

❖「東京女子大学の将来について」、東京女子大学『学報』1994年1月25日。

❖「「私はここに立つ」」、東京女子大学宗教センター編『希望の灯火をかかげて　心の四季III』1994年3月、12－15頁。「まえがき」3－4頁も執筆。

❖「世界をうちにやどした個人――卒業生を送る辞――」、東京女子大学『学報』1994年3月25日。

❖「変革の作法」、東京女子大学『学報』1994年4月25日。

❖「東京女子大学のめざすもの――キャンパス統合の意義――」、東京女子大学『学報』1994年10月25日。

❖「「自己点検」の作業」、東京女子大学『学報』1994年12月25日。

❖「「大学」と「学生」――この「二兎を追う」者たち――」、文部科学省高等教育局学生課編『大学と学

❖「豊かな「思想のドラマ」——息づく現代的問題意識——中村雄二郎『パスカルとその時代』」(書評)、『東京大学新聞』1966年1月17日。

❖「スピノザについての対話」、『世界の大思想 9 スピノザ』月報、河出書房新社、1966年11月、1−4頁。☆

❖「思想史とラッセル」、『日本バートランド・ラッセル協会 会報』第6号、1966年12月、4−5頁。

❖「哲学とは何か——または思想の節操について」、『理想』404号、理想社、1967年1月、37−40頁。

❖「あまりにも科学的な」、『図書』1967年10月号、岩波書店、23−25頁。

❖「哲学の季節」、『講座 現代哲学入門 4 現代の価値論と倫理』付録、有信堂、1968年11月、1−2頁。

❖「哲学　この反時代的情熱」(城塚登、伊藤勝彦との座談)、『図書新聞』第942号、1968年1月1日。

❖“A Note on Vitalism versus Mechanism”, in：*The Annals of the Japan Association for Philosophy of Science*, Vol. 4, No. 1, March 1971, pp. 46-48.

❖「科学の人間化——文科生と自然科学——無関心は自己ぎまん」、『東京大学新聞』1971年4月5日。

❖「《討論》存在と意識」(岩田靖夫、加藤尚武との座談)、『講座 哲学 I 哲学の基本概念』東京大学出版会、1973年2月、67−85頁。

❖「《討論》形相と質料」(黒田亘、井上忠、中村秀吉との座談)、同上『講座 哲学 I 哲学の基本概念』、141−162頁。

❖「《討論》宇宙における人間の位置」(坂部恵、L・アルムブルスター、渡辺二郎との座談)、同上『講座 哲学 I 哲学の基本概念』、207−231頁。

❖「《討論》「哲学」について」(宇都宮芳明、伊藤勝彦、杖下隆英との座談)、同上『講座 哲学 I 哲学の基本概念』、283−303頁。

❖「アリストテレス雑感」、『アリストテレス全集』月報17、1973年4月、7−8頁。

❖「ショーペンハウアーの「嫌味」について」、『ショーペンハウアー全集』月報8、1973年6月、白水社、1−4頁。

❖「法外の願い」、『ジュリスト』534号、1973年6月、有斐閣、12−13頁。

❖「脳と心」(吉田夏彦、大森荘蔵との座談)、『数理科学』第11巻9号、ダイヤモンド社、1973年9月、5−16頁。

❖「生命について何が問題か」(山内恭彦、渡辺格との座談)、『心』第26巻11号、平凡社、1973年11月、66−88頁。

❖「大森荘蔵氏『ことだま論』に対する批評と質問」、『科学基礎論研究』第11巻4号、1974年3月、17−19頁。

❖「方法論について——哲学的見地から——」(シンポジウム「自然科学の方法と社会科学の方法」によせて)、『科学基礎論研究』第11巻4号、1974年3月、46−47頁。

❖「ゲームと真実」、『理想』502号、理想社、1975年3月、72−73頁。

❖「訳者のことば」、『ウィトゲンシュタイン全集　第3巻』月報、大修館書店、1975年10月、8頁。

❖「記号・言葉・〈ことだま〉」(大森荘蔵、黒田亘、坂部恵との座談)、『エピステーメー』創刊号、朝日出版社、1975年10月、210−241頁。

❖「言語論の焦点をさぐる」(中村雄二郎、大森荘蔵との座談)、『言語』第4巻12号、1975年12月、大修館書

V――随想、座談、書評など

❖「フォイエルバッハ著・猪木正道訳『死と不死について』」(書評)、『基督教文化』29号、1948年9月、51－53頁。

❖「フッセルの一手記より」、『哲学雑誌』第64巻704号、有斐閣、1949年12月、111－115頁。

❖「ドイツ留学の感想」(談)、『日独協会会報』第24号、1955年12月、5－7頁。

❖「キリスト教の普遍性に就て――ドイツの教会での感想――」、『武蔵野』第9号、武蔵野教会青年会、1955年12月、4－6頁。

❖「英・独・佛留学　よもやまばなし」(木村陽二郎、小津次郎、内垣啓一との座談)、東京大学教養学部『教養学部報』1955年12月15日。

❖「ドイツ留学の感想」、『ドイツ語』第8巻3号、第三書房、1956年3月、8－11頁。

❖「意味と有意義性――故池上鎌三教授の哲学と人について――」、『哲学雑誌』第71巻731号、有斐閣、1956年6月、104－107頁。

❖「バイロイトのワグナー祭」、『ドイツ語』第8巻11号、第三書房、1956年11月、15－19頁。

❖「哲学は人生に如何なる役割をもつか」、『理想』282号、理想社、1956年11月、15－21頁。

❖「桂壽一著『スピノザの哲學』」(書評)、『哲学雑誌』第71巻733号、有斐閣、1957年1月、92－94頁。

❖「現代哲学の課題――古くて新しい問題「人間とは何か」――」、『西日本新聞』1957年3月1日。

❖「分析哲学をめぐって」(松本正夫、原佑、吉田夏彦、吉村融、大森荘蔵との座談)、『哲学雑誌』第72巻736号、有斐閣、1957年11月、60－76頁。

❖「自己への問を忘れぬこと　大学におけるクリスチャニティ」、『東京女子大学学生新聞』1958年5月23日。

❖「飾りについて」、東京女子大学『学報』1958年10月25日。

❖「文科の学問」(コラム「大学の窓」)、『東京大学新聞』1959年2月11日。

❖「あまりにも科学的な」(コラム「窓」)、『東京大学新聞』1959年6月17日。

❖「大森氏に対する答弁」、『哲学雑誌』第74巻741号、有斐閣、1959年6月、75－77頁。(同書69－75頁所収の大森荘蔵「山本信『理性について』」への再応答)

❖「大森荘蔵『知覚の作用と内容』」、『哲学雑誌』第74巻741号、有斐閣、1959年6月、77－83頁。(『哲学雑誌』740号所収の大森論文への応答)

❖「宇宙時代と人間」(坂田昌一、中野好夫、畑中武夫、渡邊一夫との座談)、『世界』169号、岩波書店、1960年1月、261－278頁。

❖「物足りぬ流れの追求――"自己のもの"として説かれた哲学――原佑、岩田靖夫、伊藤勝彦、渡辺二郎『西洋思想の流れ』」(書評)、『東京大学新聞』1964年7月8日。

❖「記号主義をめぐって」(松本正夫、原佑、吉田夏彦、吉村融、大森荘蔵との座談)、『科学時代の哲学』第2巻、培風館、1964年11月、30－52頁。

❖「分析哲学派の野心的労作　沢田允茂、碧海純一他編『科学時代の哲学』」(書評)、掲載誌、掲載年月不詳、50－51頁。

㉖ 「「物」と「私」――相補的二元性について――」、『「心ー身」の問題』産業図書、1980年3月、1－38頁。☆

㉗ 「実在性について」、沢田允茂、大出晁、中山浩二郎、有働勤吉編『科学と存在論』思索社、1980年7月、187－207頁。

㉘ 「価値のアプリオリ性」、『理想』580号、理想社、1981年9月、34－43頁。☆

㉙ 「主観概念と人間の問題――カントの認識論の場合――」、東京大学文学部哲学研究室編『論集Ⅰ』1983年3月、1－15頁。☆

㉚ 「哲学から見た心と脳」、『脳と心』東京大学公開講座38、東京大学出版会、1983年12月、267－281頁。

㉛ 「実在と価値」、『岩波講座 哲学(新) 第4巻 意味と世界』岩波書店、1985年10月、349－378頁。

㉜ 「ひずみ構造としての二元論」、『哲学』1号、哲学書房、1988年1月、193－201頁。

㉝ 「科学と宗教、そして人間――知ることと生きること――」、大森荘蔵、橋本典子、伊藤公一編『科学と宗教』放送大学教育振興会、1988年3月、159－181頁。

㉞ 「第8巻と第9巻の解説」、『ライプニッツ著作集9 後期哲学』工作舎、1989年6月、429－439頁。

㉟ 「自己への問い」、東京女子大学紀要『論集』第40巻1号、1989年9月、55－63頁。☆

㊱ 「コギトと実践――デカルトとカント、近世倫理思想の節目」、『岩波講座 転換期における人間 第8巻　倫理とは』岩波書店、1989年12月、177－194頁。

㊲ 「哲学の歴史におけるカント」、竹市明弘、坂部恵、有福孝岳編『カント哲学の現在』世界思想社、1993年10月、4－16頁。

Ⅳ――翻訳

① ジョン・ゴヒーン「二十世紀アメリカ哲学の概観」、『哲学雑誌』第66巻710号、有斐閣、1950年3月、122－126頁。

② デカルト「知能指導の規則」、『世界の大思想 21 デカルト』河出書房新社、1965年12月、3－72頁。

③ マルセル「常識の衰退」、『マルセル著作集 第8巻』春秋社、1966年5月、11－36頁。

④ マルセル「現代における哲学者の責任」、『マルセル著作集 別巻』春秋社、1966年10月、64－88頁。

⑤ ヘーゲル「精神現象学 序論」、『世界の名著 35 ヘーゲル』中央公論社、1967年3月、87－147頁(『中公バックス 世界の名著 44』1978年)。

⑥ マルセル「存在と所有」、『世界の名著 続13 ヤスパース マルセル』中央公論社、1976年、381－523頁(『中公バックス 世界の名著 75』1980年)。

⑦ ウィトゲンシュタイン『哲学的文法 Ⅰ』ウィトゲンシュタイン全集第3巻、大修館書店、1975年10月、345頁。「訳者あとがき」338－339頁を執筆。

III——論文（以下、Iの③『形而上学の可能性』収録論文に＊を、本書『形而上学の可能性を求めて』収録論文に☆を付す）

① 「デカルトとライプニッツにおける合理主義」、哲学会編『哲学雑誌』第65巻705号、有斐閣、1950年3月、124－149頁。☆

② 「「無」の概念についての人間学的考察」、『東京大学教養学部紀要』第12号、哲学IV、1957年3月、187－232頁。＊

③ 「真理の問題」、岩崎武雄編『講座 現代の哲学III プラグマティズム』有斐閣、1958年4月、33－67頁。

④ 「理性について」、『哲学雑誌』第73巻740号、有斐閣、1958年12月、1－13頁。＊

⑤ 「真理の意味論的理論の真の意味」、『哲学雑誌』第74巻741号、有斐閣、1959年6月、12－33頁。＊

⑥ 「科学的説明と常識的理解、それに加えて哲学的問題」、科学基礎論学会編『科学基礎論研究』第4巻3号、1960年4月、106－122頁。

⑦ 「夢とうつつ」、日本哲学会編『哲学』11号、法政大学出版局、1961年3月、45－61頁。＊

⑧ 「存在の問題」、岩崎武雄編『哲学概論』有信堂、1961年5月、175－197頁（IIの③では、177－199頁）。

⑨ 「全体と自己への問い」、『講座・哲学体系I』人文書院、1963年5月、38－50頁。＊

⑩ 「主観概念のゆくえ——ヘーゲルにおける「理性」の立場——」、『哲学雑誌』第78巻750号、有斐閣、1963年10月、1－19頁。

⑪ 「思考と無限性」、『哲学雑誌』第79巻751号、有斐閣、1964年10月、72－97頁。＊

⑫ 「認識」、岩崎武雄編『哲学』有信堂、1965年12月、136－150頁（IIの④では、144－158頁）。

⑬ 「伝統的哲学と科学基礎論」、『科学基礎論研究』第7巻4号、1966年3月、18－24頁。

⑭ 「ヴィトゲンシュタインの場合」、『みすず』82号、みすず書房、1966年3月、13－26頁。＊

⑮ 「カント哲学における無限と有限」、『哲学雑誌』第81巻753号、有斐閣、1966年10月、89－103頁。☆

⑯ 「哲学の方法」、沢田允茂編『哲学』有斐閣、1967年4月、37－51頁。

⑰ 「形而上学の可能性」、『講座・哲学8』岩波書店、1968年1月、193－235頁。＊

⑱ 「観測と身体」、『科学の基礎』東京大学出版会、1969年2月、181－195頁。

⑲ 「生物についての科学と常識」、同上『科学の基礎』181－195頁。＊

⑳ 「心のモデルと存在」、同上『科学の基礎』273－285頁。

㉑ 「精神病理学と自我の問題」、『数理科学』第7巻7号、ダイヤモンド社、1969年7月、32－37頁。＊

㉒ 「科学的思考とヘーゲル哲学」、『思想』555号、岩波書店、1970年9月、12－25頁。＊

㉓ 「諸問題の系譜」、『講座・哲学I 哲学の基本概念』東京大学出版会、1973年2月、3－26頁。

㉔ “What Time Is Not”, in : *The Study of Time II*, Springer Verlag, August 1973, pp. 231-238. ＊（「時間は〈何〉でないか」、『ユリイカ』第5巻9号、青土社、1973年8月、175－183頁。）

㉕ 「カントの二元論について」、日本哲学会編『哲学』24号、法政大学出版局、1974年3月、78－84頁。＊

著作一覧

I——著書

① 『ライプニッツ哲学研究』東京大学出版会、1953年3月、360頁(復刊1975年、1978年、1981年、1991年、2004年)。

② *Das Problem der Systematisierung der Leibnizischen Monaden-Lehre*(『ライプニッツのモナド論の体系性の問題』)ミュンヘン大学博士学位論文、1955年8月、140頁。

③ 『形而上学の可能性』東京大学出版会、1977年9月、306頁。

④ 『哲学の基礎』旺文社、1983年11月、146頁。放送大学教育振興会、1985年3月、150頁(改訂版1992年3月)。北樹出版、1988年3月、180頁(2009年4月、新版第16刷)。

II——編著

① 『科学の基礎』(沢田允茂、大森荘蔵と共編)東京大学出版会、1969年2月、285頁。

② 『講座 哲学Ⅰ 哲学の基本概念』(山本信編)東京大学出版会、1973年2月、303頁。「まえがき」i頁を執筆。

③ 『新版 哲学概論』(岩崎武雄と共編)北樹出版、1978年3月、261頁(IIIの⑧の改訂版)。「新版の序」(1頁、ただし頁付欠)を執筆。

④ 『新版 哲学——何が問題なのか——』(岩崎武雄と共編)北樹出版、1978年4月、263頁(IIIの⑫の改訂版)。「新版まえがき」1頁を執筆。

⑤ 『ウィトゲンシュタイン全集』(大森荘蔵と共編)全10巻、大修館書店、1975−77年、補巻2巻、1985−88年。

⑥ 『世界の名著 続13 ヤスパース・マルセル』(山本信責任編集)中央公論社、1976年(『中公バックス 世界の名著 75』1980年)。「マルセル」28−44頁を執筆。

⑦ 『「心−身」の問題』(大森荘蔵、井上忠、黒田亘、廣松渉と共著)産業図書、1980年3月、240頁。「はしがき」i−ii頁を執筆。

⑧ 『ウィトゲンシュタイン小事典』(黒崎宏と共編)大修館書店、1987年7月、371頁。「まえがき」v−viii頁を執筆。

⑨ 文部省検定済教科書・高等学校公民科用『新版 倫理』(山本信監修)1985年3月検定済、『最新 倫理』1988年3月検定済、『倫理』1994年3月検定済、『倫理 改訂版』1997年3月検定済、教育出版。

⑩ 『ライプニッツ著作集』(下村寅太郎、中村幸四郎、原亨吉と共監修)全10巻、工作舎、1988−99年。

●編者プロフィール

佐藤徹郎［さとう・てつろう］

一九四三年生まれ。東京大学大学院博士課程単位修得退学。新潟大学講師、助教授、教授を経て、現在は新潟大学名誉教授。専攻は科学哲学。著書に『科学から哲学へ―知識をめぐる虚構と現実』（春秋社、二〇〇〇年）ほか。

雨宮民雄［あめみや・たみお］

一九四六年生まれ。東京大学大学院博士課程単位修得退学。東京大学助手、奈良教育大学助教授、教授、東京海洋大学教授を経て、現在、東京海洋大学名誉教授。専攻は存在論、時間論。共著書に『場所』（岩波書店、一九九一年）ほか。

佐々木能章［ささき・よしあき］

一九五一年生まれ。東京大学大学院博士課程単位修得退学。三重大学助教授、横浜市立大学教授を経て、現在、東京女子大学現代教養学部人文学科（哲学専攻）教授。専攻は哲学。著書に『ライプニッツ術』（工作舎、二〇〇二年）。

黒崎政男［くろさき・まさお］

一九五四年生まれ。東京大学大学院博士課程単位修得退学。東京女子大学現代教養学部人文学科（哲学専攻）教授。専攻はカント哲学、人工知能、電子メディア論。著書に『哲学者はアンドロイドの夢を見たか』（哲学書房、一九八七年）、『カント「純粋理性批判」入門』（講談社メチエ、二〇〇〇年）、『身体にきく哲学』（NTT出版、二〇〇五年）、『哲学者クロサキの哲学する骨董』（淡交社、二〇一二）など。

森　一郎［もり・いちろう］

一九六二年生まれ。東京大学大学院博士課程中途退学。東京大学助手、東京女子大学専任講師、助教授を経て、現在、東京女子大学現代教養学部人文学科（哲学専攻）教授。専攻は、現代における哲学の可能性。著書に『死と誕生　ハイデガー・九鬼周造・アーレント』（東京大学出版会、二〇〇八年）ほか。

形而上学の可能性を求めて——山本信の哲学 ［けいじじょうがく の かのうせい を もとめて やまもとまこと の てつがく］

発行日——二〇二二年九月六日
編著者——佐藤徹郎＋雨宮民雄＋佐々木能章＋黒崎政男＋森一郎
著者——山本信＋加藤尚武＋山内志朗＋村上勝三＋小泉義之＋根井豊＋伊豆藏好美＋木阪貴行＋湯浅正彦＋植村恒一郎＋佐藤和夫＋米山優＋今道友信＋クラウス・リーゼンフーバー＋吉田夏彦＋石黒ひで＋黒崎宏＋岩田靖夫＋藤村龍雄＋藤本隆志＋長谷川三千子＋松永澄夫＋飯田隆＋桑子敏雄＋神崎繁＋持田辰郎＋土屋俊＋山田友幸＋武笠行雄＋荻野弘之＋貫成人＋一ノ瀬正樹＋伊藤美恵子＋田中綾乃
編集協力——堤靖彦
エディトリアル・デザイン——宮城安総＋小倉佐知子
印刷・製本——株式会社精興社
発行者——十川治江
発行——工作舎 editorial corporation for human becoming
〒169-0072 東京都新宿区大久保2-4-12 新宿ラムダックスビル12階
phone: 03-5155-8940 Fax: 03-5155-8941
URL: http://www.kousakusha.co.jp E-mail: saturn@kousakusha.co.jp
ISBN978-4-87502-447-7